Matthias Mettner, geboren 1957, hat Katholische Theologie und Sozialwissenschaften an der Universität Paderborn studiert. Seit 1986 ist er Studienleiter an einer kirchlichen Akademie. Er ist verheiratet und lebt am Bodensee.

Dieses Buch wurde auf chlor- und säurefreiem Papier gedruckt.

Aktualisierte und ergänzte Taschenbuchausgabe Oktober 1995
Droemersche Verlagsanstalt Th. Knaur Nachf., München

Umschlaggestaltung Adolf Bachmann, Reischach
Druck und Bindung Elsnerdruck, Berlin
Printed in Germany
ISBN 3-426-77134-9

2 4 5 3 1

Matthias Mettner

Die katholische Mafia

Kirchliche Geheimbünde greifen nach der Macht

Knaur

»In seinem Hochmut quält der Frevler
die Armen.
Er soll sich fangen in den Ränken,
die er selbst ersonnen hat.«

Psalm 10, 2

Inhalt

Vorwort zur Taschenbuchausgabe 7

Vorwort 9

Die Katholische Mafia
Zur Einführung oder »Cosa Nostra« 11

1. Teil ***Machtergreifung***
1. Die Sakralisierung einer zwielichtigen Macht 33
2. Auf dem Vormarsch 50
3. Die »gestohlenen« Kinder 64
4. Die Eliten im Fadenkreuz 72
5. Der Todescomputer von Bogotá 80

2. Teil ***Masken der Mafia***
1. Mentalitäten und Allgemeine Geschäftsbedingungen 107
2. Die ehrenwerten Herren geben sich geheimnisvoll 117
3. Strategien unter dem Mantel der Höflichkeit und der Armut 129
4. Die hündische Demut 138
5. Wenn eine Hand die andere wäscht 147
6. Die schwarzen Gelder des »Octopus Dei« 160

3. Teil ***Supermarkt der Religionen***
1. Angebot und Nachfrage 171
2. Das fundamentalistische Heilsangebot 182

3. Bekehrungssüchte 191
4. Das »kastrierte« Evangelium 200
5. Gefahr aus der Mitte 207

4. Teil *Organisierte Lebensangst*
1. Im totalitären Würgegriff 217
2. Seelenfänger und Menschenjäger 221
3. Märtyrerwahn und Elitebewußtsein 228
4. Zwang zum kindischen Glauben 235
5. Die Methodik der Unterwerfung 244
6. Die Apartheid der Geschlechter 256
7. Die Abtötung des sündhaften Fleisches 263
8. Weh dem, der austreten will 270

Epilog
Das Leben ist anderswo 278

Nachwort
Was auf dem Spiel steht 298

Anmerkungen 311

Literatur 326

Vorwort zur Taschenbuchausgabe

»Gewiß – das einzige Argument, das sich für die Demokratie als Regierungsform aufbringen läßt, ist, daß sämtliche Alternativen noch schlimmer sind.« So Churchills Antwort auf die Frage, ob er die Schwächen der Demokratie nicht unterschätze. Die fast verzagt anmutende Verteidigung der Demokratie, formuliert ohne ein erkennbares Pathos, hat die Stärke geschichtlicher Erfahrungsbezogenheit. Die Erfahrungen totalitärer Ideologien und Herrschaftssysteme in diesem Jahrhundert haben lernen lassen, daß die Demokratie die einzige Möglichkeit ist, die Gefahren unbegrenzter Machtentfaltung zu vermeiden. Die Demokratie ist eine Notwendigkeit, um die Menschenrechte schützen zu können.

Die Römisch-Katholische Kirche ist alles andere als eine Demokratie. Das System ist streng antidemokratisch und hierarchisch organisiert. Erfahrungen der Maßlosigkeit menschlicher Machtausübung sind deshalb auch heute unvermeidbar. Die klerikale Hierarchie der Kirche, die sich hartnäckig jeder demokratischen Kontrolle und Beschränkung ihrer Macht widersetzt, hätte allerdings allen Grund, aus der Geschichte des Christentums zu lernen, die auf weiten Strecken »totalitär« ist. Kirchliche Absolutheitsansprüche und totalitäre Mentalitäten haben Inquisition, Ketzergerichte, Hexenverfolgungen und blutige Missionierungen, die Vernichtung Andersdenkender und Andersgläubiger, Zensur und Bücherverbrennungen, die Angst vor freiem, kritischem Denken und anderes mehr zur Folge gehabt.

1994 sprechen führende katholische Theologen in einer Erklärung »Nicht mehr schweigen! Zur gegenwärtigen Situation in der katholischen Kirche« (im Nachwort ausführlich zitiert) von einer »Eskalation von Machtausübung« in der Römisch-Katholischen

Kirche. Wer die Hintergründe der Krise und das »irrationale Machtgebaren« der Kirchenspitze nachvollziehen will, ist mit dem konfrontiert, was ich als katholische Mafia bezeichne. Zum entscheidenden restaurativen Machtfaktor in der Römisch-Katholischen Kirche sind inner- und parakirchliche Bewegungen, geheimbündlerische Organisationen, Lobbies und pressure-groups avanciert, die »auf diversen seelischen Teilmärkten (Jugend, Hochschule, Eliten) mit je spezifischem Profil konsumentenorientiert präsent sind« (Otto Kallscheuer). Papst Johannes Paul II. verläßt sich immer offensichtlicher auf Organisationen wie Opus Dei, Communione e Liberazione und andere Gruppierungen ähnlicher Couleur. Aufklärung über deren Struktur und Innenleben, Selbstverständnis und Ideologie, die ich exemplarisch am »Opus Dei« vornehme, ist ebenso notwendig wie der Versuch, ein »Psychogramm« und eine sozialpsychologische Profilskizze fundamentalistischer Mentalität in ihrer pseudochristlichen Extremform zu zeichnen.

Wie weit der Vormarsch von Mitgliedern fundamentalistischer Organisationen auf Schlüsselpositionen in der hierarchischen Struktur der Römisch-Katholischen Kirche bereits vorangeschritten ist und welche gesellschaftspolitischen Folgen dies hat, versucht das Buch in den Analysen der Machtstrategien derartiger pressure-groups deutlich werden zu lassen; im Nachwort ergänzt durch zwei aktuelle Vorgänge: die fundamentalistische Staatskirchenpolitik des Vatikans an der UN-Konferenz über Bevölkerung und Entwicklung 1993 in Kairo und die Ernennung eines Opus Dei-Mannes zum Erzbischof von San Salvador.

Die Gruppierungen und Organisationen Marke »Opus Dei« aus religiös-spiritueller, theologischer Perspektive zu analysieren hieße, sie schönrednerisch zu bagatellisieren. Die Auseinandersetzung mit religiös fundamentalistischen Gruppen muß heute vor allem auch auf dem Niveau der Erkenntnisse psychologischer Sektenforschung erfolgen. Gefährlich macht sie die Perfektionierung der Methoden der Menschenbeherrschung und der systematische Einsatz von psychologischen Methoden und autoritären Praktiken, die den einzelnen manipulieren, indoktrinieren, abhängig und ausbeutbar machen, ihn emotional und intellektuell »versklaven«.

Sommer 1995 *Matthias Mettner*

Vorwort

»Die Kirche kann gar nicht anders als reaktionär sein; die Kirche kann gar nicht anders, als auf der Seite der Herrschenden zu stehen; (...) die Kirche kann gar nicht anders, als die hierarchischen Gesellschaften zu billigen, in denen die herrschende Klasse für Ordnung sorgt; die Kirche kann gar nicht anders, als selbst noch die schüchternsten Formen unabhängigen Denkens zu verabscheuen; (...) die Kirche kann gar nicht anders, als völlig abseits der Lehre des Evangeliums zu handeln; die Kirche kann gar nicht anders, als sich in ihren praktischen Entscheidungen nur noch formal auf Gott zu berufen und manchmal vielleicht auch das noch zu vergessen«, sagte Pier Paolo Pasolini, nachdem er zwei Dutzend »typischer« Urteilsentscheidungen der Sacra Rota, einem der drei vatikanischen Gerichtshöfe, gelesen hatte.

Pasolini, dem die eindrücklichste Verfilmung des »Ersten Evangeliums nach Matthäus« gelang, ist hier zu widersprechen: Doch, die Kirche kann ganz anders! Die Kirche kann herrschaftskritisch sein; sie kann aus dem Evangelium der Gerechtigkeit, der Heilung und der Befreiung handeln; sie kann sich zu den Menschenrechten bekehren. Zu erinnern ist hier an die prophetische Kritik der Frauen und Männer der frühesten Kirche an der Gewaltherrschaft des römischen Imperiums; an die Armutsbewegungen des Mittelalters; an die reformatorischen Aufbruchs- und Erneuerungsbewegungen; an die religiös-soziale Arbeiterbewegung; an die antifaschistischen Kräfte und christlichen Pazifisten; an den kirchlichen Widerstand gegen das rassistische Regime Südafrikas; an die Solidarisierung der Kirchen der Befreiung mit den Armen in Lateinamerika, Afrika und Asien; an die Kirche der Frauen und anderes mehr.

Das Gedächtnis für diese guten Traditionen allerdings bewahrt die Leserin, den Leser nicht davor, nach der Lektüre dieses Buches in der Versuchung zu sein, die Einschätzung Pasolinis zu teilen. Das Buch ist meines Erachtens eine notwendige Zumutung. Es ist so etwas wie die Skizze eines kirchlichen Alptraums. Entscheidend bleibt für mich die Aufklärung über Mechanismen und Zusammenhänge, die im wörtlichen Sinn »lebensgefährlich« sind. Deshalb ist es wichtig, vor allem zu erkennen, *gegen* was es geht oder gehen muß, damit das Lebensstärkende gefordert und befördert werden kann. Bescheidene Richtungsanzeigen versuche ich nicht nur im Epilog.

Es gibt Artikel und Bücher, die gerne geschrieben werden. Dieses Buch habe ich ungern, zeitweise widerwillig verfaßt. Wiederholt erinnerte ich mich an den Satz meiner Familie: »Wir tun, was anständige Menschen tun müssen«. Was ich sagen kann, muß ich sagen; das ist zuletzt auch eine Frage der Scham.

Niemand schreibt ein Buch allein. Jedes Buch gründet auch auf den Recherchen, Analysen und Thesen anderer Autorinnen und Autoren. Ihnen möchte ich herzlich danken.

Meine Frau habe ich hartnäckig im Verdacht, daß es ihr lieber gewesen wäre, wenn ich ein Buch über das »Hohelied der Liebe« oder über Feste und Feiern im jüdisch-christlichen Leben geschrieben hätte. Aber bekanntlich hat alles seine Zeit. »Himmel und Hölle«, zu diesem Spiel verführten mich immer wieder die Kinder; und ich will nicht abstreiten, daß ich während der Schreibarbeit an der »katholischen Mafia« dieses Geschicklichkeits- und Hüpfspiel mit neuen Augen sehen gelernt habe.

Frühsommer 1993 *Matthias Mettner*

Die Katholische Mafia

Zur Einführung oder »Cosa Nostra«

Auf dem Vormarsch mit »heiliger Unverschämtheit«

Sie sind mächtig. Im elitären Wahn göttlicher Sendung, von Machtgier und Herrschsucht getrieben, ausgestattet mit gewaltigen finanziellen Ressourcen, mit viel Sympathie von höchsten Repräsentanten der klerikalen Männer-Hierarchie gebilligt und gefördert, greifen totalitäre Gruppierungen und Geheimbünde in der römisch-katholischen Kirche nach der Macht. Längst haben sie wichtige Machtzentren und Schlüsselpositionen der Kirche sowohl innerhalb des Vatikans als auch in den Diözesen erobert und besetzt. Im kirchlichen Treibhausklima klerikaler Mentalitäten und ängstlicher Selbstbehauptung, begünstigt durch die zentralistisch-hierarchische Organisationsstruktur der Kirche, sind sie »mit heiliger Unverschämtheit« und »heiligem Zwang«[1], mit dummdreister Menschenverachtung, Intoleranz und Aggressivität auf dem Vormarsch. Für sie gilt, was der Gründer des »Opus Dei« ungeschminkt propagierte: »Nachgiebigkeit ist ein sicheres Zeichen dafür, daß jemand die Wahrheit nicht besitzt.«[2]

Längst sind sie zum entscheidenden Machtfaktor geworden. Allen voran das im faschistischen Spanien zur finanziellen und personellen Größe gelangte »Opus Dei«[3]. Nahezu von der Öffentlichkeit unbemerkt und lange als einflußlose sektiererische Gruppierung belächelt, ist das »Werk Gottes« seinem mutmaßlichen Hauptziel, der Kontrolle des römisch-kurialen Zentrums, des religiösen Apparats der katholischen Kirche von Jahr zu Jahr nähergekommen. Mitglieder, Anhänger und Sympathisanten des »Opus Dei« stellen heute ein beachtliches Potential an dienstbarer Intelligenz dar. Die innere Struktur des Werkes ist patriarchalisch, autoritär und quasimilitärisch. Von seinen Mitgliedern fordert die Führungsriege eine bedingungslose Hingabe, die weder Zweifel noch Argwohn erlaubt, nicht die geringste Kritik duldet und all die Männer und Frauen, die der – im spanischen Ursprungsland als »Obra« und »heilige Mafia« bezeichneten – Organisation angehören, zu einer disziplinierten Einheit, einem »mobilen Corps« zusammenschließt.

Vorläufiger sichtbarer Höhepunkt des innerkirchlichen Vormarsches ist die Seligsprechung des Opus Dei-Gründers Josemaría Escrivá de Balaguer am 17. Mai 1992 durch Papst Johannes Paul II. Die Erhebung Escrivás »zur Ehre der Altäre« – so die römisch-kirchliche Terminologie – ist eine kirchenpolitische Entscheidung ersten Ranges. Warum wohl wird in einem beispiellos schnellen und mysteriösen Verfahren Escrivá seliggesprochen und nicht der Papst des Zweiten Vatikanischen Konzils, Johannes XXIII.? Ein Papst, dessen Zeit zwar nicht ausreichte, um die autoritär-hierarchischen und antidemokratischen Strukturen der Kirche zu reformieren, der aber den »Sprung nach vorwärts« wagen wollte und auf deutliche Distanz zum Unfehlbarkeitsdogma des Papstamtes und zum Absolutheitsanspruch »außerhalb der katholischen Kirche kein Heil« ging. Ein Kirchenmann, der im Respekt vor der Vielfalt menschlicher Lebensentwürfe, Kulturen und Religionen ehrfurchtsvoll von der Hoheit des individuellen Gewissens dachte. Ein Mann, der nicht auf den psychischen Terror elitärer Pressure-Groups setzte und die sprach- und menschenverachtende Brutalität eines »Bußschweigens«, sondern auf die Kraft des Wortes und die Fähigkeit der Menschen, die Würde, Lebensinteressen und Rechte der anderen zu respektieren. Dieser Papst schwadronierte nicht abstrakt über eine »Zivilisation der Liebe«, sondern forderte die Bekehrung der Kirche zum konkreten Menschen, seinen Ängsten, Leiden und Lebenswünschen, seiner Sehnsucht nach Heilung, Befreiung und Trost angesichts sozialer und psychischer Not, Gewalt und Unterdrückung. Er nahm jenes alte herrschaftskritische Buch, die Bibel, ernst, in der von einem Gott erzählt wird, der sich in seinem Sohn Jesus Christus mit den Armen, Dürstenden, Hungernden, Kranken und Fremden direkt identifiziert (Matthäus 25, 31–46). Johannes XXIII. erkannte, daß das Evangelium zu einer Ideologie der Macht verkommen muß, wenn der Kirche oberstes Gebot die Sicherung ihrer Privilegien, ihrer Einflußsphären und ihres eigenen Systems ist. Er lehnte die Kirche als »geschlossene Gesellschaft« und die konfessionalistische Engführung des Katholizismus ebenso ab wie die Vorherrschaft eines römischen und eurozentrierten Christentums.

Der hohe Stellenwert, den Papst Johannes Paul II. der Heiligenverehrung und – damit zusammenhängend – der Selig- bzw. Heiligsprechung von Frauen und Männern der Kirche gibt, verdeutlicht unmißverständlich: Das Leben und Werk Josemaría Escrivás de Balaguer wird von der Kirchenführung, vom »Stellvertreter Christi« als Ansporn, Orientierungspunkt und Maßstab propagiert, an dem sich gelebtes Christentum heute messen soll. Die Selig- und Heiligsprechungspraxis spiegelt die kirchlichen Verhältnisse im allgemeinen wider. Vor allem aber offenbart sie das Selbstverständnis, den religiösen und gesellschaftspolitischen Kurs der Führungsspitze der Kirche für die Zukunft. Beobachter erkennen in der Seligsprechung Escrivás die Förderung und Sakralisierung einer »dubiosen und undurchsichtigen Macht in der Kirche«.

Fundamentalismus »ex cathedra«

Die Seligsprechung Escrivás bestätigt erneut die nüchterne Einschätzung des römisch-katholischen Kirchenrechtlers Knut Walf: »Es existieren Übereinstimmungen von Herz und Seele zwischen der heutigen Leitung der katholischen Kirche und fundamentalistischen Strömungen«.[4] Für die fundamentalistischen Gruppierungen erübrigen sich seit dem Pontifikat Paul Johannes II. offensichtlich in vielen Fragen eigene Aktivitäten. Die Kirchenleitung betreibt mittlerweile ihre Geschäfte.

Mit Recht sprechen Kirchenbeobachter von einer neuen Phase des »offiziellen Fundamentalismus«, eines Fundamentalismus »ex cathedra«; vergleichbar der Bekämpfung des sogenannten »Modernismus« in der Zeit der Jahrhundertwende durch die römische Kurie, die darin das »Sammelbecken aller Häresien« mutmaßte. Deutlichste Indizien für den real existierenden Fundamentalismus »ex cathedra«» heute sind zum Beispiel die päpstliche Personalpolitik bei der Bestellung von Bischöfen – entweder werden direkt fundamentalistische Kandidaten oder aber Sympathisanten ernannt–, aber auch die Disziplinierung des Klerus, die Bekämpfung kritischer und »abweichender« Theologinnen und Theologen, die fortgesetzte Minderbewertung und Diskriminierung von Frauen, der verschärfte Zentralismus, ein erneuter Eurozentrismus, das Verbot sogenannter »liturgischer Experimente«, die Uniformierung kirchlicher Lehre unter Mißachtung jeder kulturellen Verschiedenheit (man denke nur an den neuen »Weltkatechismus«), die innerkirchliche Mißachtung der bescheidenen Elemente einer Rechtskultur bei Konflikten. All dies sind längst keine vagen Vermutungen und Verdächtigungen mehr, sondern an zahlreichen Vorgängen belegbare Entwicklungen der real existierenden, der »empirischen« Kirche.

Das Aufbegehren und der Widerstand des »Kirchenvolks« läuft offensichtlich völlig ins Leere; das heißt, er wird von der römischen Kurie entweder ignoriert oder führt in vielen Einzelfällen zur Disziplinierung kirchlicher Mitarbeiterinnen und Mitarbeiter. Kritische und offene Geister werden mundtot gemacht, marginalisiert und ausgegrenzt. Die Negativauslese kirchlichen Personals wird fortgesetzt.

Wie ein Krake wächst parallel dazu das »Octopus Dei«. Das »Werk Gottes« und andere politisch-theologisch reaktionäre Gruppierungen bilden die große fundamentalistische Versuchung der katholischen Kirche. Seit Jahrzehnten haben sich Gruppierungen wie das »Opus Dei« den wechselnden Pontifikaten als »mobile Corps« mit strengster Disziplin und viel Geld angebiedert und angedient. Unter Johannes Paul II. ist offensichtlich ihre große Zeit angebrochen. Es scheint, als ob die Gruppierungen fundamentalistischen Typs von der römischen Kurie immer stärker als Modell für die gesamte Kirche genommen werden. Der heutige Papst hat eindeutige Sympathien für das Opus Dei und ähnlich integralistische Gruppierungen, deren gemeinsames Kennzeichen eine vereinnahmende, totalitäre Tendenz ist.

Harter und weicher Fundamentalismus

Die Namen und Firmenschilder der Gruppierungen, die zur Nomenklatur des »katholischen« Fundamentalismus gehören, sind – weniger anmaßend als das Opus Dei – zugleich wohlklingend und wenig aussagefähig. Sie lauten: Communione e Liberazione, Internationale Una Voce-Föderation, Opus Angelorum, Bewegung für Papst und Kirche, Pro Ecclesia, Neokatechumenale Bewegung, Priesterbruderschaft Sankt Petrus, Fokolarini, Schönstatt-Bewegung, Legio Mariens, Pro Occidente, Treue zur Kirche, Katholische Pfadfinderschaft Europas (KPE), Marianische Priesterbewegung, Linzer Priesterkreis, Sammlung glaubenstreuer Katholiken (SAKA), Katholische Traditionalistenbewegung (KTB), Austria Catholica, Arbeitskreis Theologie und Katechese (ATK), Römisch-Katholische Europazentrale usw.

Zu vergessen ist auch nicht die Bewegung um Erzbischof Marcel Lefebvre. Nachdem Lefebvre 1988 wegen seines fortgeschrittenen Alters ohne Einverständnis des Papstes drei Priestern die Bischofsweihe erteilte, wurde »automatisch« die Strafe der Exkommunikation erteilt. Damit wurde die Absplitterung der Bewegung von der römisch-katholischen Kirche vollzogen. Diesem Bruch gingen aber unerträgliche Anbiederungen des Vatikans an die Position Lefebvres und massive Zugeständnisse an den innerkirchlichen Machtanspruch dieser reaktionären Gruppierung voraus.

Alle diese Gruppen, Verbände und Bünde zeichnen sich durch einen harten oder weichen Fundamentalismus aus. Hinter den vielen Namen, Kulissen und Masken verbirgt sich immer die Fratze fundamentalistischer Mentalität und reaktionär-konservativer Gesinnung. Ihr Fundamentalismus unterscheidet sich nur graduell, nicht wesentlich.

Festzuhalten ist auch, daß der Bewußtseinsstand und das Klima in der katholischen Kirche bis in die Endphase des Pontifikats Pius' XII. (1939 bis 1958) derart antidemokratisch und politisch reaktionär war, daß fundamentalistisches Gedankengut allgegenwärtig und keineswegs die Ausnahme war. Mittlerweile fragen sich immer mehr Katholikinnen und Katholiken, ob die innerkirchliche und gesellschaftliche Öffnungsphase des Zweiten Vatikanischen Konzils in der römischen Spitze der katholischen Kirche – geschichtlich betrachtet – nicht nur ein kurzes Intermezzo, gleichsam ein »römischer Frühling« war, was jetzt mit allen zur Verfügung stehenden Machtmitteln korrigiert werden soll.

Zu berücksichtigen ist bei der Analyse des katholischen Fundamentalismus auch, daß sich der Begriff »Fundamentalismus«

in seinem heutigen sozialwissenschaftlichen Bedeutungsgehalt[5] noch nicht durchgesetzt hat und als Instrumentarium für Analysen früher gar nicht zur Verfügung stand. Lange wurde in katholischen Auseinandersetzungen der Begriff »Integralismus« gebraucht, der aber im Kern mit »Fundamentalismus« gleichzusetzen ist. An späterer Stelle werde ich die zentralen Kennzeichen des Fundamentalismus und des Integralismus benennen und skizzieren.

Die heute in der Kirche anzutreffenden fundamentalistischen Gruppierungen und Organisationen stehen zudem in hohem Maße auch in direkter oder indirekter Kontinuität mit früheren Phänomenen ähnlicher Qualität. Zu nennen ist exemplarisch die »Action Francaise«, die eindeutig faschistisch war.

Des Papstes liebste Kinder sind das »Opus Dei« und die Gruppierung »Comunione e Liberazione«[6]. Zwischen dem Opus und allen übrigen Gruppierungen des harten oder weichen fundamentalistischen Typs besteht ein entscheidender Unterschied, der offiziell bestritten wird: Das »Werk Gottes« ist kirchenrechtlich direkt dem Papst unterstellt. Während die anderen kirchlich-religiösen Pressure-Groups in das hierarchische Geflecht der römischen Kirche eingeflochten sind, der Kontrolle der Ortsbischöfe unterstehen, kann das »Opus Dei« ungeachtet regionaler und nationaler Beschränkungen weltweit und multinational operieren.

Erstmals und bis heute exklusiv wurde kirchenrechtlich der Status einer Personalprälatur eingeführt, den das »Opus Dei« 1982 maßgeschneidert erhielt. Die »Prälatur vom heiligen Kreuz und Opus Dei«, so ihr vollständiger Name, ist in ihrer Struktur analog derjenigen einer Diözese, eines Bistums. De facto ist eine Personalprälatur ein Bistum auf personeller, nicht territorialer Basis.

Nationale Bischofskonferenzen und einzelne Bischöfe sehen in jüngster Zeit auch vermehrt Anzeichen dafür, daß das Opus als vatikanische Wächter- und Kontrollinstanz eingesetzt wird, als direktes Instrument der Disziplinierung, das schon die ersten Anzeichen von der römischen Linie abweichender nationaler oder regionaler Ausgestaltungen kirchlicher Praxis erstickt. »Man fürchtet sie und nimmt sich vor ihnen in acht« – diesen Satz habe ich bei meinen Recherchen im klerikal-kirchlichen Milieu häufig gehört.

Nach eigenen Auskünften ist die Prälatur »Opus Dei« auf allen fünf Kontinenten tätig. Sie zählt heute knapp 80000 Mitglieder in 87 Ländern. Die Zahl der Priester betrage, so das »Informationsbüro der Prälatur Opus Dei in der Schweiz«[7], weltweit gut 1400. Auch wenn sich das »Werk Gottes« unermüdlich als »Laienorganisation« präsentiert, ist die interne Struktur eindeutig klerikal dominiert. Alle wichtigen Entscheidungskompetenzen und Spitzenpositionen sind mit Klerikern besetzt.

»Wozu wollt Ihr die Macht?«

»Friedliche Fragen« richtete der Schweizer Theologe und Kardinal Hans Urs von Balthasar – selbst konservativ und unverdächtig des theologischen Progressismus – 1988 wenige Monate vor seinem Tod an das Opus Dei. Er erkannte im Opus »die stärkste integralistische Machtballung in der Kirche«. Der folgenden Frage verweigerte das »Werk Gottes« bis heute jede Antwort:

»Liebe Brüder und Freunde vom Opus Dei! (...) Daß ihr viel Macht habt, viel Geld, viele politische und kulturelle Posten und Positionen, daß ihr ganz offentsichtlich solche Schlüsselstellungen anstrebt, von wo aus man sehr viel in Welt und Kirche unter Kontrolle hat und somit nach eigenen Plänen dirigieren kann, daß ihr eine kluge, diskrete Taktik anwendet, um zu diesen Positionen möglichst rasch und diskret zu gelangen, dagegen ist nichts einzuwenden. Macht ist nicht an sich böse. Die ganze, die alles entscheidene Frage lautet: wozu wollt ihr sie? Was fangt ihr damit an? Welchen Geist gedenkt ihr mit diesen Mitteln zu verbreiten?«[8]

Bereits die Frage nach gesellschaftlicher Macht weist die Führungscrew des Opus als diffamierend zurück. In seinen offiziellen Erklärungen und Selbstdarstellungen zeichnet das Opus das strahlende Außenbild einer exklusiv religiösen Vereinigung: »Das Ziel und die Mittel des Opus Dei [sind] gänzlich und ausschließlich übernatürlicher, geistlicher und apostolischer Art«[9], formulierte Josemaría Escrivá. Das »Opus Dei« strebe allein die »Heiligung des Lebensalltags und der Arbeit« gläubiger Katholikinnen und Katholiken an. Das Werk habe keine »weltlichen«, keine machtpolitischen Ambitionen, wiederholen hartnäckig die Wortführer der Opus-Ideologie wider besseren Wissens den zitierten »Grundsatz« Escrivás.

Die Tatsachen und Ergebnisse journalistischer Recherchen werden entweder ignoriert oder als Diffamierungen zurückgewiesen. Hans Urs von Balthasar wußte, wovon er sprach. Er kannte die zugleich aggressive und diskrete Machtstrategie des Opus. Dessen machtpolitische Erfolge waren allzu augenfällig.

Stark geworden im faschistischen Spanien

Von Anfang an konzentrierte sich das 1928 gegründete »Opus Dei« in seinem Stammland Spanien auf die Rekrutierung intellektueller Eliten und wurde im faschistischen Spanien des Franco-Regimes zur »einflußreichsten kollaborationistischen Bewegung innerhalb der Kirche«.[10] Die »Vereinigung von Gläubigen, die nach der Vollkommenheit des Evangeliums strebt« und sich in »frommer Intimität mit Gott« wähnt – so die offizielle Opus-Ideologie –, durchsetzte spätestens seit Beginn der fünfziger Jahre den Staatsapparat und wichtige gesellschaftliche Institutionen in Spanien mit seinen Mitgliedern und Sympathisanten. Der Aufstieg von Mitgliedern des geheimen Opus in fast allen finanz- und wirtschaftspolitisch relevanten Ministerressorts und damit der Machtzuwachs des Opus Dei in den folgenden Jahren war atemberaubend. Zeitweise besetzten Opus Dei-Mitglieder bis zu zehn Ministerposten im Regime des Caudillos Francisco Franco. Ein wahrlich »übernatürliches«, »geistliches« und »apostolisches« Werk.

Das »Opus Dei« als Modell

Viele Indizien sprechen dafür, daß das »Opus Dei« von der Spitze der römisch-katholischen Organisation, von Papst und Kurie, zum Modell für die gesamte Kirche genommen wird. Das »Werk Gottes« scheint den Trend anzugeben, dem die Kirche gemessenen Abstands folgen soll. Offensichtlich wird das Opus mit seinen zwielichtigen Manövern in den Augen vieler römischer Kirchenmänner zum letzten Bollwerk gegen den drohenden Machtverlust und zur Zukunftsverheißung der Kirche. Ein Szenarium von Zukunft, das wohl nur noch als ein letztes Aufbäumen einer im Zerfall befindlichen organisierten Religion und Institution anzusehen ist.

Ich halte das »Opus Dei« und die anderen fundamentalistischen Gruppierungen in der Kirche für dramatische Krankheitssymptome. Das »Werk Gottes«, das sich selbst für den »großen rettenden Eingriff des göttlichen Arztes« hält, verkörpert für mich all die unseligen Traditionen der Kirchengeschichte, die im Kern menschenverachtend sind und die Geschichte der Kirche zu einer Geschichte der Verbrechen gemacht haben.

Wie in einem Spiegel könnte die Kirche im »Opus Dei« sehen, warum aus der ursprünglichen jüdischen Sekte des Christentums, als einer Religion der Ausgebeuteten und Armen, der Beherrschten und Erniedrigten, das römisch-katholische System wurde. Das Opus Dei hat in seiner Struktur und Ideologie – in einzigartiger kirchengeschichtlicher Erfahrungskontinuität – die mannigfaltigsten Praktiken der Machtausübung, der Methodik der Unterwerfung von Menschen, die Verinnerlichung religiösen Zwangs, der technischen Modernisierung ihrer institutionellen Mittel versammelt und in gewisser Weise perfektioniert. In diesem Sinne ist das Opus Dei keineswegs traditionalistisch, sondern höchst modern.

Ohne die Analysen des Buches vorwegzunehmen, nenne ich an dieser Stelle unvollständig und in gebotener Zuspitzung die wesentlichen Charakteristika, die ich im Opus Dei erkenne. Hier verbinden sich gegenseitig optimierend Merkmale, Strukturelemente und Methoden von Sekten und von Mafia, mit denen sich das Buch befaßt. Es ist zugleich eine sozialpsychologische Profilskizze fundamentalistischer Mentalität in ihrer pseudochristlichen Extremform. Dies ist noch nicht die Beweisführung, sondern an dieser Stelle nur die Benennung. Im folgenden eine unvollständige Liste erster Hinweise:

- In seiner Enzyklika vom 15. August 1854 dekretiert Papst Pius IX.: »Die abgeschmackten und irrigen Lehren oder Faseleien zur Verteidigung der Gewissensfreiheit sind ein außerordentlich verderblicher Irrtum – eine Pest, die vor allem anderen in einem Staat am meisten zu fürchten ist.«[11] Nirgendwo habe ich bei meiner Analyse der internen und externen Schriften des Opus Dei auch nur die Spur eines Hinweises entdeckt, daß das Gewissen als Grundrecht des einzelnen zu respektieren sei. Im Gegenteil, dem Zitat von Pius IX. würde das Opus Dei wohl zustimmen. Alarmierend ist für mich überhaupt, daß die Grund- und Menschenrechte in dem Schrift- und Regelwerk des Opus Dei keine Würdigung erfahren.

- Hinter der glänzenden religiösen Fassade, die das Opus präsentiert, erkenne ich nur den Glauben an die Macht und das Geld. Erwartet man im »religiösen Erbauungsbuch« des Opus-Gründers Escrivá, »Der Weg«, die Mitteilung und Anleitung zu spiritueller Tiefe, sieht man sich mit einem »Sammelsurium von barschen, schroffen Marschbefehlen« konfrontiert.
- Das »Opus Dei« erzwingt eine fundamental körperfeindliche und geschlechtsunterdrückende Lebenshaltung. Es hat ein System perfekter Sexualrepression aufgebaut. Opus Dei-Mitglieder traktieren und knebeln ihre Körper in masochistischer Manier mit diversen »Abtötungspraktiken« (Geißel, Bußgürtel, Schlafen auf dem Fußboden usw.). »Du machst nur so viele Fortschritte, wie du dir Gewalt antust!«, »Geheiligt sei der Schmerz!«[12] – diese Maximen sind Ausdruck einer seelisch verkrüppelnden und krankmachenden Lebensform.
- In der inneren Struktur und Ideologie des Opus Dei sind eindeutig sexistische Tatbestände erkennbar. Der Sexismus – die Herrschaft von Männern über Frauen aufgrund ihrer Geschlechtszugehörigkeit – zeigt sich in einer Benachteiligung und Diskriminierung der Frauen im Opus Dei. Leitungsfunktionen sind »Männersache«. Die Priester besitzen die entscheidende Rolle. Putzen, Waschen, Kochen – das sind offensichtlich die Hauptfunktionen, die weibliche Mitglieder in den Opus Dei-Häusern exklusiv erfüllen dürfen. Das Opus Dei verkörpert die Verteidigung der alten Kult-Vorherrschaft des klerikalen Mannes. Das Schrift- und Regelwerk des Opus strotzt vor männlichen Imponiergebärden, militaristischer Sprache und kriegerischen Metaphern. Bis in die Architektur der Opus-Niederlassungen (getrennte Treppenhäuser, verschlossene Türen) zeigt sich eine Apartheid der Geschlechter, die auf einen extrem entwickelten sozialpsychologischen Angst- und Abwehrmechanismus gegenüber der Frau in der zölibatären Priesterschaft und der männlichen Mitgliederschaft schließen läßt.
- Im »Opus Dei« als Institution kann ich keine echt religiösen und ethischen Ziele erkennen, sondern nur den Verfall an den »Primat der Macht«. An einem Zuwachs an sozialer Gerechtigkeit, an der Ausschaltung von Ungleichheit und Unterdrückung, an dem

Recht auf Leben für alle Menschen ist dieses pseudoreligiöse System grundsätzlich nicht interessiert. Ihm und seiner Führungselite geht es offensichtlich zuerst und zuletzt um die Durchsetzung und Vermehrung der eigenen Macht, wobei das Motto gilt, daß der Zweck die Mittel heiligt. Selbstverständlich ist hier mit »Machtverfallenheit« nicht die geordnete und gerechte Machtverwaltung und Machtausübung gemeint, auf die jede gesellschaftliche Institution – also auch die Kirche – angewiesen ist, sondern jener Irrglauben, der durch nicht transparente und kontrollierte Machtbündnisse angeblich religiöse und kirchliche Ziele zu erreichen sucht, de facto aber dem eigenen Herrschaftsinteresse folgt und nicht am Wohl der Menschen interessiert ist. »Macht im gemeinten Sinn beginnt dort, wo eine Gruppe (mag sie frei oder kirchlich organisiert sein) sich zum Programm setzt, auf dem Umweg über weltliche Machtpositionen angeblich christliche Wirkungen hervorzubringen. Weltlich ein normales Kalkül (...), christlich aber ein Schlag ins Gesicht der Seligpreisungen der Bergpredigt. Macht als Weg, das Kreuz aufzurichten, war weithin der Weg der Kolonisatoren«[13] (Hans Urs von Balthasar).

- Das Opus ist systemegoistisch, und die »Mittel, deren sich das System bedient, um sich zu behaupten, stehen dabei in bezug auf das Maß ihrer Brutalität in einem direkten Abhängigkeitsverhältnis von seinem ideologischen, bürokratischen und ökonomisch-finanziellen Machtpotential und dessen faktischer Effizienz«.[14] Mit zwielichtigen, skandalösen Machenschaften und finanziellen Operationen, mit Cover-agent-Strategien und einem weltweiten Netz von Tarnorganisationen in allen gesellschaftlichen Bereichen trachten die Mitglieder des Opus danach, den Reichtum und die Macht des »Werkes Gottes« zu mehren.

Eine Organisation mafiosen Typs

Um Irritationen im Zusammenhang des Begriffs und Buchtitels »katholische Mafia« zu begegnen: Hier geht es nicht um Verbindungen zwischen Kirche und Mafia, wobei manche Verdachtsmomente durchaus auch in diese Richtung weisen.

Meinem Wortgebrauch »katholische Mafia« liegt ein sozialwissenschaftliches Verständnis von Mafia zugrunde. Das Wort »Mafia« steht heute landläufig für das organisierte Verbrechen schlechthin, für ein weltweit kriminelles, krakenartiges Unterdrückungssystem. Aus der Lektüre von Tageszeitungen, Kriminal- und Sensationsromanen und dem Konsum von Mafia-Filmen und -Fernsehserien meinen die meisten Menschen zu wissen, was sie sich unter der Mafia vorzustellen haben: eine Geheimgesellschaft zu verbrecherischen Zwecken, streng autoritär geführt, straff zentralisiert, mit patriarchalischen Initiationsriten, festen Statuten und internationaler Organisation.

Die Markenzeichen dieser großen Holdinggesellschaft des Verbrechens sind: Bombenattentate gegen Staatsanwälte und Richter, Killerkommandos, Rauschgift-, Waffen- und Atomgeschäfte, Zuhälterringe, Schutzgelderpressungen, »schmutzige Gelder« und die Korrumpierung von Politik und Wirtschaft durch Erpressung und Bestechung. Deshalb liegt es nahe, die Mafia vor allem als blutrünstigen Moloch zu sehen.

Im organisierten Verbrechen aber wird nur eine der Erscheinungsformen von Mafia sichtbar, wenn auch eine besonders medienwirksame und brutale. Sicherlich ist richtig, Mafia unter kriminologischem Aspekt zu sehen, als die Form organsierten Verbrechens par excellence. Aber diese Sichtweise ist in entscheidenden Fragestellungen unvollständig. Sie greift zu kurz. Sie erklärt nicht das Mafia-Phänomen, mit dem die demokratischen Gesellschaften in West und Ost konfrontiert sind. Was not tut, um das Phänomen Mafia in seinen gesellschaftlichen, kulturell und sozialpsychologischen Ursachen zu verstehen, ist eine Analyse, wie sie zum Beispiel der Frankfurter Sozialwissenschaftler Henner Hess für die sizilianische Mafia vorgelegt hat.

Einführend stellt Hess fest: »Das Wort Mafia selbst ist mit Vorsicht zu gebrauchen, denn schon allein die Verwendung dieses Begriffs suggeriert die Vorstellung von einer Organisation, die dem Begriff entspricht. Die meisten Fehlinterpretationen mafiosen Verhaltens haben ihre Ursache in diesem falschen Ansatz. Wo ich das Wort Mafia benutze, steht es alternierend zu ›mafiosem Verhalten‹ und soll ausschließlich ein bestimmtes Handeln charakterisieren.«[15] Diese Benutzung des Wortes »Mafia« meint nicht, daß eine Organisationsstruktur mafiosen Typs fehlt; aber sie mißt der informalen »Organisation«, die auf Mentalitäten und tradierten

Herrschaftstechniken basiert, mehr Bedeutung zu als die formale – kriminologisch erfaßbare – Organisation, die nur die sichtbare Spitze des Eisberges ist. Mafia im sozialwissenschaftlichen Verständnis von Henner Hess ist auch keine Relativierung der kriminellen Aktivitäten und Potenz organisierten Verbrechens, sondern eine Verschärfung in der Analyse der Ursachen, Mechanismen und Methodik von Mafia. Mafia meint vor allem auch ein bestimmtes Verhaltensmuster.

In diesem Verständnis spreche ich im Zusammenhang von totalitären und fundamentalistischen Gruppierungen in und am Rande der römisch-katholischen Kirche von »katholischer Mafia«. Ich zögere bei der Einführung des Begriffs, weil ich ihn nicht leichtfertig frei assoziierend für fundamentalistische Mentalitäten und Verhaltensmuster kirchlicher und pseudoreligiöser Kreise benutzen will, sondern durchaus in seinem sozialwissenschaftlichen Bedeutungsgehalt.

Die sozialwissenschaftliche Auseinandersetzung mit dem Phänomen Mafia in der italienischen Gesellschaft hat mich Charakteristika mafiosen Verhaltens und mafioser Methodik erkennen lassen, deren Affinität zu den Denk- und Verhaltensmustern fundamentalistischer Gruppierungen in der Kirche auf der Hand liegen. Ich nenne im folgenden vier meines Erachtens wesentliche Kennzeichen mafiosen Verhaltens und mafioser Methodik, die dem Grundtypus nach auch bei fundamentalistisch religiösen Organisationen feststellbar sind:

- Die *omertà*, die unbedingte Schweigepflicht und die Macht des Geheimnisses; im Opus Dei wird dies die Pflicht zur »Diskretion« genannt;
- die mafiose Familienideologie und die informelle Ordnung des Klientelismus; nach den »Konstitutionen«, die nach offiziellen Opus-Erklärungen bis 1982 gültig waren, ist das Werk eine »Familie ohne die Unannehmlichkeiten der körperlichen Zuneigung«;[16]
- die mafiose Lobby, die Durchsetzung der gesellschaftlichen Institutionen beziehungsweise die »Kolonisierung« wichtiger Schlüsselfunktionen und Spitzenpositionen mit Mitgliedern, Anhängern und Sympathisanten der »Familie«, so daß die Mafia das Gesicht der Institutionen trägt, ohne daß man sich selbst gegenüber der Öffentlichkeit oder der Institution legitimieren muß. Die

Strategie des Opus Dei zielt vor allem auf die Machteliten in Politik, Wirtschaft, Wissenschaft und Kirche und damit auf die »Kolonisierung« dieser Institutionen;

- die mafiosen Denk- und Verhaltensmuster, die aufgrund fehlender oder mangelhafter Strukturen staatlicher und gesellschaftlicher Institutionen entstanden sind beziehungsweise begünstigt werden und eine große Rechtsunsicherheit für den einzelnen bedeuten (keine funktionierende Verwaltungsgerichtsbarkeit zum Schutz der Persönlichkeitsrechte gegen Willkür von staatlichen Behörden, fehlende Ordnungskräfte usw.); besonders die streng hierarchische und antidemokratische Struktur der römisch-katholischen Kirche ermöglicht und begünstigt den Vormarsch fundamentalistischer Gruppierungen mit totalitärer Tendenz.

Im zweiten Teil dieses Buches werde ich detailliert und exemplarisch das sozialwissenschaftliche Verständnis von Mafia mit dem Innenleben und den Strategien des Opus Dei konfrontieren.

Das totalitäre Innenleben fundamentalistischer Gruppen

In seinem zwischen 1919 und 1924 geschriebenen Bildungsroman »Der Zauberberg« läßt Thomas Mann in einem leidenschaftlichen Streitgespräch zwischen dem Ideologen der Aufklärung und des Humanismus »Settembrini« und dem Ideologen kirchlichen Herrschaftswillens »Naphta« letzteren sagen: »Alle wahrhaft erzieherischen Verbände haben von jeher gewußt, um was es sich in Wahrheit bei aller Pädagogik immer nur handeln kann: nämlich um den absoluten Befehl, die eiserne Bindung, um Disziplin, Opfer, Verleugnung des Ich. Vergewaltigung der Persönlichkeit. Zuletzt bedeutet es ein liebloses Mißverstehen der Jugend, zu glauben, sie finde ihre Lust in der Freiheit. Ihre tiefste Lust ist der Gehorsam.«[17]

Was Naptha hier in seltener Offenheit und Brutalität ausspricht, ist der Kern aller totalitären Doktrinen und Ideologien, der im 20. Jahrhundert in die faschistischen Vernichtungslager, verbrecherischen Kriege und stalinistischen Gulags führte. Es ist die Sprache der totalitären Macht und der gewaltsamen Unterwerfung von Menschen, der Verherrlichung der Ketten und der Glaubenswächter, des blinden Gehorsams und der Vernichtung Andersdenkender, des staatlichen Terrors, der Inquisition und Scharfrichter, des

Krieges nach innen und nach außen, der Zerstörung der eigenen Menschlichkeit und der anderer. Es ist die Sprache des Totalitarismus, der für die Menschenrechte und die Optionen der Gerechtigkeit, Demokratie, Gewissens- und Religionsfreiheit nur beißenden Spott und höhnische Phrasen übrig hat. Menschen kommen hier nicht als Subjekte in den Blick, sondern nur als Material, das für Herrschaftszwecke benutzt wird.

Der Archäologe des europäischen Geistes, Isaiah Berlin, hat in einem brillanten Essay mit dem Titel »Joseph de Maistre und die Ursprünge des Faschismus« die direkten Zusammenhänge und Parallelen religiöser und säkularer Totalitarismen in ihren schrecklichen Konsequenzen skizziert. Es macht keinen Unterschied, ob eine menschenverachtende und totalitäre Ideologie zur Legitimierung und Durchsetzung religiös-kirchlicher oder politischer Herrschaft eingesetzt wird. Allenfalls ist festzustellen: Je religiöser, je gottgewollter sich totalitäre Macht gegenüber einzelnen Menschen und Kollektiven präsentiert, um so lebensgefährlicher wird es im wörtlichen Sinn. Das Ergebnis ist immer entweder die Versklavung der Seelen und Körper von Menschen oder die psychische, soziale und physische Vernichtung derer, die sich der Unterwerfung widersetzen.

»Auschwitz begann nicht in Auschwitz« – dieser Satz markiert die sozialwissenschaftliche Einsicht in die möglichen Folgen und das Gewaltpotential religiöser, kultureller und sozialpsychologischer Ursprünge und Traditionslinien, die Diktaturen und Auschwitz den Weg bereitet haben, weil sie die Gewissensbildung und das Wachsen individueller Identität konsequent verhindert haben.

Wer das Innenleben und die innere Struktur religiös fundamentalistischer Gruppierungen kennt, der weiß, daß da die Ausrottung des eigenen Willens, die Ausschaltung des individuellen Ichs betrieben wird. In den schriftlich zugänglichen Berichten und persönlichen Erzählungen ehemaliger Mitglieder des »Opus Dei«, in der Kenntnisnahme und Analyse der internen Vorschriften und Publikationen habe ich die Methodik der Unterwerfung, eine ganze Palette psychischer Mechanismen und Methoden feststellen müssen: Demütigung, autoritäre Einschüchterung, Ruinierung des Selbstwertgefühls, infantile Abhängigkeit, Maßregelung, Gedanken- und Gewissenszensur, Überwachung und Bespitzelung usw. Überall trifft man auf die klassischen Formulierungen des Kadavergehorsams nach dem Motto »Führer befiehl, wir folgen«.

Da lese ich im Hauptbuch »Der Weg« des Opus Dei-Gründers Escrivá, ein Buch, das weltweit in Millionenauflage und vielen Sprachen vertrieben wurde und wird: »Gehorchen (...) sicherer Weg. Blind dem Vorgesetzten gehorchen (...) Weg der Heiligkeit. In deinem Apostolat gehorchen (...) der einzige Weg. Denn in einem Werk Gottes kann der Geist nur so sein: gehorchen oder weggehen.«[18]

Eugen Drewermann hat diese Einstellung auf die kritische Spitze gebracht: »Nie herrschen Menschen absoluter und totaler, als wo erklärt wird, daß sie an der Stelle Gottes selbst befehlen und also unbedingten Gehorsam beanspruchen können.«[19]

In dem Kapitel »Organisierte Lebensangst« dieses Buches werde ich mich detailliert mit dem auseinandersetzen, was ich zusammenfassend als ein latent faschistoides Bewußtsein bezeichne. Es geht um die sozialpsychologischen Prädispositionen, deren gesellschaftliche Folgen ich oben angesprochen habe. Indizien für faschistoides Bewußtsein sind autoritäre Persönlichkeitsstruktur, antidemokratische Einstellungen, Absolutheitsanspruch der eigenen Ideologie, Antisemitismus und Ethnozentrismus. All diese Indizien habe ich vollzählig oder teilweise in den Ideologien religiös fundamentalistischer Gruppierungen und Organisationen festgestellt.

Die Faszination des Geheimnisses

Weltliche und religiöse Herrscher waren sich der aus dem Geheimnis erwachsenen Macht und Faszination immer bewußt. »Das Geheimnis ist im innersten Kern der Macht«, erkannte und skizzierte Elias Canetti in seinem essayistisch-denkerischen Werk »Masse und Macht«.[20] Er analysiert darin die Macht des Schweigens und des Geheimnisses in ihrem Wesen als Herrschaftstechnik zur Unterwerfung von Menschen und zur Sicherung von Macht.

Niemand, der nicht in das Geheimnis eingeweiht ist und zur Machtspitze gehört, weiß um die tatsächliche Macht der jeweiligen Institution und Organisation, die Motive und Gründe für bestimmte Entscheidungen, die Funktionsmechanismen der Herrschaftsausübung und die Dynamik von Entscheidungsprozessen.

Der Machtträger aber weiß, daß hinter dem Schleier und der Unergründlichkeit seiner Herrschaftsstrukturen die Macht nur um so unheimlicher gespürt wird.

Menschen und Institutionen, die sich mit der Aura des Geheimnisses und des Schweigens umgeben, besitzen zudem für viele Menschen eine merkwürdige und diffuse Faszination und Attraktivität. Elias Canetti schreibt: »Ein guter Teil des Ansehens, das Diktaturen anhaftet, liegt darin, daß man ihnen die konzentrierte Kraft des Geheimnisses zubilligt, das sich in Demokratien auf viele verteilt und verdünnt. Mit Hohn hebt man hervor, daß in diesen alles zerredet werde. Jeder schwatze daher, jeder mische sich in alles ein, es geschehe nichts, da alles vorher bekannt sei. Es sieht so aus, als beklage man sich über den Mangel an Entschlossenheit, in Wahrheit gilt die Enttäuschung dem Mangel an Geheimnis. Man ist vieles zu ertragen bereit, solange es gewaltig und unbekannt daherkommt.«[21]

Der geheimnisvolle Nimbus einer Organisation verursacht häufig Unsicherheit und Angst, die wiederum regelmäßig zu Verhaltensweisen der Anpassung, des »vorauseilenden Gehorsams« und des Opportunismus beim einzelnen führen. Faktisch vergrößert sich damit der Einfluß der geheimnisumwitterten »Gesellschaft«. Man scheut die offensive Auseinandersetzung mit dieser zwielichtigen Macht, weil man prompte oder späte Repressionen und Racheakte fürchtet. Es entsteht ein Mythos der Unangreifbarkeit.

Keine Dämonisierung

Bei meiner Untersuchung des Opus Dei erhärtete sich der Verdacht, daß die Führung dieser Organisation die vielschichtigen Wirkungen des Geheimnisses kennt und durchaus bewußt inszeniert und einsetzt. Zudem stellte ich ein nicht unerhebliches Maß an Koketterie fest, die dem Gefühl der eigenen Wichtigkeit zu entsprechen scheint. Deutliche Beispiele dafür lieferte mir die Analyse des Umgangs des Opus mit der Öffentlichkeit, ein Knäuel aus Verschwiegenheit, Verschleierung, Teilwahrheiten, Irreführung der Öffentlichkeit und ridiküler Geheimniskrämerei. Wie bei anderen »Geheimgesellschaften« vermischt sich offensichtlich im Opus Dei tatsächlicher und erhoffter, objektiver und subjektiver

Einfluß. Dies macht es schwierig, den aktuellen Einfluß und die tatsächliche Macht des Opus Dei und ähnlicher Organisationen exakt zu quantifizieren.

Wenn eine Organisation Geheimpolitik zu ihrem obersten Prinzip erklärt, sich gegenüber der Öffentlichkeit abschottet und sich gegen jede Kritik zu immunisieren versucht – auch wenn sie stereotyp das Gegenteil in ihren offiziellen Erklärungen behauptet –, ist es dringend erforderlich, Licht ins Dunkel geheimbündlerischer Strukturen zu bringen. Transparenz und Information sind oberstes Gebot. Dieser Aufgabe stelle ich mich nach bestem Wissen und Gewissen. Jenseits einer Dämonisierung scheue ich mich nicht vor deutlichen Worten bei der Einschätzung der individuellen und kollektiven Wirkungen und Konsequenzen.

Wichtig ist mir der Hinweis, daß die Analysen und Bewertungen immer Urteile über Denkstrukturen, Lebenshaltungen, Herrschaftsmethoden und Ideologie des Opus Dei und fundamentalistischer Mentalität sind, nicht aber über irgendwelche Personen. Ich betrachte Mitglieder des Opus Dei, ganz gleich, ob sie nur »gemeines« Mitglied sind oder zur Führungsspitze zählen, zuerst als Opfer eines pathologisierten Glaubens, der das jüdisch-christliche Verständnis zu einem Gesetz der Furcht und des Zwangs und einer Ideologie der Macht pervertiert. Die biographischen, religiös-kirchlichen und soziokulturellen Ursachen sind vielschichtig und verbieten kurzschlüssige »Schuldsprüche«.

Die Tabuisierung der Macht

Über Herrschafts-, Gewalt- und Machtausübung in der Kirche spricht man nicht. Diese Themen sind tabu. Die wissenschaftliche Theologie und die kirchenöffentliche Diskussion weisen ein eklatantes Defizit in dieser Hinsicht auf. Mir wurde in informellen Gesprächen und öffentlichen Diskussionen über kirchliche Entwicklungen und theologische Fragen, in denen ich auf den nicht unwichtigen Faktor der Macht hinwies, häufig der Eindruck vermittelt, es sei überhaupt »unanständig«, die Worte »Macht« und »Herrschaft« mit Kirche und Religion in Verbindung zu bringen. Wer dennoch darüber nicht schweigt, weil er der festen Überzeugung ist, »daß die Kirche das, was ihr heilig ist, gerade nicht mit

(...) Mitteln der Tabubildung und Einschüchterung schützen kann«, sondern »ihr einzig und allein als Kraft der Überzeugung die Evidenz einer freien und offenen Menschlichkeit«[22] bleibt, dem wird zumeist rasch das Attribut und Etikett der »Kirchlichkeit« aberkannt. »Dieser Mann hat keine kirchliche Gesinnung«, heißt es dann. Und diese Brandmarkung ist bekanntlich äußerst karriereschädlich. Damit ist ein klassischer Vorgang der Einschüchterung und der Immunisierung gegen Kritik beschrieben.

Aber ebensowenig wie – im Zusammenhang von Frau und Mann, Kultur und Gesellschaft, Politik und Ökonomie – von Macht, Abhängigkeit, Gewalt und Herrschaft geschwiegen werden kann, müssen religiöse und kirchliche Entwicklungen und Vorgänge mit derartigen sozialpsychologischen und sozialwissenschaftlichen Kategorien analysiert werden. Und der Hinweis muß erlaubt sein: Die Kritik religiöser und gesellschaftlicher Macht zieht sich wie ein roter Faden durch das jüdisch-christliche Evangelium, das Erste und Zweite Testament, die Hebräische Bibel und das Neue Testament.

Die Vorarbeiten zu diesem Buch haben mir erneut gezeigt: Beschönigungen haben keinen Platz mehr. Der Zustand der römisch-katholischen Kirche ist zu ernst. Es ist nicht die Zeit für wolkige Redensarten und kirchlich-offiziöse Formelsprache, theologische Gemeinplätze und Begriffsarabesken. Es wird in dieser Kirche, in der heute zunehmend ein inquisitorisches Klima herrscht, in der eine Atmosphäre der Einschüchterung, Tabuisierung, Angst, Denunziation und Selbstzensur kirchenamtlich hergestellt wird, zuviel mit Worten zugeschüttet, verschleiert und schöngeredet, was häßlich und lebensfeindlich ist. Anders gesagt: Es wird zu oft und zu eifrig mit nichtssagenden Worten gelogen, wo eine klare und unmißverständliche Sprache gefordert ist. Inzwischen gehört Zivilcourage dazu, Zustände und Vorgänge, Geisteshaltungen und Strukturen als das zu bezeichnen, was sie sind: nämlich lebens- und menschenverachtend. Dieses Buch ist mit Empörung geschrieben und mit dem Ziel, daß aus Zorn Einsicht werden muß, weil moralische Empörung und Appelle zuwenig sind. Dieses Buch ist eine Streitschrift, kein Beschwichtigungstext, keine Mitteilung von Nettigkeiten und Artigkeiten, keine diffuse Versicherung von »Es ist ja alles nicht so schlimm«. Doch, es ist schlimm!

1. Teil

Machtergreifung

1. Kapitel

Die Sakralisierung einer zwielichtigen Macht

Rom, 17. Mai 1992. An diesem Tag wird der Gründer des Opus Dei und »ehrwürdige Diener Gottes« Josemaría Escrivá de Balaguer y Albás von Papst Paul Johannes II. seliggesprochen. Auf dem Petersplatz haben sich nach Schätzungen von Beobachtern 150000 Menschen zu den prunkvollen fernsehübertragenen Feierlichkeiten der Seligsprechung versammelt. Sie sind aus Spanien, Deutschland, Frankreich, Österreich, Schweiz, Chile, Peru und all den anderen Staaten angereist, in denen das Opus Dei Niederlassungen aufgebaut hat und über eine stattliche Anhänger- und Sympathisantenschaft verfügt. Das Opus Dei hatte für den Tag der Seligsprechung ihres Gründers den Aufmarsch von 250000 Anhängern und Sympathisanten der umstrittenen Organisation angekündigt und monatelang für Pilgerreisen zu diesem Spektakel nach Rom geworben (»Romreise zur Seligsprechung… Fahrt in modernen Luxusbussen mit Klimaanlage, Schlafsesseln«). Trotz der tatsächlich kleineren Zahl der Pilger auf dem Petersplatz ist die Dramaturgie der Feierlichkeiten nicht weniger eindrucksvoll ausgefallen.

In grellem Sonnenlicht haben weißgekleidete Bischöfe, weißhaarige Kardinäle und lilagewandete Monsignori die vordersten Stuhlreihen für Ehrengäste besetzt, wie es das römische Protokoll vorgeschrieben hat. Das Erscheinungsbild der anderen Ehrengäste läßt Reichtum und adlige Herkunft vermuten. Die mehreren zehntausend Menschen werden von den halbkreisförmigen Kolonnaden des Petersplatzes »umarmt«, die – geschaffen in den Jahren 1657 bis 1667 – das Meisterwerk des Architekten und Baumeisters Gian Lorenzo Bernini sind. Die Menschen auf dem Petersplatz werden von dem über 25 Meter hohen Obelisken des Kaisers Caligula überragt, der – ursprünglich im Zirkus des Nero aufgestellt und nahe des Ortes, wo Petrus gekreuzigt worden sein soll – zusammen mit der allgegenwärtigen Kuppel der Basilika von St. Peter die Jahrhunderte überdauernde Stärke und Macht der römisch-katholischen Kirche spüren lassen. Das Zusammenspiel der imposanten Architektur des Kirchenstaates, der Liturgie der Feierlichkeiten und der Masse der angereisten Pilger strahlt Erhabenheit, Triumph und Selbstzufriedenheit aus.

Die Hermetik der Feierlichkeiten läßt keinen Schatten, keine Nachdenklichkeit zu. Hier feiert sich die Kirche und ihr Personal selbst, unbeeindruckt von den erdrutschartigen Erosionsprozessen kirchlicher Autorität, den jährlich mehreren hunderttausend aus der Kirche austretenden Menschen in den europäischen Gesellschaften und den vielen innerkirchlichen und gesellschaftlichen Kontroversen und Konflikten. Hier ist nichts spürbar von jenem »aufsässigen Klerus« und »liberalen Fäulnisprozeß innerhalb der Kirche«, vor dem die katholische Reaktion warnt und um so heftiger Ordnung, Gehorsam und Disziplin fordert.

»Ruf der Heiligkeit«

Der Papst selbst leitet die Liturgie der Seligsprechung, jener Mann, der bis heute die offiziellen Titel Statthalter Jesu Christi, Nachfolger des Apostelfürsten und Patriarch des Abendlands trägt. Mit ehrfürchtiger, andächtiger Stimme würdigen die Sprecher der Liturgie, der Beatifikation und Johannes Paul II. Persönlichkeit und Werk des Josemaría Escrivá, seine heroische Tugendschaft, seine großartige spirituelle Tiefe und die Aktualität seiner Botschaft, die offen als »ein lebendiger Ausdruck der immerwährenden Jugend der Kirche« zutage liege.[1] »Der Ruf der Heiligkeit« habe Escrivá schon frühzeitig umgeben. Er habe einzigartig die »Heiligung des Alltags« für alle Katholiken verkündet und zu einem tieferen Verständnis des Sakramentes der Buße beigetragen. Sein religiöses Leben habe sich durch »intensiven Kontakt zu jeder Person der Trinität«, der heiligen Dreifaltigkeit, ausgezeichnet. In seiner »Teilhabe an dem Geheimnis der Auferstehung Jesu Christi« habe er der katholischen Kirche neue Horizonte für die universale Missionierung und Evangelisierung gewiesen. Sein Leben und Werk sei eine beispielhafte »Pilgerreise zurück zu den Quellen katholischer Tradition«, die der ganzen Kirche Vorbild sei.

Fast alle Ansprachen enden mit dem Hinweis auf die Treue Escrivás zur römisch-katholischen Kirche, seinen unbedingten Gehorsam gegenüber dem Papst. Die Kernaussagen der feierlichen Ansprachen und Begründungen der Seligsprechung sind nahezu wortgleich mit den Lebensbeschreibungen Escrivás aus der Feder führender Opus Dei-Ideologen, die zehntausendfach als Glanzpapierbroschüren von den nationalen »Informationsbüros« des Opus verbreitet worden sind.[2] Dies ist kein Zufall. Die Feierlichkeiten wirken wie eine pompöse Werbeveranstaltung für das Opus Dei. Das italienische Fernsehen unterbricht die Direktübertragung der Zeremonien nur mit einem Film über das Leben Escrivás, der zweifelsfrei aus dem Filmarchiv bzw. der PR-Abteilung des Opus Dei stammt.

Der 17. Mai 1992 ist der Tag des größten öffentlich sichtbaren »Sieges« des Opus Dei. Seit seiner Expansion von Spanien nach Rom, dem Zentrum der katholischen Kirche, hatte das Opus Dei sich den wechselnden Päpsten als »mobiles Corps« und Kampftruppe des Papstes mit straffster Disziplin und großer Effizienz angeboten. Während vor allem Papst Johannes XXIII., aber auch Paul VI. dem Opus mit Vorsicht und Skepsis begegnet waren und eine kirchenrechtliche Aufwertung dieser Organisation während ihrer Pontifikate vermieden hatten, wird Papst Johannes Paul II. zum Wegbereiter des Opus Dei. Seit dem Beginn seines Pontifikats hat der gegenwärtige Papst keinen Hehl aus seiner Sympathie für diese Organisation gemacht, ihren Zuwachs an innerkirchlicher Macht Schritt für Schritt gefördert und ihr jetzt zum größten öffentlich sichtbaren Triumph verholfen. Die Erhebung Escrivás »zur Ehre der Altäre« in der Seligsprechung verschafft dem Opus Dei einen weiteren Zuwachs an Einfluß und Macht. De facto kanonisiert der Papst nicht nur die Person Escrivás, sondern das Kirchen- und Gesellschaftsbild des Opus Dei, das extremistisch die zentralen Strukturelemente wie strenge Hierarchie, unbedingter Gehorsam, Uniformität und Sicherheit verkörpert.

Mächtig, selbstgerecht und triumphalistisch

Der Ort der Seligsprechung des Opus Dei-Gründers hat höchsten Symbolcharakter. Rom gilt als Symbol der mächtigen, triumphalistischen, siegenden Kirche, die seit dem von Kaiser Konstantin gewährten Mailänder Edikt des Jahres 313 zur Staatsreligion avancierte. Dieses in der Kirchengeschichte als »Konstantinische Wende« bezeichnete Datum markiert den Beginn der wechselnden Bündnisse der christlichen Kirche mit der politischen, ökonomischen und militärischen Macht, den Beginn des Bundes von Thron und Altar, der Verstrickung von geistlicher und politischer Herrschaft. Im Rom der vierhundert Kirchen existiert der flächenmäßig kleinste Staat und dennoch eines der reichsten Länder der Erde, die Vatikanstadt. Der Vatikan ist bis heute Mittelpunkt des Katholizismus, offizielles Zentrum von fast einer Milliarde Katholikinnen und Katholiken, über 4 000 Bischöfen und Kardinälen, 400 000 Priestern und einer Million Mönchen und Nonnen. Rom symbolisiert den universalen Herrschaftsanspruch der katholischen Kirche, welche die ganze Menschheit mit ihren Staaten und Völkern, gesellschaftlichen Gruppen und Individuen als »Patientin«, sich selbst als »Arzt« versteht.

Die päpstliche Enzyklika »Ecclesiam suam« aus dem Jahr 1964 artikuliert das kirchliche Überlegenheitsgefühl der Menschheit und Welt gegenüber – ohne jede Spur von Zurückhaltung – als medizinales Verhältnis zwischen Kirche und Welt. Unbeirrt und unbeeindruckt von den Verbrechen der Kirchengeschichte nannte Papst Paul VI. sich selbst einen »Experten für Menschlichkeit«. Der Papst als Statthalter Gottes auf Erden wisse allein, was der Welt und Menschheit fehle: »Die Kirche ist sich bewußt, Same, Sauerteig, Salz und Licht der Welt zu sein. Die Kirche nimmt die Umwälzungen der modernen Zeit zur Kenntnis. Aber mit aufrichtigem Vertrauen sieht sie auf die Wege der Geschichte und sagt den Menschen: Ich habe das, was ihr sucht und was euch fehlt.«[3] Und sollten einmal Risse in dieser Überlegenheitsideologie sichtbar werden, sollten die Spitze der römisch-katholischen Kirche einmal Zweifel an diesem Selbstverständnis beschleichen, dann kann sie sich der triumphalistisch-universalistischen Aufrüstung seitens des Opus Dei sicher sein.

Göttliches und dynamisches Wesen

Die triumphalistische Lehre des Opus Dei kennt keinen Zweifel, keine Zurückhaltung, keine Bescheidenheit. Seine Ideologen wissen allemal, was für die Kirche und die Welt gut ist. Für den Hagiographen des Opus Dei-Gründers, Peter Berglar (»Biograph« wäre wohl ein irreführender Titel), ist das Opus Dei »die nimmermüde Wanderschaft Christi über die Erde hin«.[4] Das Werk Gottes ist »keine weltliche Gründung und auch keine ›kirchliche‹ Aktivität, sondern eine unmittelbare Stiftung Gottes in seiner und für seine Kirche«. Das Opus gehe auf göttlichen Befehl zurück. In der internen Zeitschrift »Crónica« heißt es: »Das Opus Dei besitzt eine ewige Jugend, die aus seiner inneren Natur stammt, und ein göttliches, dynamisches Wesen, das sich ständig erneuert.«[5]

Im Gegensatz zur Kirche, die im Zweiten Vatikanischen Konzil zurückhaltend die Notwendigkeit zur »semper reformanda« der Kirche formulierte, ist das Opus deshalb der Pflicht und Notwendigkeit enthoben, sich je reformieren zu müssen. Das ehemals führende britische Mitglied des Opus Dei, der Priester Vladimir Felzmann, berichtet in einem Interview: »Leute in hohen Positionen in Rom – ich war dort fast vier Jahre in der Zentrale (des Opus Dei; MM) – formulierten mit großer Überzeugungskraft: ›Opus Dei ist von Gott erwählt worden, die Kirche zu retten.‹ Und sehr wichtige Leute im Opus Dei sagen heute offen, in 20, 30 Jahren wird das einzige, was von der Kirche bleibt, Opus Dei sein: ›Die ganze Kirche wird Opus Dei sein. Denn wir haben den klaren, sicheren, orthodoxen Blick in bezug auf alles. Der Gründer ist ja von Gott erwählt worden, die Kirche zu retten. Deshalb ist Gott mit uns.‹«[6] Vermutlich ist dies der Grund dafür, daß Rom als Ort für die Seligsprechung des Opus-Gründers gewählt wurde, und nicht Spanien, das Herkunftsland des Opus Dei, das dem universalen Herrschaftsanspruch dieser Organisation für Kirche und Welt weniger entsprochen hätte.

Die »Apostolatswaffe«

Die rasche Seligsprechung Escrivás ist das Ergebnis einer umfassenden Kampagne des Opus Dei, die nach dem Tod ihres Gründers »El Padre« im Jahr 1975 gestartet wurde. Sie ist ein entscheidender Schritt vorwärts und wird der Geheimorganisation zusätzlich weltweit Aufschwung geben. Der Nachfolger und heutige Leiter des Opus Dei, Alvaro del Portillo, wird in dem internen, vom Opus Dei geheimgehaltenen Dokument »Vademecum de los Consejos Locales« (Rom – 19. März 1987) mit der Aufforderung zitiert: »Benutzt jede Gelegenheit, um die private Verehrung unseres Vaters zu verbreiten (...) es ist ein Dienst an der Kirche. Und es ist, vergeßt es nicht, die neue Apostolatswaffe, die der Herr uns geschenkt hat«[7]. Die Verehrung im Kirchenvolk ist eine entscheidende Voraussetzung für Selig- und Heiligsprechungen. Für das Opus Dei zählt Escrivá zu den »triumphalen Gestalten der Kirchengeschichte«.

Bereits zu Lebzeiten Escrivás unternahm die klerikale Führungsspitze des Opus Dei alles, um die Seligsprechung vorzubereiten. Den intern als Vater verehrten Gründer stellt sie auf eine Stufe mit der Vatergestalt des biblischen Abraham, der in der jüdisch-christlichen Tradition als Garant des Bundes Gottes mit seinem erwählten Volk gilt: »Wenn wir an den Vater denken, dann erheben wir gemeinsam unsere Herzen zu Gott; wir erinnern uns an den Mann, den die Schrift preist, weil ›er in der Prüfung treu befunden wurde. Deshalb versprach ihm Gott mit einem Eid, daß in seinen Nachkommen die Nationen gesegnet würden, daß er ihn zahlreich mache, wie den Staub der Erde und seinen Stamm wie die Sterne erhöhen werde; daß er ihm einen Besitz von Meer zu Meer gebe und vom Strom bis an die Enden der Erde‹.«[8]

Offensichtlich verehrt das Opus Dei ihren Gründer Escrivá als den neuen Abraham, mit dem Gott einen neuen Bund geschlossen hat. Diese Anmaßung entspricht seinem Selbstverständnis, das sich angesichts des Erosionsprozesses der Autorität und Disziplin der römisch-katholischen Kirche als der heilige Rest des Gottesvolks, als »makellos« und »unbefleckt«, als von Gott selbst geschaffenes Instrument der Rettung der Kirche sieht.

Übertroffen wird diese selbstherrliche Anmaßung noch, wenn

Escrivá direkt mit Jesus Christus verglichen und als »der gute Hirt« verehrt wird: »Unser Vater ist auch der gute Hirt, der die Herde des ganzen Werkes führt. Er kennt uns und führt uns auf heilsame und überfließende Auen. Er gibt sein Leben hin, so daß wir, seine Kinder, es in immer größerer Fülle besitzen können.«[9] Diese Sätze aus der internen Opus-Zeitschrift »Crónica« aus dem Jahr 1971 belegen, daß bereits zu diesem Zeitpunkt massiv die Verehrung Escrivás vorangetrieben wurde, und dies offensichtlich mit dem Einverständnis von Escrivá selbst. Die im Prozeß zur Seligsprechung häufig behauptete »Bescheidenheit« des Opus-Gründers Escrivá ist damit als völlig unglaubwürdig zurückzuweisen.

Wie »macht« die römisch-katholische Kirche ihre Heiligen? Aufgrund welcher Verfahrenskriterien spricht die Kirche konkreten Personen eine »objektive Heiligkeit« zu? Wie hat sich die Selig- und Heiligsprechungspraxis unter Papst Johannes Paul II. entwickelt? Wie manipulationsanfällig ist das kirchenrechtliche Verfahren? Ist die Heiligsprechungspraxis nicht längst zu einem der vielen Machtspiele der Kirche verkommen, oder war sie je etwas anderes?

Diese kritischen Fragen zur Praxis der Selig- und Heiligsprechung in der römisch-katholischen Kirche sind nicht neu. Aber das Verfahren zur Seligsprechung des Opus Dei-Gründers Escrivá scheint die Vorwürfe der Manipulationsanfälligkeit dieser Verfahren zu bestätigen, die schon immer durch die unnötige Geheimniskrämerei der vorbereitenden Prozesse provoziert wurden. In der Tat, das Verfahren zur Seligsprechung von Josemaría Escrivá de Balaguer ist mit einer beispiellosen Schnelligkeit durchgezogen worden. Dies wäre ohne eine gezielte Strategie nicht möglich gewesen, auch nicht ohne eine massive Unterstützung aus der klerikalen Führungsspitze der römischen Kirche, von Mitarbeitern des Vatikans, Kurienkardinälen und des Papstes selbst, der als ein glühender Verehrer Escrivás und seines Opus gilt.

Inflation von Heiligen

Das Pontifikat Johannes Pauls II. ist durch den hohen Stellenwert gekennzeichnet, den dieser Papst der Heiligenverehrung gibt.[10] Für ihn ist die Verehrung Seliger und Heiliger mehr als eine nur volksfromme, folkloristische Beigabe zum »Eigentlichen« von

Glaubensverkündigung und kirchlicher Praxis. Die Heiligen und Seligen sind für ihn nachahmenswerte Vorbilder, Ansporn, Orientierungspunkte und Maßstab, an dem sich gelebtes Christentum heute messen soll. Die Selig- und Heiligsprechungspraxis ist zum Instrument der Kirchenpolitik verkommen. Erzbischof T. Crisan, führendes Mitglied der Kongregation für Heiligsprechungsprozesse, bemerkte einmal: »Wenn er (der Papst, MM) auf Reisen ist, hat er gern einen Seligen als Mitbringsel im Gepäck.«[11] Die Selig- bzw. Heiligsprechungen, die tatsächlich erst seit 1634 alleiniges Recht des Papstes sind, sollen die päpstliche Autorität steigern, die Volksfrömmigkeit kontrollieren und die Katholiken der verschiedenen Nationalkirchen daran erinnern, daß allein der Papst höchster Lehrer und Hirte der universalen Kirche sei.

Die Selig- und Heiligsprechungspraxis in der nun über vierzehnjährigen Amtsdauer Johannes Pauls II. paßt zu dem gegenwärtigen, extrem auf Rom zentrierten Kirchensystem. Nicht zufällig ist unter diesem Papst eine rapide Zunahme von Selig- und Heiligsprechungen feststellbar. Statistische Auswertungen der Selig- und Heiligsprechungen belegen, daß die Zahl der Kanonisierungen (lateinisch *canonizatio* = Aufnahme in das Verzeichnis ›canon‹ der Heiligen) bereits seit dem Beginn dieses Jahrhunderts gegenüber früheren Jahrhunderten (im 17. Jahrhundert waren es 11 Kanonisierungen; im 18. Jahrhundert 9 und im 19. Jahrhundert 8) deutlich angestiegen ist.

Doch Johannes Paul II. schlägt alle Rekorde. In seinem Pontifikat wurden bis 1991 insgesamt 380 Selige und 262 Heilige gezählt.[12] Beobachter bescheinigen dem heutigen Papst deshalb einen außerordentlichen Seligsprechungs-Eifer. Ein entscheidender Grund für die rapide Zunahme von Selig- und Heiligsprechungen ist zweifellos die Neuordnung des Heiligsprechungsverfahrens unter dem gegenwärtigen Pontifikat. Die wichtigste kirchenrechtliche Grundlage der gegenwärtigen Heiligsprechungspraxis ist die Apostolische Konstitution »Divinus perfectionis Magister«, die das gleiche Veröffentlichungsdatum wie das neue Kirchenrecht trägt, den 25. Januar 1983. Zwar schreibt das veränderte Verfahren wesentliche Erleichterungen fest, an der fehlenden Transparenz des Verfahrens und an der Geheimniskrämerei wurde aber de facto nichts verändert.

Der bischöfliche Beauftragte für die Heiligsprechungsprozesse im Bistum Trier, Heinrich Nacken, dessen grundsätzliche Sympathie für Heiligsprechungen außer Frage steht, kritisierte die mangelnde Transparenz selbst für die Personen, die kraft ihres kirchlichen Amtes daran beteiligt sind, die hohen und im einzelnen zuwenig offengelegten Kosten der Verfahren und die mangelhafte Klärung der Frage des Heiligkeits- bzw. Wunderverständnisses.[13]

Lang und mühsam ist der römisch-katholische Weg zur Heiligkeit, kompliziert und teuer der Selig- und Heiligsprechungsprozeß. Bei Jeanne d'Arc, der Jungfrau von Orléans, dauerte das Verfahren bis zur Heiligsprechung fast ein halbes Jahrtausend. Der »Gesellenvater« Adolf Kolping mußte immerhin noch über hundert Jahre warten, bis ihm »die Ehre der Altäre« zuteil wurde. Beim Opus Dei-Gründer Escrivá allerdings ging alles ruckzuck. Bereits 17 Jahre nach seinem Tod entschieden sich der Papst und die römische »Kongregation für die Selig- und Heiligsprechungsprozesse«, häufig süffisant auch »Heiligenfabrik« genannt, für die Seligsprechung Escrivás. Warum aber diese Eile?

Nach dem Hinweis auf »die Straffung der Abläufe bei den Seligsprechungsprozessen« und der Feststellung, daß »dies der erste unter den neueren Prozessen ist, der vollständig nach der neuen Gesetzgebung durchgeführt und abgeschlossen wurde«, bemerkt der Generalpostulator des Opus Dei, Flavio Capucci, lapidar: »Im übrigen ist die Seriosität eines Verfahrens nicht nach seiner Dauer, sondern nach der Qualität der gesammelten Beweise zu bewerten.«[14] Der Generalrelator der Kongregation für die Selig- und Heiligsprechungen, Pater Ambrosius Eszer, formuliert geradezu beschwörend: »Die Untersuchungen sind unter strengster Beachtung sämtlicher Rechtsvorschriften sowie der einschlägigen wissenschaftlichen Methodologie durchgeführt worden, die die Kirche in solch delikaten Angelegenheiten verlangt: Die Sammlung und Bewertung der Quellen, die verschiedenen historisch-theologischen Untersuchungen, alle Etappen des Verfahrens sind gleichermaßen in geradezu beispielhafter Weise durchgeführt worden, das heißt mit äußerster Gewissenhaftigkeit und kritischer Abwägung, so daß alle Aspekte exakt abgesichert und bis auf den Grund durchgeprüft worden sind.«[15]

Aber genau diese behauptete Seriosität des Verfahrens muß

meines Erachtens massiv bestritten werden. Verschiedene Rahmenbedingungen und Merkwürdigkeiten des Prozesses vermitteln eher den Eindruck, daß es sich hier um ein nur formales Schnellverfahren handelt, dessen Ausgang seit dem Amtsantritt von Johannes Paul II. wohl längst feststand. Ein römischer Beobachter, der mich dringend bat, seinen Namen nicht zu veröffentlichen, nannte das Verfahren schlicht eine Farce, bei der selbst die zeitliche Schamfrist beim Tempo des Prozesses unterboten worden sei. Aus Platzgründen muß ich auf eine detaillierte Schilderung des Selig- und Heiligsprechungsverfahrens verzichten, die Phasen des Prozesses, die Kompetenzen der am Verfahren beteiligten Personen (der Postulatoren, Relatoren und Theologenkonsultoren), die Manipulationsanfälligkeit usw. Auch will ich den Sinn oder Unsinn eines formellen Verfahrens zur Heiligsprechung, wie es einzig die römisch-katholische Kirche kennt, nicht grundsätzlich diskutieren. Statt dessen sollen die wichtigsten Kritikpunkte am Seligsprechungsprozeß des Opus Dei-Gründers Escrivá zusammengefaßt werden.

Totaler Opus-Service

Entscheidend für das gesamte Verfahren, in dem Leben und Werk des Kandidaten untersucht werden soll, ist die Tatsache, daß das Opus Dei von Anfang an die alleinige Kontrolle über alle Informationen hatte und bis heute hat, die seinen Gründer Escrivá betreffen. Aufgrund dieses Informationsmonopols des Opus Dei ist jede nur erdenkliche Manipulation an den Schriften und Lebensereignissen Escrivás möglich. Ehemalige führende Mitglieder behaupteten wiederholt, daß von der Opus-Führung gezielte Manipulationen an Texten und Aussagen des Gründers vorgenommen worden sind, die in internen Zeitschriften publiziert worden waren. Vladimir Felzmann beispielsweise erklärte, daß um 1975 herum (dem Todesjahr Escrivás) zuvor erschienene »Crónica«-Texte »frisiert« (»doctored«) worden seien.[16] Ähnlich behauptete John Roche, wie Felzmann ehemals führendes Mitglied der britischen Opus Dei-Sektion: »Opus Dei ändert systematisch frühere Ausgaben seiner internen Magazine, wenn es das für notwendig hält.«[17]

Alle »Biographien« Escrivás wurden von Opus Dei-Mitgliedern

verfaßt und in Verlagen des Opus Dei publiziert. Die wichtigsten, in verschiedenen Sprachen publizierten Bücher über Leben und Werk Escrivás sind: *Peter Berglar:* Opus Dei. Leben und Werk des Gründers Josemaría Escrivá (Salzburg 1983); *Salvador Bernal:* Msgr. Josemaría Escrivá de Balaguer. Aufzeichnungen über den Gründer des Opus Dei (Köln 1978); *Andrés Vázquez de Prada:* El fundador del Opus Dei. Mons. Josemaría Escrivá de Balaguer (1902–1975) (Madrid 1984).

Verschwiegen wird in diesen Büchern das nicht unwichtige Detail, daß die Verfasser Mitglieder des Opus Dei sind. Bei den »Biographien« handelt es sich ohnehin eher um Hagiographien, Heiligengeschichten und Legendenbildungen um die Person von Escrivá. Seine Gestalt wird ausschließlich unter dem Gesichtspunkt der Glorifizierung als makellos, heilig, ehrfurchtsvoll gesehen. Jeder Schatten, jede Eitelkeit wird vertuscht oder bleibt unerwähnt. Jede Passage des Lebens von Escrivá wird als von Gott geführte Entwicklung dargestellt, jedes Detail, jede Banalität als bemerkenswerte göttliche Offenbarung geschildert. Das ganze Umfeld der Person Escrivás erscheint als das eines von Gott Erwählten, eines zur Heiligkeit Berufenen.

Selbstverständlich sind die »Biographien« prallvoll mit Anekdoten und Beispielen, die seine Bescheidenheit, seine Tugendhaftigkeit, Demut und Selbstlosigkeit, seine wohltuende Gelassenheit, die ungewöhnliche Schnelligkeit seiner Gedanken, die Warmherzigkeit und Tiefe seiner reichen Persönlichkeit, seine erstaunliche Fähigkeit zum unmittelbaren Kontakt mit den Gesprächspartnern aus allen sozialen Schichten, seine Bereitschaft zur Selbstaufopferung für die Kirche und sein Werk, seinen apostolischen Eifer, seine charismatische Führerfähigkeit und seinen Gehorsam gegenüber Bischöfen und Papst belegen sollen. Alle Schriften über Escrivá waren von Anfang an darauf angelegt, ihn als idealen Kandidaten für die offizielle Heiligsprechung darzustellen.

Aus den zahlreichen Broschüren über Josemaría Escrivá zitiere ich exemplarisch aus einem »Informationsblatt« des Opus Dei in Deutschland, Österreich und der Schweiz: »Msgr. Josemaría Escrivá (...) gründete in Madrid aufgrund göttlicher Eingebung das Opus Dei, das den Gläubigen einen neuen Weg der Heiligung mitten in der Welt eröffnet hat. (...) Er führte ein beharrliches Leben des Gebetes und der Buße, übte alle Tugenden in heroischem Grade und gab sich dem Willen Gottes in allem bedingungslos hin. Unermüdlich, selbstlos und liebevoll sorgte er für alle Seelen. (...) Er war sich tief bewußt, ein Kind Gottes zu sein. Dieses Bewußtsein ließ ihn beständig in der Gegenwart des einen und dreifaltigen Gottes leben, in allem die vollkommene Einswerdung mit Jesus Christus suchen, zu einer herzlichen und kraftvollen Liebe zur Mutter Gottes sowie zum heiligen Josef gelangen und vertrauensvoll mit den heiligen Schutzengeln umgehen. Auf allen Wegen der Erde säte er Frieden und Freude. Wiederholt hatte Msgr. Escrivá dem Herrn sein Leben als Opfer für die Kirche und den Papst angeboten. Der Herr nahm dieses Opfer an. Heiligmäßig gab er am 26. Juni 1975 in seinem Arbeitszimmer in Rom seine Seele in die Hände Gottes zurück.«[18] Soviel zur Qualität der »Biographien« über Escrivá. Jeder Satz strotzt vor »Heiligkeit«. Die zitierten Textauszüge bedürfen wohl keines weiteren Kommentars.

Entscheidend für das Verfahren der Seligsprechung ist, daß das Informationsmonopol, die Kontrolle aller Informationen über Escrivá durch das Opus Dei auch im Verfahren selbst fortgesetzt und auf die Spitze getrieben worden ist. Offenherzig äußert sich Pater Eszer, der Relator des Verfahrens, in einem Interview gegenüber dem »Newsweek«-Journalisten Kenneth L. Woodward über das Zustandekommen der sogenannten »Positio super vita et virtutibus«, dem für das Verfahren entscheidenden Dokument, in dem umfassend die Biographie und der »heroische Tugendgrad« des Seligsprechungskandidaten aufgrund des gesamten Beweisaufnahmeverfahrens, der Aussagen der Prozeßzeugen usw. zusammengefaßt werden soll. Woodward recherchierte gerade für seine umfangreiche Publikation »Die Helfer Gottes. Wie die katholische Kirche ihre Heiligen macht«. Auf die schlichte Frage des Journalisten, wie es ihm denn möglich gewesen sei, in derart kurzer Zeit 20000 Seiten Dokumente und Zeugenaussagen zu verarbeiten und die 6000 Seiten umfassende »Positio« fertigzustellen, antwortete der Relator Eszer: »So viel gab es für mich gar nicht zu tun. Die *positio* wurde vom Postulator geschrieben, für den vier Universitätsprofessoren des Opus Dei tätig waren.«[19] Auf den Einwand von Woodward, daß die »Positiones« laut Verfahren doch unter der Leitung des Relators geschrieben werden müßten, antwortete Eszer: »Ja, die Oberaufsicht lag bei mir. Aber die Arbeit leisteten die anderen. Ich hatte nur mit dem Postulator zu tun, die übrigen habe ich nie gesehen. Diese Leute vom Opus Dei sind sehr fleißig und sehr diskret. (...) Ich habe bloß die übertriebenen Zeugenaussagen herausgenommen.«

Man erinnere sich an die oben zitierte Aussage des Generalrelators zur Seriosität des Verfahrens. Es sei dahingestellt, ob die offenherzigen Auskünfte des Relators gegenüber Woodward ihren Grund in einem nicht unerheblichen Maß an Naivität und mangelnder Erfahrung im Umgang mit Medienvertretern haben, oder seine Form der Distanzierung von einem Verfahren darstellen; das Ergebnis – die Seligsprechung Escrivás – wurde vom amtierenden Papst und zahlreichen Mitgliedern der Kurie mit allem Nachdruck »erwartet« und gewünscht, stand de facto damit bereits fest.

Die Aussagen des Relators Eszer artikulieren auch den Erwartungsdruck, dem dieser ausgesetzt war. Festzuhalten bleibt, daß das wichtige Dokument der »Positio« direkt vom Opus Dei verfaßt worden ist. Der Service des Opus Dei in diesem Verfahren ist offensichtlich total. Meiner Ansicht nach entlarven die Aussagen des verantwortlichen Relators das Verfahren der »Beweisaufnahme« letztlich als Farce, als Scheinverfahren, das mit der vom Opus Dei behaupteten Objektivität, Seriosität und der gewissenhaften Benutzung historisch-kritischer Methoden bei der Rekonstruktion des Lebens Escrivás jedenfalls nichts zu tun hat.

Unerhörte Zeugen

Ein äußerst zwielichtiges Kapitel im Seligsprechungsprozeß des Opus Dei-Gründers stellt auch die Auswahl der Zeugen dar, deren Aussagen 11 000 Seiten umfassen sollen. Der Aussage des Generalpostulators des Opus Dei, Flavio Capucci, in der Beweisaufnahme wären mehr als 50 Prozent der zugelassenen Zeugen nicht Mitglieder des Opus Dei, womit »die nötige Objektivität des Beweismaterials veranschaulicht« wäre, widerspricht J. Prieto, der die Liste der Prozeßzeugen publiziert hat. Seinen Angaben zufolge sind 15 von den 26 in Rom und 30 von den 60 in Madrid gehörten Zeugen Mitglieder des Opus Dei (zu letzteren kommen noch sieben »ehemalige Mitglieder«).[20] Besonders die Auswahl der Prozeßzeugen wurde heftig in Spanien, dem Herkunftsland Escrivás, kritisiert, wo noch viele Menschen direkt mit Escrivá Kontakt hatten und damit eine eigenständige Meinung haben, die von hagiographischen Verklärungen weitgehend unberührt geblieben ist.

Offensichtlich wurden im Verfahren all die Zeuginnen und Zeugen gar nicht erst zugelassen, die aufgrund ihrer persönlichen Kenntnis Escrivás und ihrer Gewissensüberzeugung eine kritische Einschätzung des Opus Dei-Gründers abzugeben die Absicht hatten. Zu nennen sind beispielhaft der spanische Soziologe Alberto Moncada, Gründer der Opus-Universität in Piura/Peru und einer der prominenten Persönlichkeiten, die das Opus verlassen haben; ebenso Maria Augustias Moreno, eine ehemalige Leiterin des weiblichen Zweiges des Opus Dei, die nach ihrem Austritt ein kritisches und entlarvendes Bild des Gründers veröffentlichte. Zu nennen ist auch Carlos Albás, ein Neffe des Opus-Gründers, der die Legendenbildung um seinen Onkel Escrivá zerstören und die ganze Wahrheit sagen wollte, wie sie ihm über dessen Beziehungen zu seinen Familienangehörigen bekannt sei.

Die Nichtzulassung dieser und anderer Personen als Zeugen im Prozeß wurde seitens der Prozeßführer, die zumeist Opus Dei-Mitglieder waren oder ihre Funktion wie der Relator Eszer selbst relativierten, mit offensichtlich vorhandenen Ressentiments der Betreffenden gegenüber Escrivá und seinem Werk begründet. Eszer, der keine Auskünfte über die Zahl der Zeugen geben konnte oder wollte, die sich gegen das Heiligsprechungsverfahren ausgesprochen hatten, äußerte allgemein: »Die einzige Kritik am Opus Dei, die ich gelesen habe, stammte von ehemaligen Mitgliedern.«[21] Diese seien ja wohl kaum als glaubwürdige Zeugen einzuschätzen. Gerade die Zeugenauswahl und die Disqualifizierung jener Zeugen, deren kritische Position gegenüber Escrivá und dem Opus Dei bekannt oder zu vermuten war, läßt die Einschätzung der Kritiker an diesem Verfahren sehr glaubwürdig werden, das Verfahren sei extrem manipuliert worden, und das Opus Dei habe das ganze Verfahren mit eigenem Personal, mit Mitgliedern und Sympathisanten betrieben und durchgezogen.

Eitel und flegelhaft

Aber nicht nur das Verfahren, die offensichtlichen Manipulationen im Prozeß der Seligsprechung des Opus Dei-Gründers wurden scharf kritisiert. Starke Vorbehalte wurden gerade auch in Spanien an der sogenannten »heroischen Tugendhaftigkeit« Josemaría Escrivás, seiner heiligmäßigen Lebensführung, formuliert.[22] Bestritten wird die vom Opus Dei unermüdlich behauptete Bescheidenheit, Güte und Demut des Opus-Gründers. Ihm werden im Gegenteil menschlicher Ehrgeiz, Machtstreben, Eitelkeit und luxuriöse Lebensführung vorgeworfen. Beispiel dafür sei die Tatsache der Namensänderung Escrivás, der eigentlich José Maria Escrivá Albás heißt. Später erst habe er ihn in Josemaría Escrivá de Balaguer geändert, um eine adlige Herkunft anzudeuten. Ebensowenig habe bis heute das Opus Dei nicht erklären können, warum Escrivá 1968 den Adelstitel eines Marqués de Peralta beantragt hatte. Immer wieder haben ehemalige führende Mitglieder des Opus Dei zudem die demütigende, flegelhafte, beleidigende und einschüchternde Behandlung anderer durch Escrivá geschildert. Stellvertretend formulierte María del Carmen Tapia: »Ich sehe mit größtem Erstaunen, daß man gerade dabei ist, Msgr. Escrivá seligzusprechen.« – »Von uns, die Augenzeugen seines Lebens waren, leben noch eine ganze Reihe, und wir sind der Meinung, daß er Tugenden wie Nächstenliebe und Demut nicht in heroischer und beispielhafter Weise gelebt hat.« – »Hatte er eine Person nicht gern oder hatte man ihm etwas Schlechtes über jemanden gesagt, dann war er der ungesittetste Mensch, an den ich mich erinnern kann. Er war imstande, jemanden mit seinem Schreien zu vernichten, mit seinem Brüllen, indem er seine Arme wie Dreschflegel schwang. (...) Niemand konnte den Wutausbrüchen des Vaters entgehen.«[23]

Wunderliche Wunder

Die mit den Selig- und Heiligsprechungen befaßte päpstliche Kongregation »überhörte« bzw. ignorierte nicht nur alle kritischen Stimmen, sondern entdeckte auch das für den positiven Abschluß der Prozedur erforderliche »Wunder« Escrivás. Scheiterten oder verzögerten sich manche Selig- und Heiligsprechungen in der Vergangenheit dadurch, daß es an den vom Verfahren geforderten Wundern fehlte, ist man in Rom heute zwar offensichtlich geneigt, die Frage nach der Bedeutung der Wunder im Selig- und Heiligsprechungsprozeß neu zu überdenken, die als göttliche Beweise für die heldenhafte Tugend und Gottesnähe anzusehen sind. In der *causa Escrivá* aber war auch der »Beweis« eines Wunders keine größere Schwierigkeit.

Zu dem erforderlichen Wunder schreibt der Generalpostulator des Opus Dei: »Das Wunder, das für die Seligsprechung des Ehrwürdigen Josemaría Escrivá ausgewählt wurde, ereignete sich 1976, ungefähr ein Jahr nach dem Tod des Dieners Gottes. Es handelt sich um eine plötzliche, vollkommene und dauerhafte Heilung der Schwester Concepción Boullón Rubio von einer Krankheit, deren Diagnose von der medizinischen Sachverständigenkommission der Kongregation für die Selig- und Heiligsprechungen folgendermaßen angegeben wurde: tumoröse Lipokalzinogranuloinatose mit multiplen, schmerzhaften und behindernden Knotenbildungen, davon am stärksten ausgebildet eine faustgroße Geschwulst auf der linken Schulter; Magenulcus und Hiatushernie mit schwerer hypochromer Anämie; Patientin in kachektischem Allgemeinzustand.«[24]

Ja, das muß wohl eine in der Tat »äußerst seltene« Krankheit sein, wie das Opus Dei behauptete. Abgesehen von der Frage, wie eine Medizinerkommission eine derartige Fern-Diagnose stellen kann, erntete ich bei meinen Fragen nach Aufschlüsselung der zitierten Krankheitsdiagnose nur Kopfschütteln und Achselzucken. Wie immer es auch mit derartigen wunderlichen Wundern bestellt sein mag, Escrivá wird jedenfalls vom Opus Dei als »großer Wundertäter« gefeiert. Das Werk »dokumentiert«, das heißt behauptet, in seiner Postulation weitere »zwanzig außergewöhnliche Heilungen, die dem Gründer des Opus Dei zugeschrieben und aufgrund eingehender Studien von Spezialisten für wissenschaftlich unerklärbar gehalten werden«.[25] Die »Wunder« jedenfalls werden dem Opus Dei auch in Zukunft nicht ausgehen.

Geistige Dürre

Auch wenn ich erst an anderer Stelle das bedeutendste Buch, »Der Weg«, von Josemaría Escrivá ausführlicher kommentieren werde, sei mir bereits hier eine Bemerkung mit den Worten des polnischen Schriftstellers und Aphoristikers Stanislaw Jerzy Lec gestattet, der allen zur Lektüre empfohlen sei, die sich nach soviel Unklarheit, Zwielichtigkeit und Ungereimtheiten römischer Prozesse nach Klarheit und Vernunft, nach Humor und Scharfsinn sehnen. In seinem »Buch der unfrisierten Gedanken« bemerkt Lec: »Hört auf, geistige Dürre fruchtbar zu machen.« Wiederholt hat mich selbst bei Kritikern des Opus Dei verwundert, wie dem Grundbuch des Opus Dei spirituelle Tiefe und Originalität zugesprochen wird. Ich halte die 999 apodiktischen Lehrsätze bestenfalls für ausgesprochen banal, ohne jede Schärfe einer spirituellen Wahrnehmung und ohne ein erkennbares Maß an Tiefgang. Nun müssen Selige und Heilige weiß Gott keine sprühenden Geister sein, aber ein derartiges »Sammelsurium von barschen, schroffen Marschbefehlen« (Hans Urs von Balthasar), wie es das Hauptwerk Escrivás darstellt, dieses Zeugnis von Engstirnigkeit, Selbstgefälligkeit und Anmaßung, pervertiert meines Erachtens tatsächlich jedes jüdisch-christliche Verständnis von Spiritualität. Allerdings kann man in diesem Buch erfahren, in welch sonderbarer Weise Monsignore Escrivá das Heiligsein im Opus Dei auffaßt. In Nr. 387 heißt es: »Die Ebene der Heiligkeit, die der Herr von uns fordert, wird durch drei Punkte bestimmt: heilige Unnachgiebigkeit, heiliger Zwang, heilige Unverschämtheit.«

2. Kapitel

Auf dem Vormarsch

Nahezu von der breiten Öffentlichkeit unbemerkt und lange als einflußlose sektiererische Gruppierung belächelt, deren Zeit mit dem konziliaren Aufbruch in der Kirche endgültig abgelaufen sei, ist das Opus Dei inzwischen zum entscheidenden restaurativen Machtfaktor in der römisch-katholischen Kirche avanciert. Schritt um Schritt, Schlag auf Schlag hat das »Werk Gottes«, flankiert und konkurrenziert von anderen fundamentalistischen Gruppierungen, wichtige Macht- und Schlüsselpositionen der Kirche erobert und vor allem unter dem gegenwärtigen Pontifikat massiv an Einfluß gewonnen. Seinem offensichtlichen Hauptziel, der Kontrolle des römisch-kurialen Zentrums der katholischen Kirche, des »religiösen Apparats« in Rom, ist es von Jahr zu Jahr nähergekommen.

Wie mächtig ist das Opus Dei heute? In welchen Schlüsselpositionen hat sich das »Werk Gottes« festgesetzt? Wer sind die herausragenden Förderer dieser äußerst diskret operierenden Organisation? Auf welche prominenten Repräsentanten der klerikalen Hierarchie kann sich das Opus verlassen? Was bedeutet der Einfluß des »göttlichen Werkes« für die Kirche?

Um diese Fragen beantworten zu können, ist es unverzichtbar, sich den Amts- und Verwaltungszentralismus der römisch-katholischen Kirche zu vergegenwärtigen.

Streng antidemokratisch und hierarchisch

Papst Johannes Paul II. ist der letzte absolute Monarch. Das Papsttum führt seinen Ursprung auf den Apostel Petrus zurück, der nach römisch-katholischem Glaubens- und Kirchenverständnis als »Schlüsselträger des Himmelreichs« (Matthäus 16,19) mit der Alleinregierung der gesamten Kirche von Jesus betraut worden ist. Die hierarchische und politische Stellung des Papstes kommt in den bis heute offiziellen Hoheitstiteln und Machtattributen zum Ausdruck: »Statthalter Jesu Christi«, »Nachfolger des Apostelfürsten«, »Summus Pontifex der gesamten Kirche«, »Patriarch des Abendlandes«, »Bischof von Rom«, »Primas von Italien«, »Erzbischof und Metropolit der römischen Kirchenprovinz«, »Souverän des Staates der Vatikanstadt«.

Die innerkatholische Entscheidungspraxis und Machtausübung, in allen wichtigen Bereichen ohnehin exklusiv dem Klerikerstand vorbehalten, funktioniert nicht nach dem für den neuzeitlichen Rechtsstaat wesentlichen Strukturmerkmal der Gewaltenteilung, mit der die höchstmögliche Garantie der Grund- und Menschenrechte intendiert ist. In der römisch-katholischen Kirche existiert keine organisierte Gewaltenteilung, keine institutionell gesicherte Trennung der verschiedenen Funktionen der Staatsgewalt in Gesetzgebung, Rechtsprechung und Regierung (mit Verwaltung). Das römisch-katholische System kennt auch kein demokratisches Kontrollorgan. Hervorstechendste Systemeigenschaft ist eine streng antidemokratisch, von oben nach unten organisierte und abgestufte Rang-, Gewalt- und Machtordnung. Das Ganze gleicht – bildlich gesagt – einer von der Spitze, von oben her nach unten hin aufbauenden Pyramide. Begründet wird die kirchliche Struktur mit der Gottgegebenheit des Petrusamtes und der unbedingten Wahrheitsautorität der Kirche, von der auch das II. Vatikanische Konzil keineswegs abgerückt ist. In der »Dogmatischen Konstitution über die göttliche Offenbarung« heißt es: »Gott hat in seiner Güte und Weisheit beschlossen, sich selbst zu offenbaren und das Geheimnis seines Willens kundzutun…« (*Dei Verbum,* 1. Kapitel, Artikel 2). Alles aber, was diese Offenbarung und »die Art der Schrifterklärung betrifft, untersteht letztlich dem Urteil der Kirche, deren gottgegebener Auftrag (…) es ist, das Wort Gottes zu bewahren und auszulegen« (3. Kapitel, Artikel 12).[26]

Angesichts der verschärften Zentralisierung unter dem Pontifikat von Johannes Paul II. nannte der Bonner Theologieprofessor Franz Böckle 1989, zwei Jahre vor seinem Tod, den Vatikan und Rumänien (vor dem Sturz Ceauşescus) verbittert die beiden einzigen europäischen Staaten, in denen »weder Glasnost noch Perestrojka« Einzug gehalten haben. Bei der Behandlung von Menschen, die »abweichender«, anderer Meinung seien, erkenne er »kaum begreifbare Parallelen«[27] zwischen dem Zentralkomitee der rumänischen Kommunisten und den vatikanischen Institutionen. Nach dem Zusammenbruch des kommunistischen Herrschaftssystems in Rumänien fragte der evangelische Theologe Jürgen Moltmann auf einem internationalen Kongreß in Löwen (September 1990) mit Blick auf die Zukunft Europas: »Will Rom in den Geruch kommen, die letzte Betreuungsdiktatur in Europa zu sein, die Eigeninitiativen lähmt und Fürsorge- und Versorgungsmentalität verbreitet? (...) Wenn das neue Europa menschenrechtlich-demokratische Formen annehmen wird, und es gibt keine Alternativen mehr, dann steht ihm eine Kirche, die in sich selbst die Menschenrechte nicht achtet und keine demokratieverträglichen Strukturen hat, nur im Wege.«[28]

Curia Romana

Die pyramidenhafte, monarchisch-absolutistische Struktur des katholischen Systems machte die Ausbildung komplexer Herrschaftsstrukturen der Organisation, Administration und Bürokratie notwendig. Seit dem 11. Jahrhundert heißt die päpstliche Administration »Römische Kurie« *(Curia Romana)*, die im Lauf der Jahrhunderte von einem kleinen Mitarbeiterstab zu einem personalstarken Behördenapparat ausgebaut worden ist. Die Kurie steht dem Papst bei der Leitung der Gesamtkirche zur Verfügung. Heute zeigt sie einen differenzierten Aufbau nach Kongregationen (vergleichbar den Ministerien weltlicher Regierungen), dem Rat für die öffentlichen Angelegenheiten der Kirche (dem sogenannten Außenministerium), Gerichtshöfen, Sekretariaten, Ämtern, Räten, Kommissionen und Komitees. Alle Behörden besitzen nur administrativ-exekutive Funktionen und unterstehen dem Päpstlichen Sekretariat, früher Staatssekretariat, der verwaltungstechnischen Spitze des gesamten kurialen Apparats.

Opus-Personal im Vatikan

Die belgisch-französische Zeitschrift »Golias. Le journal catho tendre et grinçcant« hat in der Umgebung Papst Johannes Pauls II. ungefähr hundert Mitglieder des Opus Dei und dem Werk verpflichtete Förderer ausgemacht. Auf der Grundlage einer Umfrage von »Golias« im Umfeld des Vatikans anläßlich der Seligsprechung des Opus-Gründers im Mai 1992 hat »Golias« eine Namensliste von gut zwei Dutzend Opus Dei-Mitgliedern veröffentlicht,[29] die Mitglieder von Kongregationen der Kurie, päpstlichen Kommissionen und vatikanischen Institutionen sind. Die Liste ist mit Sicherheit längst nicht vollständig, läßt aber die aktuelle Personalstärke des Opus Dei im Vatikan erkennen:

Die *Kongregation für die Selig- und Heiligsprechungsorgane:*
Luis Gutierez Gomez; Alvaro del Portillo (Leiter des Opus Dei); Joaquim Alonso Pacheco; Javier Echevarria Rodriguez.

Die *Kongregation für die Glaubenslehre,* die wichtigste Kongregation, zuständig für die Überwachung der offiziellen katholischen Lehrmeinung in allen Fragen der Glaubens- und Sittenlehre:
Fernando Ocariz; Antonio Miralles.

Die *Internationale Theologische Kommission,* der Kongregation für die Glaubenslehre angeschlossen:
José Miguel Ibanez Langlois.

Die *Kongregation für die Bischöfe,* zuständig für die Schaffung neuer Diözesen und für die Vorbereitung von Bischofsernennungen, Aufsichtsbehörde über die Bischöfe und ihre Amtsführung sowie über die Bischofskonferenzen der einzelnen Länder:
Julian Herranz Casado.

Die *Kongregation für den Klerus,* zuständig für die seelsorgerische und rechtliche Leitung des Weltklerus:
Alvaro del Portillo; Juan Luis Cipriani Thorne.

Die *Kongregation für das katholische Bildungswesen,* zuständig für das gesamte Unterrichtswesen der römisch-katholischen Kirche (Seminare und Priesterbildung, Hochschulen und Universitäten, das katholische Schulwesen):
Gonzalo Herranz; Ignacio Carrasco de Paula.

Die *Sacra Romana Rota* (häufig nur *Sacra Rota* genannt), das päpstliche Gericht für Berufungen in kirchlichen Prozessen (vor

allem bekannt durch die Zuständigkeit für die Annullierung von Ehen):
Patric Burke Cormac.

Der *Päpstliche Rat für die Familie:*
Ignacio Carrasco de Paula; Ramon Garcia de Haro; Herr und Frau Meyer.

Die *Päpstliche Kommission für die Instrumente der sozialen Kommunikation:*
Alvaro del Portillo.

Der *vatikanische Pressesprecher,* der nach eigener Auskunft täglich unmittelbar Zugang zum Papst hat:
Joaquín Navarro Valls. Offensichtlich ist es dem Opus Dei trotz größter Anstrengungen nicht gelungen, die Kontrolle über Radio Vatikan zu übernehmen.

Am offensichtlichsten ist der Einfluß des Opus Dei im Bereich der *vatikanischen Finanzen.* Nach dem Finanzskandal des »Instituts für religiöse Werke«, so lautet die amtliche Bezeichnung der vatikanischen Bank Ambrosiano, vertraute Johannes Paul II. auf das Finanzgeschick des Opus Dei, um wieder »Ordnung« herzustellen.

»Graue Eminenzen« und Sympathisanten

Das Opus Dei kann wohl auch auf die wirksame und zuverlässige Unterstützung der folgenden »grauen Eminenzen« zählen, der nach außen wenig in Erscheinung tretenden, aber einflußreichen kirchlichen Würdenträger in den vatikanischen Behörden und dem engen Umfeld der Kurie[30]: Papst Johannes Paul II., Kardinal Angelo Sodano (Kardinal-Staatssekretär), Kardinal Sebastiano Baggio (Italien, ehemaliger Präfekt der Kongregation für die Bischöfe, heute Träger des Titels »Camerlengo der heiligen römischen Kirche«), Kardinal Silvio Oddi (Italien), Kardinal Pietro Palazzini (Italien, Präfekt der Kongregation für die Heiligsprechungen), Kardinal Antonio Maria Javierre Ortas (verantwortlich für das Vatikanische Geheimarchiv, gilt als maßgebender Mitarbeiter von Kardinal Ratzinger, dem Präfekten der wichtigen Kongregation für die Glaubenslehre); Kardinal Josef Tomko (Präfekt der Kongregation für die Evangelisierung der Völker); Erzbischof Pablo Puente; die Monsignori Justo Garcia Muller (Repräsentant des

Vatikans am Sitz der UNO in Genf) und Pablo Colina (Dirigent des Chores während des Zeremoniells in der Peterskirche); Enric Planas (verantwortlich für die vatikanische Filmothek); Javier Lozano (Experte für die Beziehungen zu Lateinamerika); Kardinal Alfonso López Trujillo (Präsident des Päpstlichen Rates für die Familie und Mitglied der Päpstlichen Kommission für Lateinamerika, CAL); Erzbischof John Foley (Vorsitzender der vatikanischen Kommission für soziale Kommunikation).

Das Beziehungsgeflecht von Mitgliedern, Förderern, Anhängern und Sympathisanten des Opus Dei läßt sich nicht wie ein Insekt auf dem Objektträger eines Mikroskops analysieren. Wie unsichtbare Tentakel legen sie sich um das administrative »Herz« der Kirche und drohen sie mit ihrem reaktionären Kirchenbild zu ersticken. Das Sammeln und Ordnen lückenloser Informationen ist durch den Charakter der Geheimorganisation des Opus Dei äußerst erschwert. Wie andere geheime Bünde und Gesellschaften fordert das Opus Dei seine Mitglieder zur Geheimhaltung der Mitgliedschaft auf. Sie wahren »immer kluges Stillschweigen bezüglich der Namen von anderen Mitgliedern (...) und niemandem gegenüber enthüllen sie, daß sie selbst zum Opus Dei gehören, nicht einmal bei einem eventuellen Verlassen des Instituts (des Opus Dei, MM)«[31]. Diese Verpflichtung zur Geheimhaltung – von mir differenziert im Kapitel »Die ehrenwerten Herren geben sich geheimnisvoll« analysiert – gehört zentral zu der Strategie und dem Verhalten, das ich als mafiose Mentalität bezeichne.

Für den Außenstehenden ist es fast unmöglich, jemanden mit letzter Sicherheit, sozusagen »mit Gewähr« als Opus-Mitglied zu identifizieren; es sei denn, er bekennt sich selbst zur Mitgliedschaft. Die Geheimniskrämerei bei der Mitgliedschaft läßt aber auch vermuten, daß Opus-Mitglieder selbst bei direkter Frage nach ihrer Mitgliedschaft diese verneinen. Und häufig haben diese Lügen sehr »lange Beine«, weil die Verschleierung, Irreführung und Verdunklung, wie sie das Opus Dei betreibt, durchaus erfolgreich ist. Es ist aber meines Erachtens häufig auch gar nicht entscheidend, ob jemand formal Mitglied des Opus Dei ist oder »nur« zu den engen Anhängern und Förderern zählt. Das Ergebnis, das heißt der Zuwachs an Einfluß und Macht für das Opus Dei, ist de facto gleich.

Opus Dei-Bischöfe

Die folgende Namensliste von Opus Dei-Klerikern, die zu Diözesan- und Weihbischöfen ernannt worden sind, in der Leitung verschiedener nationaler Kirchen tätig oder mit anderen Aufgaben betraut sind, ist bei weitem nicht vollständig. Die kirchlichen Würdenträger, die im Rahmen dieser Namensliste ausdrücklich genannt werden, sind nur die sichtbare Spitze des Eisbergs;[32] bei den meisten Namen ist die Opus Dei-Mitgliedschaft in den offiziellen Quellen angegeben, und ich betrachte dies eher als die Ausnahme. Die Liste ist – alphabetisch nach Ländern geordnet – vor allem eine Anzeige der Dimension des Vormarsches des Opus Dei in der klerikalen Hierarchie der römisch-katholischen Teilkirchen:

Alfonso Delgado Evers (Santo Tomé, Argentinien)
Rafael Llano Cifuentes (Mades, Brasilien)
Felipe Bacarezza (Concepción, Chile)
Alejandro Goic Karmelic (Africa, Chile)
Adolfo Rodriguez Vidal (Los Angeles, Chile)
Luis Gleisner Wobbe (Rancagua, Chile)
Antonio Arregui Yarza (Auzegera, Ecuador)
Juan Ignacio Larrea Holguin (Guyayquil/Ibarra, Ecuador)
Julian Herranz Casado (Vertara, Kolumbien)
Klaus Küng (Feldkirch, Österreich)
Juan Luis Cipriani Thorne (Turuzi, Peru)
Ignacio Maria De Orbegozo y Goicoechea (Chiclayo, Peru)
Luis Sanchez Moreno Lira (Yauyos, Peru)
Enrique Pelach y Feliu (Abancay, Peru)
Juan Antonio Ugarte Perez (Castro, Peru)
Fernando Saenz Lacalle (Santa Ana, San Salvador)
Francisco De Guruceaga Iturrizza (La Guaira, Venezuela)
Alvaro del Portillo (Vita, Prälat des Opus Dei)

Privilegiert und einzigartig

Von äußerster Wichtigkeit und entscheidender Bedeutung für die gegenwärtige und zukünftige Macht des Opus Dei in der römisch-katholischen Kirche ist der einmalige kirchenrechtliche Status, der die päpstliche Privilegierung und Macht des Opus Dei gegenüber allen anderen konservativ-reaktionären Gruppierungen und Organisationen, überhaupt gegenüber allen Ordensgemeinschaften und den Ortskirchen der einzelnen Länder markiert. Am 28. November 1982 wird das Opus Dei auf besonderen »Wunsch« Papst Johannes Pauls II. zur sogenannten »Personalprälatur vom Hl. Kreuz und Opus Dei« erhoben.[33]

Die damit offiziell vollzogene Privilegierung entspricht exakt den geheimen Machtstrategien des Opus Dei. Sie erhöht seine internationale operative Unabhängigkeit, sein innerkirchliches Prestige, seine Immunität gegenüber Kritik seitens offizieller kirchlicher Behörden. Sie verringert die Kontrollmöglichkeiten des Werkes durch Diözesanbischöfe und nationale Bischofskonferenzen und verschlechtert den Persönlichkeitsschutz der Opus-Mitglieder.

Die kirchenpolitische Bedeutung dieser einzigartigen kirchenrechtlichen Entscheidung ist – weil strukturell und juridisch – wesentlich größer als die Seligsprechung des Opus Dei-Gründers Josemaría Escrivá. Unverhohlen feiern Opus Dei-Mitglieder und -Sympathisanten die Entscheidung. Kardinal Sebastiano Baggio sprach von einer »historischen Entscheidung des Papstes«,[34] und Marcello Costalunga, Untersekretär der Kongregation für die Bischöfe, sah darin »einen Meilenstein in der Entwicklung«[35] der Kirche. Peter Berglar formulierte in seiner Hagiographie des Opus-Gründers: »Für die Geschichte der Kirche bedeutet der 28. November 1982 ein Datum höchsten Ranges. Die Kirche bereitet sich vor, in das dritte christliche Jahrtausend einzutreten.«[36] Die zitierten Sätze erinnern an die Aussage von Vladimir Felzmann über die Selbsteinschätzung der Opus Dei-Führung in Rom, die ganze Kirche werde in wenigen Jahrzehnten Opus Dei sein.

Bereits wenige Tage nach seiner Wahl teilte der neue Papst Johannes Paul. II. dem höchsten Führer des Opus Dei, Alvaro del Portillo, handschriftlich mit, daß ein neuer kirchenrechtlicher Status des Opus Dei eine »unaufschiebbare Notwendigkeit« sei. Damit erfüllte der Papst einen »Herzenswunsch« des Opus-Generalpräsidenten del Portillo. Jahrelang hatte das Opus Dei auf dieses neue juridische Kleid einer Personalprälatur mit einer geschickten Strategie hingearbeitet.

Als der polnische Kardinal Karol Wojtyla 1978 im Konklave der

Kardinäle in der Sixtinischen Kapelle als Nachfolger Albino Lucianis, der nur 33 Tage als Papst Johannes Paul I. zu leben hatte, zum neuen Papst gewählt wurde, veröffentlichte die deutsche Wochenausgabe des »L'Osservatore Romano« einen Artikel mit dem Titel »Die ersten Glückwünsche«, in dem die »guten Beziehungen« Wojtylas zu den deutschen Bischöfen betont wurden. Auf zwei Fotos, die diese enge Verbindung illustrieren, ist der neugewählte Papst noch als Kardinal von Krakau – »ausgerechnet in der römischen Zentrale des Opus Dei«[37] – zusammen mit Kardinal Joseph Höffner (Köln) und Bischof Franz Hengsbach (Essen) zu sehen. Die beiden hohen deutschen Amtsträger zählten zu den engsten Vertrauten des Opus Dei und betrieben als eine der ersten – gemeinsam mit den Ideologen des Opus Dei – die üble Diffamierungskampagne gegen die »Theologie und Kirche der Befreiung« in Lateinamerika.[38] Dieses Bild-Dokument machte zum ersten Mal die engen Beziehungen des neuen Mannes an der Spitze der römischen Kirche zu der überwiegend im geheimen operierenden »Familie« öffentlich. Nur wenige Beobachter erahnten zu diesem Zeitpunkt den atemberaubenden Vormarsch des Opus Dei mit Unterstützung des »Stellvertreters« und »Statthalters Jesu Christi«.

»Alles starke Faktoren«

Vladimir Felzmann, ehemals führendes Opus-Mitglied, erklärt die Motive des neuen Papstes: »Dann kam er (Woytyla; MM) in den Vatikan. Wem konnte er trauen? Die frühere königliche Leibwache, wenn man die Jesuiten so nennen will, ist in Auflösung begriffen, da sie verwickelt ist in marxistische Befreiungstheologie und in Verdächtigungen. Was ist sicher, was ist gesichert? Was hat eine klare Linie, was ist so, wie die Kirche, an die er sich erinnert, sein sollte? Opus Dei! Diese Leute tragen Talar, es gibt Gehorsam, man spricht Latein – lauter starke Faktoren. So kam Opus Dei ins Spiel. Und er kann sie brauchen. (...) Opus Dei hat Leute, die sehr gut Dinge zu managen verstehen, die durch die Business-Schule in Barcelona gegangen sind, die so etwas wie Harvard ist. Sie können organisieren. Sie haben Sachkenntnis in Finanzen, sie verstehen etwas von Kommunikation, sie sind Journalisten. Sie sind verläßlich, gehorsam, ruhig und diskret.«[39]

»Liebevoll gesegnet«

Von Anfang an achteten Josemaría Escrivá und die Führung des Opus Dei peinlich darauf, in keiner theologischen oder kirchenpolitischen Frage sichtbar in Widerspruch zum Papst und zum »Heiligen Stuhl« zu geraten. Escrivá wußte nur zu gut, daß die römische Kurie neuen innerkirchlichen Bewegungen und ordensähnlichen Gesellschaften in der Geschichte der Kirche regelmäßig mit Mißtrauen begegnet war, jedenfalls so lange, bis deren Romtreue und Gehorsam gegenüber dem Papst und dem hierarchischen Apparat der römischen Kirche unter Beweis gestellt worden war; besser noch: bis die neue Gesellschaft sich als bedingungsloses Werkzeug angeboten hatte.

In der 1990 publizierten »kurzen Lebensgeschichte« über Josemaría Escrivá, verfaßt vom Opus-Mitglied William Keenan, heißt es: »Ob ein religiöses Werk von Gott kommt und zu Gott gehört, kann man daran erkennen, ob es zur Kirche gehört und von ihrer Hierarchie bestätigt wurde. Von Anfang an haben die Päpste das Opus Dei liebevoll gesegnet.«[40] Bei derart ehrfürchtigem Respekt und Anerkennen päpstlicher Autorität und römischer Hierarchie, die spätestens seit den sechziger Jahren starken Erosionsprozessen und kritischen Kontroversen ausgesetzt war, kann die Sympathie der klerikalen Männer-Hierarchie für das »göttliche Werk« kaum mehr überraschen. Aber auch die Skepsis von Papst Johannes XXIII. (1958 bis 1963) gegenüber solchen Anbiederungen kann nicht überraschen, der jede kirchenrechtliche Aufwertung des Opus Dei sorgsam vermied. Von Angelo Roncalli, der als Papst den Namen Johannes XXIII. wählte, ist der Nachwelt als ein Bonmot der Ausspruch überliefert: »Jeden Morgen beim Aufstehen sagt mir der Schutzengel: ›Angelo, nimm dich nicht so wichtig.‹«[41] Dieses Selbstverständnis des Roncalli-Papstes, dem er während seines Pontifikats treu blieb, wird durch eine andere Anekdote von einem Gespräch mit jungen Priesteramtskandidaten bestätigt. Die Seminaristen fragen Johannes XXIII. nach der dem Papst zukommenden Unfehlbarkeit. Dieser verweist auf die wichtige Einschränkung, wie sie das I. Vatikanische Konzil formuliert hat: »Nur wenn der Papst ex cathedra spricht.« Und dann fügt er den sehr ernsten Satz an: »Ich werde nie ex cathedra sprechen.«

Ganz anders sein Vorgänger Pius XII. (1939 bis 1958). Während der päpstliche Nuntius in Berlin 1933 die »Machtübernahme« Adolf Hitlers bejubelte, sah der Kardinal-Staatssekretär Eugenio Pacelli und spätere Papst das nationalsozialistische Deutschland als Bollwerk gegen »die Gefahr des alles zerstörenden gottlosen Bolschewismus« (die Bischöfe Österreichs am 28. März 1938), und sicherte die Gruppeninteressen, die Einflußsphären der römisch-katholischen Kirche in den Fragen des religiösen Kultes, der katholischen Schulpolitik und Jugendarbeit durch den Abschluß eines Konkordats zwischen Vatikan und Nazi-Deutschland, was de facto die internationale Isolierung der NS-Regierung durchbrach. Pius XII. begann Josemaría Escrivá, der 1946 die Zentrale des Opus Dei von Madrid nach Rom übersiedelte, nach kurzer Zurückhaltung zu schätzen und nannte ihn »einen wahren Heiligen, einen Mann, von Gott gesandt für unsere Zeit«.[42] Nachdem der Pacelli-Papst davon überzeugt war, daß die Organisation in absoluter Treue zur römischen Hierarchie stand, erhielt das Opus Dei am 16. Mai 1950 die endgültige Approbation als »Säkularinstitut« der katholischen Kirche und damit die erste kirchenrechtliche Etablierung.

Das »mobile Corps«

Aber erst mit dem Escrivá-Verehrer Wojtyla erreichte das Opus Dei den für sich maßgeschneiderten Status der »Personalprälatur«. Nachdem der Papst und die Kurie das Vertrauen in die »Societas Jesu« (SJ, »Gesellschaft Jesu«) verloren und die Jesuiten unter Kuratel gestellt hatten, glaubte der Papst, im traditionalistischen Opus Dei die gehorsamere und schlagkräftigere Garde gefunden zu haben. Das Angebot del Portillos an den Papst führte tatsächlich zum Erfolg. Der Generalpräsident hatte dem Papst die Vorzüge und Kampfstärke des Opus Dei in einem Dokument, das durch eine Indiskretion bekannt wurde und als Datum den 23. April 1979 trägt, eindrücklich geschildert. Demnach hatte das Opus Ende der siebziger Jahre 72 375 Mitglieder, die in 87 Nationen tätig waren; präziser: in 479 Universitäten und höheren Schulen, in 604 Zeitungen, Zeitschriften und wissenschaftlichen Veröffentlichungen, in 52 Radio- und TV-Anstalten, in 38 Nachrichten- und Werbeagenturen, in 12 Filmproduktions- und Filmvertriebsgesellschaften. In dem Briefdokument schildert del Portillo außerdem die Schwierigkeiten des Opus, die ihre Ursache in dem bis heute fehlenden passenden kirchenrechtlichen Status hätten. Und dann benennt er die Vorteile für den Papst und die römische Kurie, falls sie sich zur Installierung einer Personalprälatur entschließen könnten. Die Prälatur »bietet dem Heiligen Stuhl die Möglichkeit, bei größter Effizienz über ein mobiles Corps von (akkurat vorbereiteten) Priestern und Laien zu verfügen, die überall ein mächtiges geistliches und apostolisches Ferment christlichen Lebens wären; dies vor allem im Bereich der Gesellschaft und im Berufsleben, wo es heute oft nicht leicht ist, in apostolisch einschneidender Weise mit den der Kirche gewöhnlich zur Verfügung stehenden Mitteln anzukommen.«[43]

Der »Maßanzug«

Der kirchenrechtliche »Maßanzug« für das Opus Dei, die Personalprälatur, wurde von Rom gegen den Widerspruch führender Bischöfe durchgesetzt.[44] Besonders in Spanien hatten Diözesanbischöfe offensichtlich wiederholt schlechte Erfahrungen mit der Geheimniskrämerei von Opus-Klerikern und den verdeckten Operationen des Geheimbundes gemacht. Ihre Bedenken aber, der Status der Prälatur ermögliche dem Opus Dei noch mehr als bisher, sich als »Staat im Staate«, als »Kirche in der Kirche« zu gebärden, und eine Kontrolle durch die Bistumsleitungen sei kaum möglich, stießen in Rom auf taube Ohren. Die Würfel waren längst gefallen.

Was bedeutet der seit 1982 gültige Status der Personalprälatur des Opus Dei kirchenpolitisch? Welche Folgen hat dieses kirchenrechtliche Kleid? Welche Vorteile hat das »Werk Gottes« damit erhalten? Diese Fragen stellen sich, da die offizielle Erklärung des Opus Dei zur Personalprälatur durch die päpstliche Kongregation für die Bischöfe, unterzeichnet vom damaligen Präfekten Kardinal Baggio, insbesondere »die Eingliederung der Institution in die bestehende Pastoral der Gesamtkirche und der Ortskirchen«, die enge Zusammenarbeit zwischen der Personalprälatur und den örtlichen Ordinarien und Bischöfen betont, und die Bewilligung des zuständigen Diözesanbischofs zur Errichtung von Zentren des

Opus Dei auf seinen Territorien vorschreibt[45]. Ich konzentriere mich an dieser Stelle auf die formal- juristischen Fragen und lasse die tatsächlichen Verhaltensweisen und internen Regelungen des Opus Dei (Gebot der Geheimhaltung usw.) außer acht. Vier besonders wirksame Vorteile für das Opus Dei sind erkennbar:

- Der Status der Prälatur weist dem Prälaten, dem Leiter des Opus Dei, die Jurisdiktionsgewalt für die Bereiche zu, die dem »spezifischen Ziel der Prälatur« dienen: die Führung des eigenen Klerus, die spezifische Ausbildung der Priester in den eigenen Ausbildungsseminaren, das Recht, die eigenen Priesteramtskandidaten zu inkardieren und die spezifische »spirituelle und apostolische Betreuung« der Laien im Opus Dei. Konkret kann dies zum Beispiel bedeuten, daß ein potentieller Priesteramtskandidat eines Bistums, der sich von der Gemeinschaft des Opus Dei angezogen fühlt, jedem Einfluß des Ortsbischofs durch die Abkapselung in Opus-eigenen Ausbildungsstätten entzogen werden kann.

  Ein weiteres Beispiel: Mitglieder des Diözesanklerus können vom Opus Dei, das auf Grund seiner Geschlossenheit und seines intensiven Gemeinschaftslebens eine hohe Attraktivität für viele vereinsamte Kleriker darstellt, informell rekrutiert werden. Sie wären solange nicht gezwungen, ihre Mitgliedschaft zu offenbaren, bis sie nicht ausdrücklich dazu aufgefordert würden.
- Das Opus Dei untersteht nicht mehr der päpstlichen Kongregation für Ordensleute und die Säkularinstitute, sondern der Kongregation für die Bischöfe. Damit ist es faktisch auch aus dem Ordensrecht ausgegliedert. Die Mitglieder haben damit weniger Rechte als bisher. Die Persönlichkeitsrechte und die individuelle Freiheit jedes Mitglieds sind nicht mehr ausreichend gesichert; der mögliche Austritt wird vor allem im Blick auf dessen ökonomisch soziale Zukunft erschwert. Dieser Punkt ist besonders angesichts des häufig äußerst jungen Eintrittsalters vieler Mitglieder bedeutsam.
- Durch den Wegfall des Gehorsams-, Armuts- und Reinheitsgelübdes kann das Opus Dei noch stärker als bisher auf die Eigenverantwortlichkeit der einzelnen Mitglieder hinweisen. Es ist somit leichter, die religiöse Außenfassade des »Werkes Gottes« aufrechtzuerhalten, weil es immer nur das einzelne Mitglied ist, das eventuell Geschäfte am Rande der Legalität via Tarnorganisa-

tionen des Opus Dei tätigt. Diese können kaum noch direkt der Prälatur angelastet werden.

- Außerdem wird der Prestigewert des Opus Dei durch den kirchenrechtlich einzigartigen Status der Personalprälatur erheblich vergrößert. Mehr noch als bisher kann die Opus-Führung auf das außerordentliche Wohlwollen des Papstes verweisen, sollte es in Konflikt mit einzelnen Ortsbischöfen geraten. Dreister als bisher kann das Opus Dei behaupten, was ihm bereits sein Anhänger Joseph Kardinal Höffner bescheinigt hatte, »daß das Menschen- und Gottesbild des Opus Dei das Menschen- und Gottesbild Jesu Christi und seiner Kirche ist«. Wer die Harmoniebedürftigkeit und Konfliktscheu des klerikalen Personals der römisch-katholischen Kirche kennt, weiß um die Bedeutung dieser zu erwartenden Behauptung.

3. Kapitel

Die »gestohlenen« Kinder

»Es bereitet tiefe Sorge zu sehen, wie christliche Gemeinschaften heute für sich werben, oft schon bei Minderjährigen, die sich durch geschickte Lockmittel einfangen lassen. Ich besitze eine ganze (internationale) Sammlung von Klagebriefen übertölpelter Eltern, denen eine kirchliche Institution oder Bewegung die Kinder weggestohlen hat.« Mit diesen Worten warnte 1988 der konservative Schweizer Theologe und Kardinal Hans Urs von Balthasar[46] vor einer der Folgen des fundamentalistischen Integralismus in der römisch-katholischen Kirche. Im Blick hatte er dabei vor allem das Opus Dei, das er wiederholt als »die stärkste integralistische Machtballung in der Kirche« kritisierte.

Die zitierten Sätze sind unmißverständlich. Sie markieren einen kirchlichen Skandal. Unter dem Markenzeichen »katholisch« rekrutieren fundamentalistische Gruppierungen mit totalitärer, vereinnahmender Tendenz Jugendliche, junge Erwachsene, ja minderjährige Kinder. Besonders hervorgetan hat sich dabei das Opus Dei, das mit aggressiven Werbemethoden versucht, gut gebildete und karrierebewußte Frauen und vor allem Männer zu werben. Damit die Erfolgsquote der Rekrutierung möglichst hoch ist, richten die Seelenfänger und Menschenjäger ihre Anstrengungen vor allem auch auf Jugendliche und Kinder.

Nach der Kenntnisnahme der Mitgliedschaft oder des Kontaktes ihres Kindes mit dem Opus Dei reagieren Eltern anfänglich positiv, zumindest billigend auf das offensichtlich neue religiöse und kirchliche Interesse. Erst wenn die Eltern die starke Veränderung in Persönlichkeit und Verhalten ihres Kindes wahrnehmen, sind sie alarmiert und sehen das Lebensglück und die psychische Entwicklung ihrer Tochter oder ihres Sohnes massiv bedroht. Ein

Eingreifen zu diesem Zeitpunkt der Entfremdung ist jedoch bereits äußerst schwierig.

»Wir dachten, das sei sicher etwas Rechtes, solange es katholisch ist« – formulierten Eltern exemplarisch für viele andere. Erst 1990/1992 ergriffen »übertölpelte« Eltern und Angehörige in den USA die Initiative zur Gründung einer Selbsthilfegruppe[47], um sich gegen die Verstrickung ihrer Kinder in den »krakenartigen Fangarmen« des Opus Dei zur Wehr zu setzen. Sie wollen auch die Öffentlichkeit und kirchliche Behörden über die Rekrutierungsmethoden dieser Geheimorganisation aufklären. Andere schließen sich Initiativen an, die gegen destruktive Kulte, pseudoreligiöse Sekten und Gruppierungen mit totalitärer Tendenz kämpfen. Für diesen Schritt haben sie in der Tat gute Gründe.

Eine katholische Mun-Sekte

Das ehemals führende britische Opus-Mitglied John Roche bringt das Opus Dei direkt mit den heute grassierenden »totalitären Kulten und Sekten« in Zusammenhang und spricht gar von einer katholischen Mun-Sekte. Rückblickend werfen viele ehemalige Mitglieder dem Opus Dei den totalitären Jugendsekten vergleichbare Praktiken vor. Wiederholt schilderten sie eindrücklich, was sie an Leib und Seele bei der »Begegnung« mit dem Opus Dei erlebt haben. Nach ihren Aussagen wird bei der Rekrutierung neuer Mitglieder starker psychischer Druck ausgeübt. Die Entfremdung der Jugendlichen von ihren Eltern und bisherigen sozialen Bindungen werde Schritt für Schritt durchgesetzt. Die Kontrollsucht des jeweiligen klerikalen Leiters sei maßlos bis in die intimsten Lebensbereiche. Unterwürfigkeit und absoluter Gehorsam seien gefordert. Den Jugendlichen werden schwere Sünden- und Schuldkomplexe eingehämmert. Gegenseitige Bespitzelung und Denunziationen anderer junger Mitglieder wegen sogenannter »Fehltritte« und Verstöße gegen die Auflagen und Regeln des Werkes seien alltäglich. Das Ganze könne nur als psychischer Terror bezeichnet werden.

Gegen meine zuerst eigene Skepsis sind mir die genannten Vorwürfe gegenüber dem Opus Dei in Gesprächen mit Ehemaligen und den Eltern junger Mitglieder des Opus Dei in den wesentlichen Punkten bestätigt und ergänzt worden. Entscheidend ist hier, daß die Opus-Führung die Rekrutierungsstrategien unter Jugendlichen offensichtlich bis heute nicht korrigiert hat.

»Zur Hurerei und Gottesliebe befähigt«

Bis heute scheint die klerikale Leitung des Opus ihre Strategie mit der folgenden Begründung und Motivation aufrechtzuerhalten: »Es ist eine große Gnade, wenn schon Kinder oder Jugendliche zur Christusnachfolge berufen werden und dem Ruf folgen; sie sollte die Eltern zu tiefster Dankbarkeit veranlassen. Kein Zweifel, daß junge Menschen, die zum Leben der Sünde, zur Hurerei, zu Betrügereien und Gewalttätigkeiten Impuls und ›Fähigkeiten‹ besitzen, auch zum Gegenteil befähigt sind, zu Gottesliebe, zu Hingabebereitschaft und Reinheit. Ich kann nicht einsehen, wieso Kinder zwar das Recht haben sollen, sich mit vierzehn – Elternwille hin oder her – vom Religionsunterricht abzumelden, nicht aber, sich zum Dienst für Christus und Kirche zu entscheiden. Diese Zahl ›vierzehn‹ ist nicht Willkür: Aus jahrtausendelanger Erfahrung weiß die Kirche, daß von diesem Alter ab im allgemeinen ein Christ in der Lage ist, Art und Weise einer göttlichen Berufung zu erkennen und ihr zu folgen.«

Diese Sätze des bereits zitierten Hagiographen des Opus Dei-Gründers Escrivá, Peter Berglar[48], sind alarmierend. Richtig ist, daß die Ordensgemeinschaften der Kirche in ihrer Geschichte versuchten, Kinder und Jugendliche möglichst früh zu rekrutieren; dies häufig gegen den Widerstand der Eltern und Angehörigen. Rekrutieren, das bedeutete zumeist die Isolierung und Ghettoisierung in der »geschlossenen Institution« (Erwin Goffman) eines Klosters, eines Internats, die Unterbindung der sozialen Beziehungen zur Familie, zu den Angehörigen und früheren Freunden, die systematische und mit autoritären Strukturen durchgesetzte Einbindung und »Gefangennahme« in das dichte, häufig totale Beziehungsgeflecht und Leben der religiösen Gemeinschaft, die religiöse und geistliche Führerschaft durch ein älteres Mitglied des Ordens. Das Ergebnis dieser Rekrutierung war de facto eine – heute würde man sagen – Seelen- und Gehirnwäsche, die Zerstörung der eigenen Persönlichkeit, die völlige psychische, soziale und ökonomische Abhängigkeit des Betroffenen, die Verhinderung eines eigenen, selbstbestimmten Lebens, schließlich die völlige Fremdbestimmung bis in die kleinsten Details der Lebensführung.

Das Ganze gründete auf der schlichten entwicklungspsychologischen Erkenntnis, daß Menschen umso leichter und nachhaltiger zu beeinflussen und zu formen sind, je früher man über sie bestimmen und verfügen kann. Die Geschichte der kirchlichen Ordensgemeinschaften ist – neben vielen Leistungen, die sie hervorgebracht haben – auch eine Geschichte der Verbrechen an unzähligen namenlosen Kindern und jungen Menschen. Während aber heute die meisten Ordensgemeinschaften derartige menschenverachtenden und lebensverhindernden Rekrutierungsmethoden ablehnen und statt dessen offen ihre Ziele und interne Struktur erkennen lassen, setzen das Opus Dei und andere totalitär ausgerichtete religiöse Gruppierungen die skizzierte Methodik der Unterwerfung von Kindern und jungen Menschen offensichtlich fort.

»Kinderfängerei«

Die offiziellen Stellen des Opus Dei haben sich wiederholt in Erklärungen gegen den Vorwurf gewehrt, das Werk rekrutiere Minderjährige und betreibe »Kinderfängerei«. Niemand könne dem Opus Dei beitreten, bevor er siebzehn Jahre alt sei, niemand könne in das Werk auf Lebenszeit eintreten, bevor er oder sie dreiundzwanzig Jahre alt sei. Beschwörend heißt es in den offiziellen Stellungnahmen: »Kinder können selbstverständlich nicht Mitglieder des Opus Dei sein.«[49] – »Die Behauptung, Minderjährigen werde erlaubt, Verpflichtungen einzugehen, die sie nicht überblicken können (...), ist unzutreffend.«[50]

Gehäuft gab das Opus Dei Erklärungen dieses Inhalts in den Jahren 1983 und 1984 ab, kurz nachdem das Opus Dei 1982 den kirchenrechtlichen Status einer Personalprälatur – ein absolutes Novum in der Kirchengeschichte – und damit innerkirchlich einen massiven Zuwachs an Macht erhalten hatte. Dieser Triumph wurde aber von Veröffentlichungen mehrerer Erfahrungsberichte ehemaliger Mitglieder des Opus Dei getrübt. Durch diese Berichte über das Innenleben des Opus Dei, über die Werbemethoden und Indoktrination Jugendlicher, wurden selbst konservative Bischöfe und kirchliche Behörden aufgeschreckt[51], die bis dahin den propagierten Zielen des »Werkes« durchaus wohlgesonnen waren oder die Existenz des Opus Dei kaum wahrgenommen hatten. Mit den offiziellen Erklärungen reagierte das Opus Dei auf die äußerst negativen Schlagzeilen in zahlreichen europäischen Zeitungen und Zeitschriften, die von »psychischem Terror« und »seelischer Nötigung« im Zusammenhang des Opus sprachen. Die Führung des Opus wies alle Kritik als »haßerfüllte Anschuldigungen« pauschal zurück und versuchte offensiv, ein konsumentenfreundliches Bild des »göttlichen Werkes« zu verkaufen.

Die Londoner »Times« veröffentlichte auf Initiative des ehemaligen Opus Dei-Leiters John Roche hin die Bilder einer mehrschwänzigen Peitsche und eines eisernen Bußgürtels, mit deren Hilfe Opus-Mitglieder den »sündhaften Körper« unter dem Motto »Geliebt, geheiligt, verherrlicht sei der Schmerz« gottgnädig malträtieren. Neben diesen Marterwerkzeugen zur körperlichen Abtötung, früher regelmäßig als »spirituelle Werkzeuge« benutzt, berichtete die Zeitung über Indoktrinationen des Opus und schwere psychische Schädigungen, denen junge Frauen und Männer ausgesetzt seien. Der Artikel erregte weltweit Aufsehen.

Bundesdeutsche Medien wie »Der Spiegel« publizierten 1983 serienmäßig die Enthüllungen des Kölner Theologiestudenten Klaus Steigleder, der unter dem Titel »Das Opus Dei – eine Innenansicht« seinen Erfahrungsbericht publiziert hatte.

Bereits im März 1979 kam es in Zürich zu einem Skandal um das »Werk Gottes«. Erstmals setzte sich ein hoher kirchlicher Amtsträger im Interesse katholischer Eltern und des konfessionellen Friedens in der reformiert-evangelischen Zwingli-Stadt Zürich gegen die Machenschaften des Opus Dei zur Wehr. Der Zürcher Generalvikar Hans Henny, der als konservativer Verfechter und Interessenvertreter des katholischen Milieus weit über die Grenzen der Stadt Zürich verehrt wurde, verfügte die Amtsenthebung von drei zum Opus Dei gehörenden, an Kantonsschulen tätigen Religionslehrern.

Das Generalvikariat hielt folgende Anschuldigungen von Eltern- und Kollegenseite für erwiesen und wollte diese nicht mehr akzeptieren, nachdem die Lehrer »klärende Gespräche« verweigert hatten[52]:

- Dem Opus Dei angehörende Religionslehrer bezeichnen Martin Luther als »Irrlehrer«;
- Sie verbreiten die Spiritualität des Opus Dei, statt katholischen Religionsunterricht zu erteilen;
- Sie vertreten die Meinung, die Frau müsse wegen ihrer Erbschuld beim Gebären Schmerzen erleiden;
- Sie propagieren, Krankheit sei die Folge persönlicher Sünde;
- Sie verteilen Propagandamaterial in den Schulen;
- Sie organisieren Schülerproteste gegen die Lektüre von Lessing-Werken;
- Insgeheim wurden aus Lehrerlisten Schülernoten abgeschrieben, angeblich mit dem Zweck, schwachen Schülern beizustehen, in Wirklichkeit aber, um sie für das Opus Dei anwerben zu können.

Liebe zu den Eltern

Offensiv wurde der Nachfolger des Opus Dei-Gründers und heutige Leiter Alvaro del Portillo 1984 mit einer Erklärung an die Deutsche Bischofskonferenz[53], mit der ihm offensichtlich eine Beruhigung der deutschen Kirchenleitung – übrigens bis heute – gelang. Der Meister-Schüler Portillo betont in der Erklärung, daß »alle der Prälatur angehörenden Mitglieder volljährig« sind und daß es der »ausdrückliche Wunsch der Prälatur« sei, »daß ihre Gläubigen ständig in der Liebe zu ihren Eltern wachsen und diese an der geistlichen Bereicherung teilhaben lassen, die sie in ihrer Hingabe an Gott im Opus Dei erfahren«. Außerdem beschwört er die »Kirchlichkeit« des Werkes: »Die geistliche Hilfe, die die Prälatur ihren Mitgliedern sowie allen, die sich an ihren Apostolaten beteiligen wollen, gewährt, steht in vollem Einklang mit der Lehre und der geistlichen Praxis der Kirche und, demzufolge, mit den Vorschriften des Kirchenrechts.« Einer Verspottung aller journalistischen Bemühungen um Transparenz gleich kommt die Behauptung: »Ihre Tätigkeiten führt die Prälatur Opus Dei stets im Licht der Öffentlichkeit und im Einklang mit den im Lande geltenden Gesetzen durch.«

Zur Aufklärung über die Geheimniskrämerei des Opus Dei und den – mittlerweile gerichtlich festgestellten – Charakter der Geheimorganisation[54] werden noch Informationen folgen. Zu entlarven aber ist hier die zwar formal richtige Behauptung Portillos, man müsse 23 Jahre alt sein, um der Prälatur lebenslänglich beitreten zu können, als Irreführung der Öffentlichkeit und Verschleierung der zwielichtigen Anwerbung minderjähriger Jugendlicher. Denn um das Ziel des verbindlichen Eintritts in das Opus mit 23 Jahren überhaupt erreichen zu können, muß man bereits ein gutes Stück der »Karriere« in der »Schule des Opus-Innenlebens« hinter sich haben.

Nach den seit 1982 öffentlich zugänglichen Statuten, dem »Codex des Sonderrechtes des Opus Dei« (»Codex Iuris Particularis Operis Dei«)[55] kann der Aufnahmebewerber mit sechzehneinhalb Jahren den sogenannten »Brief« an die römische Leitung oder den Regionalvikar des Opus Dei in einem Land schreiben, mit der er/sie um die »Admissio«, die einfache Zulassung, bittet. In einem internen, aber bisher geheimgehaltenen Dokument, dem »Vademecum de los Consejos Locales«, einem detaillierten Regelwerk, heißt es: »Wer ab einem Alter von vierzehneinhalb Jahren die Admissio beantragt, kann sie nur als Aspirant anstreben und indem er sich brieflich an den Regionalvikar wendet. (...) Rechtlich gehören die Aspiranten nicht zum Werk; deshalb haben sie nicht die Rechte und Pflichten seiner Mitglieder. (...) Selbstverständlich können sie nicht mit der Familie (›des Opus Dei, MM‹) zusammenleben. (...) Dennoch kümmert man sich höchst sorgfältig um ihre Heranbildung, damit sie im inneren Leben und apostolischen Eifer wachsen und damit sich ihre Berufung kräftigt und reifer wird. Und sie sprechen nach Kräften darauf an, um sich den Geist des Werkes gut anzueignen und in ihren Seelen die Bereitschaft zur Ganzhingabe an Gott zu festigen; denn de facto besteht diese gegenseitige Übereinkunft.«[56]

Die Veröffentlichung dieses geheimen Opus-Dokuments, in dem der heutige Leiter des »Werkes Gottes« die Unterscheidung zwischen formaljuristischer und tatsächlicher Praxis schildert, überführt die jugendgefährdenden Methoden der Opus-Führung eindeutig. Zwar werden die päpstlich approbierten Statuten, die sich am Kirchenrecht orientieren müssen, formal erfüllt, praktisch aber werden die Aspiranten bereits mit vierzehneinhalb Jahren in das Opus-Innenleben integriert. Sie erhalten, wie das zitierte Vademecum detailliert festlegt, die gleiche ideologische Indoktrination wie die älteren Aspiranten und Mitglieder. Sie werden ebenfalls durch das »Programm der anfänglichen Formung« in das Leben der Geheimorganisation eingeführt und integriert.

Veranschlagt man zudem, daß einige Zeit vergeht, bis ein vierzehneinhalb Jahre alter Jugendlicher einen Antrag an die Opus-Leitung abfaßt, ist davon auszugehen, daß die »Kinder-Jäger« des Opus (so äußerte sich ein katholischer Priester mir gegenüber) bereits auf zwölf- bis vierzehnjährige Kinder »losgehen«. Dies ist ein unerhörter kirchlicher und gesellschaftlicher Skandal, der Elternrechte und Grundrechte verletzt.

Wie zynischer Spott muß die Aussage Portillos in den Ohren »übertölpelter« Eltern, deren Kinder »gestohlen« worden sind, klingen, mit der er die Familienfreundlichkeit des Opus Dei behauptet: »Es ist der ausdrückliche Wunsch der Prälatur, daß ihre Gläubigen ständig in der Liebe zu ihren Eltern wachsen.«[57] Im Grundbuch »Der Weg« schreibt Escrivá statt dessen: »Du beklagst dich innerlich, weil du hart angefaßt wirst. Du spürst den Gegensatz zum Verhalten deiner Verwandten. Für dich schreibe ich aus dem Brief eines Militärarztes: ›Gegenüber dem Kranken ist eine klare, nüchterne, sachlich richtige und für den Patienten nützliche Haltung des Arztes nötig; nicht aber das weinerliche Klagen der Familie. Was würde aus einem Verbandsplatz während der Schlacht, wenn sich der Strom der Verwundeten staut, weil der Abtransport nicht schnell genug vor sich geht und an jeder Tragbahre eine Familie steht? Es wäre zum Davonlaufen!‹«

4. Kapitel

Die Eliten im Fadenkreuz

»Sie sind mächtig. Sie haben Minister in Regierungen oder Diktaturen, ein wirtschaftliches Imperium, Zeitungen und Radiostudios. Ihre Methoden sind so diskret und wirksam, daß sie als geheim und bedrohlich empfunden werden«, schrieb Pierre Emonet im Februar 1981 in der Schweizer Jesuiten-Zeitschrift »Choisir« über die Katholiken und Kleriker des Opus Dei. Nur selten aber konnte dies so eindeutig durch journalistische Recherchen bestätigt werden wie im faschistischen Spanien des Franco-Regimes, in dem das Opus Dei zur »einflußreichsten kollaborationistischen Bewegung innerhalb der Kirche« avancierte.[58]

Spätestens seit Beginn der fünfziger Jahre durchsetzte das Opus Dei, dessen Ideologen bis heute nach außen die Fassade einer rein religiösen Vereinigung beschwören, den Staatsapparat und wichtige gesellschaftliche Institutionen in Spanien mit seinen Mitgliedern, »Freunden« und Sympathisanten. Diese leiteten oder besaßen Finanzierungsinstitute, Holding- und Investmentgesellschaften, Druck- und Verlagsunternehmen, Zeitungen und Zeitschriften, Ausbildungsinstitute für Betriebswirtschaftslehre und Management, höhere Schulen, Studentenheime und Akademien.

Das Finanzmanagement des Opus Dei

Seit der bedeutendsten Regierungsumbildung der Franco-Ära im Jahr 1957 stießen Mitglieder und Anhänger des Opus Dei in alle wirtschaftspolitisch relevanten Regierungsressorts vor. 1962 war die Phase des Aufstiegs zur Macht nahezu abgeschlossen.[59] Das »Werk Gottes« hatte fast alle Machthebel der Regierung auf dem Gebiet der Finanzen, des Handels und der Industrieproduktion in der Hand. Durch die systematische Penetration der ökonomisch entscheidenden Ressorts mit Mitgliedern und »Freunden« im Franco-Staat konnte das Opus die politisch-ökonomische Spitzenposition erzielen und in der zweiten Hälfte der sechziger Jahre nahezu die gesamte Wirtschaftspolitik steuern. In den verschiedenen Kabinetten des Caudillos Francisco Franco waren Ende der fünfziger bis Anfang der siebziger Jahre – zahlenmäßig wechselnd – zwei bis zehn Ministerposten von Mitgliedern oder Anhängern des Opus Dei besetzt.

Rückblickend rechtfertigte der bereits zitierte Hagiograph des Opus-Gründers Escrivá, Peter Berglar, das starke Engagement der Opus-Katholiken in Wirtschaft und Politik: »Die Nachfolge Christi, die Treue zur Kirche, der Geist des Werkes verboten keinesfalls, dem spanischen Staat jener Zeit zu dienen.«[60] Alles nur »Dienst«, das ist die Verspottung jedes vernünftigen und ehrlichen Zeitgenossen, der – jenseits von Geschichtsschönung und Verharmlosung, Verdunklung und Irreführung – in geschichtlicher Distanz Einblick in die Machtbeziehungen und -geflechte totalitär organisierter und funktionierender Gesellschaften sucht.

Das Gravitationszentrum der Macht, die politische, soziale und ökonomische Macht, übt bis heute eine äußerst starke Anziehung auf das Personal des Opus Dei aus. Der mächtige Erfolg im Spanien Francos und das Komplizentum mit dem Franquismus, an den das Opus heute nur ungern erinnert wird, während es unermüdlich das eigene Streben und Drängen nach gesellschaftlicher Macht leugnet, bestimmt seitdem nicht nur die gesellschaftliche und politische Ausrichtung der Organisation, sondern führte auch dazu, daß sie in den Bann der Macht, des Erfolgsdenkens und der geheimen Operationen geriet.

In diesem geschichtlichen Kontext bildete das Opus Dei auch jene Strategie heraus, die die gesellschaftliche Macht-Elite im Visier hat. Daß hier nicht der immer noch populäre Sprachgebrauch von »Elite« gemeint ist, die nach bestimmten Qualifikationen Besten (zum Beispiel Sportelite, militärische Elitetruppe) oder eine der Gesellschaft übergeordnete Personengruppe, die durch moralische Integrität, Bildung und schöpferische Fähigkeiten qualifiziert ist, verdeutlicht das Gesagte. Gemeint ist das sozialwissenschaftliche Verständnis von »Elite« als Gruppen oder Quasi-Gruppen, die in Politik, Wissenschaft und Ökonomie Spitzenpositionen einnehmen und dadurch gesellschaftlichen Einfluß und Macht ausüben.

Herrschaft in der Demokratie

So sehr kommunistisch-stalinistische und faschistische Staatsgebilde von ihren ideologischen und gesellschaftlichen Voraussetzungen her gründlich verschieden waren, so sehr konvergieren sie in der Praxis totalitärer Machtausübung. Das Zentrum der Macht und die darum gelagerten Machtkerne (politische Führung, Polizei, Militär, Industrie usw.) mit ihren spezifischen Eliten sind eindeutig auszumachen. Mehr oder weniger kompakte, herrschsüchtige Machteliten sind quantitativ vergleichsweise klein und namentlich benennbar.

Wesentlich komplexer ist dies in modernen Demokratien, die rechtsstaatlich orientiert und organisiert (Verfassung, Grund- und Menschenrechte, Gewaltenteilung usw.) und institutionell wesentlich differenzierter (Eliten-Pluralismus, gegenseitige Konkurrenz der verschiedenen Eliten) sind. Die jüngste Elitenforschung aber zeigt, daß auch in fortgeschrittenen westlichen Industriegesellschaften der Tatbestand »Herrschaft in der Demokratie« nicht verschleiert werden darf, »solange man davon ausgehen muß, daß die wesentlichen Entscheidungen in unseren Gesellschaften zwar nicht von 400 oder 500 Familien oder auch 4000 oder 5000 Personen einer einheitlich handelnden Schicht getroffen werden, wohl aber von einer begrenzten, grob sogar benennbaren Zahl verschiedener Funktionseliten«.[61] Nach der bisher umfassendsten Studie zum Thema »Eliten, Macht und Konflikt in der BRD«[62] werden die zentralen politischen und wirtschaftlichen Entscheidungen von einem »Eliten-Netzwerk« getroffen. Dieses »Spinnennetz« gesellschaftlicher Macht beherrscht ein »Zentraler Zirkel« von etwa 560 Mitgliedern, die aus Politik, Verwaltung, Wirtschaft und Wissenschaft kommen. Die Eliten rekrutieren sich vornehmlich aus den »sozial und beruflich privilegierten Bevölkerungssegmenten«.

Wer angesichts dieses Forschungsberichts über die Existenz einer Machtelite in der Bundesrepublik im Blick auf die demokratische Verfassung beunruhigt ist, die vergleichbare Tatbestände in anderen europäischen Gesellschaften vermuten läßt, sei auf die wichtige Erkenntnis und Aufforderung des liberalen Sozialwissenschaftlers Ralf Dahrendorf hingewiesen: »Gesellschaft heißt Herrschaft und Herrschaft heißt Ungleichheit. (...) Gesellschaft ist eben nicht nett, sondern nötig. Aber die Frage ist nicht, wie wir uns von aller Herrschaft befreien und zu einem arkadischen Schäferleben einschläfern, sondern wie wir Herrschaft so zähmen können, daß ein Optimum an Lebenschancen möglich wird. (...) Das ist eben der Punkt, an dem die Bürgerrechte zum Schlüsselbegriff der Moderne werden.«[63] Daß die »Zähmung« gesellschaftlicher Macht die Transparenz der Fäden des Eliten-Netzwerks und die Installierung besserer Kontrollmechanismen voraussetzt, ist für all diejenigen selbstverständlich, denen an einer sozial gerechten und an den Freiheitsrechten fixierten Gesellschaft gelegen ist.

Josemaría Escrivá und das Opus Dei aber sind »interessiert an Erbadel, an Geist, an Geld, an Positionen« – »Cuius regio – eius religio« (wer ein Land beherrscht, bestimmt auch dessen Religion). Wenn Sie die Führer auf Ihre Seite bekommen, dann haben Sie das ganze Land.« – Diese gegenüber dem Journalisten Peter Hertel gemachte Aussage des Klerikers Vladimir Felzmann[64], der nach mehr als zwei Jahrzehnten Mitgliedschaft und führenden Funktionen aus dem Opus Dei austrat, bestätigt die gesellschaftliche Strategie der Opus-Organisation, die vornehmlich auf die Eliten, die Führungskräfte in Politik, Wissenschaft, Industrie, Medien und Bildungsinstitutionen zielt. Die Strategie des Opus Dei verspricht Erfolg in Diktaturen, feudalistisch organisierten Gesellschaften, formaldemokratischen Staaten und tatsächlich rechtsstaatlichen Demokratien. Insofern ist die Strategie, die das Opus Dei im Spanien Francos herausgebildet hat, auch heute sehr modern und effizient, um Einfluß und Macht zu gewinnen.

Komplizenschaft mit den faschistischen Eliten

Das Zitat offenbart aber auch, wie tief die Komplizenschaft zwischen katholischer Kirche und faschistischer Macht im Staate Francos die Optik Escrivás auf die Gesellschaft geprägt hatte, der Anfang der vierziger Jahre Besinnungstage zusammen mit dem

Ehepaar Franco verlebte.[65] Die römisch-katholische Kirche Spaniens erhielt nach dem Bürgerkrieg und dem Sieg der franquistischen Truppen wieder all ihre Privilegien zurück. Die katholische Religion wurde mit dem 1945 verabschiedeten »Grundrechtskatalog« zur Staatsreligion ernannt. Dies war der Lohn für die massive, ja fanatische ideologische Unterstützung Francos. Die spanischen Bischöfe und der Papst hatten bereits 1933 einen »heiligen Kreuzzug für die vollständige Wiederherstellung der kirchlichen Rechte« gefordert.

Mit dem Segen der Kirche begann der Krieg im Juli 1936. Nicht von ungefähr wurde der Franquismus eine »klerikalfaschistische« Herrschaftsform genannt.[66] Wesentlich beigetragen zu diesem Titel hatten verschiedene pseudoreligiöse Ausuferungen. Zum Beispiel genoß Franco die liturgisch-kanonischen Ehrenrechte, die früher dem König zustanden; Franco zog in die mit extremem Pomp inszenierten Hochämter stets unter einem von Priestern getragenen Baldachin ein. Die Muttergottes erhielt den Titel eines Ehrengenerals der spanischen Armee zugesprochen, und auf den Münzen las man die Aufschrift »Francisco Franco, Caudillo Spanien von Gottes Gnaden«. All dies offensichtlich mit Billigung der klerikalen Hierarchie.

Eitel und verführbar

In den seit 1982 gültigen Statuten des Opus Dei werden die Mitglieder aufgefordert, sich die Wirksamkeit des Apostolats (die Ziele des Opus Dei) »bei Intellektuellen vor Augen (zu) halten, denen große Bedeutung für den Dienst in der bürgerlichen Gesellschaft zukommt – wegen der wissenschaftlichen Bildung, über die sie verfügen, wegen der Aufgaben, die sie erfüllen, oder wegen der Amtsautorität, mit der sie bekleidet sind.«[67] In den offiziell zwischen 1950 und 1982, faktisch aber vermutlich bis heute gültigen »Konstitutionen« heißt es kürzer und deutlicher: »Das charakteristische Mittel« des Opus Dei »sind öffentliche Ämter –, besonders jene mit Leitungspositionen«.[68]

Nach Aussage der ehemaligen Leiterin der Frauenabteilungen in der spanischen Sektion des Opus Dei äußerte sich Escrivá, dem große Eitelkeit nachgesagt wird und der offensichtlich in der Tat die menschliche Eitelkeit und Verführbarkeit durch akademische Titel kannte, wie folgt zur Strategie des Opus: »Unser Ziel ist es auch, alle Universitätslehrstühle, von denen aus viel getan werden kann, zu erlangen; Ziel des Werkes ist es ebenso, Apostolat in staatlichen Einrichtungen zu üben. (...) So sind wir imstande, unseren Leuten, ohne daß sie Prüfungen abgelegt haben, Karrieren, Titel, Doktorgrade und viele Orden zu verschaffen, die viele Menschen zu unserem Apostolat locken werden.«[69]

Die religiöse Außenfassade

Das Opus Dei hat derartige Methoden und grundsätzlich überhaupt abgestritten, es dränge nach Macht und Einfluß. Die »Familie« des Opus Dei sei eine »Vereinigung von Gläubigen, die nach der Vollkommenheit des Evangeliums« strebe. »Das Ziel und die Mittel des Opus Dei« seien »gänzlich und ausschließlich übernatürlicher, geistlicher und apostolischer Art«.[70] Bis heute verfolgt das Opus Dei die systematische Verschleierung ihrer finanziellen Mittel und der Aktivitäten ihrer Mitglieder. Die folgende Anekdote führt exemplarisch vor, welche Propaganda Escrivá offensichtlich seinem Opus verordnet hat:

Statt mit einer klaren Antwort reagierte Monsignore Escrivá mit einem ganz unbiblischen »Gleichnis« auf die Frage des Opus-kritischen Papstes Johannes XXIII., »wie mächtig und reich das Opus Dei« eigentlich sei: »Nehmen wir an, eine vielköpfige italienische Familie habe einen Sohn, der bei ›Montecatini‹ arbeitet, einen anderen, der bei ›Fiat‹ angestellt ist, und einen dritten, der eben einen leitenden Posten in der ›Banca commerciale‹ angetreten hat, der Vater und einige weitere Söhne arbeiten in anderen Firmen. Kann man deshalb behaupten, diese armen Leute seien Eigentümer jener Großunternehmen und Banken?« Ähnlich sei es in der »Familie« des Opus Dei.

Aber selbst Radio Vatikan, durchaus nicht im Ruf, kirchliche Institutionen oder Ordensgemeinschaften in der Öffentlichkeit in ein »schiefes Licht« zu rücken, sendete am 4. September 1979: »Es ist zwecklos zu leugnen, daß das Opus Dei in manchen Ländern großen Einfluß im politischen, wirtschaftlichen und kulturellen Bereich besitzt.« Und Radio Vatikan erkannte ein »gewisses Eliteprinzip, welches das Opus Dei in der Auswahl seiner Mitglieder anwendet. Dies hat zur Folge, daß sich Mitglieder dieser Laienvereinigung in vermehrtem Ausmaß in einflußreichen Stellungen befinden, was die berufliche Zusammensetzung in bestimmten Bereichen begünstigt, ja sogar nahelegt. Dadurch entstehen einflußreiche Gruppierungen, wie sie in unserer modernen westlichen Gesellschaft von immer größerer Bedeutung werden.«[71] Das wichtige Medium des Vatikans bekundete damit grundsätzliches Verständnis für das Eliteprinzip, das Vorgehen und die Strategie des Opus Dei, zeigte aber kein Verständnis für die Politik der Geheimhaltung, das konspirative Element dabei.

Klerikale Eliten

Das Hauptquartier des Opus Dei befindet sich in Rom, dem administrativen »Herz« der römisch-katholischen Kirche. Hier entwickelte die Führung des Opus ihre Strategien zur Rettung der Kirche, die sie spätestens seit dem II. Vatikanischen Konzil, das endlich ausdrücklich die persönliche Gewissens- und Religionsfreiheit mit der Glaubenslehre der katholischen Kirche »versöhnen« wollte, von inneren Erosionsprozessen heimgesucht sah, »von Irrlehren, Theologenaufsässigkeit, allgemeinem Disziplinverfall, Priesterflucht und Liturgiewillkür.«[72]

Wenige Jahre nach dem Ende des Konzils äußerte sich Escrivá in einem Leitartikel der Opus-Zeitschrift »Crónica« zum Zustand der Kirche: »Das Böse kommt von innen und von hoch oben. Es gibt eine wirkliche Fäulnis, und zur Zeit scheint es, als sei der Mystische Leib Christi ein Leichnam in stinkender Verwesung. Wie viele Beleidigungen gegen Gott gibt es. Wir sind so zerbrechlich, und sogar noch zerbrechlicher als andere. Aber wie ich schon immer gesagt habe: wir haben eine Verpflichtung zur Liebe; wir müssen jetzt unserem Dasein einen Sinn zur Wiedergutmachung geben.«[73]

Das II. Vatikanische Konzil war für Escrivá wie für viele fundamentalistische Kreise eine Art Katalysator. Hier sah man die Ursache aller »Fehlentwicklungen», welche die Kirche letztlich zerstören würden, falls nicht jene, die den wahren, recht-gläubigen und sicheren Rest der Kirche darstellen, das »Ruder herumwerfen«

würden. Das Opus Dei sah sich in vorderster Front und suchte Bündnispartner in der kirchlichen Elite. Peter Hertel beschreibt, wie das Opus Dei konsequent Kirchenführer in das »Centro Romano di Incontri Sacerdotali« (CRIS), das Zentrum der Opus Dei-Klerus in Rom, Anfang der siebziger Jahre einzuladen begann: »Jeder Kirchenmann, der wichtig war oder wichtig werden konnte, wurde eingeladen, wenn er in Rom war. Versprach der Kontakt Erfolg, wurde er erneut eingeladen. (...) Im Priesterzentrum des Opus Dei herrscht eine Atmosphäre, die den Oberhirten aus eigener Erfahrung gut bekannt ist und in der sie wehmütig an die Zeiten der religiösen Geschlossenheit erinnert werden, als die Kirche in westlichen Ländern wesentlich mehr Macht und inneren Zusammenhalt besaß. Sie sahen, daß das Werk wuchs, während andere Orden und Gemeinschaften kleiner wurden. Wachstum, Stabilität und Sicherheit – gegen den allgemeinen Trend; das wirkt auf Kirchen früher unterschiedlicher Richtungen überzeugend«.[74]

Zu den offensichtlich regelmäßigen Gästen zählten Joseph Kardinal Höffner aus Köln, Franz Kardinal König aus Wien und vor allem Karol Kardinal Wojtyla aus Krakau, der spätere Papst Johannes Paul II.

Die Verführbarkeit der Eliten

All denjenigen, die durch die Verführbarkeit der Eliten und Akademiker irritiert sind, sei eine Lebenseinsicht Friedrich Heers, des Wiener Kulturhistorikers und Streiters für den Humanismus, mitgeteilt: »Ich erinnere immer wieder, unvergeßlich für mich, in einer meiner Haftzeiten bin ich durch das Reichssicherheitshauptamt in Berlin geführt worden: ein langer Gang. An den Türen lauter akademische Titel von hohen SS-Führern, Adelstitel übrigens auch. Bildung schützt vor Barbarei nicht, das heißt Schulbildung, akademische Titel, etc. Bildung ist nicht zufällig ein Wort des schwäbischen Pietismus. Es bedeutet die tägliche Bibellesung.«[75]

5. Kapitel

Der Todescomputer von Bogotá

Fast 70 Prozent der Bevölkerung der Zweimillionen-Stadt Santo Domingo leben in randstädtischen und innerstädtischen Armensiedlungen, in meist winzigen, aus Brettern und Abfallmaterialien zusammengenagelten Hütten. Die Infrastruktur ist absolut unzulänglich, was Strom und Wasser, Hygiene und Krankenstationen, Straßen und Schulen betrifft. Die Wände der Bretter- und Wellblechhütten sind dünn. Die Kinder können hören oder erleben am eigenen Leib und an eigener Seele, wie die gesellschaftliche Gewalt von Arbeitslosigkeit, Elend, Krankheit und Verzweiflung sich in der alltäglichen Gewalt fortsetzt und familiäre, soziale Beziehungen vergiftet. Sexuelle Gewalt gegen Frauen und Kinder ist ebenso alltäglich wie Krankheit, Siechtum und Tod.

Und dennoch: Unter großen Mühen haben die Menschen sich in diesen Slums ein Obdach geschaffen, ihre Hütten im Lauf der Jahre Schritt für Schritt zweckmäßig, manche gar ansehnlich ausgebaut. Sie haben überlebensnotwendige soziale Beziehungen und Freundschaften aufgebaut. Sie haben gelernt, daß sie sich, weil arbeitslos und um zu überleben, in ihren »informellen« Tätigkeiten wie Lumpensammeln, Garküchen und anderen Gelegenheitsarbeiten gegenseitig unterstützen müssen. Alleinerziehende Mütter wissen nur zu gut, was passiert, wenn ihre Kinder den letzten Zufluchtsort verlieren und durch noch größere soziale Not auf die Straße getrieben werden.

Johann Baptist Metz erzählt von den Gesichtern der Straßenkinder: »Ich sah die traumlosen Augen, die tränenlosen Gesichter, sozusagen das wunschlose Unglück. Ich sah Kindergesichter, betäubt vom Schnüffeln eines ekligen Klebstoffs – als Opiumersatz, als Traumersatz in einem Leben, das wirklich unter die Traumgrenze, unter die Tränengrenze gedrückt ist. Wie sagte mir ein Freund? ›Sie sind so arm, daß sie nicht einmal mehr Tränen haben.‹«[76]

Mehr als 20000 Familien, mehr als 100000 Menschen in Santo Domingo wurden aus den Armenvierteln verjagt. Sie verloren ihre armselige Bleibe, als der Staatspräsident der Dominikanischen Republik ganze Stadtviertel als unbewohnbar erklärte, der Kriegsmarine die Räumung befahl und Bulldozer die Häuser niederwalzten. »Die Schließung aller Bauten der Zone« – so der Erlaß des Präsidenten 1991 – wurde militärisch exekutiert, weil dort statt dessen Freizeitparks, Touristenzentren, Yacht-Klubs und Parkanlagen entstehen sollten.

Vor allem aber sollte der Weltöffentlichkeit ein schönes, modernes und sauberes Santo Domingo gezeigt werden, ohne den »Gesellschaftsabfall«, wie die in den marginalen Elendsvierteln lebenden Menschen genannt werden. Am 12. Oktober 1992 nämlich würden sich die Blicke der Welt auf »die Zone« Santo Domingos richten, jenen Ort, an dem Christóbal Colón in Lateinamerika am 12. Oktober 1492 gelandet war, im Glauben, das erträumte Indien erreicht zu haben. Dieser Tag sollte der Höhepunkt der offiziellen Feierlichkeiten zum 500. Jahrestag der »Entdeckung und Evangelisierung Amerikas« sein. Papst Johannes Paul II. sollte das aus Anlaß der 500-Jahr-Feier errichtete Denkmal, den »Leuchtturm des Kolumbus« (*Faro a Colón*) einweihen; ein zweihundert Meter langer und 50 Meter hoher »Leuchtturm« mit kreuzesförmiger Architektur, ein Mausoleum für die Gebeine des »Entdeckers« Kolumbus.

»Mauer der Schande«

Dieser monströse Leuchtturm und die ihn umgebenden Parkanlagen werden von einer Mauer umgeben, die von der Bevölkerung in Santo Domingo »Mauer der Schande« genannt wird.[77] Sie schützt den Blick des Besuchers der Anlage vor den noch bestehenden Resten der dort früher vorhandenen Elendsviertel. Zu der sozialen Not in Santo Domingo und den Baukosten des Denkmals in der Höhe von Abermillionen Dollar, die bis heute wie ein Staatsgeheimnis gehütet werden, äußerte sich der Präsident Joaquin Balaguer in einer Form, die von der Bevölkerung als Verspottung empfunden werden mußte: »Natürlich brauchen die Menschen Schuhe. Aber sie brauchen auch eine Krawatte, und der Leuchtturm ist ihre Krawatte.« Und der Freund des Präsidenten, Kardinal Nicolás de Jesus López Rodríguez, Metropolitanbischof der Kathedrale von Santo Domingo und Vorsitzender der staatlichen »Kommission für die Fünfhundertjahrfeier der Entdeckung und Christianisierung Amerikas«, schleuderte den Kritikern der Jubelfeiern trotzig entgegen: »Keiner in der Welt wird uns daran hindern, die Ankunft des katholischen Glaubens auf diesem Kontinent zu feiern.«[78]

Für die Mehrheit der Bevölkerung wurde der Leuchtturm zur Verkörperung einer Politik, die arrogant die Verschlechterung ihrer Lebenssituation in Kauf nimmt. Weil im Zusammenhang der offiziellen Feierlichkeiten soziale Unruhen und Protestaktionen befürchtet wurden, weihte nicht der Papst, sondern der Präsident der Dominikanischen Republik den Kolumbus-Leuchtturm mehrere Tage vor Ankunft des Papstes ein. Die geplante Papstmesse vor dem »Faro a Colón« wurde auf den 11. Oktober vorverlegt.

Während der feierlichen Messe, die einen Tag vor dem offiziellen Beginn der IV. Gesamtlateinamerikanischen Bischofskonferenz (12. bis 28. Oktober 1992) stattfand, trug Papst Johannes Paul II. in seiner Predigt die römische Interpretation der Architektur des Kolumbus-Denkmals vor: »Wir sind vor dem Leuchtturm des Kolumbus versammelt, der in seiner Kreuzesform das Kreuz Christi symbolisieren soll, das im Jahre 1492 in diese Erde eingepflanzt wurde. Damit wollte man zugleich den großen Admiral ehren, der als seinen Willen niedergeschrieben hat: ›Stellt Kreuze an allen Straßen und Wegen auf, damit Gott sie segne.‹ (...) So begann die Aussaat der kostbaren Gabe des Glaubens.«[79]

Hinter dieser triumphalistischen und zynischen Sicht der Geschichte seitens des Oberhauptes der römisch-katholischen Kirche, das die Kolumbustat als den Beginn einer »grandiosen Epoche der Missionierung« bezeichnete, die es gegen »ideologische Verleumdung« zu verteidigen gelte, traten zurückhaltende Sätze zum Gedenken an die Opfer völlig zurück: »Möge das Wissen um den Schmerz und die Ungerechtigkeiten, die so vielen von unseren Brüdern und Schwestern angetan werden, bei dieser Fünfhundertjahrfeier eine geeignete Gelegenheit sein, demütig für die Beleidigungen um Verzeihung zu bitten und jene Voraussetzungen für ein Leben der einzelnen, der Familien und der Gesellschaft zu schaffen, die eine integrale und gerechte Entwicklung für alle gestatten, vor allem für die am meisten Verlassenen und Hilflosen.«[80]

Kreuz und Schwert, Evangelium und Gold

Was der Papst als »Demütigungen« bezeichnet, ist für Historiker und die Indígenas und Nachkommen der afrikanischen Sklaven der größte Völkermord, der weltgeschichtlich ohne Beispiel ist. In den ersten hundertfünfzig Jahren der Eroberung und Ausplünderung Lateinamerikas wurden siebzig Millionen Ureinwohner eliminiert, 466000 jedes Jahr, 1220 täglich! »Wie hieß die Todesmaschine? Gold und Evangelium hieß sie: Gold, um die unersättlichsten Ansprüche zu stillen, Evangelium, um die eben entdeckten ›Barbaren‹ der von Gott (und dem Herrscher!) geerbten Macht zu unterwerfen. Wie die Todesmaschine hieß? Kreuz und Schwert für eine zu unterwerfende Welt; Gold und Evangelium zur Stärkung und Finanzierung des Königreichs; schrecklicher Völkermorde und des grauenhaftesten Ethnozids fähige Mönche und Bastarde.«[81]

Christóbal Colón, Christusbringer und Kolonisator, fuhr nicht nur im Namen der Königin und Fanatikerin Isabella die Katholische von Kastilien – »Gott hat mich auserwählt als Arm und Hammer des Christentums, die Ketzer auszumerzen« –, sondern auch im Namen des Papstes Alexander VI.

Kirchliche Beobachter befürchteten, Papst Johannes Paul II. könnte gar im Reisegepäck nach Santo Domingo die Seligsprechung Isabellas mitbringen. Offensichtlich drängten reaktionäre Kreise jüngst auf die Heiligsprechung der grausamen und blutrünstigen Isabella, was kaum anders als eine Billigung ihrer Taten (Inquisition, Judenverfolgung, Invasion Amerikas) angesehen werden könnte.[82] Der Präfekt der Heiligsprechungskongregation, Kardinal Angelo Felici, teilte inzwischen mit, die Eröffnung des Verfahrens sei »verschoben« worden (Le Monde, 30. Januar 1991).

Für die Bewohner Lateinamerikas begann mit Kolumbus ein »Prozeß der Auslöschung, der nie aufgehört hat«, so eine Indianerin. Für sie ist 1992 kein Grund zum Feiern. Man feiere schließlich auch nicht den Massenmord an den Juden, sondern gedenke der Opfer des Genozids.

Die Ent-Deckung der römischen Kirche

Für die Indígenas bedeutete die »Entdeckung« Amerikas die Ent-Deckung, »daß es einen Teil der Menschheit gibt, der tötet und Leben zerstört«. »Und bei dieser Entdeckung, die wir Lateinamerikaner machten (...), entdeckten wir, daß die Kirche von Rom dank Schändung und Vernichtung ein Machtinstrument ist; mit der römischen Kirche kam der Unterdrücker in gespenstische Mönchsgewänder gehüllt und mit dem Kreuz in der Hand zu uns nach Lateinamerika. Und wir begriffen, daß die absolute Macht sie schon damals absolut korrumpiert hatte.«[83] Das aufgerichtete Kreuz war zugleich Zeichen der Eroberer.

Die Mehrheit der mittel- und südamerikanischen Bischöfe zählt zur Kirche der Armen. Ihre Hoffnung auf ein Schuldbekenntnis der katholischen Kirche im 500. Jahr der Kolonisierung und »Missionierung« Lateinamerikas, einen unmißverständlichen Bußakt, der die Verstrickung der Kirche in die völkermordenden und mitweltschändenden Auswüchse von Herrschsucht, Machtgier und Plünderung der europäischen Kolonialmächte öffentlich bekannt hätte, wurde enttäuscht.

Im Gegensatz zum amtierenden Papst und seinen Kurienbehörden hatten diese Bischöfe auf die Stimme der Indígenas, der Afro-AmerikanerInnen und der marginalisierten Schichten der Bevölkerung gehört, die schmerzerfüllt, zornig und identitätsbewußt riefen: »Wir klagen die Kreuziger von gestern und heute an, die die Indios an so viele Kreuze des Todes schlagen.«[84] Die Stimmen aus einer Reihe von Bischofskonferenzen des Kontinents warnten davor, die Schuldverstrickung und Sünden der Kirche zu verschweigen, und forderten, das als Kirche zu tun, was die katholische Liturgie von jedem einzelnen zu Beginn der Eucharistiefeier verlangt: »Ich bekenne vor Gott, daß ich Gutes unterlassen und Böses getan habe, daß ich gesündigt habe in Gedanken, Worten und Werken.«

Als Wurzel der kirchlichen Beteiligung an den Verbrechen der Invasion erkannten sie eine Ideologie, die den europäischen Menschen zum Maßstab des Christenmenschen nahm und am europäischen Gottesbild das Gottesverständnis überhaupt maß, jedes andere Verständnis aber als Götzendienst denunzierte.

»Der Papst lebt auf dem Mond«

Bereits in einem vorbereitenden Dokument zu der IV. Generalversammlung des lateinamerikanischen Bischofsrates (CELAM) in Santo Domingo, das die Positionen von 23 lateinamerikanischen Bischofskonferenzen bündelte, äußerten die Bischöfe selbstkritisch und vor allem mit Blick auf Rom, »daß die Kirche dahin tendiert, sich auf eine defensive, autoritäre, triumphalistische, selbstgenügsame Position« zurückzuziehen. »Es gibt nur wenige prophetische Stellungnahmen in der Kirche; aber es gibt eine Art Revolution nach rückwärts«. Dies ist daran zu bemerken, daß sich »ein Sektor (der Kirche; MM) im Besitz der Wahrheit wähnt und meint, Theologen, Bischöfe und konkrete Erfahrungen ausschließen zu können«.[85]

Während der Papst – angesichts des Vormarsches evangelikal fundamentalistischer Sekten – seine freundlichen Worte für die Basisgemeinden mit der Mahnung verband, eine »klare kirchliche Identität« und »volle Übereinstimmung mit dem kirchlichen Lehramt« zu wahren, als ob die lateinamerikanische Kirche kein Teil des Lehramtes der katholischen Kirche wäre, wehrten sich die Bischöfe Chiles gegen die römischen Versuche zur Bevormundung der Kirche Lateinamerikas. Stellvertretend für andere Bischofskonferenzen formulierten sie: »Wir müssen aufhören, eine infantile Kirche zu sein«[86] und statt dessen die lebens- und gesellschaftsverändernde Kraft des Evangeliums verkünden. Die lateinamerikanische Kirche dürfe sich nicht lähmen lassen durch immer neue geforderte Erweise ihrer »Rechtgläubigkeit« und »Treue« zum römischen Zentrum der Kirche.

Angesichts von Armut, Elend, Krankheit, Hunger, Analphabetentum, Gewalt, Folter und politischem Mord – eine gesellschaftliche Situation, die zum Himmel schreit – müsse die Kirche sich empört mit den Armen und Unterdrückten, den »Opfern der Modernisierung«, solidarisieren: »Wenn wir auf den leidenden Antlitzen der Armen das Angesicht des Herrn entdecken (Matthäus-

Evangelium 25, 31–36), werden wir als einzelne und als Kirche zu einer Umkehr an Leib und Seele herausgefordert.«[87] Statt triumphalistischer und autoritärer Gebärden müsse die Kirche »die Gekreuzigten dieser Zeit vom Kreuz nehmen und es selber tragen«.

Diese Bischöfe vergaßen nicht, daß sie sich auf der II. Gesamtlateinamerikanischen Bischofskonferenz 1968 in Medellín (Kolumbien) gegenseitig verpflichtet hatten, ihren Völkern fortan ein »befreiendes Evangelium« zu verkünden. Ihre Bekehrung zu den Armen, zur »klaren und prophetischen, vorrangigen und solidarischen Option für die Armen«, hat lebenslängliche Folgen und ist, trotz der Disziplinierungsversuche und Demütigungen der »Kirche der Befreiung« seitens der vatikanischen Fraktion nicht einzuschüchtern. Die »Kirche der Armen« läßt sich den »Hunger und Durst nach Gerechtigkeit nicht ausreden«; dies ist nach Einschätzung von Konferenzbeobachtern das wichtigste Ergebnis der Versammlung von Santo Domingo.

Angesichts der päpstlichen und vatikanischen Unfähigkeit und Unwilligkeit, die konkrete Armutssituation und die konkreten Leidenserfahrungen wahrzunehmen, sagte Ancízar Cadavid Restrepo, Freund und kolumbianischer Priester: »Diese Kirche hört uns weder im Leben noch im Tod.«[88] Und ein anderer junger Priester äußerte verbittert, nachdem er 1991 die Aufforderung des Papstes an die katholischen Apotheker dieser Welt gehört hatte, keine Verhütungsmittel zu verkaufen: »Der Papst lebt auf dem Mond.«

»Einbruch der Armen«

»Aufwachen, die Augen öffnen« – diese Aufforderung zieht sich wie ein roter Faden durch die biblischen Aussagen. Oscar Arnulfo Romero[89] begann die Augen aufzumachen für die konkrete Armutssituation der Bevölkerung in seiner Diözese, als er 1977 Erzbischof von San Salvador, der Hauptstadt von El Salvador, wurde. Konservative und reaktionäre Kreise in Kirche und Gesellschaft hatten in Romero einen der ihren gesehen. Aber der Kirchenmann ihres Vertrauens sah die brutale Willkürherrschaft der Militärs. Er sah die politische Verfolgung, die Folter und den alltäglichen politischen Mord. Der Freund der Reichen und Privilegierten entwickelte sich zum kompromißlosen Ankläger des mörderischen

Regimes und zum populären Anwalt der unterdrückten Armen. In seinen Gottesdiensten verlas er regelmäßig die Namen der Ermordeten und drohte den Mördern, Hintermännern und Auftraggebern mit der Exkommunikation. Deshalb wurde er am 24. März 1980 während einer Eucharistiefeier von gedungenen Killern ermordet.

Romero wurde zum Märtyrer der Kirche der Armen ebenso wie eine mittlerweile endlose Liste von Bischöfen, Priestern, Nonnen, Bauern, Gewerkschafts- und Eingeborenenführern, Frauen und Männern, die sich für die sozialen Rechte der ärmsten Bevölkerungsschichten einsetzten und deshalb als »Kommunisten« von Todesschwadronen ermordet wurden.

Als ein Ärgernis empfinde ich, daß die Prälatur Opus Dei in den Broschüren zur Seligsprechung Escrivás einen Brief Romeros abgedruckt hat, in dem dieser die Eröffnung des Seligsprechungsprozesses befürwortet.[90] Allerdings verfaßte Romero den Brief zu einer Zeit, als er noch Vasall der Reichen war, also vor seiner Bekehrung. Ich sehe in diesem Vorgang, der das kirchliche Spektrum der Befürworter demonstrieren soll, eine Mißachtung des Lebensweges Romeros.

Seine Kehrtwende vom Freund der Reichen zum Anwalt der Armen bezeichnete Romero als Bekehrung zu den Armen. Diese Bekehrung, die unzählige Priester und Bischöfe Lateinamerikas angesichts des massenhaften Elends erlebt haben, ließ jene Theologie und Kirche der Befreiung entstehen, die sich mit den Ärmsten solidarisiert. Gustavo Gutiérrez, einer der Kirchenväter dieser Kirche, spricht in diesem Zusammenhang von dem »Einbruch« der Armen in die Kirche und deutet damit den tiefgreifenden Veränderungsprozeß der Theologie und kirchlichen Praxis an. Die Bekehrung zu den Armen und Marginalisierten ist nicht irgendeine neue theologische Aussage, sondern eine folgenreiche Entscheidung: Die sozioökonomische, die politische, kulturelle und religiöse Wirklichkeit wird aus dem Blickwinkel der Unterdrückten, der Armen gesehen und analysiert, von der »Unterseite« der Fortschrittsgeschichte her, aus der Perspektive derer, die »ganz unten« sind. Armut und Hunger werden nicht als »Unterentwicklung«, sondern als Unterdrückung und Ausbeutung erkannt, Elend und Obdachlosigkeit nicht als Schicksal, sondern als organisierte Gewalt.

Opus Dei gehe »erklärtermaßen in seinen Ansichten insbesondere zur Befreiungstheologie mit dem Papst konform«. Dies betonte das Opus im Zusammenhang einer Klage gegen das ARD-Fernsehmagazin »Monitor«[91] (Westdeutscher Rundfunk). Beobachter halten diese Behauptung einerseits für nur teilweise zutreffend, weil der Papst und der Präfekt der Kongregation für die Glaubenslehre, Kardinal Joseph Ratzinger, ihre Kritik zumindest ansatzhaft differenziert vortragen würden. Andererseits sehen sie in der behaupteten Konformität der Position des Opus Dei mit der vatikanischen eine starke Untertreibung. Das Opus Dei habe entscheidenden Anteil an den römischen Versuchen der Domestizierung der Theologie und Kirche der Befreiung. Parallel zum wachsenden Einfluß des Opus Dei im Vatikan habe sich die Politik Roms unter dem Pontifikat Johannes Pauls II. gegen die Kirche und Theologie der Befreiung gewendet. Der Vatikan sei kein monolithischer Block, und das Opus Dei sei dabei, den römischen Verwaltungsapparat zu kolonisieren. Je mehr Positionen von Mitgliedern, Anhängern und Sympathisanten besetzt würden, um so gezielter und systematischer sei die Disziplinierung und Bekämpfung dieser Kirche möglich geworden, deren erklärtes Ziel das Ende der kirchlichen Komplizenschaft mit den Mächtigen und Reichen ist.

Der Kampf gegen die Befreiungstheologie begann im Opus Dei bereits 1972, als deren Protagonisten gerade erst begannen, aus den Erfahrungen des massenhaften Elends und des politischen Terrors ihre gesellschaftliche und kirchliche Programmatik zu formulieren. Der deutsche Kirchenführer und Vorsitzende des Bischöflichen Hilfswerks »Adveniat«, Bischof Franz Hengsbach, führte seine erste heftige Attacke gegen die Befreiungstheologie nicht zufällig vom römischen Hauptquartier des Opus Dei aus.[92] Der Kirchenmann war ein enger Freund des Opus Dei; »freier Mitarbeiter« wäre wohl die treffende Verhältnisbezeichnung. 1974 erhielt er aus der Hand des Großkanzlers Josemaría Escrivá die juristische Ehrendoktorwürde der Opus-eigenen Universidad de Navarra im spanischen Pamplona; offensichtlich als symbolischen Dank für seine Koordinierung der Zusammenarbeit zwischen Adveniat und Opus Dei, das den lateinamerikanischen Kontinent seit den fünfziger Jahren im Fadenkreuz hatte.

Pinochet und seine Berater vom Opus Dei

Seitdem sind in den Medien regelmäßig Berichte publiziert worden, die dem Opus Dei ideologische, finanzielle und wirtschaftliche Unterstützung rechtsgerichteter Militärregimes und die Komplizenschaft mit ultra-konservativen Machteliten lateinamerikanischer Länder vorwerfen. Das konspirative Verhalten der Opus-Mitglieder und die strikte Geheimhaltung der Mitgliedschaften erschwerte die journalistischen Recherchen und verhinderte häufig, daß der Verdacht der Komplizenschaft restlos erhärtet und die Verbindung zwischen der politisch-militärischen Machtelite und dem Opus Dei lückenlos aufgezeigt werden konnte. Die Geheimorganisation dementierte die Vorwürfe regelmäßig.

Die »Süddeutsche Zeitung« berichtete 1976 über den sprungartig gestiegenen Einfluß einiger Finanziers in Chile nach dem blutigen Militärputsch Augusto Pinochets gegen den demokratisch gewählten Staatspräsidenten Salvador Allende. »Die wichtigsten Namen der chilenischen Wirtschaft sind heute eng mit dem Finanzimperium verbunden, das sich die technokratischen Genies des Opus Dei in Spanien errichtet haben, darunter der chilenische Zuwanderer Fernando Larrain als Hauptaktionär des Banco de Gredos. Seine Finanzgruppe in Chile wird vom Volksspott mit dem Namen des Raubfisches Piraña bedacht.« Finanzgruppen, die »das integralistische Weltbild des spanischen Opus Dei in Chile verwirklichen« wollten, seien die »einzigen ›Kreise‹«, die »Einfluß auf das Denken« Augusto Pinochets hätten.[93] Auch die Wochenzeitung »Die Zeit« berichtete über das politische Konzept der »Neuen Demokratie«, das »Pinochet und seine Berater vom Opus Dei dem Land aufzwingen möchten«.[94]

Die Strategie des Opus Dei zielte nicht nur auf die Rekrutierung von Vertretern der Machtelite des jeweiligen Landes, sondern konzentrierte sich auf den Aufbau eigener Ausbildungsinstitute für mittlere und höhere Führungskräfte der Wirtschaft, Manager, Juristen, künftige Unternehmer und Banker. Die an den Opus-

Wirtschaftsschulen in Mexiko (»Instituto Panamericano de Alta Direcion de Empresas«), Argentinien und Peru ausgebildeten Wirtschaftskader haben in der Folge in diesen Ländern viele wichtige Schlüsselpositionen in allen gesellschaftlichen Bereichen eingenommen und ein Netzwerk gegenseitiger Begünstigungen und Kooperationen, ähnlich wie im Spanien Francos, aufgebaut.

Gute Freunde

Die Kardinäle Alfonso López Trujillo und Nicolás de Jesus López Rodríguez sind gute Freunde des Opus Dei. Ihnen werden auch beste Verbindungen zu Papst Johannes Paul II. nachgesagt.

López Trujillo ist Erzbischof von Medellín in Kolumbien und Präsident des Päpstlichen Rates für die Familie, dem bereits vier Opus Dei-Mitglieder angehören. Er ist zudem Mitglied der Päpstlichen Kommission für Lateinamerika (CAL) und päpstlicher Beauftragter für die Fünfhundertjahr-Feier. Bereits im Januar 1992 gab er seine triumphalistische Sicht der Invasion Lateinamerikas bekannt, die für die Opfer völlig blind ist: »Stellen wir uns einen Moment lang vor (...), was mit Lateinamerika passiert wäre, was mit der Kirche, wenn andere Völker und andere Kulturen zum ersten Mal angekommen wären in der Neuen Welt. Stellen wir uns vor, was geschehen wäre, wenn diese Großartige Tat von einem heidnischen Volk vollbracht worden wäre und nicht von einem gläubigen. Wie würde die Weltkarte des Glaubens heute aussehen und wie die geopolitische Landkarte? Es kann nicht anders sein, als daß aus unserem Herzen eine warme Strömung der Dankbarkeit entspringt und daß wir Gott näher kommen voller Dankbarkeit für das Geschenk des Glaubens.«[95] Seine Sicht der Geschichte wurde vom Papst in leicht abgeschwächter Form übernommen.

López Rodríguez ist Erzbischof von Santo Domingo und Vorsitzender der »Kommission für die Fünfhundertjahr-Feier der Entdeckung und Christianisierung Amerikas». Während Zehntausende von Menschen aus den städtischen Armensiedlungen der Hauptstadt der Dominikanischen Republik von Militär und Bulldozern verjagt wurden, sorgte er sich um die Restaurierung historischer Stadtbilder, wie sie zu Zeiten der spanischen Kolonialmacht ausgesehen haben sollen. Rodríguez ist zudem Präsident des Lateinamerikanischen Bischofsrates mit Sitz in Santa Fé de Bogotá in Kolumbien. In dieser Funktion wurde er einer der drei päpstlich ernannten Präsidenten der IV. Generalkonferenz der lateinamerikanischen Bischöfe.

Diese guten Freunde des Opus Dei bekämpfen seit Jahren die »Kirche der Befreiung« mit all ihrer Macht, die sich aus der Ämterhäufung und dem dadurch vorhandenen Netzwerk von Beziehungen ergibt. Bereits im Januar 1985 trat López Trujillo als Hauptredner des I. Internationalen Kongresses der »Theologie der Versöhnung« in Arequipa auf. Sowohl seine Rede als auch der Kongreß insgesamt polemisierten scharf gegen die Theologie und Kirche der Befreiung. Im Juli 1985 trafen sich auf Einladung des Kardinals in Chile 24 konservative Theologen, Sozialwissenschaftler und Philosophen aus Lateinamerika und Europa. Elf der Teilnehmer waren Mitglieder des Opus Dei. Die Konferenz verabschiedete ein aggressives Manifest, das »Dokument von Los Andes«, das erneut alle Kritikpunkte an der Befreiungstheologie und der Kirche der Armen versammelte.

Alfonso López Trujillo gehörte auch zu den Delegierten der Römischen Kurie in der IV. Generalkonferenz des lateinamerikanischen Episkopats in Santo Domingo (12. bis 28. Oktober 1992). Zu der römischen Delegation gehörten außerdem die folgenden Kardinäle, unter ihnen ebenfalls mehrere gute Freunde;[96] Angelo Sodano (Kardinal-Staatssekretär, erster Präsident der Generalversammlung, vom Papst ernannt); Bernhardin Gantin (Präfekt der vatikanischen Kongregation für die Bischöfe; Präsident der vatikanischen Kommission für Lateinamerika (CAL); Josef Tomko (Präfekt der Kongregation für die Evangelisierung der Völker); José T. Sanchez (Präfekt der Kongregation für den Klerus); Eduardo Martínez Somalo (Präfekt der Kongregation für die Ordensgemeinschaften und Apostolischen Vereinigungen); Pio Laghi (Präfekt der Kongregation für das katholische Bildungswesen; ehemals Nuntius in Washington, USA); Eduardo P. Pironio (Präsident des Päpstlichen Laienrates); Paul Poupard (Präsident des vatikanischen Sekretariats für die Nichtglaubenden); Roger Etchegaray (Präsident der Päpstlichen Kommission »Justitia et Pax«).

Die massive Präsenz von Kirchenmännern, die zur höchsten

Machtelite des Vatikans zählen, und eine ausgeklügelte Konferenzleitung,[97] der sich zahlreiche Bischöfe widersetzten, sollte dem Versuch Roms die nötige Durchsetzungsstärke verschaffen, um endlich die Kirchenerneuerung im »katholischen Kontinent« zu stoppen, die Befreiungstheologie zu zähmen und damit die Feinde des sozial engagierten Teils der Kirche zu stärken. Beobachter empfanden das Vorgehen der vatikanischen Fraktion als Demütigung der lateinamerikanischen Kirche. Der Titel ihrer später in Buchform vorgelegten Analysen – »Retten, was zu retten ist?«[98] – deutet an, was da von römischer Seite aus versucht worden war.

»Widerwärtige Gesinnungsgenossenschaft«

Kurz nach der III. Generalkonferenz des lateinamerikanischen Episkopats in Puebla, Mexiko (28. Januar bis 13. Februar 1979), deren Schlußdokument zwar bereits einen deutlichen Kompromißcharakter trägt, aber inhaltlich dennoch alle Aussagen von Medellín (1968) bestätigte, »gewann in der Kurie widerwärtige Gesinnungsgenossenschaft die Oberhand«.[99] López Trujillo wurde Präsident des Lateinamerikanischen Bischofsrates (CELAM), und der deutsche Kardinal Joseph Ratzinger veröffentlichte als neuer Präfekt der römischen Glaubenskongregation (seit November 1981) zwei Gutachten, die den Kern der Theologie und Kirche der Befreiung scharf attackierten. Die beiden sogenannten Instruktionen (I. »Über einige Aspekte der Theologie der Befreiung« vom 3. September 1984; II. »Über die christliche Freiheit und die Befreiung« vom 5. April 1986) wurden in der Öffentlichkeit als kirchenoffizielle Verurteilung der Befreiungstheologie und des sozialen Engagements der Kirche der Armen aufgefaßt. Beide Instruktionen sahen im befreiungstheologischen Denken »wenig Gutkatholisches und viel Glaubensgefährdendes«.[100]

Im gleichen Zeitraum wurden unter dem Pontifikat Johannes Pauls II. einzelne Befreiungstheologen attackiert: Gustavo Gutiérrez (»Zehn kritische Bemerkungen zur Theologie von Gustavo Gutiérrez« von Ratzinger, März 1983), Leonardo Boff (»Bußschweigen«, 8. Mai 1985) und viele andere. Weitere Aktionen waren außerdem zum Beispiel die Einstellung des Projekts »Wort und Leben« der Lateinamerikanischen Vereinigung der Ordensleute

(CLAR) nach der Intervention Roms. Ziel dieses auf fünf Jahre konzipierten Bibelprogramms war eine »biblische Alphabetisierung« aus der Perspektive der Armen.

Vormarsch der Ultrakonservation

Kurienkardinal Sebastiano Baggio, Präfekt der römischen Bischofskongregation, und die vatikanische Glaubenskongregation, also Kardinal Ratzinger, verfolgten zudem eine Personalpolitik, die darin bestand, Bischöfe der Medellín-Generation möglichst zeitig in den Ruhestand zu versetzen und alle freiwerdenden Bischofsstühle mit konservativen und reaktionären Kandidaten zu besetzen.[101] Als »konservativ« gelten in Lateinamerika vor allem die Bischöfe und Kardinäle, die auf die Insignien ihrer Bischofswürde großen Wert legen und die Kontakte mit Rom und mit den Reichen und Mächtigen pflegen. Zu den »fortschrittlichen« Bischöfen zählen diejenigen, die ihren Lebensstil grundlegend ändern, indem sie aus ihren Palästen ausziehen, oder diese jedenfalls nicht der ärmeren Bevölkerung versperren, und sich in Wort und Tat mit den Marginalisierten solidarisieren.

Zu dieser Personalpolitik gehörte auch, daß immer mehr »gute Freunde« des Opus Dei Bischofswürden erhielten – auch solche Kandidaten, die ihre Opus-Mitgliedschaft nicht verheimlichten. Ein besonders hoher Anteil von Opus-Bischöfen ist in Peru und Chile festzustellen, wodurch die Mehrheitsverhältnisse in den Bischofskonferenzen zugunsten der »Option für die Armen« aber noch nicht »gekippt« werden konnten.

Als Entmachtung des der Befreiungstheologie nahestehenden Kardinals Evaristo Arns ist auch die Aufteilung seiner Erzdiözese São Paulo in fünf selbständige Bistümer seit dem 15. März 1989 zu verstehen. Nach der Maxime *divide et impera* (teile und herrsche) geht der Vatikan auch vor, wenn er versucht, die nationalen Bischofskonferenzen in ihrer Bedeutung einzuschränken und gleichzeitig die einzelnen Bischöfe – bei permanenter und zermürbender Aufforderung zur Treue gegenüber dem römisch-kirchlichen Lehramt – stärker an Rom zu binden.

Neoliberalismus und die »Zeiten der Cholera«

Die achtziger Jahre sind für die übergroße Mehrheit der Bevölkerung ein Jahrzehnt der dramatisch gesteigerten Verarmung gewesen. Hunger, soziales Elend, Arbeitslosigkeit, Gewalt und Menschenrechtsverletzungen nahmen ungeheuerliche Formen und Ausmaße an. Der Armutsbericht der Wirtschaftskommission der Vereinten Nationen für Lateinamerika und die Karibik (ECLAC) stellt fest, daß 1990 von den 415 Millionen Menschen der lateinamerikanischen Staaten 183 Millionen in Armut leben, das sind 44 Prozent der Bevölkerung. Ungefähr die Hälfte dieser Armen können sich nicht ausreichend ernähren, leben also in extremer Armut. Lateinamerika fällt zurück in die »Zeiten der Cholera«.[102]

Im gleichen Zeitraum werden die Militärdiktaturen Lateinamerikas mit ihrer Ideologie der Nationalen Sicherheit von Präsidialdemokratien abgelöst. Beobachter bezeichnen diesen Wechsel als formale Demokratisierung, die in Verbindung mit der Durchsetzung neoliberaler Wirtschaftskonzepte einhergeht und faktisch eine massive Zunahme der Menschenrechtsverletzungen (individuell und sozial)[103] bewirkt.

Die neoliberale Ideologie, die zunächst als »Reaganomics« oder »Thatcherismus« bekannt wurde, zielt darauf ab, den Markt von staatlichen Interventionen und bürokratischen Rahmenvorgaben zu entlasten, was sich aber vor allem auf die Abschaffung sozialer, gemeinwohlorientierter Eingriffe des Staates bezieht (Abbau der Sozialversicherungen, der Rechte der Arbeitnehmer usw.). Sowohl in den Industrieländern als auch in verschärfter Form in den Ländern der Zweidrittelwelt führt die Durchsetzung der neoliberalen Wirtschaftskonzepte, die auf Milton Friedman zurückgehen, zu einer sprunghaft wachsenden Spaltung der Bevölkerungen in (mehr oder weniger) Verarmende und sich (mehr oder weniger) Bereichernde. De facto bedeutet das neoliberale Konzept beinharten Steinzeitkapitalismus ohne soziale Sicherungen.[104]

Pinochets ehemaliger Wirtschaftsminister, Rolf Lüders, äußerte mit kühlem Lächeln und Genugtuung, daß die Präsidialdemokratien »im wesentlichen unsere Wirtschaftspolitik fortsetzen«. Als Erklärung für die Ausbreitung des Neoliberalismus über den ganzen Kontinent sagte Lüders: »Zunächst war eine tiefe Krise nötig, um bei Unternehmern wie Gewerkschaftern das Denken und Handeln zu erschüttern. Und dann brauchten wir die absolute politische Macht, um alle Widerstände zu überwinden«.[105] Mit absoluter Macht meinte er ganz offensichtlich die Militärdiktaturen inklusive Folter, Verfolgung und politischem Mord. Das sei heute aber nicht mehr nötig, da den Gegnern mit dem Zusammenbruch des Sozialismus in Osteuropa die Alternative abhanden gekommen sei.

Als konkrete Ursachen der Verelendung in den lateinamerikanischen Ländern nennen Ökonomen die forcierte Transnationalisierung der finanziellen und wirtschaftlichen Beziehungen zwischen Lateinamerika und den sogenannten Zentrumsländern; die Politik des Internationalen Währungsfonds (IWF) unter der politischen Leitung der sieben großen Industriestaaten (G7), besonders die von den Ländern erzwungenen sogenannten Strukturanpassungsmaßnahmen (Senkung der Sozialausgaben, Streichung der Nahrungsmittelsubventionen, Lohnblockierungen, Währungsabwertungen usw.); vor allem die Auslandsverschuldung, die wegen der wahnwitzigen Zinsen von Jahr zu Jahr wächst, obwohl die Staaten enorme Summen in die Industriestaaten zur Tilgung der Zinsschulden transferieren und dabei bis zu drei Viertel ihrer Exporterlöse (zum Beispiel Argentinien) aufwenden.

In Verbindung mit der Kapitalflucht der Machteliten führt die Politik der internationalen Finanzinstitutionen zur Strangulierung, zur Verelendung immer breiterer Bevölkerungsschichten, zu Hungerrevolten und zum Hungertod von weltweit zwischen 25 und 70 Millionen Menschen, je nachdem, wie die »Bilanz des Todes« statistisch gezogen wird.

Vor diesem Hintergrund sozialer und ökonomischer Realitäten muß der kirchliche Streit um die Theologie und Kirche der Befreiung gesehen werden, bei dem es nicht – oder allenfalls am Rande – um theoretisch-theologische Fragen geht, sondern ums nackte Überleben.

Die Diffamierung: marxistisch und subversiv

Anläßlich der Fünfhundertjahr-Feier äußerte Kardinal Nicolás de Jesus López Rodríguez seine Bilanz der Missionsgeschichte Lateinamerikas: »Auf dieser unserer Insel fand die erste Begegnung mit der anderen Kultur statt. Und die Bilanz fällt total positiv aus zugunsten der Missionare. Wer das bestreitet, stützt sich auf (...) den Marxismus.«[106] Der Vorwurf ist an Absurdität und Dummdreistigkeit wohl kaum zu überbieten. Wer nicht in den Chor der »Jubelfeiern« zum 500. Jahrestag der »Christianisierung« des iberoamerikanischen Kontinents einstimmt und statt dessen an die Opfer der blutigen Kolonisierung erinnert, an der die europäischen Kirchen mit ihrer furchtbaren Perversion des Evangeliums beteiligt waren, wird als »Marxist« diffamiert. Der Marxismus-Verdacht des López Rodríguez ist keine unbedachte Entgleisung, sondern hat System.

Stereotyp lautet der offizielle Hauptvorwurf an die Adresse der Kirche der Armen und ihrer Befreiungstheologie, sie seien »vom Marxismus überfremdet und verdunkelten auf schwerwiegende Weise die Identität des Christlichen«. Die Kirche der Befreiung sei einer der wirksamsten Kanäle, durch welche sich atheistisch-marxistisches Gedankengut ausbreite. Der Zusammenbruch des real existierenden Sozialismus und Kommunismus in Osteuropa habe daran nichts geändert. Die besondere Gefahr, die von der Befreiungstheologie ausgehe, bestehe in der subversiven, von innen wirkenden Vergiftung der Kirche mit marxistischer Klassenkampf-Ideologie.

Das Etikett »kommunistisch«, »marxistisch« und der innerkirchliche Vorwurf, die Befreiungstheologie unterstütze den gewaltsamen Befreiungskampf linker Subversion, ist nicht neu. Die vatikanische Fraktion in Santo Domingo wiederholte ihn in allen Spielarten, um die bischöflichen Vertreter der Kirche der Armen in die Defensive zu drängen. Kardinal Ratzinger hat ihn in seinen »Instruktionen« ebenso formuliert wie die Opus-Freunde Kardinal Joseph Höffner und Bischof Franz Hengsbach.[107] Aufgerüstet in ihrem ideologischen Antikommunismus werden sie dabei, sofern dies überhaupt noch nötig ist, durch ultrakonservative Peergroups wie »Communione e Liberazione« und Opus Dei.

In einer Notiz der Katholischen Nachrichtenagentur vom 13. Oktober 1991 mit dem Titel »Papst schilt Befreiungstheologen« heißt es: »Auf seinem Flug in das nordöstliche Natal/Brasilien hatte das Oberhaupt der katholischen Kirche die in Brasilien verbreitete Befreiungstheologie kritisiert. Sie sei aber durch den Zusammenbruch des Kommunismus nun geschwächt. (...) Die im Marxismus wurzelnde Befreiungstheologie finde sich nun etwas sinnentleert vor.«

Ein Vorwurf, der nicht nur in dieser pauschalen Form, sondern grundsätzlich falsch ist. Die Marxismus-Vorwürfe diffamieren die Kirche der Armen und der Befreiung in ihren Kernanliegen: in ihrer »vorrangigen Option für die Armen«, in ihrem Glauben, daß Gott zuerst auf der Seite der Unterdrückten ist und sich in den Gesichtern der Armen offenbart; in der Betonung des »evangelisatorischen Potentials« der Armen für die Kirche, in der prophetischen Analyse und Anklage des kapitalistischen Weltwirtschaftssystems, das Ursache für millionenfachen Hungertod, massenhaftes Elend und Ungerechtigkeiten ist, die zum Himmel schreien.

Tödliche Interessenkonvergenz

1989 veröffentlichen und kommentieren Ulrich Duchrow, Gert Eisenbürger und Jochen Hippler unter dem Titel »Totaler Krieg gegen die Armen«[108] erstmals in deutscher Sprache Geheimpapiere der »Konferenz der Geheimdienste der amerikanischen Heere« (CIEA) und die darauf aufbauenden Beschlüsse der »Konferenz der amerikanischen Heere« (CEA). Die geheimen Strategiepapiere analysieren ausführlich die Entwicklung der Kirche Lateinamerikas und den »Streit um die Theologie der Befreiung«. Sie beschuldigen in nicht zu übersehender Deutlichkeit die Kirche der Armen, die Befreiungstheologie und die Internationale Menschenrechts- und Solidaritätsbewegung der »Subversion im Auftrag der Internationalen Kommunistischen Bewegung«.

In dem Kapitel »Die marxistischen Varianten der Befreiungstheologie« heißt es wörtlich: »Seine Heiligkeit Johannes Paul II. brachte zur rechten Zeit (21. Dezember 1984) vor den Kardinälen und Prälaten der römischen Kurie zum Ausdruck, daß die Befreiungstheologie das Leiden der Armen ›als Vorwand für neue, und manchmal noch schwerere Unterdrückung‹ benutzt. (...) Wie wir alle seit Medellín wissen, hat die Anwendung der biblischen Thematik der Befreiung auf die soziale Wirklichkeit Lateinamerikas und der Dritten Welt wegen der Rolle der Kirche in dieser Region eine politische Resonanz großen Ausmaßes gehabt. (...) Zweifellos hat die Internationale Kommunistische Bewegung, die aufmerksam wurde auf die Möglichkeit, den Machtfaktor und die ›Wertquelle‹ Kirche zu schädigen, die Widersprüche in der sogenannten ›religiösen Front‹ betont. Die Auseinandersetzungen, die durch die neue theologische Reflexion (›gemeint ist die Befreiungstheologie seit Medellín, 1968; MM‹) hervorgerufen (...) wurden, schufen das geeignete Klima und den geeigneten Moment für die marxistische Durchdringung der katholischen und allgemein der christlichen Theologie und Praxis. (...) Die Strategie, mit der Rom der marxistischen Durchdringung, der Aushöhlung der Glaubenswahrheiten und der Auflösung der kirchlichen Strukturen begegnete, kam in dem entschlossenen pastoralen Handeln des Papstes selbst und den zwei Verlautbarungen von Kardinal J. Ratzinger zum Ausdruck. Man kann sagen, daß die erste Tat des Vatikans war, die Mischung mit dem Marxismus abzulehnen und zu verurteilen. (...) Wir müssen es zu schätzen wissen, daß die Kirche aus diesen Umständen gestärkt hervorging, so gestärkt, daß wir glauben, vorhersagen zu können, daß sie in den kommenden Jahren dem Einfluß des Marxismus in dieser Region noch mehr Machträume entziehen wird.«[109]

Angesichts der Erschütterung, die diese geheimen Strategiepapiere in der römisch-katholischen Kirche auslösen müßten, fasse ich die Kernaussagen der Geheimdokumente – vorgetragen auf der 17. Konferenz Amerikanischer Heere (17. bis 20. November 1987) in Buenos Aires – zusammen: Frühere Analysen, zum Beispiel der »Rockefeller Bericht über die Amerikas« (Chicago 1969) und das sogenannte Santa-Fe-Papier I, »Eine neue Inter-Amerikanische Politik für die achtziger Jahre« (Washington 1980)[110] hatten in der Kirche am Ende der sechziger Jahre ein beunruhigendes »Nachlassen des systematischen Anti-Kommunismus« festgestellt. Als alarmierendes Signal bewerteten die Verfasser die Verurteilung von Unterentwicklung und Imperialismus durch das II. Vatikanische Konzil.

Kirchliche Kräfte, die sich für soziale Gerechtigkeit und die Menschenrechte engagierten, konnten sich in der nachkonziliaren Zeit auf die höchste kirchliche Autorität berufen. »Dies – so sind sich die Militärs zu ihrer offensichtlichen Freude gewiß – hat sich mit dem Amtsantritt Johannes Paul II. und mit der Berufung Kardinal Ratzingers zum Vorsitzenden der Glaubenskongregation geändert. So berufen sich die Feinde der sozial engagierten Teile der Kirche nun selbst auf das höchste kirchliche Lehramt.«[111]

Die genannten Herausgeber der deutschen Übersetzung der geheimen Strategiepapiere stellen fest, daß die militärischen Geheimdienste nicht nur ausführlich Ratzingers »Instruktionen« zitieren, sondern »die gleiche Argumentationslinie« benutzen: »Befreiungstheologie ist gut, solange sie sich auf das ›eigentlich‹ Kirchliche, d.h. die pastorale Praxis bezieht und sich nur sekundär auf die sozialen Fragen des ›Weltlichen‹ einläßt. Das heißt, ganz ablehnen kann man die Befreiungstheologie nicht mehr, zumindest nicht den Terminus (dazu ist sie biblisch zu gut begründet). Aber man kann sie umdeuten, man kann sie zähmen, so daß Gott direkt nur mit dem ›Geistlichen‹ zu tun bekommt, nicht aber mit dem Strukturellen der politischen Ökonomie. Wer hingegen Gott in einen direkten Zusammenhang mit wirtschaftlichen und politischen Strukturen bringen, wird als moderater oder radikaler Marxist und Kommunist abqualifiziert (…), als außerhalb der Kirche stehend definiert. Es ist biblisch-theologisch inzwischen weltweit anerkannt, daß die Theologie der Befreiung darin recht hat, ausgehend vom Exodus, der Befreiung der Sklaven aus der ägyptischen Unterdrückung (Exodus 3ff.), anzunehmen, daß der Gott Israels den Armen und Schwachen Vorrang gibt und sie rettet. Die VertreterInnen der ›vorrangigen Option für die Armen‹ sind in den Augen der Militärs gerade die Häretiker, für die die Kirche keine Deckung und keinen Raum mehr bietet. Das heißt aber unter den Kriegszuständen, in die die Besitzenden und Herrschenden die Mehrheit der Menschen in den verarmten Ländern verwickeln: die Häretiker sind nicht selten Freiwild für Militär und die Geheimdienste.«[112]

Daß die Marxismus-Vorwürfe Roms, bewußt oder unbewußt, gewollt oder ungewollt, in direktem Zusammenhang mit den geheimen Strategiepapieren stehen, ja an dieser Strategie faktisch mitwirken und kirchliche Mitarbeiterinnen und Mitarbeiter direkt oder indirekt in Lebensgefahr bringen, hat nicht nur der ehemalige Leiter der Lateinamerikanischen Vereinigung der Ordensleute (CLAR), der Kapuziner Luis Coscia, scharf kritisiert. Die Liste von Bischöfen, Priestern, KatechetInnen, SeelsorgerInnen und Ordensschwestern ist lang, die unter dem ideologischen Vorzeichen ermordet wurden, sie seien »subversiv« und »kommunistisch«.

Zu erinnern ist beispielhaft an die sechs am 16. November 1989 in San Salvador ermordeten Jesuiten und die zwei mit ihnen zusammenarbeitenden Frauen,[113] Ignacio Ellacuría, Segundo Montes, Ignacio Martín Baró, Amando López, Joaquín López y López, Juan Ramón Moreno, Elba Julia Ramos und Celina Marisela Ramos. Zu erinnern ist an die Bischöfe Angelellis (Argentinien), Gerardo Valencia (Kolumbien), Zambrano Camader (Kolumbien) und Oscar Arnulfo Romero (El Salvador). »Nie ist bekannt geworden, daß im Buche der lateinamerikanischen Märtyrer auch ein Mitglied des Opus Dei stehe.«[114]

1988 legte das Komitee von Santa Fe des »Council for Inter-American Security« ein zweites Strategiepapier vor, das den Titel »Santa Fe II – Eine Strategie für Lateinamerika in den neunziger Jahren« trägt. In diesem Dokument werden Vorschläge unterbreitet, wie die USA im »ideologisch-kulturellen Krieg« gegen die »kommunistische Subversion« in die Offensive kommen könnten. Auch hier wird die Theologie und Kirche der Befreiung zur »internen Subversion« gerechnet: »Genau in diesem Zusammenhang muß die Befreiungstheologie verstanden werden: sie ist eine politische Doktrin mit einer Tendenz gegen den Papst und gegen die freie Marktwirtschaft, die sich als religiöser Glaube maskiert, um so die Unabhängigkeit der Gesellschaft von dirigistischer Kontrolle zu schwächen. (...) So wird die marxistische Doktrin neuerdings einem schon lange bestehenden kulturellen und religiösen Phänomen aufgepfropft.«[115] Freie Marktwirtschaft wird hier als neoliberale Wirtschaftspolitik verstanden, die von einem »demokratischen Regime« – gemeint ist zum Beispiel die formale Präsidialdemokratie – durchgesetzt werden kann.

Zusammenfassend bleibt festzuhalten, daß offensichtlich eine »faktische Interessenkonvergenz zwischen neoliberaler Wirtschaftspolitik, Militär und vatikanischen Interessen«[116] existiert. Als Hauptinteresse und Ziel vatikanischer Politik ist zweifelsfrei eine Neoromanisierung der lateinamerikanischen Kirche auszumachen, mit allem, was dazu gehört: verschärfter Zentralismus, klerikales und autoritäres Kirchenmodell, erneute Uniformierung der Glaubenslehre (vgl. den neuen (Welt-)Katechismus der katholischen Kirche«), Diplomatie und Politik, die sich – in gemeinsamer Angst und Abwehr des Volkes – mit den Reichen und Mächtigen in Staat und Wirtschaft arrangiert und dadurch möglicherweise, eher wohl wahrscheinlich, an politischen Verbrechen und der ökonomischen Ausbeutung der übergroßen Mehrheit der Bevölkerung mitschuldig wird. Anders gesagt: Ein Kirchen- und Gesellschaftsverständnis wie das des Opus Dei avanciert endgültig zum Modell für die Zukunft.[117]

»Der theologische Arm der Armee«

Die positive Erwähnung verschiedener hoher kirchlicher Würdenträger und anderer Mitarbeiter in den geheimen Strategiepapieren der amerikanischen Militärs erhärtet den Verdacht, »daß es bewußte kirchliche und theologische Kollaborateure der Militärs und Geheimdienste gibt«.[118] Namentlich erwähnt werden Kardinal López Trujillo, Kardinal Eduardo Francisco Pironio (1972 bis 1975 Präsident von CELAM), später Präsident des Päpstlichen Rates für Laien, seit 1985 Präsident der Päpstlichen Kommission für die medizinische Pastoral) und Alberto Methol Ferre (Direktor der Zeitschrift »Nexo«, Montevideo/Uruguay, die von der international operierenden ultrakonservativen italienischen Bewegung *Comunión y Liberación* unterstützt wird).

Der uruguayische Theologe und Priester Luis Pérez Aguirre, der von der Militärdiktatur wiederholt verhaftet und gefoltert wurde, spricht deshalb vom »theologischen Arm der Armee«. In einem gleichnamigen Artikel, der am 30. September 1988 publiziert wurde, macht er auf weitere Fakten aufmerksam, aus dem ich ausführlich zitiere: »Ein anderes bevorzugtes Medium, dessen die erwähnten Kreise sich bedienen, ist die Datenbank der CELAM, in Bogotá zentralisiert, als Teil eines Multi-Millionen-Datenverarbeitungs-Systems. Sie soll dazu dienen, ›die Arbeit der Befreiungstheologen zu kontrollieren‹. Offensichtlich ist das Projekt sehr viel weitreichender und dient dem Zweck, Informationen über alle Aspekte der Ereignisse in der lateinamerikanischen Kirche zu sammeln und aufzubewahren. Der kolumbianische Bischof Dario Castrillón Hoyes, Präsident der CELAM, gab im letzten Jahr bekannt, daß die erste Stufe eines Computer-Systems mit Satelliten-

Übertragung bereit sei, welches auf sechs Millionen US-Dollar geschätzt sei und die Bischofskonferenzen mit der CELAM und mit Rom verbinden werde (›römische High Tech – Zentralisierung, MM‹). Das Hauptgerät dieses Systems, ein Computer im Wert von 800000 US-Dollar im Hauptsitz der CELAM, ist schon seit über drei Jahren im Betrieb. Das System beinhaltet die Installation und den Betrieb von zwei Multi-Millionen-Projekten, die in dem neuen Evangelisations-Kreuzzug des Vatikans für Lateinamerika eingeschlossen sind: ›Evangelización 2000‹ und ›Lumen 2000‹. Sie entwickelten sich gleichzeitig durch die neokonservativen Bewegungen ›Comunión y Liberación‹, ›Renovación Carismática Católica Internacional‹ und ›Schönstadt‹. (...) Der Hauptsitz der ›Evangelización 2000 ist im Palacio Belvedere in Rom. (...) Der Generalsekretär der CELAM, Mons. Oscar Rodriguez, erklärte in einem neuerlichen Interview der Zeitschrift ›30 Giorni‹ der Bewegung ›Comunión y Liberación‹, daß das Telekommunikationssystem versuche, ›die allgemeine Falschinformation auf Weltebene zu bekämpfen‹, die ›durch laizistische und linke Agenten verbreitet werde‹. Er verneint, daß die Datenbank in Bogotá politische Ziele habe, aber andererseits wird von Mons. Castrillón zugegeben, daß die besagte Bank schon ein reichhaltiges Archiv über Befreiungstheologen enthalte und einen detaillierten Katalog über deren Schriften, Bewegungen, Aktivitäten und Kontakte aufweise. ›Wenn ein Theologe reist, um an einer Zusammenkunft teilzunehmen, einen Vortrag zu halten oder an einem Seminar anwesend zu sein‹, erklärte Castrillón, ›werde diese Nachricht nach Bogotá geschickt, wo sie in dem computerisierten System archiviert werde, zusammen mit der Information über die Traktanden des Anlasses und seine Teilnehmer‹.«[119]

Ancízar Cadavid Restrepo berichtet, wie der Computer in Bogotá von der Kirche der Befreiung genannt wird: »Inzwischen hat die neue bischöflich-ultrakonservative Avantgarde des Kontinents (Marke Opus Dei, geschaffen von Papst Wojtyla) in Bogotá einen Computer installiert, den wir Todescomputer nennen: Sämtliche Namen, Schritte und Handlungen der Theologinnen und Theologen der Hoffnung für die einfachen Leute sind in seinem Elektronengehirn gespeichert.«[120] Zornig sagt er: »Und wenn sich aus dem Innersten des Volkes im Chor die Stimme fürs Leben erhebt, wird diese Stimme von allen Todeswürdenträgern und -vollstreckern kategorisch verboten – Bischöfen, Geistlichen und Militärs.«[121]

In diesem Zusammenhang ist zu erwähnen, worauf Peter Hertel aufmerksam gemacht hat. Im Prozeß des deutschen Opus Dei gegen das WDR-Magazin »Monitor« zogen die Opus-Vertreter das Klagebegehren gegen den folgenden Satz der »Monitor«-Redaktion zurück: »Es ist sicher, daß Opus Dei Interesse daran hat, um den Kommunismus zu bekämpfen, gewisse Befreiungsbewegungen selbst mit Waffen zu unterstützen.«[122]

2. Teil

Masken der Mafia

1. Kapitel

Mentalitäten und Allgemeine Geschäftsbedingungen

Allgemeine Geschäftsbedingungen sind formularmäßige Vertragsbestandteile, die Einzelverträge ergänzen und vereinheitlichen. Gültigkeit für den Einzelvertrag erlangen die Allgemeinen Geschäftsbedingungen nur, wenn ausdrücklich auf sie hingewiesen wurde und die Möglichkeit zur Kenntnisnahme vor dem Vertragsabschluß bestand. Die Allgemeinen Geschäftsbedingungen stellen zumeist das Kleingedruckte dar. Das Unternehmen hofft, daß die Kunden das Kleingedruckte gar nicht zur Kenntnis nehmen oder ihm nur wenig Aufmerksamkeit schenken. Die Allgemeinen Geschäftsbedingungen haben vor allem die Funktion, die Dienstleistungsunternehmen (Banken, Versicherungsgesellschaften usw.), Hersteller, Lieferanten und Geschäfte vor berechtigten oder unberechtigten Forderungen der Kundschaft zu schützen.

Die »Allgemeinen Geschäftsbedingungen« von Geheimbünden und geheimen Organisationen, von autoritär strukturierten Gruppierungen und Sekten existieren zumeist nicht einmal als Kleingedrucktes. Sie werden verheimlicht. Die »Kunden« wissen bei »Vertragsabschluß« nicht, welchen Verpflichtungen sie sich unterwerfen. Sie bekommen nur die Außenfassade, die Hochglanzbroschüre der Organisation oder Gruppierung zu Gesicht. Gleichwohl sind die Allgemeinen Geschäftsbedingungen absolut bindend. Sie sind der Verhaltenskodex des Geheimbundes, der Sekte. Wer davon abweicht, hat allerschwerste Sanktionen zu erwarten.

Ich habe in der Einführung dieses Buches die sozialwissenschaftliche Definition des Wortes »Mafia« als mafioses Verhalten vorgestellt und wesentliche Kennzeichen mafioser Mentalität und Herrschaft sowie mafiosen Verhaltens benannt. All dies sind die Allgemeinen Geschäftsbedingungen, der Verhaltenskodex. Im folgenden werde ich vor allem die Charakteristika mafiosen Verhaltens und mafioser Methodik skizzieren, die eine besondere Affinität zu den Denk- und Verhaltensmustern fundamentalistischer Gruppierungen und Geheimbünde in und am Rande der Kirche aufweisen.

Geheimnis und Maske[1]

Zum Kernbestand mafioser Mentalität und Tradition gehört das »Lob des Schweigens« und die Verachtung der »Geschwätzigkeit«, wie es im mafiosen Milieu heißt. An oberster Stelle des mafiosen Verhaltenskodexes steht die unbedingte Schweigepflicht, die *Omertà*. Auf Geheimnisverrat folgen allerschwerste Sanktionen. Giovanni, ein anonymer Sizilianer, der vierzig Jahre im Dienst der Mafia verbrachte, erzählt in seinem Lebensbericht: »Mein Vater sagte immer, das Beste sei das, was man nicht ausspreche.«[2] Aber *Omertà* bedeutet nicht nur das Schweigegebot gegenüber staatlichen Behörden und Medien, sondern umfaßt auch ein Verständnis und Konzept von Ehre. Ehrenmänner regeln ihre Angelegenheiten allein bzw. mit Hilfe von »Freunden« und Mitgliedern der »Familie«. Die *Omertà* hat mindestens drei Funktionen:

Erstens verhindert sie jeden Einblick in die interne informale Kommunikations- und Organisationsstruktur, in die Hierarchie einer Mafia-Familie und ihrer Klientel; nicht einmal bekannt ist, wer der Mafia-Familie direkt oder indirekt zuarbeitet, wer zum engeren Kreis gehört, wer für sein Handeln Protektion oder Begünstigungen erhält. Dadurch wird jeder öffentlich-staatliche Eingriff abgeschirmt. Kriminologische oder staatsanwaltliche Ermittlungen werden verhindert, zumindest sehr erschwert. Sie stoßen auf eine Mauer des Schweigens. »La mafia non esiste« – es gibt sie nicht, die Mafia, ist der häufigste Satz, den Fahndung und Staatsanwaltschaft am häufigsten bei ihren Ermittlungen gegen das organisierte Verbrechen zu hören bekamen.

Der Vollstrecker der faschistischen Maßnahmen im Staate Mussolinis, Cesare Mori, sah in der Mafia das Produkt der *Omertà*, als Resultat einer Mentalität und informellen Werteordnung, die sich mit polizeilichen Mitteln kaum bekämpfen lasse. Er wußte, womit er es tatsächlich zu tun hatte, und schrieb über die innere Struktur der Mafia: »Keine Statuten: es genügt das Gesetz der *Omertà*, es genügt die Tradition.«[3] Um den Herrschaftsanspruch des faschistischen Duce durchzusetzen, setzte er auf Gewalt und staatlichen Terror, der seiner Auffassung nach noch brutaler und gnadenloser als die Gewalt der Mafia sein mußte. Als Mittel gegen die *Omertà*, gegen das Schweigen, erklärte er Folterungen zum notwendigen »Werkzeug«, zum willkürlich einsetzbaren Instrumentarium seiner Streitkräfte.

Zweitens wird faktisch jeder, der schweigt, zum Komplizen gemacht. Wenn er indirekt oder direkt von einer kriminellen oder illegalen Handlung profitiert, wird er erpreßbar und immer stärker in die Ziele und Methodik krimineller Organisation eingebunden. Er verfängt sich zunehmend im Regelwerk mafioser Mentalität, weil er in die Schuld der Mafia gerät und irgendwann eine Gegenleistung erbringen muß. Diese kann eine ebenfalls illegale und kriminelle Handlung sein oder, was bei einflußreichen Klienten der Mafia häufiger der Fall ist, eine Begünstigung, Förderung mafioser Interessen, das Wegsehen bei illegalen Aktivitäten oder die Behinderung von staatlichen Ermittlungen.

Drittens erzielt das Schweigen des Mafiosi eine Aura des Respekts. Dazu der Sozialwissenschaftler Henner Hess: »Wesentliches Kennzeichen des Mächtigen ist nun nicht äußerer Pomp, sondern das ihn umgebende Geheimnis. (...) Jemand, der ein Geheimnis besitzt, im Verschwiegenen operiert, hat eine diffuse Bedeutung und Wichtigkeit, er kann verborgene Möglichkeiten ausnutzen, er wird respektiert, bewundert, beneidet und gefürchtet.«[4] Und Virgilio Titone schreibt: »Der wahre Mann stellt sich vor allem dar in seinem Schweigen, in der geheimen Gegenwart einer verborgenen Macht, langen und versteckten Wegen; er steht im Zentrum anderer Männer, die gleich ihm im Dunkeln arbeiten«.[5]

Letztlich weiß man nicht, mit wem man es zu tun hat, welche Macht bzw. welche Mächtigen hinter ihm stehen. Das Schweigen, das Geheimnis befindet sich im innersten Kern der Macht. Zur Macht gehört, daß der Mächtige sich nicht durchschauen läßt. Er ist wortkarg und teilt nichts über seine Gesinnung, seine Absichten und Mittel mit, die ihm zur Verfügung stehen. Er gibt auf keine Fragen eine Antwort. Der Mafiosi liebt es, seine Macht zu verschleiern. Er weiß, daß hinter dem Schleier der »Bescheidenheit« die Macht nur umso unheimlicher gespürt wird.

Elias Canetti, der in seinem Hauptwerk »Masse und Macht« mit analytischem Scharfblick die elementaren und alle Gesellschaftlichkeit wesentlich begründenden und bestimmenden Verhaltensweisen untersucht hat, erkannte das Geheimnis als wesentliches »Element der Macht«. Und auch Canetti beschreibt die Wirkung des Geheimnisses und des Schweigens auf andere: »Ein Mann, der viel schweigt, wirkt auf alle Fälle konzentrierter. Man vermutet, daß er sehr viel weiß, wenn er schweigt. (...) Er ist der Hüter eines Schatzes, und der Schatz ist in ihm.«[6]

Das Geheimnis, das Schweigen verhindert zudem eine Verwandlung, eine Entwicklung des Schweigenden aufgrund neuer Erfahrungen: »Das Schweigen wirkt der Verwandlung entgegen. (...) Der Schweigende kann sich verstellen, aber auf eine starre Weise. Er kann eine bestimmte Maske tragen, aber an ihr hält er fest. Die Fluidität der Verwandlung ist ihm versagt. Ihre Wirkung ist zu ungewiß, es ist nicht abzusehen, wohin man gerät, wenn man sich ihr überläßt. Man schweigt überall dort, wo man sich nicht verwandeln will.«[7]

Schweigen und Geheimnis sind Methoden der inneren und äußeren Abwehr gegen neue Einsichten und Korrekturen der eigenen Denkmuster und Verhaltensmaximen. Sie sind individuelle und kollektive Instrumentarien der Abwehr und der Immunisierung, um die »Endgültigkeit« von Überzeugungen, abstrakten Prinzipien und starren Regeln zu sichern. Insofern gehören Geheimnis und Schweigen auch zu den wichtigen Kennzeichen fundamentalistischer Mentalität.

Die mafiose Familienideologie und der Klientelismus[8]

Da ist als zweites Charakteristikum die mafiose Familienideologie und die informale Ordnung des Klientelismus zu nennen. Mit der Familie als emotionaler Größe hat dies wenig, mit der Gewalt und Abhängigkeit sozialer Beziehungen aber viel zu tun. Der Mafiosi bewegt sich in einem sozialen System, dessen höchstes Prinzip Gefolgschaft und Protektion ist. Die sozialgeschichtliche Forschung über die Entstehung der Mafia in Italien bezeichnet dieses System als die informale Ordnung des Klientelismus.

Familismus und Klientelismus sind, geschichtlich betrachtet, vielleicht als unvermeidbare Überlebensstrategie entstanden. Ihr Ursprung war das Fehlen oder die Ineffizienz formaler staatlicher Organisation auf lokaler und zunehmend überregionaler Ebene. Der Staat konnte dem einzelnen weder Schutz und Sicherheit noch Recht bieten. Nach feudalistisch-familistischem Muster entstand mit dem Klientelismus eine Art Tausch-Vereinbarung: Auf der einen Seite der Patrons, der ein »Charisma«, eine außergewöhnliche Begabung im Sinne der ursprünglichen Bedeutung des Wortes »Mafia« besaß; also anmaßend, durchsetzungsfähig, überheblich und gewalttätig. Dieser übernahm die Rolle des Führers, Beschützers, Vorbilds und desjenigen, der dem berechtigten oder unberechtigten Interesse seines Klienten Durchsetzungskraft verlieh. Der Klient auf der anderen Seite hatte als Gegenleistung ganz allgemein die Verpflichtung zur Gefolgschaft. Er mußte seinem starken »Freund« zur Verfügung stehen, wenn dieser ihn rief.

Das klientelistische Arrangement »Gefolgschaft gegen Vorteile und Protektion« paßte sich den Modernisierungsschüben an und fand immer neue Bereiche, in denen es wuchern konnte, weil es diesseits und jenseits der Legalität seine Effizienz bewies. Es ist dies ein regelrechtes Netzwerk der »Freundschaft« und des Beziehungsklüngels, der Seilschaften und des Komplizentums. Was in jedem Fall verhindert wird, ist öffentliche Transparenz und damit die Möglichkeit zur Kontrolle und Korrektur. Die Klienten, die in die zumeist lebenslängliche und unaufkündbare Treue zum Padre, in die Gefolgschaft eines Mannes mit mafioser Durchsetzungsfähigkeit traten, partizipierten an der Macht des Patrons. Dieser wiederum vergrößerte seine Macht, je mehr Klienten er an sich binden konnte. Die derart entstandenen vielen »Familien« bzw. Mafiaclans konnten sich entweder gegenseitig unterstützen, Absprachen treffen und in der Verfolgung gleicher Ziele gemeinsam handeln oder sich auch bekämpfen, wenn Interessenkonflikte auftraten.

Mafiose Lobby[9]

Mit dem Klientelismus korrespondiert als drittes Charakteristikum mafioser Methode die Infiltration und Korrumpierung gesellschaftlicher, politischer und wirtschaftlicher Institutionen. Im

Visier mafioser Begehrlichkeit sind die Eliten, die Spitzen gesellschaftlicher Macht und Entscheidungskompetenz: politische Parteien, Banken, Holdinggesellschaften, Wirtschaftsunternehmen, Medien, Forschungsinstitute usw. Zentrales Kennzeichen mafioser Machtstrategie ist die Unterhaltung eines engmaschigen Netzes von auf Gegenleistung beruhenden Beziehungen zu Trägern formaler und institutionalisierter Macht. Es wird gegenüber staatlichen Behörden und politischen Parteien eine mafiose Lobby aufgebaut, die Einfluß auf politische und gesellschaftliche Entscheidungen auszuüben versucht bzw. diese selbst trifft, um ihre Interessen durchzusetzen.

Der Soziologe Arlacchi beschreibt eine mafiose Lobby als eine »Gruppe von Personen, die eine Reihe von Schlüsselpositionen im Wirtschaftsleben, in Politik und Institutionen innehaben, vereint durch gegenseitige Verpflichtung mit dem Ziel, die Ressourcen und strategischen Dienste einer gegebenen Gemeinde oder eines gegebenen Sektors zu monopolisieren oder zu kontrollieren, auch unter Anwendung physischen Zwangs in der Auseinandersetzung mit den Gegnern und Konkurrenten«.[10] Die Mafia trägt also auch das Gesicht der Institutionen. Diese werden de facto kolonisiert, ohne daß man sich selbst gegenüber der Öffentlichkeit oder der Institution legitimieren muß. Je früher die Rekrutierung und Einbindung der gesellschaftlichen Eliten gelingt, umso preiswerter ist sie. Hier verbindet sich mafiose Lobbybildung untrennbar mit dem System des Klientelismus.

Mafiose Denk- und Verhaltensmuster als Normalfall

Als viertes Charakteristikum mafiosen Verhaltens kann die Konformität mit den Werten der Bevölkerung bzw. dem, was als Normalfall akzeptiert wird, festgestellt werden. Der Sozialwissenschaftler Fritsche resümiert seine Erforschung des Phänomens Mafia folgendermaßen: »Wollte man die Mafia besiegen, müßte man mehr tun, als nur eine bestimmte Organisation zu eliminieren. (...) Man müßte eine ganze Kultur verändern.«[11] Diese These ist insofern richtig, als hier ernst genommen wird, was mafiose Abhängigkeiten und Methoden ermöglicht und fördert, nämlich die strukturellen Mängel und Defizite gesellschaftlicher und staatlicher Organisation. Wenn als normal angesehen wird, daß öffentliche Aufträge und Ämter nicht nach öffentlich transparenten Verfahren vergeben werden, sondern nach Sympathie, Willkür und privatem Interesse; daß rechtsstaatliche Instrumentarien und Institutionen gar nicht vorhanden sind oder mißachtet werden; daß ganze Gesellschaftsgruppen von den Entscheidungsprozessen ferngehalten werden, eine demokratische Beteiligung nicht stattfindet, ist die Chance umso niedriger, mafiose Einstellungen und Verhaltensweisen überhaupt noch problematisieren und korrigieren zu können. Sie gelten dann in der Gesellschaft als Normalfall. Moralische Empörung und Appelle helfen nicht weiter, so notwendig sie sind. Dringend erforderlich wären tiefgreifende Strukturreformen auf allen staatlichen Ebenen.

Das Phänomen Mafia kann nicht bekämpft werden, wenn man blind ist für den gesamten gesellschaftlichen Kontext. Aber die Notwendigkeit, eine ganze Kultur zu verändern, bedeutet letztlich auch die Unerreichbarkeit des Ziels. Es führt in der Bevölkerung oder staatlichen Ermittlungsinstitutionen zu Resignation und Untätigkeit gegenüber der Mafia. Insofern ist das durchaus richtige Resümee Fritsches eher schädlich: »Irreale Forderungen zur Bekämpfung von Mafia stärken deren reale Macht, indem sie den Mythos von deren Unausweichbarkeit nähren« und die mafiosen Mächte damonisieren.[12] Was not tut, sind realistische Zielsetzungen zur Bekämpfung von Mafia. Hoffnungsvoll ist, wie in der jüngsten Zeit das Bewußtsein bei der Bevölkerung für das Problem wächst und der Druck der öffentlichen Meinung stärker wird. Eine Bekämpfung von mafiosem Verhalten ist aber nur möglich, wenn gleichzeitig Rechtssicherheit, das heißt, die effiziente Durchsetzbarkeit der Rechte der Bürgerinnen und Bürger, staatlich hergestellt wird.

Mentalität und Ideologie

Welche sozialen und psychologischen Bedingungen machen Menschen besonders anfällig für das, was ich als mafiosen Verhaltenskodex bezeichne? Wie wird mafiose Mentalität hergestellt? Die Skizze mafioser »Geschäftsbedingungen« hat erste Hinweise für die Beantwortung dieser Fragen gegeben.

Wie entstehen nun fundamentalistische Mentalitäten und konspirative Verhaltensmuster? Eltern, die versuchen, ihre Kinder aus den Fängen religiös-sektiererischer und fundamentalistischer Gruppierungen zu befreien, sehen sich zumeist mit einer tiefgreifenden Veränderung der Persönlichkeit ihrer Kinder konfrontiert. Psychologen sprechen hier von einer Art »Gehirnwäsche«, einer »Seelenwäsche« oder »Psychomutation«, der die Kinder ausgesetzt waren. Auch wenn ich mich mit diesen Fragen vor allem im vierten Teil des Buches auseinandersetzen werde, ist bereits hier die Mentalität[13] inhaltlich zu bestimmen.

Was in einer Gesellschaft als Normalfall gilt, prägt in Wechselwirkung mit dem von einer Gruppe subtil oder offen erzwungenen Verhaltenskodex Bewußtsein und Verhalten der Menschen. Mentalität – vom lateinischen *mens* (Geist, Sinn) – steht demzufolge in Beziehung zu einer Gruppe. Wir sprechen von katholischer Mentalität, von Berufsmentalität, von Arbeitermentalität usw. Mentalität ist die Entsprechung zum Charakter eines Menschen, der individuellen Ausprägung der Persönlichkeit. Nach der Mentalität zu fragen, heißt, nach dem Gruppeneinfluß oder »der korporativen Identitätsprägung auf Menschen«[14] zu fragen.

Bei der Mentalität geht es um die vom Individuum verinnerlichten Denkvorstellungen, Ideen und Verhaltensmuster; also das große Feld irrationaler Beziehungen aus der Welt der Emotionen, die bei ihrer Übernahme zumeist nicht, kaum oder erst zu einem späteren Zeitpunkt kritisch kognitiv überprüft werden. Das ganze Ensemble von Zeichen, Riten und Symbolen, Alltagspraktiken, Frömmigkeitsformen, Sprache und Verhaltenskodex wird zum Großteil informell vermittelt und prägt die Mentalität der Gruppenmitglieder. Die Mentalität wiederum bestimmt Weltsicht und Weltdeutung, Lebenssinn, -orientierung und -führung.

Mentalitäten korrelieren mit den menschlichen Lebensbedürfnissen. Für fundamentalistische und konspirative Mentalitäten heißt dies, daß die von Gruppierungen mit vereinnehmender Tendenz angebotenen Denk- und Verhaltensmuster auf unerfüllte Bedürfnisse und Erwartungen derjenigen Menschen hinweisen, die ihnen anhängen.

Von entscheidender Bedeutung für die Mentalitätsbildung ist die Nähe zu ideologischen Prägungen. Ideologien können als

»ausdrückliche und mehr oder weniger systematische Formulierungen vorgegebener Mentalitätsinhalte« (Th. Geiger) aufgefaßt werden. Ideologie verstehe ich nicht im neutralen Sinn als Antriebs- und Steuerungsmittel für einzelne Persönlichkeiten oder Gruppen. Mit Ideologie bezeichne ich jene Manipulationstechniken und Verschleierungsmechanismen, die der Absicherung irrationaler Herrschaftsstrukturen dienen; in unserem Zusammenhang der Herrschaftssicherung, häufig auch Sakralisierung eines religiösen Meisters, Vaters oder Gurus, der sich allein im Besitz der ganzen Wahrheit wähnt und oft wie ein Gott von seiner Anhängerschaft verehrt wird.

Werner Hofmann nennt als Kriterien von Ideologie: »1. Ideologie-Charakter können nur unzutreffende Aussagen haben. Die Wahrheit ist niemals Ideologie, auch wenn sich an sie im allgemeinen Sinne ›gesellschaftliche Interessen‹ heften mögen. 2. Ideologien sind unzutreffende Auffassungen und Aussagen, an deren Entstehen, Verbreitung und Bewahrung sich gesellschaftliche Interessen – also nicht das bloß persönliche ›Interesse‹ etwa des lügenden Kindes – knüpfen. Von untergeordneter Bedeutung ist dabei, ob ein solches Interesse sowie die Beziehungen zwischen diesem und der geäußerten Auffassung den jeweiligen Ideologieträgern bewußt sind oder nicht. Ideologie bezeichnet ein gesellschaftliches Engagement der Aussage, nicht notwendig des Aussagenden. So können auch die einer Ideologie Unterworfenen zu deren Kolporteuren werden, wenn ihr Bewußtsein hinreichend entstellt ist. 3. (...) Natürlich müssen Ideologien geglaubt werden; wenn nicht von ihren Trägern selbst, so jedenfalls von den Ideologie-Unterworfenen. Sie wirken im Sinne einer Interessen-Entfremdung bei denen, auf deren Lage ihr Inhalt nicht zutrifft; sie sind eine Form der Übermächtigung des Bewußtseins.«[15]

Diese Definition, die an Theodor W. Adorno und Max Horkheimer anschließt, zeigt an, was Ideologie auf der mehr individuellen Ebene als Lebenslüge und Selbstbetrug bedeuten kann. Zum Beispiel kann dieser darin bestehen, daß Mitglieder religiös-fundamentalistischer Gruppierungen bei diesen die Erfüllung ihrer Lebenswünsche und Sehnsüchte erwarten, nach Heilung und Befreiung, »Heiligung des Lebensalltags« und christlicher Spiritualität fragen, de facto aber einer totalitären Fremdbestimmung in die

Falle gehen. Um die Verfügungskraft von Ideologien zu zerstören, bedarf es der Ideologiekritik, die unbewußte, verschleierte Interessen aufdecken will: »Ideologien bloßzulegen aber ist die eigentliche Aufgabe von Aufklärung in unserer Zeit.«[16]

2. Kapitel

Die ehrenwerten Herren geben sich geheimnisvoll

Geheime Bünde, Gesellschaften und Organisationen haben das Geheimnis nur in äußerst seltenen Fällen als Selbstzweck inszeniert und romantisch zelebriert, auch wenn dies immer auch dem elitären Bewußtsein der Mitglieder, der »Eingeweihten« geschmeichelt hat. Schweigegebot, Geheimnis und konspiratives Verhalten dienen dem jeweiligen Zweck geheimer Bünde, der vor allem auf einen Zuwachs an Einfluß und Macht zielt.

Das Opus Dei wurde in seinem Ursprungsland Spanien bereits früh »Santa Mafia« genannt. Immer wieder stieß man im kirchlichen, gesellschaftlichen und ökonomischen Bereich auf äußerst verschwiegene Mitglieder des Opus, dessen Macht und Einfluß offensichtlich groß schien, aber nur schwer kalkulierbar war. Der Titel »Heilige Mafia« kann eine gewisse Plausibilität für sich beanspruchen: Er konfrontiert treffend das Selbstverständnis des Werkes – als »heilige« Institution und als wahrer, rechtgläubiger Kern der katholischen Kirche – mit der Geheimnistuerei und dem geheimbündlerisch-konspirativen Gehabe des Opus Dei.

Die Scheu vor der Öffentlichkeit, der geheime Charakter dieser Organisation, erklärt sich zum Teil aus seiner Gründungsgeschichte. Als am 14. April 1931 die Zweite Republik Spaniens ausgerufen wurde und die Regierung eine Auflistung der Reichtümer der katholischen Kirche veröffentlichte, kam es in der Folge wiederholt zu massiven kirchenfeindlichen Kundgebungen und erbitterten antiklerikalen Aktionen.[17] Diese hatten offensichtliche Ursachen. Der katholische Klerus besaß in Spanien seit frühester Zeit eine außerordentliche Macht, die Inquisition wütete wie kaum in einem anderen Land Europas. Die Kirche hatte parallel dazu durch ihre Bündnisse mit den Mächtigen unermeßlichen Reichtum akkumuliert, während gleichzeitig breite Bevölkerungskreise verarmten. Bis zur Ausrufung der Republik war die Kirche im gesellschaftlichen wie im kulturellen Bereich allgegenwärtig. Das alles war im Bewußtsein der Bevölkerung lebendig. Man sah in der Amtskirche die Verbündete der Mächtigen.

Während die Geheimhaltung aber in der Gründungszeit des Opus durchaus verständliche Schutzfunktionen hatte, kann das spätere und heutige geheimnisvolle Verhalten nur als Kernbestand der Strategie begriffen werden. Hans Urs von Balthasar erkannte die zwielichtige Verbindung von Elitenprinzip und konspirativem Element und formulierte in seinen »Friedlichen Fragen an das Opus Dei«: »Gibt es im Raum der Kirche rechtens geheime Organisationen? Haben solche nicht im 19. Jahrhundert und zur Zeit des Modernismus in der Kirche und um sie herum eine geistige Malaise verbreitet, aus der wir heute um jeden Preis herauswollen, dadurch daß wir vor uns und vor den anderen nichts, gar nichts mehr verdeckt halten wollen, von jedem hohen Roß heruntersteigen, um mit allen Mitchristen und Mitmenschen auf gleicher Ebene zu leben, zu denken und uns auszutauschen? Ich weiß: Ihr leugnet euren geheimen Charakter (...) und erklärt die Sache als bloße ›Diskretion‹. Aber das deutliche Mißverhältnis zwischen absolut fehlender Publizität und eifrigster Werbung und Wirkung im stillen erläutert doch das, was ich meine. Der geheime oder halbgeheime Charakter mancher Weltgemeinschaften ist genau so lange tragbar, als sie sich nur als Einzelne drunten in der Masse engagieren, nur den Anderen dienen und ihnen den christlichen Geist vorleben wollen; untragbar wird er, sobald dahinter eigene weltliche Machtkomplexe stehen.«[18]

Was von Balthasar in den sechziger Jahren als »untragbar« bezeichnete, ist heute skandalös. In Fragen diverser finanzpolitischer, wirtschaftlicher und politischer Aktivitäten von Opus Dei-Mitgliedern äußerten Kirchenbeobachter und Journalisten wiederholt zahlreiche Verdachtsmomente, die in die Richtung illegaler Finanzgeschäfte weisen. Bei ihren Recherchen stießen sie regelmäßig auf die Geheimhaltungsstrategien. Dies verhinderte fast regelmäßig, daß der Verdacht restlos erhärtet und die Verbindung von illegalen Finanzgeschäften zum Opus Dei nicht lückenlos hergestellt werden konnte. Der geheime Charakter des Opus Dei ist die offensichtlichste Affinität zum mafiosen Verhalten und zur mafiosen Herrschaftstechnik, die von der sozialwissenschaftlichen Forschung für das Phänomen Mafia in der italienischen Gesellschaft festgestellt worden ist. Ich benenne und skizziere die Bedeutung des Geheimnisses für das »Werk Gottes« in fünf Punkten.

»Schweige!«

An unzähligen Stellen in den Schriften des Josemaría Escrivá, den internen und geheimen Dokumenten und Verhaltensregeln des Opus Dei, werden die Mitglieder zur »Diskretion« aufgefordert, die »weder Geheimhaltung noch Geheimnistuerei« sei, sondern »einfach: sich natürlich verhalten« (Der Weg, Nr. 641). Aber die vornehme verschleiernde Bezeichnung »Diskretion« ist mehr als nur das »Lob des Schweigens« und die Verachtung der »Geschwätzigkeit«. Sie erklärt das Schweigen und die Geheimhaltung zur wichtigen Verhaltensmaxime: »Geschwiegen zu haben wirst du nie bereuen: gesprochen zu haben oft« (Der Weg, Nr. 639) – »Offenbare nicht ohne Grund das Vertrauliche deines Apostolates: siehst du nicht, daß die Welt voll egoistischer Verständnislosigkeit ist? (Der Weg, Nr. 643) – »Was für ein gutes Beispiel gibt uns die Mutter Gottes! Nicht einmal dem heiligen Joseph verrät sie ihr Geheimnis. Bitte die Herrin um die Diskretion, die dir fehlt« (Der Weg, Nr. 653) – »Ich kann dir die Bedeutung der Diskretion nicht genug ans Herz legen. Vielleicht ist sie nicht die Spitze deiner Waffe, aber zumindest der Griff« (Der Weg, Nr. 655).

Jedem Mitglied wird eingeschärft, daß es vor allem in Gesprächen außerhalb der »Familie« möglichst schweigsam sein soll, um nichts preiszugeben, nichts zu verraten und keinen Einblick in Ziele und Innenleben des Opus Dei zu ermöglichen: »Wärest du diskreter, dann brauchst du dich nicht über den schlechten Nachgeschmack zu beklagen, den du nach mancher Unterhaltung verspürst« (Der Weg, Nr. 646) – »Schweige immer, wenn du in dir Entrüstung aufkommen spürst. – Auch wenn du völlig zu Recht empört bist. Denn in solchen Augenblicken sagst du trotz aller Diskretion mehr als beabsichtigt« (Der Weg, Nr. 656). Die »Diskretion« wird den Mitgliedern zudem mittels Slogans wie »Die schmutzige Wäsche wird zuhause gewaschen« und »Man darf die

Perlen nicht den Schweinen vorwerfen« eingeschärft, die einerseits harmlos klingen, andererseits das elitäre Bewußtsein ansprechen.

Geheimhaltung und gezielte Irreführung

Das Opus Dei streitet bis heute regelmäßig ab, eine Geheimgesellschaft oder Geheimorganisation zu sein. Es sei dahingestellt, ob diese stereotyp vorgetragenen Behauptungen Ausdruck eines immensen Realitätsverlustes oder gezielte Irreführungen der Öffentlichkeit sind. Tatsache bleibt in jedem Fall, was in den »Vereinsvorschriften« zu lesen ist.

1970 hatte der Spanier Jesus Ynfante die spanische Übersetzung der – im Originaltext lateinischen – geheimen »Constitutiones« des Opus Dei veröffentlicht, was als schwerer Verrat angesehen wurde. Die für jedes Mitglied bindende Satzung, die sogenannten Konstitutionen, die nach offiziellen Opus-Angaben 1982 durch die Statuten (Codex des Sonderrechts des Opus Dei) abgelöst worden sind, erklären zur »Informationspolitik«, richtiger Desinformationspolitik des Opus Dei: »Den Außenstehenden bleiben die Zahlen der Mitglieder verborgen. Ja, die Unsrigen dürfen über diese Themen mit Außenstehenden überhaupt nicht sprechen. (...) Ein Fehlen der Diskretion könnte ein schweres Hindernis für die Ausübung der apostolischen Arbeit bilden oder eine Schwierigkeit im Umfeld der eigenen natürlichen Familie oder in der Ausübung von Amt oder Beruf hervorrufen. Deshalb wissen die Numerarier oder Supernumerarier (das sind die ehelos bzw. verheiateten Mitglieder des Werkes; MM) sehr wohl, daß sie immer kluges Stillschweigen bezüglich der Namen von anderen Mitgliedern zu wahren haben; und niemandem gegenüber enthüllen sie, daß sie selbst zum Opus Dei gehören«.[19]

Der deutsche Journalist Peter Hertel hat glaubhaft nachgewiesen, daß diese in den Konstitutionen festgelegten Verpflichtungen zur Geheimhaltung bis heute de facto ihre Gültigkeit behalten haben und keineswegs durch die 1982 – im Zuge der Ernennung zur Personalprälatur – veröffentlichten Statuten außer Kraft gesetzt worden sind.[20]

Das Opus Dei bestreitet dies mit dem Hinweis auf Artikel 89 der

Statuten, in denen von Geheimhaltung keine Rede sei. Im entscheidenden Paragraph 2 des Artikels 89 aber steht lediglich, daß »die Namen der Vertreter des Prälaten« (das sind vor allem die Regionalvikare, die Leiter der Ländervertretungen) und »die Namen derer, die ihre Beiräte bilden«, in den Opus-Rundschreiben bekanntzugeben sind. »Den Bischöfen, die darum ersuchen, sind nicht nur die Namen der Priester der Prälatur mitzuteilen, die in den betreffenden Diözesen ihren Dienst verrichten, sondern auch die Namen der Direktoren der Zentren, die in der Diözese errichtet wurden.«[21]

In meinen Augen sind diese Regelungen Augenwischerei und bewußte Irreführungen der Öffentlichkeit, der Bischöfe und Bistumsverwaltungen. Der Vorwurf der Geheimhaltung wird keineswegs entkräftet. Bei den zur Veröffentlichung freigegebenen Namen handelt es sich ohnehin um bekannte Mitglieder der offiziellen Vertretungen in den einzelnen Ländern (nationaler Pressesprecher, Leiter der Niederlassung usw.). Und die Bischöfe erfahren gerade nicht, was für das Bistum von großer Bedeutung wäre: Welche der Diözesanpriester gehören der »Priesterlichen Gesellschaft vom Hl. Kreuz« an? Theoretisch könnte fast der gesamte Klerus eines Bistums dieser klerikalen Opus Dei-»Pressure group« angehören, ohne daß der Bischof oder die verschiedenen Kirchengemeinden davon Kenntnis haben. Die »Priesterliche Gesellschaft vom Hl. Kreuz« ist eine Assoziation des Opus Dei. Ihr gehören an der Spitze die Kleriker der Prälatur, die sogenannten »Numerarier-Priester«, und die Diözesankleriker an. Diözesanpriester sind sowohl die sogenannten »Assoziierten Priester« (in Bewußtsein und Verfügbarkeit identisch mit den Numerarier-Priestern, nicht aber hinsichtlich der Eingliederung in die hierarchische Struktur des Opus) als auch die »Supernumerarier-Priester« (in gewisser Distanz zu den »Apostolatspflichten« der Opus-Tätigkeit).

Entscheidend hinsichtlich der Gültigkeit der alten Konstitutionen ist aber der folgende Passus aus den Statuten (»Dispositiones Finales«, Paragraph 2): »Alle dem Opus Dei bereits eingegliederten Gläubigen, sowohl Priester wie Laien, sowie die Assoziierten- und Supernumerarier-Priester der Priesterlichen Gesellschaft vom Heiligen Kreuz« haben sich »an dieselben Verpflichtungen zu halten und genießen dieselben Rechte, die sie unter der vorhergehenden juristischen Leitung besessen haben, soweit nichts anderes in den Vorschriften dieses Codex festgelegt ist«.[22]

Niemand außer der Führungsspitze des Opus Dei weiß, wieviele Diözesankleriker der dem Opus angeschlossenen Priestergesellschaft national und weltweit angehören. Dieses Geheimnis wird strengstens gehütet, weil es eine Quantifizierung des tatsächlichen Einflusses des Opus Dei in der römisch-katholischen Kirche ermöglichen würde.

Bürokraten der Geheimniskrämerei

Die Pflicht und Praxis der Geheimhaltung für die Führungsriege des Opus Dei ist im hohen Maße bürokratisiert und paragraphiert. Die internen Ausführungsbestimmungen zu den Statuten zeugen von einer Detailbesessenheit, die ein krankhaftes Mißtrauen gegenüber jedermann und eine Verschwörer-Mentalität vermuten lassen. Zudem scheint das Vertrauen der Spitze des Opus Dei in die Intelligenz und Phantasie ihres Personals nicht besonders ausgeprägt zu sein. In dem geheimen »Vademecum de los Consejos Locales«, zu deutsch »Leitfaden für die örtlichen Räte« (Rom, 19. März 1987), wird detailliert der Umgang mit den Instruktionen und Briefen des Gründers sowie den internen, geheimen Vorschriften und Regelwerken des Opus Dei eingeschärft: »Die Instruktionen und Briefe unseres Gründers, die Glosas, das Vademecum usw. müssen in dem Zentrum verbleiben, dem sie zugewiesen sind. Sie sind im Büro des Direktors unter Verschluß zu halten und dürfen das Zentrum nicht verlassen. Falls dies aber durch einen ganz außergewöhnlichen Umstand – beispielsweise durch einen Umzug – doch einmal nötig sein sollte, müssen sie mit äußerster Umsicht transportiert werden: in einer Aktentasche, Handtasche oder einem Köfferchen, die ausschließlich für diesen Zweck vorgesehen sind und die immer ein Direktor trägt. Ähnlich dürfen Schriftstücke auf Reisen nicht in Koffern mitgeführt werden, weil man diese vertauschen oder verlieren kann. Auf Bahnhöfen oder Flugplätzen dürfen sie nicht in der Gepäckaufbewahrung o.ä. verbleiben. Reist man mit dem Auto, so dürfen sie beim Verlassen des Wagens nicht darin zurückgelassen werden – auch wenn das Fahrzeug verschlossen wird. Aus Gründen der Klugheit und der Ordnung ist es auch sehr ratsam, Papiere nicht in Handtaschen bei sich zu tragen oder sie auf dem Schreibtisch liegenzulassen, wenn man das Zimmer verläßt.«[23]

Damit nach so vielen Vorschriften niemand nervös wird oder gar von dem Gefühl beschlichen wird, es gehe nicht alles mit rechten Dingen zu, heißt es beschwichtigend weiter: »Wenn aber einmal alle oder ein Teil der Dokumente abhanden kommen, dann ist umgehend die Regionalkommission über alle Einzelheiten zu informieren, ohne daß man freilich zu meinen braucht, dieses Mißgeschick sei eine Katastrophe. Wenn sie verlorengehen, macht das nichts: Alles, was darin steht, ist nach Wesen und Form nicht nur gut und nobel, sondern heilig. Wenn deshalb jemand, der nicht zum Werk gehört, es läse, würden ihn Freude und Zuneigung erfüllen beim Anblick der Geradlinigkeit der Überzeugung, der Reinheit der menschlichen und übernatürlichen Mittel, die zum Einsatz kommen, und der Liebe und Opferbereitschaft, die aufgebracht werden, um ohne Unterschied und ohne Angst der ganzen Menschheit zu dienen und Gutes zu tun.«[24]

Bei der Lektüre dieser Zeilen, die jedes Detail festzulegen versuchen, ist kaum zu glauben, daß dieser Text für das Führungspersonal einer multinational operierenden Gesellschaft verfaßt wurde. Zudem stellt sich die gar nicht nur satirisch gemeinte Frage, weshalb das Opus Dei diese Vorschriften zur Geheimhaltungspraxis – mit all der selbstgenügsam behaupteten Noblesse, Heiligkeit, Reinheit, Liebe und Opferbereitschaft – nicht der Öffentlichkeit zugänglich macht oder sogar in großflächigen Zeitungsinseraten als Werbetext publiziert.

Hierarchie der Geheimnisse

Geheimbünde sind, bis auf wenige Ausnahmen, als Männerbünde konzipiert. Ihre Grundstruktur ist meistens streng autoritär und hierarchisch. Die Denk- und Verhaltensmuster der Mitglieder, die ganze Atmosphäre und die innere Struktur des Geheimbundes sind von einer ausgeprägten Arkandisziplin bestimmt. Die Geheimhaltung erstreckt sich zumeist auf Elemente wie Namen und Anzahl der Mitglieder, Ziele, Strategien und Aktivitäten, Versammlungsorte, Rituale, Sprache und Dokumente.

Zentrales Strukturmerkmal geheimer Bünde und Organisationen ist zudem die Hierarchisierung des Geheimnisses. Je höher die Position in der internen Hierarchie, umso mehr Zugang zum geheimen Wissen des Bundes. Bei Geheimbünden mit religiös-mangelnder Intention betrifft dies vor allem die Einweihung in das Geheimwissen, die Initiationsriten, spirituellen Techniken und magischen Rituale. Bei politisch-weltanschaulich-ideologisch ausgerichteten Geheimbünden oder Geheimgesellschaften des kriminellen Organisationstyps betrifft dies vor allem den Zugang zum Wissen über Ziele, Strategien, Aktivitäten, Bündnispartner und Komplizen. Wer bis zur obersten Führungsspitze der geheimen Organisation vorgedrungen ist, mußte vorher einen harten Selektionsprozeß durchlaufen, der die Gefahr von Illoyalitäten und Verrat minimieren soll.

Für das Opus Dei treffen diese allgemeinen Kennzeichen für Geheimbünde meiner Einschätzung nach vollumfänglich zu. Die Leitungsstruktur des Opus Dei ist streng hierarchisch. Das Werk ist in »Klassen«, getrennte Abteilungen gegliedert, die jeweils verschiedene Möglichkeiten des Aufstiegs in der Hierarchie und damit des Zugangs zu Informationen zulassen. Das ehemalige Opus-Führungsmitglied Alberto Moncada äußerte dazu 1990: »Die Dokumente und Aufzeichnungen der Leitung, die von den verschiedenen Machtebenen des Opus Dei untereinander ausgetauscht werden, werden eifrig verwahrt, und wenige Personen, die verschiedene Eide der Verschwiegenheit ablegen, haben Zugang zu ihnen.«[25]

Klassen und Abteilungen[26]

Vier »Klassen« und Formen der Mitgliedschaft sind zu unterscheiden:

- Die in der Rangordnung oberste Klasse oder Mitgliedsgruppe stellen die *Kleriker der Prälatur*, die *Numerarier-Priester* dar, die schätzungsweise 1,8 Prozent der Mitglieder ausmachen. Grundsätzlich reklamieren die Kleriker die geistliche Befehlsgewalt für sich, weil sie – ganz im Sinne der römisch-katholischen Priesterkirche, wie sie bis zum II. Vatikanischen Konzil ohne jede Relativierung Gültigkeit besaß – allein über die Heilsgüter und Heilswahrheiten zu verfügen glauben. Aus dem Klerus rekrutiert das Opus Dei das höchste Führungspersonal auf regionaler und internationaler Ebene: den Prälaten des Werkes (Leiter des Opus Dei; er wird vom männlichen Wahlkongreß gewählt und vom Papst auf Lebenszeit ernannt), den Generalvikar und Priestersekretär im römischen Hauptquartier des Opus, die Regionalvikare (Leiter der Ländervertretungen) und einen Großteil der Mitglieder des »Generalrates« sowie der wichtigen »Ständigen Kommission«, beide zuständig für das gesamte Opus Dei.

- Der zweite Mitgliedsstand ist die Gruppe der *Numerarier* oder *ordentlichen Mitglieder,* zu denen auch die Kleriker der Prälatur zählen. Die Numerarier leben ehelos »wie eine Familie ohne die Unannehmlichkeiten der körperlichen Zuneigung« in den Zentren und Häusern des Opus Dei. Das »Anforderungsprofil« der Numerarier erfordert eine akademische Ausbildung und akademische Titel. Die Männer dieser Gruppe haben Zugang zu den höchsten Führungspositionen. Die weiblichen Numerarierinnen können nur in der von der Männer-Hierarchie völlig separaten Frauenabteilung aufsteigen, die aber in allen Fragen klerikal kontrolliert und dominiert wird.
- Die ebenfalls ehelos lebenden *Assoziierten* können in der Regel keine akademische Ausbildung vorweisen und kommen aus verschiedenen Schichten und Berufen. Sie leben entweder privat oder in Opus-Häusern. Zur Gruppe der Assoziierten zählen auch die Diözesankleriker, die in jedem Fall Mitglieder der »Priestergesellschaft vom Heiligen Kreuz« sind.
- Für höhere Positionen disqualifiziert sind die sogenannten *Supernumerarier,* die verheiratet sind bzw. heiraten dürfen.
- Für die Personen, die das Opus Dei unterstützen, ohne Mitglied zu sein, wählte man den unpräzisen Titel *Mitarbeiter.* Es ist zu vermuten, daß die Trennlinie zwischen Mitarbeitern, Anhängern und Sympathisanten kaum zu ziehen ist.

Fußvolk und Gehirn

Die Gliederung in verschiedene Abteilungen, die gegenseitige Abschottung der Abteilungen und die hierarchische Leitungsstruktur des Opus Dei ermöglichen einerseits eine nahezu perfekte

Hierarchisierung der Geheimnisse, andererseits die Immunisierung der Mitglieder nach innen und außen. Das einfache Mitglied, das »Fußvolk des Opus Dei«, weiß in der Regel so gut wie nichts über die innere Struktur, über die Aktivitäten des Opus, über Namen und Mitgliedschaft der regionalen Opus-Gruppe. Für jedes Mitglied zählt vor allem der unbedingte Gehorsam gegenüber dem Ranghöheren, dem Vorgesetzten. Auf Zweifel in den eigenen Reihen kann das einfache Opus-Mitglied nur mit dem Hinweis auf die religiösen Ziele reagieren. Die Fragen und Vorwürfe von Außenstehenden gegen die gesellschaftlichen Aktivitäten und Strategien des Opus Dei wird jemand aus dem Fußvolk zwangsläufig als ungerechtfertigten Vorwurf, als Unkenntnis über die »Heiligkeit« des Opus Dei oder als üble Diffamierung qualifizieren.

Den durchschnittlich höchsten Informationsstand haben die Numerarier, besonders die Numerarier-Kleriker der Prälatur. Aufgrund der Aussagen ehemaliger Opus-Leiter ist zu vermuten, daß selbst die oberste Führungsspitze nicht über alle Informationen verfügt, insbesondere nicht über finanzielle und gesellschaftliche Operationen von Mitgliedern, weil eine systematische, gegenseitige Abschottung stattfindet. Festzuhalten ist, daß »die innere Struktur des Opus Dei dem Organismus der Geheimorganisation gleicht, zu dessen typischen Kennzeichen die Abschottung untereinander gehört: das eine Auge weiß nicht, was das andere sieht, erst recht wissen die Augen nicht, was die Hände oder Füße tun; nur das Gehirn kennt alles, was im Organismus vor sich geht«.[27]

»Klatscherei und Verwirrung«

Im »Vademekum für die örtlichen Räte« (1987) wird detailliert die Hierarchie der Geheimnisse und die Immunisierung der Mitglieder geschildert; dabei wird wieder einmal verharmlosend das Bild der Familie strapaziert:

»Das Opus Dei ist eine Familie, die durch übernatürliche Bande zusammengehalten wird, und die Söhne brauchen – wie das in den Familien der Fall ist – nicht in alles eingeweiht zu sein, was ihre Eltern stark beschäftigt, und die jüngeren Söhne brauchen nicht um alles zu wissen, was den Eltern und den älteren Söhnen bekannt ist. Es wäre unklug – ja eine Verfehlung gegen die Liebe und die Gerechtigkeit–, Einzelheiten, um die man aufgrund des Amtes weiß, Personen mitzuteilen, die kein Recht haben, sie zu wissen; man soll das auch nicht, wenn man denkt, daß die Personen, mit denen man spricht, älter sind oder im Werk eine Leitungsaufgabe hatten oder besonders vertrauenswürdig sind.«[28]

In jedem Fall soll zwischen den Mitgliedern jedes Gespräch über Strukturen und Vorgänge innerhalb des Opus Dei vermieden werden. Die gegenseitige Abschottung der Informationen funktioniert nur bei strikter Befolgung der zitierten Aufforderungen. Anderes Verhalten führe zwangsläufig zu »Klatscherei und Verwirrung«: »Auch wäre es ein falscher Eifer, wollte man, weil man sie (die oben genannten Personen; MM) so in ihrem geistlichen Leben zu unterstützen glaubt, zu ihnen über Dinge reden, auf deren Kenntnis sie kein Recht haben. Es ist unwahrscheinlich, daß die Urteilsfunktion dessen, der diese nicht auszuüben hat, nicht am Ende zu Klatscherei und Verwirrung führt«.[29] Im folgenden fühlen sich die Autoren des Vademekums ganz der »Atmosphäre« im Opus verpflichtet: »Den anderen das mitzuteilen wissen, was man wirklich sagen soll, gehört zum Können, über das die Direktoren zu verfügen haben. Etwas Derartiges aber – das Gott sei Dank nicht vorgekommen ist und nicht vorkommen wird – schüfe zudem eine Atmosphäre, die der Wärme, der Loyalität, der Liebe und dem Edelmut widerspräche, die dem Geist des Werkes zu eigen sind. Dieser Aspekt der Tugend der Klugheit wird durch das Feingefühl und den guten Geschmack vervollständigt, indem man auch schon den Anschein von Geheimniskrämerei, von diesem Zerrbild des Amtsgeheimnisses, von sich weist. Sätze wie: ›Ich weiß das, darf es dir aber nicht sagen‹, sind deshalb unzulässig.«[30]

Einstiegs-Lügen

Ehemalige Mitglieder haben wiederholt behauptet, sie seien – zu Beginn ihres Kontakts mit dem Opus Dei – Mitgliedern und zum Teil noch nach ihrem Beitritt – mit subtilem psychischen Druck angehalten worden, ihren Eltern darüber nichts zu sagen, weil vermutlich ein »negativer« Einfluß der Eltern auf die Beitrittsabsicht bzw. den Beitritt befürchtet wurde. Vladimir Felzmann äußerte den Verdacht, daß die Mitgliedschaft im Opus Dei für viele »mit einer Lüge« beginne. »Diese erste Lüge ziehe das andere nach sich: eine Atmosphäre von Geheimnissen, Argwohn und gewandtem Versteckspiel.«[31] Es bedarf keiner großen Phantasie, sich vorzustellen, wie durch die dadurch zwangsläufig entstehende konspirative Atmosphäre jede soziale Nahbeziehung zerstört wird. Wie ein Gift zerfrißt Lügengestrüpp jegliches Vertrauen.

Das Opus Dei hat diese Vorwürfe ebenso scharf dementiert wie die Aussage Klaus Steigleders: »In den Ausbildungsvorträgen wird stets nachdrücklich betont, daß ein Mitglied des Opus Dei niemals sagen darf: ›Mein Leiter hat mir gesagt...‹ Die Anweisungen der Leiter sind soweit zu eigen zu machen, daß der Beauftragte bereit ist, die Konsequenzen, die sich aus dem Gehorsam in einer Angelegenheit ergeben, selbst zu tragen und für sie so wie für sein ureigenstes Handeln einzustehen. Das Verbot beispielsweise, seine Eltern am Wochenende zu besuchen, hat ein Mitglied vor seinen Eltern als seinen ganz persönlichen Entschluß zu vertreten.«[32]

3. Kapitel

Strategien unter dem Mantel der Höflichkeit und der Armut

Die Frauen und Männer des Opus Dei sind höfliche Menschen. Sie sind freundlich und zuvorkommend, hilfsbereit und taktvoll, formgewandt und aufmerksam, manchmal ehrerbietig. Sie sind schlicht gekleidet, aber nicht zu schlicht. Sie machen einen vornehmen und gepflegten Eindruck. In Gesprächen zu zweit oder zu dritt hört man nie laute Stimmlagen, temperamentvolle Wortfolgen, hitzige Zwischenrufe, aufgebrachte Argumente oder impulsives Gelächter. Häufig wirken sie müde und matt. Sie sind nie unbeherrscht und offensichtlich nicht reizbar. Eigentlich widersprechen sie nie, und wenn doch einmal, dann mit freundlichen Worten und fast verständnisvoll. In jedem Fall sind sie zurückhaltend und verschlossen, manchmal etwas einsilbig. Ja, um etwas deutlicher zu werden, sie wirken häufig reserviert und zugeknöpft. Irgendwann und irgendwie beschleicht einen das Gefühl, daß sie gar nicht wirklich mit einem sprechen. Selbstverständlich sind die Leute vom Opus Dei weder uniformiert noch haben sie die gleichen Gesichter. Sie sind wie alle Menschen groß und klein, schmal oder breit, dunkel- oder blondhaarig. Und dennoch, irgend etwas an ihrer Art und Weise zu reden, sich zu bewegen oder zu kleiden, ist bei allen sehr ähnlich.

Besonders höflich und ehrerbietig sind die Leute vom Opus Dei zu kirchlichen Würdenträgern oder Persönlichkeiten, deren Titel oder Auftreten eine höhere Stellung vermuten lassen. Boshaftere Zungen, wie der französische Journalist Yvon Le Vaillant, behaupten, sie hätten »eine ausgesprochene Neigung zu alten, einsamen Damen. Vor allem, wenn sie reiche Erbinnen sind. Denn fast immer geben sie schließlich ihren Namen einer Stiftung; die wird dann Stiftung, Heim und Residenz des Opus Dei«.[33]

Tatsächlich liegen die Häuser und Immobilien des Opus Dei in Köln, Düsseldorf, Hamburg, Stuttgart und München, in Wien, Innsbruck und Salzburg, in Zürich, Bern und Genf, um wenigstens einige Städte zu nennen, in vornehmer Wohnlage. Innenarchitektonisch träfe wohl die Bezeichnung »spartanische Noblesse« zu. »So baut, wer reich ist, ohne es zeigen zu müssen. So baut, wer repräsentieren will, ohne in seiner Intimität gestört zu werden«[34] – schrieb freundlich ein österreichischer Journalist.

»Eine stählerne Keule im gepolsterten Futteral«

Wer zudem in den 999 Gedankensplittern des Josemaría Escrivá, ein Sammelsurium von mehr oder weniger zusammenhanglosen Sätzen, bei denen auffällt, daß ein Gedanke nie über mehr als fünf Sätze durchgehalten wird und banale Aussagen mit schroffen Anweisungen wechseln, wer in diesem Büchlein mit dem Titel »Der Weg« blättert und liest, stößt bald auf Sätze, die Hinweise für das doch etwas merkwürdige Gesprächs- und Kommunikationsverhalten von Opus-Leuten geben: »Sei unnachgiebig in der Lehre und in deiner Lebensführung. – Aber sei konziliant in der Form. – Eine mächtige stählerne Keule in einem gepolsterten Futteral. Sei unnachgiebig, aber nicht halsstarrig« (Der Weg, Nr. 397).

Solche Sätze erinnern an das Märchen der Brüder Grimm »Der Wolf und die sieben jungen Geißlein«. Der Wolf versucht, sich Einlaß in das Haus zu verschaffen, in dem sieben junge Geißlein spielen, die von ihrer Mutter die Mahnung zur Vorsicht vor dem Wolf erhalten haben. Der Wolf aber frißt ein großes Stück Kreide, um die feine und liebliche Stimme der Mutter zu imitieren, und er läßt sich seine schwarze Pfote weißen, um der Mutter ähnlich zu sehen. Aufgrund dieser doppelten Täuschung öffnen ihm die Geißlein die Tür, und der Wolf »machte nicht langes Federlesen: eins nach dem andern schluckte er in seinen Rachen«.

Nun frißt heute wohl niemand Kreide, aber es gehört zu den Grundsätzen taktisch geschickter Gesprächsführung, freundlich, zurückhaltend und nie aggressiv zu sein. Diese taktische Überlegung verbindet sich mit dem elitären Bewußtsein, die »Wahrheit« ohnehin zu besitzen, die Zugeständnisse und Kompromisse in jedem Fall ausschließt. Die zumeist konstitutive Dialog- und Streitunfähigkeit der »einfachen« Mitglieder von Gruppierungen mit vereinnahmender und totalitärer Tendenz entspricht der Unfähigkeit, sich mit Kritik offen auseinanderzusetzen.

In diese Richtung weisen auch die folgenden Sätze aus »Der Weg«: »Deine Zeit und deine Kraft gehören Gott. Vergeude sie nicht damit, die Hunde, die dich auf dem Wege anbellen, mit Steinen zu bewerfen. Beachte sie nicht« (Nr. 14) – »Es gibt viele Leute, auch heilige, die deinen Weg nicht begreifen. – Mühe dich nicht damit ab, ihn ihnen begreiflich zu machen. Du verlierst nur Zeit und gibst Raum für Indiskretionen« (Nr. 650) – »Nicht zu erschüttern: so mußt du sein« (Nr. 995) – »Zugeständnisse machen? – Der Ausdruck stammt aus dem Wortschatz der Bequemen, der Schlauen und der Feiglinge, jener Menschen also, die den Kampf scheuen« (Nr. 54).

»Eine arme, kinderreiche Familie«

»Jeder weiß, daß unsere geistliche Familie arm ist« – sagte Escrivà, der für das Opus Dei das Bild einer »armen, kinderreichen Familie« erfand und seinem Werk als Teil einer Propagandastrategie verordnete, die das Führungspersonal des Opus Dei auch willfährig benutzte, um Geld zu beschaffen.

Die Aussage, das Opus Dei sei arm, ist im juristisch formalen Sinn durchaus richtig, faktisch aber kann das Werk – via Opus-nahen Organisationen oder Opus-Mitgliedern – über große Gelder und zahlreichen Immobilienbesitz verfügen. »Wenn man sagt, Opus Dei habe wenig Geld, dann stimmt das. Aber es hat die Möglichkeit, jenes Geld zu gebrauchen.«[35]

Das Opus Dei als Körperschaft kirchlichen Rechts tritt nur selten als Immobilienbesitzer auf. Beispielsweise hat das Opus in der Schweiz keinen Liegenschaftsbesitz. An den Häusern, die von Opus-Leuten bewohnt oder frequentiert werden, ist nur selten der Schriftzug des Opus Dei auf der Klingel oder auf dem Briefkasten zu finden.

Um die Fassade einer »armen« Familie aufrechtzuerhalten, hat die Führung ausgeklügelte Strategien unter dem Mantel der Armut entworfen. Kritische Beobachter zählen diese zu den mafiaähnlichen Praktiken der »verschworenen Geheimgesellschaft«.

Bei den Häusern, Einrichtungen und Initiativen des Opus Dei sind zwei Formen zu unterscheiden[36]:

Erstens die offiziellen Niederlassungen der Prälatur, die zumindest über die Adressenverzeichnisse (Personal und Institutionen) der Diözesen feststellbar sind und von Numerariern geleitet werden.

Zweitens Institute, Vereine, Jugendclubs, Stiftungen, Studiengemeinschaften, »die juristisch nicht vom Opus Dei als Prälatur, sondern von Mitgliedern des Opus Dei ins Leben gerufen werden. (...) Für diese gesellschaftlichen Einrichtungen und Initiativen sind die Initiatoren als Träger zuständig und verantwortlich«.[37]

Das Opus Dei nennt diese Institutionen »Korporative apostolische Werke des Opus Dei«, deren Unternehmungen nicht kirchlicher, sondern ziviler Natur seien: »Sie sind deswegen auch nicht Eigentum der Prälatur, denn sie werden nicht vom Opus Dei, sondern von den jeweiligen Initianten betrieben. Diese sind als Zivilpersonen für Planung, Finanzierung, Bau sowie für alle organisatorischen, fachlichen, rechtlichen und ökonomischen Belange zuständig und darin nicht den kirchlichen, sondern den zivilen Behörden verantwortlich. Ähnlich wie bei den individuellen Mitgliedern des Opus Dei beschränkt sich die Kompetenz der Prälatur – und der Kirche – auf den geistlichen Aspekt.«[38]

Verwirrspiel mit Tarnorganisationen

Ehemalige Mitglieder haben immer wieder darauf hingewiesen, daß die Organisation reich ist und diesen Reichtum »hinter juristischen Tricks« versteckt, »ein regelrechtes Verwirrspiel mit Tarnorganisationen«[39] betreibt. Diese Vorwürfe sind durch journalistische Recherchen im Kern bestätigt worden. Gemeint sind damit vor allem Stiftungen, die von Opus Dei-Leuten, also Mitgliedern, Mitarbeitern oder Sympathisanten ins Leben gerufen werden und bei denen die Prälatur Opus Dei – anders als bei den »korporativen Werken« – nicht die »geistliche Verantwortung« übernimmt. Peter Hertel, der diese Konstruktion als »Spiel mit doppeltem Boden« bezeichnet, mußte bei seinen Recherchen feststellen, daß die Beziehungen der Einrichtungen, die genannten Stiftungen, Banken usw. die von Opus Dei-Leuten geleitet werden, wegen der vorgeschriebenen »Diskretion«, der Geheimhaltung von Mitgliedschaften und ähnlichem, »für Außenstehende praktisch nicht wahrnehmbar« sei.

Nur über die Namen von Opus-Dei-Mitgliedern, die zum Beispiel gleichzeitig in den Vorständen der verschiedenen Stiftungen, Banken und anderen Einrichtungen sitzen, kann die Verbindung einer Institution zum Opus Dei hergestellt werden. Die Konstruktion bedeutet praktisch: »Die Prälatur kann sich – sofern sie will – bei Handlungen ihrer Mitglieder stets als unbeteiligt ausweisen« und auf die rein religiösen Ziele des Opus Dei verweisen.[40]

Selbstverständlich hat die Führung des Opus den Vorwurf der Tarnorganisationen in verschiedenen offiziellen Erklärungen zurückgewiesen. Dabei achtet sie stets darauf, formal-juristisch einwandfrei zu argumentieren: »Die Behauptung, das Opus pflege Geheimhaltung, indem es unter ›Tarnnamen‹ oder ›Tarnorganisationen‹ auftrete, entbehrt jeder vernünftigen Grundlage. Richtig ist, daß die Gläubigen der Prälatur (die Mitglieder) als mündige Christen und Bürger ihre Verantwortung in Familie, Beruf und Gesellschaft selbst tragen. Das Opus Dei erteilt weder ein Mandat noch eine Vollmacht, noch einen kanonischen Auftrag.«[41] – »Die korporativen apostolischen Werke der Prälatur Opus Dei dürfen nicht mit solchen Einrichtungen – Schulen, Instituten, Clubs, Bildungszentren, Akademien, Sozialwerken – verwechselt werden, die Mitglieder des Opus Dei ins Leben rufen oder leiten, ohne daß die Prälatur die geistliche Verantwortung übernimmt. In diesen Fällen tragen die Initiatoren, und zwar sie allein, die Verantwortung nicht nur für das technische Funktionieren dieser Unternehmungen, sondern auch für ihre religiöse Ausrichtung auf der Grundlage der katholischen Glaubenslehre.«[42]

Formal ist die Gründung und Leitung von Stiftungen durchaus »Privatsache einzelner Mitglieder des Opus Dei«, tatsächlich aber unternehmen sie derartige »Verwirrspiele« durchaus im Sinne und im Auftrag des Opus. Das Bekanntwerden interner und geheimer Dokumente ermöglicht den Beweis dafür. In dem Dokument »Vademecum de las Sedes de los Centros« (Leitfaden für die Sitze der Zentren) die am 6. Dezember 1987 von der Zentrale des Opus in Rom autorisiert worden sind, heißt es kurz und knapp: »Um zum Unterhalt jeder Apostolatsarbeit beizutragen, gründet man, falls notwendig, eine Stiftung – mit oder ohne eigene Rechtspersönlichkeit –, die das eventuelle Defizit ›der Tätigkeit des Zentrums‹ durch Schenkungen deckt.«[43]

Warum diese Tarnung, dieses Versteck- und Verwirrspiel? Warum will das Opus Dei nicht als Körperschaft in Erscheinung treten? Warum soll dies verheimlicht werden? Es ist unschwer nachzuvollziehen, daß das Opus in gewissem Ausmaß Geschäfte abwickeln muß, um Geld zu kassieren. Andere Institutionen und Organisationen der römisch-katholischen Kirche müssen dies, aus Gründen der Finanzierung ihrer Arbeit, ebenfalls tun. »Nichts, das andere ähnliche Organisationen nicht auch tun würden, nichts Besonderes im Geflecht des westlichen Kapitalismus, aber ein bißchen verwirrend für aufrechte Katholiken, die eine größere Präsenz des Opus Dei in der Versittlichung des öffentlichen Lebens erwarten.«[44]

Die Geheimhaltungspolitik des Opus Dei verstärkt den Tatverdacht, daß die bisher aufgedeckten und nachgewiesenen Aktivitäten – selbstverständlich im Wissen um den Unterschied zwischen formal-juristischem und faktischem Blickwinkel – nur die Spitze des Eisbergs sind, nur der Zipfel des »goldenen Netzwerkes«. Vermutet werden muß auch, daß das Opus Dei – nach der Veröffentlichung der tatsächlichen Verfügungsgewalt über das Kapital von Opus-Leuten – zumindest befürchtet, Schenkungen »alter einsamer Damen« und der Spendenfluß von Mitgliedern, Anhängern und Sympathisanten würden ausbleiben. In jedem Fall wäre wohl das Bild einer »armen, kinderreichen« Opus-Familie nicht mehr aufrechtzuerhalten. Die erfolgreichen Strategien unter dem Mantel der Höflichkeit und der Armut wären weitgehend wirkungslos.

Der mehrfach genannte Vladimir Felzmann schildert an einem ihm genau bekannten Beispiel die Spendenpraxis der Organisation: »Juristisch gesehen hat das Opus Dei sehr wenig Geld. Juristisch, dem Gesetz nach. Aber in Wirklichkeit ist es anders. Beispielsweise in diesem Land (…): Opus Dei besitzt nicht viel. Alles besitzt die Netherhall Educational Association, die rechtlich nicht dasselbe wie Opus Dei ist… eine wohltätige Stiftung. Aber die Mitglieder des Leitungsgremiums der NEA sind Mitglieder des Opus Dei… Wenn Sie gekommen wären (…) und den Wunsch gehabt hätten, dem Opus Dei tausend Pfund zu stiften, dann hätten Ihnen die Leiter geantwortet: Könnten Sie den Scheck bitte auf die Netherhall Educational Association ausstellen, nicht auf Opus Dei? Aber trotzdem wäre Ihnen klar gewesen, daß Sie ihn an das Opus Dei zahlen, obwohl Sie ihn an die Stiftung geben. Warum? Weil das Geld für Opus Dei verwendet wird.«[45]

Ich habe keine Anzeichen dafür entdecken können, daß das Opus Dei solche Dinge heute grundsätzlich anders handhabt, obwohl zu vermuten ist, daß man aufgrund derartiger Entlarvungen noch vorsichtiger, noch verdeckter operiert.

Bankkonten, Erbschaften und Testamente

Ganze Epochen der Kirchengeschichte waren geprägt vom Geist der Habgier, von der Besessenheit der Bereicherung und der skrupellosen Geschäftemacherei. Trotz der zweifellos häufig vorhandenen persönlichen Motive im Klerus taten sich häufig gerade die Würdenträger und Kirchenfürsten besonders hervor, die persönlich eher bescheiden und anspruchslos lebten. Entscheidendes Motiv war der Wille zur materiellen Stärkung der Kirche.

Daß die Finanzbeschaffung von Opus-Leuten über Stiftungen und andere Institutionen ebenfalls nicht der persönlichen Bereicherung dient, sondern die Gewinne und Spenden de facto dem Opus Dei zufallen, auch wenn dies formal-juristisch verdunkelt wird, folgt allein schon aus der persönlichen Verpflichtung zur Armut, die jedes Opus-Mitglied eingeht.

Einige Zitate aus Escrivàs Werk »Der Weg«: »Löse dich von den Gütern der Welt. – Übe dich in der Armut des Geistes, und liebe sie: sei zufrieden mit dem, was reicht, ein nüchternes und maßvolles Leben zu führen. Sonst wirst du nie ein Apostel« (Nr. 631) – »Wenn du ein Mensch Gottes bist, so setze an die Verachtung der Reichtümer den gleichen Eifer, den die anderen daransetzen, sie zu besitzen« (Nr. 633) – »Wenn Reichtum dir zufließt, hänge dein Herz nicht daran. Zaudere nicht, und verwende ihn großzügig. Notfalls sogar heroisch. Sei arm im Geiste« (Nr. 636).

Im Widerspruch zur jesuanischen Armutsforderung, die durchaus materiell gemeint ist, definiert Escrivà: »Die wahre Armut besteht nicht im Nichtshaben, sondern im Losgelöstsein; im freiwilligen Verzicht auf die Herrschaft über die Dinge. Deshalb gibt es Arme, die in Wirklichkeit Reiche sind. Und umgekehrt« (Der Weg, Nr. 632).

Eingedenk der Betonung des Arbeitsethos und der Aufforderung der Opus-Mitglieder zum beruflichen und damit finanziellen Erfolg darf vermutet werden, daß die individuelle Verpflichtung zur »Armut« zuerst und zuletzt zum Ziel hat, daß die Mitglieder dem Opus möglichst großen Gewinn bringen.

Der ehemalige Opus-Numerarier und heutige Soziologieprofessor Alberto Moncada berichtet: »Die Numerarier des Opus Dei übergeben alle Einkünfte, Erbschaften inbegriffen, der Organisation, und diese autorisiert und kontrolliert ihre Ausgaben. Auch wenn, durch den Druck der Umstände, zugunsten der Mitglieder im Handel und in freien Berufen hie und da ein Auge zugedrückt wird, so lebt doch die Mehrzahl unter peinlich genauer Kontrolle seitens der Vorgesetzten. Diese Kontrolle beinhaltet das Verbot eines eigenen Bankkontos und die Pflicht, das Testament zugunsten des Opus Dei auf einen Treuhänder zu schreiben.«[46]

Die Mitglieder des Opus Dei bringen der Organisation durch ihre regelmäßigen Einkommen (Lohnzahlungen, Unternehmensprofite usw.), aber auch durch Erbschaften Geld. Wenn man bedenkt, daß vor allem Frauen und Männer der mittleren und oberen Einkommen Mitglieder des Opus werden, müssen größere regelmäßige Geldsummen vermutet werden. Dazu kommen die »Extras« wie Erbschaften, die sich die Organisation durch intensive »Gewissenserforschung« der Erben, die Mitglied des Opus sind, und durch die »höfliche« Hilfestellung mit vorgefertigten Testaments-Formularen krallt. Schon junge Erwachsene, die knapp die juristische Selbstverantwortung erreicht haben, werden offensichtlich zu diesen Testamenten angehalten, wie dies das Testament eines 18jährigen deutschen Numerariers beweist. Es beginnt mit dem Glaubensbekenntnis zur »heiligen, römischen, katholischen und apostolischen Kirche«, bestimmt den Erben, zum Beispiel die »Studentische Kulturgemeinschaft e.V. mit Sitz in Bonn«, und den Testamentsvollstrecker (in der Regel Opus-Numerarier!), legt die Anzahl von 30 Seelenmessen fest und endet mit der Bestimmung: »Der Testamentsvollstrecker verfügt über die weitestgehenden Befugnisse.«[47]

Der folgende Textauszug aus dem geheimen »Vademekum für die örtlichen Räte« macht deutlich, welchen Typ von »Freiwilligkeit« das Opus meint, wenn es in offiziellen Erklärungen auf die Freiwilligkeit der Abgaben von Opus-Mitgliedern hinweist: »Im Fall der Oblatio (die jährliche Erneuerung der vertraglichen Bindung an das Opus; MM) und der Fidelitas (das Versprechen, dem Opus auf Lebenszeit anzugehören; MM) vergewissert sich der Beauftragte (des Opus Dei; MM), daß der Betreffende entschlossen ist, sich auf die in den Statuten festgelegte Weise zu verpflichten; und er wird die Numerarier und Assoziierten daran erinnern, daß sie, falls sie Erbgüter besitzen, als Forderung der Armut und der Selbstentäußerung deren Verwaltung freiwillig abgeben und über deren Gebrauch und Nutznießung zugunsten von ihnen Festzulegenden zu bestimmen haben und daß sie, bevor sie die Fidelitas machen, auch wieder in völliger Freiheit ein Testament über ihre jetzigen und künftigen Erbgüter errichtet haben müssen.«[48]

Eine Psychologin an einer Beratungsstelle für Sekten und totalitäre Kulte, der ich schilderte, wie das Opus an die Gelder der Mitglieder kommt, verglich das Verfahren mit den Methoden, die neureligiöse Kulte und Gruppierungen mit totalitärer Tendenz zur ökonomischen Ausbeutung ihrer Anhängerschaft benutzen.

Wie später noch genauer zu zeigen sein wird, dient die persönliche Armutsforderung, die »peinlich genaue Kontrolle seitens der Vorgesetzten« in allen finanziellen Angelegenheiten und das Verbot eines eigenen Kontos nicht nur dem ökonomischen Interesse des Opus, sondern auch dem psychologischen Zweck, das Leben in allen Bereichen total kontrollieren und bestimmen zu können. Es geht dabei meines Erachtens um die totale Unterwerfung des Willens, um den Gehorsam in allen Dingen.

In dem Katalog der Fragen, die alle Opus-Mitglieder im Rahmen der Gewissenserforschung beantworten müssen, steht als Frage 19: »Habe ich aus Schwelgerei, Leichtsinn, Eitelkeit, Bequemlichkeit usw. überflüssige Ausgaben gemacht?«[49] Da hier der Entzug der Verfügungskompetenz über ein privates Konto mit sündhaften Vergehen wie »Schwelgerei« und »Eitelkeit« verknüpft wird, ist die psychische Knebelung des Sünders, der Sünderin äußerst einfach. Auf diese Art erzeugt man das Gefühl der Abhängigkeit, Unfähigkeit und Wertlosigkeit der eigenen Person.

4. Kapitel

Die hündische Demut

Demütig beugt sich der Mann über die Hand, die ihm Don Vito Corleone zum Kuß hinhält. Von diesem Mann, der die unanfechtbare strafende und schützende Autorität verkörpert, erhofft er Vergeltung für die Mißhandlung seiner Tochter und damit die Herstellung seiner Ehre als *pater familias*. Diesem Mann übereignet er mit solcher Ehrerbietung die Zukunft seiner Familie, sein persönliches Schicksal. Und der Mann, der Vergeltung durch die Macht des »Godfather« erwartet, bekommt durch seine Ehrerbietung und Übereinstimmung mit ihm selbst an dessen Macht Anteil; wobei er weiß, daß er eines Tages für diesen »Freundschaftsakt« bezahlen muß.

Der Handkuß als bedeutungsschweres Ritual des »Respekts« gegenüber dem Paten des Mafia-Clans symbolisiert nicht nur die patriarchalische Ordnung, sondern die komplette Unterwerfung unter eine totale Macht. Diese Szene zu Beginn von Francis Ford Coppolas »Der Pate« (1972) – der Pate wird von Marlon Brando dargestellt – wurde von fast allen späteren Mafia-Filmen kolportiert: ein Realitätssplitter, eine Urszene gleichsam, in der in sinnlichen Bildern zu erfahren ist, was Macht, Abhängigkeit und Autorität bedeuten. Die Mafia als Mythos war seit den dreißiger Jahren Stoff für viele Filme. Der »Godfather« wird als mächtige Persönlichkeit und Führer zu einer archaischen Kultfigur.

Kein Stoff für Filme, sondern für Psychologie und Sozialwissenschaften ist die Haltung fraglos demütigen Gehorsams, die Mitglieder und Anhänger fundamentalistischer Gruppierungen mit totalitärer Tendenz ihrem religiösen Führer, rettenden Meister oder Guru sowie dessen Nachfolgern entgegenbringen. Alle totalitären Gruppen und Bewegungen huldigen einem ausgesprochenen Personenkult hinsichtlich ihres Gründers. Er verkörpert für sie den göttlichen Willen schlechthin. Alles gründet letztlich auf seinem »heiligen Wissen«. Jeder von ihm gesprochene Satz, und sei er noch so banal, zeugt für die Anhänger von tiefer Weisheit und kommt einer göttlichen Offenbarung gleich. Der religiöse Führer schweißt nach innen zur Gemeinschaftlichkeit zusammen, nach außen ist er der beste Garant der Geschlossenheit und Schlagkraft der Gruppe. Gehorsam und Gefolgschaft werden von den Anhängern selbstverständlich und gern geleistet, weil man durch die Identifizierung mit dem Führer oder Meister selbst an dessen Herrlichkeit, Autorität und Macht Anteil erhält. »Die Untergebenen sind wie Efeu, der sich am Leiter wie an einem starken Stamm emporrankt und dadurch selber in die Höhe wächst.«[50]

Das Opus Dei, die für uns exemplarische Organisation in der römisch-katholischen Kirche, weist alle Merkmale eines autoritären Einstellungskomplexes auf: Personenkult, Hierarchie- und Führergehorsam, autoritäre Persönlichkeitsstruktur, pseudoreligiöse Legitimierung, »geschlossene Anstalten« usw. Ich skizziere die Elemente und Kennzeichen sowie die Funktionen dieses Einstellungskomplexes anhand von Texten aus den Schriften des Opus-Gründers Escrivá, aus internen und geheimen Texten sowie aus den Erfahrungsberichten ehemaliger Mitglieder.

Jesus Christus und Josemaría Escrivá

Max Weber, der Klassiker der Soziologie, hat das soziale Phänomen der Macht definiert als »jede Chance, innerhalb einer sozialen Beziehung den eigenen Willen auch gegen Widerstreben durchzusetzen, gleichviel worauf diese Chance beruht«.[51] Im Falle religiöser oder pseudoreligiöser Macht gründet die Chance der Durchsetzung letztlich auf dem Zugang und der Verfügung über knappe Heilsgüter bzw. auf der glaubhaften Behauptung dieser Verfügungsgewalt. Deshalb verehren religiös-fundamentalistische Gruppierungen ihren Gründer und ihren Führer als überpersönliche Lichtgestalt, die einen direkten Kanal zu Gott, zur göttlichen Kraft und Weisheit hat.

Zur Etablierung eines charismatischen Führers – und als solcher wird Escrivá verehrt – muß dieser als Person in aller Reinheit erstrahlen. Konsequent hat die Leitungsspitze des Opus bereits zu Lebzeiten Escrivás, verstärkt nach seinem Tod, den Gründer als überpersönliche und überzeitliche Persönlichkeit perfekt inszeniert. Escrivá sah und sieht man im Opus Dei nicht oder kaum in seiner konkreten Menschlichkeit und Geschichtlichkeit, seinen Vorzügen und Schattenseiten, guten und schlechten Eigenschaften, sondern eher wie einen Fetisch. Verräterisch ist, daß Escrivá von den Mitgliedern und Anhängern des Opus in Gebet und Meditation mit dem gleichen Titel und der gleichen Anrede wie Gott und Jesus Christus bedacht wird: »Unser Vater im Himmel«, »Der gute Hirt« usw. Die dadurch zwangsläufig entstehende »Verwechslung« ist wohl kaum ein Zufall, sondern die ideologisch-religiöse Legitimierung der Führerschaft Escrivás und dessen Nachfolger. Von der »Göttlichkeit« der Gründerfigur Escrivá profitierten sowohl die direkten Nachfolger in der Gesamtleitung des Opus – bis heute ist dies Alvaro del Portillo– als auch das in der klerikalen Hierarchie rangtiefere Führungspersonal.

Die folgenden Zitate von Escrivá und ranghohen Opus-Mitgliedern dokumentieren den religiösen Wahn und Herrschaftsanspruch, der in der Gleichsetzung von Escrivá und Christus offensichtlich wird, aber in der Identifizierung des »Christusgehorsams« mit dem Gehorsam gegenüber dem Opus Dei-Führer, quasi als hätte Gott selbst befohlen:

»Christus muß sich in Gestalt des Papstes ›beim Gebet filmen lassen‹. Auch Escrivá hat sich seit 1972 filmen lassen, aus dem einzigen Grunde, daß Christus ins Licht – und eben auch ins Scheinwerferlicht! – trete und mit ihm die Kirche und ihre Verkündigung« (Escrivá-»Biograph« Peter Berglar) – »Der Priester, wer auch immer, ist stets ein zweiter Christus« (Der Weg, Nr. 66) – »Was not tut, ist viel Gehorsam gegenüber dem Leiter und viel Fügsamkeit gegenüber der Gnade. Denn wenn man die Gnade Gottes und den Rat des Leiters nicht in sich wirken läßt, kann das Profil nicht hervortreten, das Bild Jesu Christi, das der heilige Mensch annimmt« (Der Weg, Nr. 56) – »Du sollst dir die bewährte Erkenntnis vor Augen halten, daß der eigene Verstand ein schlechter Ratgeber und ein schlechter Lotse ist, wenn es darum geht, die Seele durch die Böen und Stürme und Klippen des inneren Lebens zu steuern. Deshalb ist der Wille Gottes, daß ein Kundiger die Führung des

Schiffes übernimmt und uns mit seinem Licht und seinem Wissen in einen sicheren Hafen führt« (Der Weg, Nr. 59) – »Ein Leiter. Du brauchst ihn. Um dich hinzugeben, um dich zu verschenken, im Gehorsam. Ein Leiter, der dein Apostolat kennt und weiß, was Gott will« (Der Weg, Nr. 62).

Weil die Führer und »geistlichen Leiter« des Opus Dei laut Escrivá und der heutigen Führungsclique genau wissen, was Gott will, dürfen ihre Anweisungen und »Vorschläge« nicht diskutiert oder kritisiert werden. Widerstand gegen die Anweisung des »geistlichen Leiters« ist in diesem religiösen Wahnsystem identisch mit Widerspruch gegen den Willen Gottes selbst. Gottes Wille wird im Befehl des geistlichen Führers sichtbar. Weil der Führer an der Stelle Gottes selbst Anweisungen und Befehle gibt, kann er unbedingten Gehorsam fordern. Die folgenden Berichte der ehemaligen Mitglieder des »Werkes Gottes«, Vladimir Felzmann und Klaus Steigleder, belegen glaubhaft, daß die interne Praxis des Opus Dei tatsächlich dem von Escrivá formulierten Konzept religiös-ideologischer Sicherung der Macht des Führungspersonals entspricht. Diese Berichte stimmen mit den Aussagen anderer ehemaliger Mitglieder, mit denen ich längere Gespräche führen konnte, überein.

»Der Gründer repräsentierte die einzige, absolute Autorität. Er war der einzige Kanal der Kommunikation mit Gott. Als er noch lebte, hieß es: ›Der Vater sagt das. Wir sollten immer durch den Geist und das Herz des Vaters gehen. Der Vater hat die Wahrheit und den Weg gegeben, und deshalb sollten wir danach leben.‹«[52] – »Kritik – an der Vereinigung, an dem, was die Leiter sagen und vorschreiben? Alles, was Escrivá de Balaguer bis in die Einzelheiten hinein bezüglich des Opus Dei festgesetzt hat, hat er von Gott als dessen Willen empfangen. Alles geht auf göttliche Anordnung und den Willen Gottes zurück, dessen treues Werkzeug der Gründer war, heißt es. Kritik am Opus Dei ist daher gleichbedeutend mit Kritik an Gottes Willen und seiner Kirche, die alles als von Gott kommend gutgeheißen und approbiert habe.«[53] Ungehorsam gegenüber dem »geistlichen Leiter« wird mit dem Ungehorsam gegenüber Gott faktisch gleichgesetzt.

Narzißtische Überhöhung

Der Psychoanalytiker und Psychotherapeut Werner Huth erklärt den Vorgang der Selbstidentifizierung des »geistlichen Leiters« mit Gott aus der Psychodynamik der ideologischen Beziehung zwischen Führer und Geführten: »Besonders bedeutsam ist die Besessenheit des Führers von seiner Idee und eigenen Größe, die oftmals so weit geht, daß er förmlich zur Verkörperung dieser Idee wird. Dies wird durch die Wünsche seiner Jünger nach Identifikation noch verstärkt. Von dieser Besessenheit geht ein ungeheurer Sog aus, der sich auf die Anhänger überträgt. Da dabei aber, wie bei jeder narzißtischen Überblähung, der Blick auf die ›wirklichen Verhältnisse‹ immer mehr abhanden kommt, bleibt dem Führer schließlich nichts anderes mehr übrig, als sich mit Gott oder der ›Vorsehung‹ selber zu identifizieren.«[54]

Die Anhänger setzen alle Erwartungen in die »göttlich« überlegene Autorität des religiösen Führers. Von seiner Omnipotenz erhoffen sie Orientierung in ihrer eigenen Orientierungslosigkeit, Rettung aus der eigenen Ohnmacht, Erlösung aus den vielen Unsicherheiten und Ungewißheiten des Lebens, Erfüllung ihrer Hoffnungen. »Der Führer wird schon wissen« – lautet das »Bekenntnis«, die »Glaubensrede« der Geführten.

Der Führer gilt auch als Garant für die Überwindung von Schwächen und Demütigungen, Kränkungen und Verletzungen, wenn man mit ihm Übereinstimmung erreicht. Diese wird möglich durch die vollständige Unterwerfung unter seine totale Macht und das übersteigerte Gruppen-Selbst, das elitäre Bewußtsein der Gruppierung oder Sekte.

Wer allerdings sich aus »Stolz«, »Hochmut«, »Eigensinn« oder aufgrund von »Charakterfehlern« der Weisheit, der religiösen Kompetenz und Wahrheitserkenntnis des Sektenstifters und geistlichen Führers nicht rückhaltlos öffnet, könne nicht an all dem Guten und Göttlichen teilhaben, das der Führer verkörpert. In dem vom Opus Dei geheimgehaltenen »Vademekum für die örtlichen Räte« von 1987 heißt es:

»Der Stolz, oft in Demut verkleidet, ist das stärkste Hindernis, wenn er sich einstellt. Normalerweise pflegt er erst am Ende der Zeit (einer inneren Krise, die zum Austritt aus dem Opus Dei führen kann) aufzutreten. Er äußert sich in Empfindlichkeit, kritischem Geist, Mangel an Fügsamkeit usw. In diesen Fällen ist es notwendig, den Betreffenden klar einsehen zu lassen, daß diese Ideen und Reaktionen Vermummungen seines Stolzes sind. Um diesen zu besiegen, muß man mit sich ehrlich sein, um mit Gott ehrlich zu sein, und sich gefügig führen lassen.«[55]

Und Escrivá selbst: »Wenn der Gehorsam dir keinen Frieden gibt, dann bist du hochmütig« (Der Weg, Nr. 620). Zumindest soll man demütig schweigen, auch wenn man kritische Gedanken pflegt, damit andere, so muß gemutmaßt werden, nicht irritiert und verunsichert werden: »Übe keine negative Kritik. Wenn du nicht loben kannst, dann schweige« (Der Weg, Nr. 443).

Kadaver- und Führergehorsam

Die Führung des Opus Dei hat sich in öffentlichen Erklärungen und Stellungnahmen wiederholt gegen den Vorwurf gewehrt, im Opus werde »blinder Gehorsam« oder »Kadavergehorsam« von den Mitgliedern gefordert. Der tatsächlich verlangte Gehorsam sei ein »intelligenter Gehorsam«, der mit der »christlichen Tugend des Gehorsams« und dem Gehorsam Christi übereinstimme:

»Die Karikatur des ›blinden Gehorsams‹ unterstellt Unterwürfigkeit entgegen der eigenen Überzeugung und fußt auf der höchst unevangelischen Voraussetzung, Gehorsam sei mit Freiheit unvereinbar. Christus war vollkommen frei und vollkommen (nicht blind) gehorsam.«[56] – »Die christliche Tugend des Gehorsams, zu deren Ausübung sich ein Mitglied des Opus Dei verpflichtet, ist nichts anderes als eine Antwort auf die Gnade der Berufung und erstreckt sich somit, über den Glaubensgehorsam aller Christen hinaus, auf jene Bereiche, die durch die Verpflichtungen asketischer, bildungsmäßiger und apostolischer Natur abgesteckt sind. Es handelt sich dabei um einen Gehorsam, den der Gründer als ›freiwillig und verantwortlich‹ bezeichnete, das heißt, der geprägt ist vom Geist der Initiative von Kindern Gottes, die ›weder Steine noch Kadaver‹ sind, ›sondern freie und vernünftige Menschen‹.«[57]

Bei der Lektüre der Schriften von Josemaría Escrivá konnte ich nicht einmal in Spurenelementen feststellen, daß der Opus-Gründer die geringste Möglichkeit kritischen Geistes einräumt und das Recht respektiert, selbständig zu denken oder Anweisungen der Vorgesetzten zu kritisieren. Vielmehr wurde ich an jene berühmt-berüchtigte Aufforderung erinnert, die am Eingang des Ashrams in Poona zu lesen war: »Beim Eintreten Schuhe und Verstand ablegen!« Wenngleich Escrivá auf das Ablegen der Schuhe keinen Wert legte. Da heißt es: »Die geistliche Kindschaft fordert die Unterwerfung des Verstandes. Das ist schwerer als die Unterwerfung des Willens.«[58]

In den folgenden Zitaten Escrivás sind meines Erachtens klassische Formulierungen des Kadaver- und Führergehorsams erkennbar: »Gehorcht, wie ein Werkzeug in der Hand des Künstlers gehorcht, das nicht danach fragt, warum es dies oder jenes tut. Seid überzeugt, daß man euch nie etwas auftragen wird, das nicht gut ist und nicht zur Ehre Gottes gereicht« (Der Weg, Nr. 617) – »Gehorchen – sicherer Weg. Den Vorgesetzten mit rückhaltlosem Vertrauen gehorchen – Weg der Heiligkeit. Gehorchen in deinem Apostolat – der einzige Weg, denn in einem Werk Gottes muß dies der Geist sein: daß man gehorcht oder geht« (Nr. 941) – »Wer bist du, daß du über Entscheidungen deines Leiters urteilst? Siehst du nicht, daß ihm mehr Gesichtspunkte für sein Urteil zur Verfügung stehen als dir, mehr Erfahrung, bessere, einsichtigere und vorurteilslosere Ratgeber, vor allem aber mehr Gnade, spezielle Gnade, Standesgnade, welche Licht und mächtigen Beistand Gottes bedeutet?« (Nr. 457) – »Laß die Gelegenheit nicht vorübergehen, dich mit deinem Urteil zu unterwerfen. – Das ist schwer..., aber in den Augen Gottes sehr wohlgefällig!« (Nr. 177).

Gehorsam schuldet man selbst in der »lächerlichen« Einzelheit (Nr. 618) und in dem, was »fruchtlos« (Nr. 623) erscheint. »Bei der Arbeit im Apostolat gibt es keinen Gehorsam, der geringfügig wäre« (Nr. 614).

Klaus Steigleder schildert seine Erfahrungen zum Gehorsam: »Der Gehorsam im Opus Dei ist gewissermaßen total; ein Mitglied der Vereinigung hat seinen Leitern in allem schnell, genau, vorbehalt- und bedingungslos zu gehorchen.«[59] Die höchste Stufe der Demut und des Gehorsams gegenüber den Opus-Vorgesetzten ist der Gehorsam ohne Zögern, die Freudigkeit des rückhaltlosen Gehorsams, ja, die Lust der völligen Unterwerfung und vor allem immer wieder: die Identifikation des Willens des »geistlichen Führers« mit dem Willen Gottes. Wir werden auf die Mechanismen und die Methodik der Unterwerfung von Menschen in fundamentalistischen Gruppierungen mit eindeutig totalitärer Tendenz noch zu sprechen kommen. In der Sprache des Opus Dei heißt dies die gehorsame Erfüllung des »Lebensplans« und die »Formung«, womit die Ausbildung und Formierung insbesondere der Aspiranten und Aspirantinnen, der Neuberufenen, auf die Ideologie des Opus Dei gemeint ist.

Die sogenannte Formung schließt die Bereitschaft des einzelnen ein, »sich durchschauen zu lassen«, auch die intimsten Bereiche des eigenen Lebens der sozialen Kontrolle des Vorgesetzten zu öffnen: »Warum diese Scheu, dich selbst zu sehen und dich deinem Leiter so zu zeigen, wie du in Wirklichkeit bist? Du gewinnst eine große Schlacht, wenn du die Angst überwindest, dich durchschauen zu lassen« (Der Weg, Nr. 65) – »Beunruhigt fragst du: ›Was dann mit diesem kritischen Geist, der so tief in meinem Wesen steckt...?‹ Ich kann dich beruhigen. Nimm etwas zu schreiben und lege einfach und vertrauensvoll – und kurz, bitte! – nieder, was dich bedrückt. Gib den Zettel deinem Vorgesetzten und denke nicht mehr daran. Er ist der zuständige Mann, er hat die Standesgnade. Er wird den Zettel aufheben... oder in den Papierkorb werfen. – Da dein kritischer Geist für dich ja keine böswillige Nörgelei ist und du die Kritik in lauterer Absicht übst, bleibt sich das gleich« (Der Weg, Nr. 53).

Autoritär-faschistisches Gedankengut

Dem Padre wie auch seinen Stellvertretern und Nachfolgern hat man ehrfürchtigen Gehorsam »bis zur Aufgabe der Vernunft« zu erweisen. »Das einzige Recht der Mitglieder ist die Pflichterfüllung«. In all diesen Zitaten erkenne ich die Forderung nach totaler Unterwerfung und bedingungslosem Gehorsam. Daß dies in der Konsequenz die Ausschaltung des eigenen Denkens und Gewissens zugunsten des absoluten Wahrheitsmonopols der Gruppenideologie bedeutet, wissen wir aus der psychologischen und sozialwissenschaftlichen Analyse der totalitären Ideologien dieses Jahrhunderts.

Die kritische kirchliche Zeitschrift »Aufbruch« in der Schweiz, die sich als »Forum für eine offene Kirche« versteht, titelte in einer Extranummer über das Opus Dei: »Eine Mischung von autoritär-faschistischem Gedankengut und fanatischem Elitekatholizismus«.[60]

5. Kapitel

Wenn eine Hand die andere wäscht

Seit 1945 hat sich das Opus Dei zu einer multinationalen Organisation entwickelt, die auf allen Kontinenten tätig ist. In zahlreichen Ländern hat es alle wichtigen Bereiche der Gesellschaft mit Mitgliedern, Anhängern und Sympathisanten infiltriert. Spanien, Irland, Italien und Mexiko sind die Länder, in denen das Opus Dei einen besonders starken kirchlichen und gesellschaftlichen Einfluß ausübt. Obwohl das Opus in seinem Ursprungsland in der Endphase des Franquismus und der darauffolgenden Demokratisierung schwere Rückschläge einstecken mußte, konnte es seine Präsenz in allen Schlüsselbereichen stabilisieren und ausdehnen. Die französisch-belgische Zeitschrift »Golias« hat zur Seligsprechung des Opus-Gründers am 17. Mai 1992 eine Namensliste von über 80 Personen veröffentlicht, die zur Machtelite des Landes zählen und Schlüsselpositionen in den Bereichen Finanzen, Handel, Industrie, Wissenschaft, Medien, Politik und Militär einnehmen.[61] Es handelt sich bei diesen Männern um Bankdirektoren und -präsidenten, ehemalige Minister, Verleger, Universitätsprofessoren, Generale, Moderatoren und Programmitarbeiter von Fernsehsendern, Abgeordnete des Parlaments, Rechtsanwälte und Psychiater. Allein schon diese Tatsache der weitverzweigten gesellschaftlichen Macht läßt die Behauptung des »Werkes Gottes« als unglaubhaft erscheinen, die Zielsetzung der Prälatur sei »ausschließlich geistlicher (spiritueller) Natur« und »die Förderung einer vollwertigen, persönlichen und frohen Verwirklichung des christlichen Glaubens im normalen Leben« das einzige Ziel des Opus Dei.

Spanien ist nicht nur das Land mit dem stärksten Einfluß des Opus Dei, dort erhielt das Opus erstmals den Ruf einer »verschworenen Geheimgesellschaft«. Dies mit gutem Grund, wie Forschungen zur Geschichte Spaniens seit dem Bürgerkrieg unwiderlegbar bewiesen haben. Spanien ist unter allen vermuteten Fällen politischer Verstrickung des Opus Dei der offensichtlichste Fall und hat damit Modellcharakter. Gerade die historische Distanz erlaubt eine differenzierte Analyse der Art und Weise, wie sich Mitglieder, Freunde und Anhänger des Opus Dei gegenseitig begünstigt haben, trotz politischer Meinungsverschiedenheiten und persönlicher Antipathien, aber im Interesse individueller Karrieren und institutionellem Machtzuwachs.

Offensichtlich hatten die Männer des Opus Dei tief verinnerlicht, was in der internen Schrift »Geist und fromme Gewohnheiten« *(De Spiritu et de piis servandis Consuetudinibus)* aus dem Jahr 1990 formuliert ist: »Das Opus Dei ist gewiß eine Familie, aber es ist zugleich eine Kampftruppe. Eine Familie, die in froher und liebevoller Zuwendung verbunden ist; und eine Kampftruppe, zum geistlichen Kampf bestens gerüstet dank straffster Disziplin.«[62] Auch wenn es mit der »frohen und liebevollen Zuwendung« etwas haperte, der »Kampf« war sicher nicht »geistlicher« Art. In Spanien ist exemplarisch zu analysieren, welcher ökonomisch-politische Machtgewinn möglich und durchsetzbar ist, »wenn eine Hand die andere wäscht«. Es entstand ein engmaschiges Netzwerk von auf Gegenleistung beruhenden Verpflichtungen und Beziehungen formaler und institutionalisierter Macht sowie verschiedener gesellschaftlicher Schlüsselbereiche. Staatliche Institutionen wurden infiltriert und »kolonisiert«, »Familie« und klientelistisches Arrangement – »Gefolgschaft gegen Vorteile und Protektion« – spielten eine wichtige Rolle bei der Rekrutierung des Führungspersonals vieler staatlicher Behörden. Seilschaften und Lobbys wurden aufgebaut, Karrieren wurden geplant und in atemberaubendem Tempo durchgesetzt, Opus-Leute in höchste Spitzenpositionen gehievt. Mitglieder, Förderer und Sympathisanten besetzten die Schalthebel der Macht.

Die Schalthebel der Macht

Opus-Dei-Mitglieder traten zu einem Zeitpunkt auf die politische Bühne Spaniens, als die Notwendigkeit eines grundlegenden Kurswechsels in der Finanz- und Wirtschaftspolitik sowie einer

Veränderung der Entscheidungs- und Lenkungsmechanismen auf wirtschaftlichem Gebiet zunehmend offensichtlicher wurde. »Wollte das Regime Franco fortbestehen, so mußte es sich dazu bequemen, 20 Jahre eines aggressiven Nationalismus, akuten Protektionismus und willkürlichen Interventionismus abzuschreiben«[63] und jene Liberalisierung und Modernisierung der spanischen Finanz- und Wirtschaftspolitik voranzutreiben, die das Land in das internationale kapitalistische System eingliedern würde. 1958 trat Spanien dem Internationalen Währungsfonds bei. Das »Personal« des Opus Dei spielte dabei eine zentrale Rolle.

Der Aufstieg der Opus Dei-Leute begann mit der weitreichenden Regierungsumbildung des Jahres 1957, bei der zwölf von achtzehn Ministern ausgewechselt wurden.[64] Die beiden Opus-Mitglieder Alberto Ullastres und Mariano Navarro Rubio erhielten die wirtschaftspolitisch entscheidenden Ministerien für Handel und Finanzen. Zum Staatssekretär beim Regierungspräsidenten wurde Luis Carrero Blanco, ein wichtiger Förderer des »Werkes Gottes«. Bereits im gleichen Jahr konnten Opus-Leute wichtige Spitzenpositionen in der Ministerialbürokratie und im staatlichen Verwaltungsapparat besetzen.

Laureano López Rodó, ebenfalls ein Mitglied des Opus, war bereits 1956 an die Spitze des für die Modernisierung der spanischen Wirtschaft neugeschaffenen »Technischen Generalsekretariats bei der Regierungspräsidentschaft« getreten. López Rodó, der in einem späteren Regierungskabinett Planungs- und Entwicklungsminister wurde, galt als Prototyp des ideologisch-konservativreaktionären Politikers, der finanz- und wirtschaftspolitisch aber nur einen neoliberalen Kurs für zukunftsfähig hielt. Nach 1957 initiierte er eine Reform der Regierungsbürokratie, installierte Planungsinstanzen, Finanz- und Wirtschaftskommissionen, »die konsequent mit Mitgliedern und Sympathisanten des Opus Dei besetzt wurden, wodurch der gesamte Wirtschaftsbereich sich allmählich zu einer Domäne des Gotteswerkes entwickelte.«[65] Seit der Penetration der sogenannten »Technokraten« in die wirtschaftspolitisch relevanten Regierungsressorts »entstanden netzartig verbundene und funktional aufeinander abgestimmte Institutionen, die mit Opus-Dei-Anhängern durchsetzt wurden.«[66]

1962 markiert für den Historiker und Spanien-Experten Walther L. Bernecker das Jahr, in dem »die Aufstiegsphase des Opus zur Macht abgeschlossen« ist. Durch die genannten konspirativen, diskreten Machtstrategien und die geschickte Personalpolitik bekam das Opus fast alle politischen Machthebel der Finanzen, der Industrieproduktion, der Planung und des Außenhandels in die Hand und konnte »in der zweiten Hälfte der 60er Jahre nahezu die gesamte Wirtschaftspolitik lenken.«[67]

Das Opus Dei hat versucht, diese weitgehende Kontrolle der staatlichen Wirtschaftspolitik als »Zufall« glaubhaft zu machen. Diese Interpretation hat das Gründungsmitglied des Opus Dei, Raimundo Pannikar, der sich heute für eine interreligiöse Spiritualität aus Hinduismus und Christentum engagiert, in Gesprächen mit dem britischen Geschichtswissenschaftler Michael Walsh ausdrücklich bestritten.[68] Seiner Einschätzung nach war es der Versuch, die Macht und Verantwortung im spanischen Staat zu übernehmen.

Parallel zum Machtgewinn auf staatlich-politischer Ebene wuchs der privatwirtschaftliche Einfluß. Opus-Leute leiteten oder besaßen Zeitungen, Verlage, Druckunternehmen, Versicherungs-, Holding- und Investmentgesellschaften. Wohl eine natürliche Folge der vielen »Freunde« und Seilschaften zwischen staatlichen Behörden und privatwirtschaftlichen Unternehmen. Das besondere Interesse des Opus richtete sich »auf den Banksektor, der bald zu einer Hauptdomäne der Organisation« wurde.[69] Bernecker weist darauf hin, daß die »Bank von Spanien«, die unter der Leitung des ehemaligen Finanzministers und Opus-Mitglieds Mariano Navarro Rubio stand, nicht selten Mitgliedern und Firmen der »verschworenen Gesellschaft« Kredite gegeben habe. Die »unter Opus-Kontrolle« geratene »Banco Popular Español« sei »in einer relativ kurzen Zeitspanne von einer eher unbedeutenden zur siebtgrößten spanischen Privatbank« avanciert.

Offizielle Sprecher des Opus argumentierten schon damals formaljuristisch, wie sie dies stereotyp bis heute durchhalten: Es handle sich bei diesen so erfolgreichen Herren immer nur um »Privatpersonen«, die »zufällig« Mitglieder des Opus Dei seien.

Harvard Business School[70]

Ein wichtiger Grund dafür, daß die Modernisierung der spanischen Wirtschaftspolitik untrennbar mit dem Opus Dei verknüpft wird, ist die konzentrierte Rekrutierung intellektueller Eliten und der systematische Aufbau von Opus-eigenen Ausbildungsinstituten für Führungskräfte der Wirtschaft, künftige Unternehmer, Manager und Juristen. 1952 gründete das Opus Dei in Pamplona eine eigene Universität, die vor allem Ausbildungsgänge für Jura und Medizin einrichtete. In Barcelona baute die Organisation das »Instituto de Estudios Superiores de la Empresa« auf, ein Institut für höhere Betriebswirtschaftslehre, in dem Unternehmer und Führungskräfte mit den Methoden der nordamerikanischen »Harvard Business School« für modernes Management getrimmt wurden. In der Folge gelangten viele der an diesen Instituten ausgebildeten Opus-Mitglieder und -Anhänger in Führungspositionen der spanischen Wirtschaft und gewannen über das »Nationale Industrie-Institut« die Kontrolle über wichtige Industriebranchen.

Das an diesen Ausbildungsstätten getrimmte Personal wurde auch als Ausbilder und Wirtschaftskader in Staaten des lateinamerikanischen Kontinents exportiert, den das Opus Dei bereits ins Visier genommen hatte. Der dadurch gewonnene Einfluß auf die nationale Wirtschaftspolitik mittel- und südamerikanischer Länder ist äußerst schwer zu quantifizieren.

Antidemokratisch und neoliberal

Gegenüber dem Caudillo Franco konnte das Opus Dei die »geistige Vaterschaft« des im Juli 1959 verabschiedeten »Wirtschaftsstrukturgesetzes« reklamieren, das später unter der Bezeichnung »Stabilisierungsplan« bekannt wurde und das Jahrzehnt des spanischen »Wirtschaftswunders« einleitete. Das »Wunder« hatte allerdings verheerende Auswirkungen auf den Arbeitsmarkt. Die sozialen Spannungen und die spanische Auswanderungsquote erreichten Höhepunkte. Ein Wirtschaftswunder bedeutete der Stabilisierungsplan zuerst vor allem für die investierenden Unternehmer; erst langfristig profitierten auch andere soziale Schichten. Modernisiert und stabilisiert wurde aber nicht nur die Finanz- und

Wirtschaftssituation Spaniens in der Ära Franco, sondern auch die Politik des Regimes, die durch unzählige Menschenrechtsverletzungen, staatliche Willkür und die gewaltsame Unterdrückung der Opposition durch Zensur der Medien, Festnahmen und Folterungen politischer Gefangener gekennzeichnet war. Die Unterstützung und ideologische Legitimierung der franquistischen Gesellschaftsordnung durch das Opus Dei wurde immer offensichtlicher: »Neben die ideologische Legitimierung des Regimes sollte nunmehr eine auf wirtschaftlichen Erfolgen beruhende ökonomische Legitimierung treten.«[71]

Offensichtlich hielt sich das Opus Dei strikt an den Grundsatz, den der heutige Leiter Alvaro del Portillo gemäß den Statuten formulierte: »Ihre Tätigkeiten führt die Prälatur Opus Dei stets im Licht der Öffentlichkeit und im Einklang mit den im Lande geltenden Gesetzen durch.«[72] Nicht die Orientierung an den bürgerlichen und sozialen Menschenrechten ist demnach für das Opus entscheidend, sondern die »geltenden Gesetze«. Und die »geltenden Gesetze« unter dem Regime des um seine Macht gewaltsam kämpfenden Franquismus bedeuteten unzählige Menschenrechtsverletzungen.

Das Opus-Dei-Mitglied Calvo Serer schrieb – zweifellos der Zustimmung Francos gewiß – in der Madrider Tageszeitung »ABC« Sätze, die von dümmlicher Verachtung der Menschenrechte strotzen und seine zutiefst antidemokratische und totalitäre Gesinnung veröffentlichen: »Gewissensfreiheit führt zum Verlust des Glaubens, Redefreiheit zur Demagogie, zu geistiger Verwirrung und Pornographie, Versammlungsfreiheit zu Anarchie und zur Zurückweisung des Totalitarismus.«[73]

Zweifellos war die Modernisierung der spanischen Wirtschaft in jedem Fall notwendig. Die spanische Geschichte des Opus Dei läßt das – für unseren Zusammenhang wichtige – Wirtschafts- und Gesellschaftskonzept erkennen, das die Politik der international operierenden Organisation grundlegend und durchgängig bestimmte.

Wirtschaftstheoretisch bevorzugte und förderte das Opus Dei eindeutig den Neoliberalismus. Diese wirtschaftspolitische Option entspricht der religiös-ethischen Programmatik. Das Opus zielt auf die »Heiligung« des Alltags und die religiöse Überhöhung der beruflichen Arbeit: »Kernpunkt der Spiritualität des Opus Dei ist das Bemühen, Jesus Christus in den dreißig Jahren seines verborgenen Lebens als Kind und dann als Arbeiter in der Werkstatt von Nazareth nachzuahmen und so die eigene alltägliche Arbeit heiligen zu lernen.«[74] Diese Doktrin des Opus führt zweifellos zu einer starken Betonung des Arbeitsethos. In einer Schrift aus dem Jahr 1990 heißt es: »Die Neuberufenen haben von Anfang an dafür Sorge zu tragen, sich beruflich gut auszubilden. Ohne eine intensive Ausbildung werden sie kaum das notwendige Ansehen erlangen, um in ihrem Beruf verantwortliche Posten einzunehmen, die genügend finanzielle Mittel einbringen und so weiter. Kurz, sie haben der dringlichen Verpflichtung nachzukommen, eine gediegene berufliche Ausbildung zu erwerben, die sie – wie alle Bürger – mit Recht zu leitenden, einflußreichen Posten gelangen läßt, wozu sie das Verlangen antreibt, für Jesus Christus Zeugnis zu geben.«[75] Man hat dieser beispielhaft formulierten Doktrin des Opus, dieser Ideologie für die Entwicklung einer bürokratisch-unternehmerischen Ethik im katholischen Spanien »dieselbe Impulsfunktion zugeschrieben wie der calvinistischen Ethik für die Entwicklung des kapitalistischen Wirtschaftsgeistes.«[76]

Die Morallehre des Opus Dei mache die Harmonisierung, die »Kompatibilität zwischen Katholizismus und kapitalistisch neoliberaler Ideologie perfekt«, äußerte mir gegenüber ein Priester der peruanischen »Kirche der Befreiung«. Die Opus-Ideologie verbinde reaktionäre gesellschaftspolitische Konzepte ohne »Reibungsverluste« mit neoliberalen Wirtschaftskonzepten, die ideologisch unter den Verheißungen des schnellen Wachstums und Fortschritts begleitet werden, faktisch in den Ländern Lateinamerikas aber den Prozeß der Verarmung und Verelendung breiter Bevölkerungsschichten sowie den ökologischen Raubbau dramatisch gesteigert habe. De facto sei dies die Heiligsprechung des Reichtums und der Bereicherung. Mit der Wirtschafts- und Gesellschaftsideologie des Opus Dei werde sich die römisch-katholische Kirche, so die Einschätzung dieses Kirchenmannes, endgültig von der jesuanischen Armutsforderung und der jüdisch-christlichen Forderung nach sozialer Gerechtigkeit verabschieden. Es verwundere ihn nicht, daß parallel zum Vormarsch des Opus Dei im Vatikan unter dem Pontifikat Johannes Pauls II. die Bekämpfung der »Theologie und Kirche der Befreiung« forciert worden sei und Rom die Frage der Gerechtigkeit und die lateinamerikanische »Option für die Armen und Unterdrückten« immer weniger zur Kenntnis nehmen wolle.

Auf Konfrontationskurs mit der kirchlichen Hierarchie

Während des Bürgerkrieges und in den folgenden zwei Jahrzehnten hatte die Verflechtung von Staat und römisch-katholischer Kirche außerordentliche Ausmaße angenommen. Die kirchliche Hierarchie legitimierte das System Francos ohne nennenswerte Vorbehalte. Die Kirche profitierte und »spielte die Rolle eines ideologischen Instruments des Staates«.[77] Während aber die offizielle Kirche noch als Stütze des Regimes und seiner reaktionären Ideologie galt, wurden an der Basis des Klerus und kirchlicher Organisationen die Kräfte zunehmend stärker, die – gestärkt durch die Aussagen des II. Vatikanischen Konzils (1962 bis 1965) zu den Menschenrechten – ein sozial-religiöses Engagement der katholischen Kirche für die gesellschaftlich Unterprivilegierten forderten. Die Kirche insgesamt wurde dadurch mehr und mehr ein »bevorzugter Ort einer reformistisch gesinnten Opposition gegenüber dem Regime«.[78] Auch der Vatikan erkannte, daß mit diesem Regime »kein Staat mehr zu machen« war. Er lies frei werdende Bischofsstühle vakant, bei denen der Staat ein Mitspracherecht besaß, und setzte statt dessen Weihbischöfe ein.

Im September 1971 fand die erste »Gemeinsame Versammlung von Bischöfen und Priestern« statt, die sich eindeutig vom Regime Francos distanzierte und ein zwar zurückhaltendes, aber kirchengeschichtlich seltenes Schuldbekenntnis der Kirche zu ihrer Politik seit dem spanischen Bürgerkrieg sprach: »Wir erkennen demütig an und bitten um Verzeihung, daß wir es nicht rechtzeitig verstanden haben, echte Diener der Wiederversöhnung im Schoß unseres durch einen Krieg zwischen Brüdern gespaltenen Volkes zu sein.«[79] Die Versammlung aller Kleriker der spanischen Kirche forderte von der Regierung die Grundrechte der Meinungs-, Versammlungs- und Gewerkschaftsfreiheit, die Rechte ethnischer Minderheiten und die Abschaffung der Folter.

Das Opus Dei vollzog das drastische Umdenken großer Teile der spanischen Kirche und des Vatikans, mit Papst Paul VI. an der Spitze, gegenüber dem Franquismus nicht mit. Mitglieder und Sympathisanten, wie zum Beispiel der heutige Prälat des Opus, Alvaro del Portillo, attackierten den innerkirchlichen Prozeß. Faktisch übernahm das Opus Dei die ideologische Stützung des Franco-Regimes. Im selbstgerechten Bewußtsein, »makellos« und »heilig« zu sein, war offensichtlich ein Abrücken von der Komplizenschaft mit dem Franquismus und seiner reaktionären Ideologie nicht denkbar, obwohl dieser zunehmend in die Krise geriet und die Regierung Arias Navarro (1974/75) Laureano López Rodó als letzten Opus Dei-Mann entließ.

Das spanische Who's who des Opus Dei

An dem Opus Dei-Modellstaat Spanien ist erneut zu lernen, daß die Mitglieder und die Organisation offensichtlich in Ideologie, Struktur und Strategie »militärischen oder anderen repressiven, rechtsgerichteten Regierungen zu empfehlen [ist], (...) so wie sich Opus Dei auch Franco empfohlen hat«.[80] Opus Dei-Leute sind, so Vladimir Felzmann, »verläßlich, gehorsam, ruhig und diskret«.[81]

Das Opus Dei weigert sich bis heute, sein Mitgliederverzeichnis in Spanien und anderswo zu veröffentlichen, was ihm den Ruf einer »verschworenen Geheimorganisation«, eines »Geheimordens« eingebracht hat, auch wenn heute Einfluß und Macht nicht mehr geleugnet werden können und spätestens durch die päpstliche Erhebung zur Personalprälatur und Seligsprechung Escrivás öffentlich geworden sind.

Die eingangs erwähnte Namensliste von Opus-Mitgliedern und engsten Freunden liest sich wie ein Auszug aus dem *Who's Who* der spanischen Machtelite. Zu ihr gehören im Bereich der Finanzen und des Banksektors die folgenden diskreten und einflußreichen Männer der Politik, Bankdirektoren und Bankpräsidenten: Luis

Valis Taberner, Rafael Termes, Manuel Sola, Alberto Ullastres, Faustino Garcia Monco, Pablo Bofill de Quadras, Guzman Lacalle Leloup, José Joaquin Sancho Dronda, Juan Palomeras Vigas, Hipolito Sanchez Gonzales, Juan Alfaro, Fernando Fernandez, Victor Mendoza Olivan, Roman Mas Calvet (Direktor der Finanzgeschäfte des Opus Dei), Fermin Pelaez, Mariano Navarro Rubio.

Im Bereich von Unternehmen sind zu nennen: Antonio Rico Gambarte, Casimiro Molins, Antonio Garcia Fernandez, José Maria Ruiz-Mateos, Alvaro Domecq Diez, Santiago Catalan, Abelardo Alonso de Porrez Fernandez.

Im Bereich Bildung und Universität sind zu nennen folgende Politiker und Professoren: Alvaro d'Ors, José Desantes Guanter, José Luis Meilan Gil. Ramon Llamas, Laureano López Rodó, Ismael Sanchez Bella, Antonio Fontan Perez, Luis Nunez Ladeveze, Andres de la Olivia, Andres de la Olivia Santos, Amadeo Fuenmayor, Gaspar Arino, Andres Ollero Tassara, José Luis Martinez Albertos.

Im Bereich der Armee sind die folgenden Admirale und Generale zu nennen: Alvarro Lacalle Leloup, José Maria Saenez de Tejada, Manuel Baturone, Antonio Fortes Cintas, Victor Castro Sanmartin, Francisco Laguna Sanquirico, Angel Liberal Lucini.

Im Bereich Politik die Namen: Frederico Trillo, Isabel Tocino, Juan Luis de la Vallina, José Ramon Pin Arboledas, Gaspar Arino.

Im Bereich der Medien: José Maria Garcia-Hoz Rosales, Covadonga O'Shea, José Luis Cebrian Boné, Juan Pablo de Villanueva, Pilar Urbano, José Antonio Vidal-Quadras, Ramon Pi, Joaquin Navarro Valls, Pablo Irazazabal, Luis Ignacio Seco, Francisco Prados de la Plaza, Fernando Bofill, Justino Sinova.

Die Namensliste kann angesichts der Geheimhaltungspolitik der Organisation nicht vollständig sein. Sie ist vermutlich nur vergleichbar mit der Spitze eines Eisberges. Der Einfluß dieser Männer in den Schlüsselpositionen verschiedener gesellschaftlicher Bereiche muß eingedenk der jahrzehntelangen Ära des Franquismus auch heute als sehr groß eingeschätzt werden, auch wenn eine Quantifizierung nicht möglich ist.

Die italienische Geheimloge P2

Aufgrund seiner mächtigen Rolle im Spanien des Diktators Franco haben Journalisten das Opus Dei mit der von Licio Gelli gegründeten illegalen Geheimorganisation, der »Raggruppamento Gelli Propaganda 2«, kurz P2,[82] verglichen. Tatsächlich sind Parallelen in Ideologie, Organisationsstruktur und Strategie der beiden Geheimorganisationen feststellbar. Bereits wenige Informationen zur P2 machen dies offensichtlich:

Alle Macht der Rechten, der Reaktion – das ist das politische Bekenntnis der Logenbrüder der P2. Durch heimliche Konditionierung wollten sie die offizielle regierende Elite des Staates beeinflußbar machen, ohne sich selbst gegenüber der Öffentlichkeit oder gegenüber den Institutionen legitimieren zu müssen. Alle wichtigen Machtpositionen in Gesellschaft und Staat Italiens sollten mit Männern ultrakonservativer und reaktionärer Gesinnung besetzt werden; Männer, die durch das unsichtbare Band der geheimen Mitgliedschaft in der P2 miteinander verbunden waren. Auf diese Weise würde ein Kreis von Eingeweihten die politisch dominierende Rolle im Staat, später die totale Kontrolle ausüben. Auf dem Weg zu diesem Ziel entwickelte sich die Geheimloge P2 fast zwangsläufig zu einer Art Kommunikationsgremium, einer Kontaktstelle zwischen legaler und illegaler Sphäre, zwischen Teilen der Regierungsmehrheit, Geheimdiensten, Militär, Wirtschaft, Medien, Parteien, organisierter Kriminalität, Mafia, illegalem Waffenhandel und Terrorismus.

Fahnder der italienischen Finanzpolizei fanden bei einer Hausdurchsuchung der Villa Gellis im Zusammenhang des Sindona-Skandals eine 953 Namen umfassende Mitgliederliste der P2. Unter den Mitgliedern waren zwei Minister der Regierung Arnaldo Forlanis, 43 Abgeordnete aus verschiedenen Parteien, ranghohe Geheimdienstmänner, 43 Generale, 161 Offiziere, 47 Industrielle, 14 Mitarbeiter der Justiz, 22 Journalisten und Medienleute, Vertreter der Finanzpolizei und schließlich Mafiosi beziehungsweise deren Verbindungsleute.[83]

Die kriminelle Geheimorganisation P2 war ein Staat im Staate. Als sicher gilt, daß die Mitgliederzahl der P2 weitaus größer ist als die sichergestellte Liste in der Villa Gellis. Die Logenbrüder der P2, der direkte Verbindungen bis in den Vatikanstaat nachgesagt werden, qualifizierten sich für die Mitgliedschaft vor allem durch einen ideologischen und fanatischen Antikommunismus. Deshalb kann es nicht überraschen, daß sie zahlreiche Kontakte zu den Machteliten brutaler Militärdiktaturen in Lateinamerika aufbauten, die mit ihrer antikommunistischen Kriegsideologie der Nationalen Sicherheit vor allem auf die gesellschaftlichen und kirchlichen Kräfte zielten, die für die Menschenrechte und soziale Gerechtigkeit eintraten.

Der Regierungschef Arnaldo Forlani stürzte am 26. Mai 1981 über dem Skandal der Propaganda Due (P2). Die Loge wurde als kriminelle Organisation qualifiziert und verboten. Die Mehrheit der Personen aber, die auf der Mitgliederliste aufgeführt waren, kam ungeschoren davon. Die Fahnder gingen davon aus, daß – ähnlich wie beim Opus Dei – verschieden starke Bindungen an die Geheimloge existierten: Mitgliedschaften, »gute Freunde« und »freie Mitarbeiter« sowie Sympathisanten. Der Nachweis dieser verschiedenen Verbindlichkeiten im Einzelfall war so gut wie unmöglich.

Die Spekulationen darüber, wer alles Kontakte zur P2 hatte, reichten weit: Einzelne Gerüchte schrieben dem mehrfachen Ministerpräsidenten und einflußreichen Politiker Giulio Andreotti gar eine Führungsrolle in der P2 zu, in jedem Fall vermutete man unmittelbare Verbindungen und Beziehungen zu führenden Mitgliedern der kriminellen P2 und zu Kreisen der Mafia.[84] Das italienische Parlament verschloß jedoch bis auf weiteres die ihn belastenden Dokumente im geheimen Staatsarchiv. Es bleibt abzuwarten, ob die staatsanwaltschaftlichen Ermittlungen gegen Andreotti, die ihm erneute Kontakte und Machenschaften mit der organisierten Kriminalität, der Mafia, vorwerfen, unter dem Druck der Demonstrationen der Bevölkerung gegen die Mafia zur gerichtlichen Verurteilung führen.

Parallelen zwischen Opus Dei und Propaganda Due (P2) sind mindestens erkennbar in der geheimbündlerisch-konspirativen Mentalität und Organisation, der Geheimhaltung der Mitgliedschaften, der antidemokratischen Einstellung, dem elitären Bewußtsein der Mitglieder, der Machtgier, der auf die Eliten fixierten Strategie, der Penetration und Kolonisierung von Institutionen, dem ideologischen Antikommunismus, der Nähe und Sympathie zu rechtsextremistischen Regierungen und Machteliten.

Journalisten äußerten aber auch direkte Verbindungen, Kontakte und Geschäfte zwischen Opus-Leuten und Logenbrüdern der P2; zum Beispiel zwischen einem Zahlmeister des Opus Dei und einem Zahlmeister der P2.

6. Kapitel

Die schwarzen Gelder des »Octopus Dei«

»Man kann die Kirche nicht mit Ave Marias in Gang halten.« – Das durchaus richtige Bonmot, das gute Chancen hat, in die Anthologien weiser und treffender Redensarten aufgenommen zu werden, stammt von Erzbischof Paul Marcinkus. Dieser Kirchenmann, der aufgrund seiner Statur zum »Gorilla« – ein Slangausdruck für Leibwächter – von Papst Paul VI., dann zum Bürgermeister der Vatikanstadt und schließlich zum Geschäftsführer des »Instituts für religiöse Werke« avanciert war, konnte sich bei diesem Ausspruch vermutlich des zustimmenden Gelächters vieler Würdenträger gewiß sein. Als ebenso sicher darf vermutet werden, daß auf seiten italienischer Fahndungsbehörden niemand gelacht hat. Diese hatten fleißig ermittelt und am 25. Februar 1987 einen Haftbefehl für Erzbischof Marcinkus ausgestellt.

Weil zwischen Italien und dem Vatikanstaat kein Auslieferungsabkommen existiert und dort offenbar auch niemand ein Interesse an einer zu engen Zusammenarbeit zeigte, bedeutete dies für Marcinkus, daß seine Freizügigkeit im Blick auf »Auslandsreisen« nach Italien und anderswo zwar ein vorläufiges Ende hatte, er aber auf dem ca. 0,4 Quadratkilometer großen Territorium des Staates Vatikanstadt vor dem Zugriff der italienischen Behörden sicher war.

Marcinkus konnte weder festgenommen noch rechtlich befragt oder vor Gericht geladen werden. Der Haftbefehl gegen ihn wurde später vom Obersten Gerichtshof Italiens mit der Begründung zurückgezogen, die italienischen Gerichte hätten keine richterliche Gewalt über Personen, die bei »den zentralen Organen der katholischen Kirche« beschäftigt seien.[85]

Die italienischen Fahndungsbehörden sahen Paul Marcinkus in seiner Funktion als Leiter des »Instituts für religiöse Werke« – so die amtliche Bezeichnung der Vatikanbank, ein einzigartiger Euphemismus für ein Bankinstitut – als Mitwisser und Mittäter bei illegalen Kapitalexporten, die dazu dienten, schwarze und schmutzige Gelder ins Ausland zu transferieren.[86]

»Die Achse der mafiosen Akkumulation verläuft über die Kontrolle von Teilen des Bankensystems«, urteilte 1985 eine Minderheit der parlamentarischen Antimafia-Kommission in ihrem Votum.[87] Diese Kontrolle entstand, als es gelang, Profite aus »illegalen Märkten« (Rauschgiftgeschäfte, Prostitution, Erpressungs- und Entführungsindustrie usw.), sogenannte »schmutzige Gelder«, in die nationalen und internationalen Finanz-Kreisläufe zu bringen. Durch diese kriminellen Machenschaften wird die Herkunft der »Narco-Lire«, der Profite aus den schmutzigen Geschäften der Mafia und anderer Zirkel des organisierten Verbrechen, verschleiert. Das schmutzige Geld wird »gewaschen«.

Als Pionier der neuen kriminellen Zunft der Geldwäscher gilt Michele Sindona aus Messina in Sizilien, den sein Freund und Förderer Giulio Andreotti als den »Retter der Lira« lobte.[88] Sindona baute ein weltumspannendes Finanzimperium aus Bank-Aufkäufen, Firmengründungen, Holdinggesellschaften und Kapitalbeteiligungen auf, was nur aufgrund der illegalen Kapitaltransfers möglich war. Der Finanz-Mafiosi Sindona arbeitete bei vielen seiner Geschäfte mit Erzbischof Paul Marcinkus zusammen. Über die Vatikanbank wurden offensichtlich über viele Jahre Gewinne aus kriminellen Geschäften ins Ausland transferiert, um an internationalen Bankplätzen und Börsen gewaschen zu werden.

Auch wenn man den Dilettantismus und die Inkompetenz des Erzbischofs, der für seine »Berufung« zum Geschäftsführer der Vatikanbank in keiner Weise qualifiziert war, in Rechnung stellt,[89] gilt es als unmöglich, daß Marcinkus nichts über die Herkunft der Gelder wußte. Der Bischof qualifizierte später den Umfang seiner Geschäfte mit dem Mafia-Bankier Sindona als geringfügig ein.

Die Vatikanbank IOR ist für illegale Kapitalexporte (illegal vom Standpunkt des italienischen Staates) prädestiniert, weil sie nicht der italienischen Bankaufsicht unterliegt. Deshalb benutzen eine unbekannte Zahl von Kunden die Vatikanbank als geeignetes Instrument zum Transfer von »Schwarzgeld« – das sind Gelder, die zwar nicht notwendigerweise schmutzig sind, deren Existenz aber vor den italienischen Behörden verheimlicht werden soll. Solche Transaktionen mit ihrer typischen Verschleierungstaktik sind »heute in Italien allgemein üblich«.[90]

Auch Vatikan-intern existiert faktisch keine Kontrolle der Geschäfte der staatseigenen Bank. Die Kardinäle jedenfalls, die Papst Johannes Paul II. mit dem Auftrag betraute, die Geschäftspraktiken von Marcinkus zu beaufsichtigen, waren den ausgeklügelten Winkelzügen des Erzbischofs und seiner Komplizen nicht gewachsen. »Ihre Aufgabe bestand eigentlich nur darin, einen Blick auf das Kontoblatt zu werfen, das Marcinkus zweimal jährlich dem Papst vorzulegen hatte, und angesichts der schwarzen Zahl unter dem Strich zustimmend zu nicken.«[91] Das Finanzgebaren des Vatikanstaates entzieht sich jeder öffentlichen Kontrolle und wird geradezu mit Besessenheit geheimgehalten.

Sindona tätigt aber nicht nur mit Billigung, Mitwissen oder Mittäterschaft des Würdenträgers schmutzige Finanzgeschäfte, sondern war insgeheim auch geschäftlicher Vertreter des Vatikans in Italien und in den USA. Nino Lo Bello berichtet in seinem Buch »Vatikan im Zwielicht. Die unheiligen Geschäfte des Kirchenstaates«, daß Papst Paul VI. Sindona »mit unglaublicher Naivität« für ein Finanzgenie hielt und hoffte, »daß seine Zauberei auch für den Vatikan Wunder wirken würde«.

Das Ende aller Sindona-Wunder kam jedenfalls, als dessen Finanzimperium zusammenbrach und die italienischen Behörden wegen betrügerischen Bankrotts ermittelten. Zuvor war Sindona wegen des gleichen Delikts in den USA zu 25 Jahren Haft verurteilt worden. Die Haftzeit Michele Sindonas war kurz. Er kam am 20. März 1986 unter ungeklärten Umständen in der Untersuchungshaft zu Tode. Nach Schätzungen soll der Vatikan im Zusammenhang des Zusammenbruchs des komplizierten Sindona-Finanzimperiums millionenschwere Verluste – es war von bis zu 160 Millionen Dollar die Rede – erlitten haben.[92]

Der »Bankier und Börsenmakler Gottes«

Im Jahr 1895 gründete ein tüchtiger Monsignore »eine gute katholische Bank«, die er nach dem Schutzheiligen von Mailand die »Banco Ambrosiano« nannte. Ambrosius war ein heiliger Mann. Papst Paul VI. zitierte ihn später in seiner Enzyklika »Populorum Progressio« von 1967: »Es ist nicht dein Gut, mit dem du dich gegen den Armen großzügig erweist. Du gibst ihm nur zurück, was ihm gehört. Denn du hast dir nur herausgenommen, was zu gemeinsamer Nutzung gegeben ist. Die Erde ist für alle da, nicht nur für die Reichen.«

Der Monsignore hatte gut gewählt. Die Manager der Banco Ambrosiano hätten allen Anlaß gehabt, das Finanzgebaren ihrer Bank nach den Grundaussagen der katholischen Sozialethik auszurichten. Es kam alles anders.

Am 18. Juni 1982 fand ein Londoner Druckereiarbeiter den Leichnam eines Mannes, der vom nördlichen Bogen der Blackfriarsbrücke über der Themse hing. Dieser Mann wurde trotz falschen Passes als Roberto Calvi identifiziert. Signor Calvi war Präsident der Banco Ambrosiano, der während vieler Jahre größten italienischen Bankengruppe mit Geschäftsinteressen in 15 Ländern, die zu diesem Zeitpunkt aber unmittelbar vor dem völligen Zusammenbruch stand. Der Tod von Roberto Calvi konnte nie restlos geklärt werden. An einen Selbstmord glaubte so gut wie niemand. Nur Stunden vor Calvis »Selbstmord« war seine Sekretärin, Graziella Corrocher, in Mailand aus dem Stock der Banco-Ambrosiano-Zentrale gestürzt oder gestoßen worden.

Der Tod des Mannes, der in Italien häufig »Bankier Gottes« oder »Börsenmakler Gottes« genannt wurde, bescherte dem Vatikan selbst bei den Zeitungen schlechte Schlagzeilen, die ansonsten mit »negativen Nachrichten« über den Vatikan sehr zurückhaltend sind. Die italienische Nationalbank hatte bei umfassenden Buchprüfungen aufgedeckt, »daß die Banco Ambrosiano verschiedene Geschäfte außerhalb der normalen durch die italienischen Bankvorschriften gegebenen Regulative getätigt habe«. Die Prüfer wären zudem nicht in der Lage gewesen, »zwischen dem Aktiva-Vermögen der Banco Ambrosiano und den Aktiva der vatikanischen Bank zu unterscheiden, da es zwischen den beiden Banken und ihren Gemeinschaftsinvestitionen im Ausland höchst komplizierte Querverbindungen gegeben habe«.[93] Mit dem spektakulären Bankrott der Banco Ambrosiano geriet erneut auch die Vatikanbank IOR und Erzbischof Paul Marcinkus ins Zwielicht; nicht zuletzt, weil Calvi als einer der »Vertrauensmänner« des Vatikans in Finanzfragen galt.

Roberto Calvi, der im Juli 1981 von einem italienischen Gericht wegen der illegalen Ausfuhr von 26,4 Millionen Dollar zu mehreren Jahren Gefängnis verurteilt worden war, aber auf Kaution freikam, wurde nachgesagt, er sei in die Fußstapfen des Mafia-Geldwäschers Sindona getreten und zudem Freund und Zahlmeister der P2. Wie auch immer, Calvi geriet zunehmend in Schwierigkeiten. Er mußte hohe Kredite in Dollar zu einem Zeitpunkt zurückzahlen, als sich der Kursverlust der italienischen Lira gegenüber dem Dollar dramatisch verschlechterte. Bereits 1981 hatte Calvi seine Bankgeschäfte mit lateinamerikanischen Banken mit Hilfe von »Empfehlungsschreiben« des Erzbischofs Marcinkus getätigt, die den Eindruck erwecken mußten, als ob die Vatikanbank die Transaktionen decken würde.

Finanzkreise des Opus Dei

Weil das »Institut für religiöse Werke« (IOR) der größte Minderheitsaktionär der zwei Monate nach dem Tod Calvis endgültig bankrotten Ambrosiano-Gruppe war, machte der italienische Staat die Vatikanbank zwar mit haftbar, mußte aber letztlich auf Regreßansprüche für die Geschädigten verzichten. Die internen, vom Papst eingesetzten Finanzexperten behaupteten, daß der Vatikan »vom streng juristischen Standpunkt nicht haftbar« für die Schulden der Banco Ambrosiano sei. Damit widersprach der Vatikan zwar einer Zahlungspflicht, bot aber dennoch 88 Ambrosiano-Gläubigern überraschend einen Vergleich an und vereinbarte die Zahlung von ca. 240 Millionen Dollar.

Bis heute wurde die Frage nicht beantwortet, woher der Vatikan, der regelmäßig über rote Zahlen in seinen Finanzen klagt, das Geld beschaffen konnte. Wiederholt wurden »Finanzkreise des Opus Dei« genannt, die dem Vatikan in dieser akuten Krise finanziell massiv geholfen hätten.[94] Beobachter äußerten wiederholt den Verdacht, daß dem Opus Dei dafür ideologische und personelle Gegenleistungen seitens des Vatikans zugesichert wurden. Der kritische Papst-Biograph Juan Arias bietet folgende Erklärung an: »Jemand hat mir versichert, daß jenes Geld das Opus Dei dem Vatikan zur Verfügung stellte, aber unter einer Bedingung: daß der Papst in Hinkunft großzügiger mit ihnen ist, was Bischofsernennungen betrifft, besonders in Lateinamerika, und daß er, wenn möglich, aus einigen Diözesen die Bischöfe entfernt, die dem Werk Escrivá de Balaguers eindeutig nicht gut gesinnt sind, das sind meistens die progressiven. Aber die Nachricht konnte nie bestätigt werden, wenn auch meine Quelle sehr ernstzunehmen und vertrauenswürdig war.«[95]

José María Ruiz-Mateos, von dem im folgenden die Rede sein wird, mutmaßte ähnliche Geschäfte »Geld gegen Begünstigungen« des Opus Dei in einem Interview mit der Zeitschrift »L'Espresso«: »Allerdings könnte ich Ihnen mal eine Frage stellen; oder jedenfalls möchte ich Sie mal zum Nachdenken einladen: Kommt es Ihnen nicht komisch vor, daß die so heiß ersehnte Personalprälatur, die dem Opus Dei jahrelang abgelehnt worden ist, vom Vatikan ausgerechnet im Jahre 1982 genehmigt worden ist?... Könnte es sein: vielleicht im Gegenzug zu irgend etwas anderem, zu einer Hilfe?»[96] Selbstverständlich dementierte das Opus Dei derartige Mutmaßungen mit dem stereotypen Hinweis auf die rein übernatürliche und religiöse Selbstbestimmung.

»Octopus Dei«

Der Mann, der diesen Verdacht äußerte, war nicht nur Mitglied des Opus Dei, sondern auch mächtiger Konzernherr des »Octopus Dei«; so jedenfalls wurde die größte Holding Spaniens, die *Rumasa,* in ihrem Stammland genannt.

José María Ruiz-Mateos trat 1963 als Supernumerarier in die »verschworene Geheimgesellschaft« ein. Innerhalb von zwei Jahrzehnten stieg der Rumasa-Konzerngründer vom Sherry-Produzenten (Marke »Dry Sack«) zum Chef eines gigantischen multinationalen Konzerns mit 18 Banken, 1200 Filialen, 600 weiteren Unternehmen und 60 000 Angestellten auf. Entscheidende Stützen bei dieser atemberaubenden Karriere waren offensichtlich drei

»gute Freunde«, die ebenfalls Opus-Leute waren und noch sind: Luis Vallis Taberner (Präsident der spanischen Volksbank), Gregorio López Bravo (Minister für Industrie) und Rafael Termes Carreró (Präsident der Konföderation der spanischen Sparkassen).[97] Ruiz-Mateos beschäftigte nicht nur zahlreiche Opus-Mitglieder in seinem von Madrid aus geleiteten Firmen-Konglomerat, sondern ließ auch das Opus Dei – nach eigener Auskunft – kräftig mitverdienen.

Eine der ersten wichtigen wirtschaftspolitischen Entscheidungen der gerade unter Felipe Gonzáles an die Macht gekommenen spanischen Sozialisten war die Enteignung des Rumasa-Konzerns, um Arbeitsplätze zu retten. Eine Wirtschaftsprüfung hatte eine Unterkapitalisierung bzw. Verschuldung in Höhe von ungefähr zwei Milliarden Dollar festgestellt. Während seiner Untersuchungshaft realisierte Ruiz-Mateos offenbar, daß man ihn seitens des Opus Dei »in einer Art Verschwörung zum Sündenbock auserkoren« hatte, um das Werk in der Öffentlichkeit nicht noch tiefer in die Wirtschaftspleite verstricken zu lassen. Daraufhin ging er in die Offensive und versuchte zu beweisen, daß Opus-Mitglieder und Opus-nahe Institutionen tief in den skandalösen Bankrott verstrickt seien.

Peter Hertel kommt nach gründlichen Recherchen bei der Schätzung der Geldsummen, die dem Opus Dei bzw. seinen Tarnorganisationen vermutlich zugeflossen sind, zusammenfassend zu dem Schluß: »Zieht man alle Summen in Betracht, die bei diesem Konflikt der armen Opus-Familie zur Sprache gebracht wurden – soweit diese den Konflikt öffentlich ausgetragen hat –, dann kommt man auf mehr als 50 Millionen Dollar. Spanische Zeitungen meinten, es handle sich nur um die Spitze des Eisbergs. In Wirklichkeit seien weit höhere Beträge aus dem Rumasa-Konzern in die Opus-Arbeit geflossen.«[98]

Madrid – London – Zürich – Rom

Ruiz-Mateos behauptete in dem genannten Interview mit »L'Espresso« am 4. Mai 1986, selbst dann noch ca. 1,5 Milliarden Peseten (das sind ca. 25 Millionen Mark) an das »Instituto de Educatión e Investigación« (IEI) als Schenkung gezahlt zu haben, als die Rumasa bereits am Rand des Bankrotts stand. Auf die Äußerung des

Interviewers, daß es sich bei der IEI offenbar um »eine Einrichtung für Erziehung« handle, sagte er: »Ach, was heißt denn hier Einrichtung für Erziehung! Das IEI ist eines von diesen Instituten, das 1981 vom Opus Dei nur gegründet wurde, um Geld von den Mitgliedern bekommen zu können. López Bravo war nur als Namensgeber dabei. Die Summe ist mir von den Spitzen des Opus Dei in Spanien, nämlich von Alejandro Cantero und Francisco Montuenga, direkt abgefordert worden. Wenn die mich um Geld baten, habe ich es ihnen immer gegeben, aber ich habe nie gewußt, wohin das Geld geht. Sie haben mir nie auch nur eine einzige Quittung gegeben. Schecks, Bargeld, Banktransfers: die Wege, wie man dem Opus Dei Geld geben kann, sind unzählig. Das IEI war nur einer dieser Wege.«

Im gleichen Interview äußerte er: »Es ist doch eine Tatsache: Heute ist das gesamte ökonomische Potential Spaniens in den Händen von Männern des Opus Dei. Ich kann Ihnen das sagen, ohne Angst haben zu müssen, dementiert zu werden.«[99]

Die Londoner »Sunday Times«, der Zürcher »Tages-Anzeiger«, die spanischen Zeitungen »El País« und »La Vanguardia« recherchierten nach dem Rumasa-Skandal Verbindungen zur Netherhall Educational Association, zur Zürcher Limmat-Stiftung: Stiftungen, deren Stiftungs- und Aufsichtsräte offensichtlich fest in der Hand von Opus Dei-Leuten sind.[100]

Verbindungen wurden wiederholt auch zu dem Bankenimperium des Italieners Roberto Calvi gezogen: »José Mateos, der als der reichste Mann Spaniens gilt, pumpte Millionen in das Opus Dei; ein beträchtlicher Teil dieses Geldes stammte aus illegalen Geschäften, die er zusammen mit Calvi in Spanien und Argentinien getätigt hatte. Der Zahlmeister der P2 Hand in Hand mit dem Zahlmeister des Opus Dei – könnte es das sein, was die Kirche meint, wenn sie davon spricht, daß die Wege Gottes manchmal rätselhaft seien?«[101]

»Der größte religiöse Wirtschaftskonzern«

Für Nino Lo Bello ist der »Vatikan heute der größte Wirtschaftskonzern der Welt und fest engagiert in zahllosen Unternehmen in den Bereichen Immobilien, Plastik, Elektronik, Stahl, Zement, Textilien, Chemie, Nahrungsmittel und Bauwirtschaft. Der Vatikan ist einer der größten Bankiers Italiens, besitzt mehrere große italienische Versicherungsgesellschaften und investiert in großem Umfang an der New Yorker Aktienbörse – im Umfang von mehr als zwei Millionen Dollar. Er stellt eine gewaltige internationale Finanzmacht dar, die über Aktiva von mehr als zwanzig Milliarden Dollar verfügt. Allgemein gesprochen ist die Strategie des Vatikans nicht auf den Erwerb von Unternehmen ausgerichtet, sondern vielmehr auf die Beteiligung an Holdinggesellschaften.«[102]

Die Wurzeln dieses Imperiums gehen zurück bis zu dem – finanziell gesehen – besten Tag des päpstlichen Bankwesens im Jahre 1929, als der Duce Benito Mussolini und Papst Pius XI. im Lateranvertrag aushandelten, daß der Staat Italien dem Vatikanstaat für die Abtretung von 41 440 Quadratkilometer Kirchenbodens die Summe von etwa neunzig Millionen Dollar (das sind nach heutiger Kaufkraft etwa 500 Millionen Dollar) zu zahlen habe. Für die Verwaltung und Verwendung dieser Summe gewann Pius den Bankier Bernadino Nogara, der zwei Bedingungen stellte, die ganz und gar nicht mit den Vorstellungen des heiligen Ambrosius in Einklang zu bringen waren: »1. freie Hand, jegliche Investitionen seiner Wahl ohne Rücksicht auf irgendwelche religiösen oder doktrinären Gesichtspunkte vornehmen zu können; 2. freie Hand, kirchliches Kapital überall auf der Welt zu investieren.«

Nogara sprach's und tat es. »Als Nogara im Jahr 1958 starb, hinterließ er eine Reihe von verschachtelten, prosperierenden Holdinggesellschaften, eine ausgefeilte Investitionspolitik und die Überzeugung, daß er, wie es ein Nachfolger formulierte, ›das beste gewesen ist, das der Kirche seit unserem Herrn Jesus Christus widerfahren ist‹.«[103]

Bei soviel Finanzpotenz fühlt man sich deprimiert, wehmütig und zornig an die Szene erinnert, die der Evangelist Matthäus berichtet: »Und Jesus ging in den Tempel Gottes und trieb alle, die im Tempel verkauften und kauften, hinaus und stieß die Tische der Wechsler und die Sitze der Taubenverkäufer um und sprach zu ihnen: Es steht geschrieben: ›Mein Haus soll ein Bethaus heißen‹; ihr aber macht es zu einer Räuberhöhle« (21, 12f.).

3. Teil

Supermarkt der Religionen

1. Kapitel

Angebot und Nachfrage

»Auf dem Markte lernt man die Menschen besser kennen als im Tempel«, sagt das Sprichwort. »Markt der Möglichkeiten« heißt das regelmäßige Angebot des Deutschen Evangelischen Kirchentages seit den siebziger Jahren, selbstverständlich mit katholischem Konkurrenzangebot im Wechsel der Jahre. Angeboten wird eine ganze Palette von Gruppen und Sekten, Religiositäten und Spiritualitäten, neuen Aufbrüchen, Initiativen und Bewegungen, Positionen und Posen, Optionen und Wertmeinungen, Themen und Trends, Stilen und Moden. Jeder hat einen Marktstand, und die Marktaufsicht ist ebenso pluralistisch zusammengesetzt wie die Marktbesucher. Alles scheint erlaubt und wuchert, »was Zulauf verspricht und den Ruf nicht ruiniert«.[1]

Der »geschäftliche Niedergang der altrenommierten Gnadenfirmen« (Adolf Holl), gemeint sind die Kirchen, die von der »Renaissance des Religiösen« der Moderne und Postmoderne kaum profitieren, soll offensichtlich abgebremst werden mit dem Modell einer Kirche, die ein vielfältiger, bunter Markt ist. »Auf diesem Markt geht es zu wie überall in der Gesellschaft.«[2] Die kirchliche Realität entspricht der Gesellschaft, die längst ein überdimensionaler »Supermarkt« mit guten und schlechten Regalpositionen ist.

Markt und Marketing der Religion

Weltanschauung, Sinnvermittlung und Lebensorientierung sind Wachstumsbranchen. »Alte« und »neue« Religiosität ist einer der größten Zukunftsmärkte, die Produktpalette religiöser Sinnangebote beliebig erweiterbar. Der spirituelle Markt wächst scheinbar ohne Sättigungsmarken. Fast alles ist zu einer Frage des »Designs«, des Marketings, geworden.

Die Industriebevölkerungen sind gekennzeichnet durch die Neugier auf neue Erlebnis- und Erfahrungswelten, die Sehnsucht nach dem Wunderbaren und Geheimnisvollen, nach Spiritualität und Mystik, die Suche nach Transzendenz in den individuellen und gesellschaftlichen Kontingenzerfahrungen. Der Bedarf an Ich-Vergewisserung und Selbst-Verortung, Identität und Sinn, Motivation und Orientierung scheint gewaltig; und das mit guten Gründen und offensichtlichen Ursachen.

»Man kann nicht mehr leben von Eisschränken, von Politik, von Bilanzen und Kreuzworträtseln. Man kann es nicht mehr. Man kann nicht mehr leben ohne Poesie, ohne Farbe, ohne Liebe.« Dieser Satz von Antoine de Saint-Éxupéry, angesichts der Kommerzialisierung aller Lebensverhältnisse im Prozeß der Moderne formuliert, markiert heute offensichtlich auch die religiösen Lebenserfahrungen und Lebenswünsche unzähliger Menschen.

Kirchen-Angebote

Persönliche Erfahrungen sind bekanntlich nicht in Kategorien von »richtig« oder »falsch«, »zutreffend« oder »ungerechtfertigt« zu bewerten, sondern ernst zu nehmen. Die institutionalisierten Religionen, die Kirchen des »amtlichen« Christentums, sehen sich heute einerseits durch das unspektakuläre »Verdunsten« jüdisch-christlicher Inhalte im »Markt der Möglichkeiten«, andererseits durch verbitterte Vorwürfe[3] herausgefordert:

- Die kirchlichen Strukturen und klerikalen, pfarrherrlichen Mentalitäten des Kirchenpersonals seien lebensfeindlich, menschen- und liebesignorant. Es sei höchste Zeit, die eigene religiöse Biographie von den vielen Formen der Unterdrückung und Lebensbehinderung, den individuellen und systematischen Mechanismen der Einschüchterung zu befreien. Den diskriminierenden, patriarchalen und sexistischen Strukturen wolle man sich nicht länger aussetzen. An dem, was das buddhistische Sprichwort sagt, seien die Kirchen gar nicht oder allzuwenig interessiert, das habe Frau und Mann an Leib und Seele erfahren: »Nur wer sich selbst entfaltet, bewirkt Gutes.«

- Die real existierenden Kirchen seien wortüberladen und erfahrungsarm, ereignis- und phantasielos. Die kirchlichen Veranstaltungsangebote seien, weiß Gott, kein »Freizeit-Vergnügen«. Man habe keine Lust mehr, an der »ewigen Wahrheit der Kirchen« seelisch und körperlich zu verhungern. Man würde lieber durch Sinn-Erklärungen und Lebenshilfen der »neuen Religiosität« angeregt, als »sich die kargen freien Stunden lang bei kirchlichen Veranstaltungen zu langweilen«.[4]
- Die Kirchen seien freudlos und ängstlich, überhaupt sehr furchtsam gegenüber allem Lebendigen. Sie würden allzu wenig auf Phantasie, Initiative, Wachstum und Originalität setzen. Man würde lieber einem geschickten Animateur zuhören, als sich immer wieder an die kleinen eigenen Sünden erinnern zu lassen, in Fragen der Partnerschaft, Familie und Sexualität.
- Wo man Hoffnung auf eine gute Zukunft und Lebensstärkung erwarte, werde man mit Sünde und Schuld traktiert und deprimiert. Die Kirchen würden insgesamt immer bewußtloser gegenüber den großen und kleinen, den wirklichen Ängsten, Fragen und Hoffnungen der Menschen vor der eigenen Kirchentür, während ständig über die großen Menschheitsfragen gepredigt werde, an denen man ja ohnehin nichts ändern könne, und man angesichts der Flut von Unheilsnachrichten und Katastrophenberichten jede Lebensfreude verliere. Die eigenen Lebenswunsche und -sehnsüchte würden zuwenig ernstgenommen.
- Die Kirchen seien zu sehr mit sich selbst beschäftigt; starr geworden in »der Angst um die narzißtische Wahrung ihrer Identität«. Weil man auf die realen Lebensfragen nicht antworten könne oder wolle, ersticke man die Lebenswünsche mit Katechismusantworten auf Fragen, die niemand mehr stelle: »Wir halten uns die Fragen und Probleme der Menschen vom Halse, indem wir ihnen unsere fertigen Antworten vorschreiben; damit wiederum sperren wir uns selber vom Leben ab, voller Angst die Wirklichkeit fürchtend« (Eugen Drewermann). Die evangelikalen und Opus Dei-Mentalitäten als Spitze eines autoritären Religionskomplexes seien gesamtkirchlich auf dem Vormarsch. Die Kirchen seien der Macht, dem Geld und dem Status quo, aber nicht dem Leben verpflichtet.

Alarmierender noch als die jährlich mehrere hunderttausend Kirchenaustritte allein im deutschsprachigen Raum sind für das Personal der Kirchen die Ergebnisse verschiedener empirisch-sozialwissenschaftlicher Studien. Eine radikale Ich-Bezogenheit und Abneigung gegen jede Art von Anpassung an religiöse Institutionen charakterisieren die Einstellung der Mehrheit der Jugendlichen. Dies belegt die – seit mehr als dreißig Jahren – erste umfassende Untersuchung über Jugend und Religion, die der Sozialwissenschaftler Heiner Barz im Auftrag der Arbeitsgemeinschaft Evangelischer Jugend mit Unterstützung des Bundesjugendministeriums durchgeführt hat. Nach dieser Studie, die in zwei Bänden – »Religion ohne Institution?« und »Postmoderne Religion« –[5] publiziert wurde, werden christliche Inhalte oft schon nicht einmal mehr gewußt. Asiatischen Religionen kommt generell ein erhebliches Image zu: Yin und Yang statt Kreuz und Bibel.

»Dem unspektakulären ›Verdunsten‹ des Christentums entspricht auf der anderen Seite die Offenheit für neue (bzw. alte) religiöse und quasi-religiöse Angebote. Die werden weniger als tragende Säulen, aber doch als Elemente im neuen diesseitigen Sinnkosmos integriert. Das Angebot auf dem religiös-weltanschaulich-seelentherapeutischen Markt hat sich entsprechend diversifiziert. (...) Alles wird ausprobiert und nach Maßgabe seiner Nützlichkeit für das eigene Wohlbefinden selektiert. Das persönliche, private Glück ist zur einzigen Instanz geworden.«[6] Soziales und politisches Engagement bewerten viele Jugendliche nur noch als »Wichtigtuerei«. Auffallend interessiert aber sind sie an allen Techniken der Selbsterfahrung, des Betens und Meditierens: der Entdeckung des »inneren Reichtums«, des »inneren Auslands«, der »Reise ins Ich«.

Als die für die jungen Erwachsenen subjektiv wichtigsten Säulen des individuellen Glücks wurden identifiziert: bewährte Freundschaft, Geborgenheit in der Partnerbeziehung/Familie, gehobener Lebensstandard, Freiheit und Selbstkongruenz, Zufriedenheit im Beruf. »Nicht was Gott befiehlt, auch nicht was jeder tun könnte und sollte, sondern was die je individuelle, biographische, historische, gesellschaftliche Situation dem Einzelnen zwecks Glücksoptimierung nahelegt, soll das Handeln bestimmen.«[7] Zusammenfassend stellt Barz hinsichtlich der Alltagsrelevanz christlicher Lehren fest, daß sie zu einem »System bloßer Rhetorik« geworden sind, »das von niemandem mehr ernst genommen wird«[8]. Die Institution Kirche löst ähnliche Assoziationen aus wie das Finanzamt: Bürokratie, Geld, Macht.

Individuelle Glückseligkeit und Erlebnisgesellschaft

Das individuelle Streben nach Glück und der daraus folgende pragmatische Umgang mit religiösen Orientierungen bzw. religiöser Semantik entspricht der gesellschaftlichen Pluralisierung und Individualisierung. Keineswegs darf das Streben nach individueller Glückseligkeit mit Hedonismus als kurzfristiger Lustmaximierung oder rücksichtslosem, gemeinschaftschädigendem Egoismus verwechselt werden. Jede Art der Denunzierung jugendlicher Religiosität als oberflächlich, diffus, anarchistisch oder gottlos verbietet sich angesichts der Lebenswünsche und Erfahrungen, die Jugendliche heute in der Dienstleistungs-, Informations- und Marktgesellschaft machen: Erfahrungen der Kommerzialisierung ihrer Gefühlswelten, der Reduzierung und Zerstörung ihres sozialen und ökologischen Lebensraumes; Erfahrungen von Gewalt, Krieg und Armut, Macht und Ohnmacht.

Vor allem aber teilen junge Erwachsene die Erfahrung der übergroßen Mehrheit der Bevölkerung. Die Menschen der »Erlebnis-Gesellschaft« sind mit einer Überfülle an Möglichkeiten konfrontiert. Das vielfältige Angebot an Lebensmöglichkeiten ist keineswegs einfach ein Vergnügen, sondern zunächst einmal ein Problem. Die Frage »Was will ich eigentlich?« dürfte das zentrale Thema des modernen Individualismus sein. Die Antwort laute, schreibt Gerhard Schulze in seinem originellen Entwurf einer »Kultursoziologie der Gegenwart«[9]: Erlebe dein Leben!

Für die soziale Rolle von Religion bedeutet dies: Religion muß als Kultur und Symbolik der Lebenswünsche nach Glück, Liebe, Geborgenheit, Gerechtigkeit, Wahrhaftigkeit und Authentizität verstanden werden. Nur die konfessionell bestimmte Religiosität der kirchlichen Milieus verflüchtigt sich, nicht Religion überhaupt. Der religiöse »Mega-Trend« moderner Industriegesellschaften geht weg von den organisierten Religionen konfessioneller Milieus zur selbstbestimmten Religiosität[10] bzw. zu dem, was man dafür hält.

Fast-food-Mentalitäten und Dumpingangebote

Die Erlebnisqualität muß stimmen. Wo nichts passiert, da bleibt auf Dauer auch die religiöse Kundschaft aus. Dem Supermarkt der Religionen, der Vielfalt und Farbigkeit religiöser Angebote, entspricht die City. Sie ist der bevorzugte Ort, an dem man »die fromme Ware feilbietet«. »City Religion« nennt Hans-Joachim Höhn in seinen »Soziologischen Glossen zur ›neuen‹ Religiosität«[11] den neuen religiösen Markt, der sich flexibel der städtischen Umgebung anpaßt. In seiner Struktur und in seinem Sortiment entspricht er den typischen Merkmalen der City, die wie ein Spiegel des modernen Bewußtseins und der Erlebnis-Gesellschaft wirkt.

Bruchlos fügen sich die religiösen Angebote in ihren großstädtischen Kontext ein: »Hier wie dort herrscht eine ungeheure Dynamik im Hervorbringen von Waren und Leistungen. Es dominieren Individualismus und Pluralismus, wenn es um Werte und Überzeugungen geht. Offenheit und Unverbindlichkeit bestimmen die Kommunikationsabläufe. Moden und Konjunkturen, Innovationen und Nostalgien wechseln einander beständig ab. Die City gibt sich multifunktional. Sie bietet ein Forum der Unterhaltung und der Information, der Reklame und der Selbstdarstellung, der Kommunikation und des Warenverkehrs. Die City lebt von ihrer Farbigkeit, man lernt hier immer wieder das Neueste kennen. Darum muß sich das Warenangebot ständig ändern.«[12]

In der City regieren Zeit und Geld, Mobilität und Fast-food-Mentalitäten. Religiöse Erlebniswelten allerorten: Kristalltherapie und Hellsehen, Keltenmystik und Bioenergetik, Esoterik und Parapsychologie, Meditationstechniken aller Art. Das Ergebnis ist jene »religiöse Mobilität«, in der jeder »unablässig auf der Wanderschaft« und auf der Suche nach einem neuen »religiösen Weideplatz«[13] ist.

Der Zugang zur »City Religion« wird dadurch erleichtert, daß es keines radikalen Bruchs mit der übrigen Welt und ihren Verhältnissen bedarf. »Es kostet innerlich nicht viel (so teuer die Angebote auch sind), den Sirenenklängen der New-Age-Propheten zu folgen; kein verpflichtendes ›Folge mir nach!‹ ruft aus den Bindungen heraus.«[14] Die etablierten Religionen werden mit Dumpingangeboten unterboten. Was dort »lebenslange Buchstabierübungen zum Begriff und zur Wirklichkeit Gottes«[15] erfordert, wird in der »City Religion« in religiösen Schnellkursen und Sofortservice angeboten, die dem Gesetz von Angebot und Nachfrage folgen: spirituelle Tiefe im Wochenend-Intensivkurs. Während sich in Juden, Christen und Moslems »eine jahrhundertelang sedimentierte, seelendurchdringende Tradition«[16] fortsetzt, gehört zur neuen Religiosität der spontane Ein- und Austritt, die hohe Wanderschaft, Fluktuation zwischen den Gruppen, das »kurzfristige An- und Abschaffen von Idolen je nach Sozial-, Gemüts- und Stimmungslage«[17]. Die soziale Verbindlichkeit nimmt stetig ab. Im Konkurrenzkampf der Gruppierungen sind religiöse Traditionen und Theoriebildung nur noch Ballast. Marktstrategisches Know-how und Marketing sind gefordert. Das Idol der Gruppen ist »hart bis zur vorsintflutlichen Primitivität und weich bis zur Charakterlosigkeit«, »deren Jesus auch Mohammed oder Mun, deren Vater im Himmel auch Moloch oder Mana heißen könnte, so geschichtslos, hohl und beliebig füllbar«[18] ist er.

Schamhafter Zwischenruf zum »Aberglauben«

Diese Skizzierung des religiösen »Marktes der Möglichkeiten« und der »City Religion« soll keine generelle Kritik oder Diffamierung einzelner Angebote sein. Es geht nicht um eine religiöse »Qualitäts-Prüfung«, sondern – aus sozialwissenschaftlichem Blickwinkel – entscheidend um das Marktprinzip, die Mechanismen von Angebot und Nachfrage, denen sich heute keine Religion entziehen kann. Auch nicht die organisierten Religionen des »amtlichen« Christentums, die ihre Oligopolstellung längst verloren haben und deren »Management« sich noch zu keiner Kartellbildung zusammenraufen konnte.

Ohnehin müßte sich auf seiten der kirchlichen Religionspolitiker, Glaubenswächter und Theologenzunft eine – kirchengeschichtlich begründete – Scham einstellen, die jeden verächtlichen und inquisitorischen Unterton in der kritischen Auseinandersetzung mit den Angeboten »neuer Religiosität« verbietet. Zu erinnern ist an jene grauenhafte Kapitel der Christentums- und Kirchengeschichte, die den Umgang, die »Begegnung« mit anderen Religionen und Kulturen, mit anderen Frömmigkeitsformen, mit dem sogenannten »Aberglauben«, mit Juden und religiösen Außenseitern, mit »Ketzern«, »Häretikern« und »Hexen« ins Gedächtnis rufen. Es ist eine einzige Geschichte der Denunzierung unerwünschter Frömmigkeitsformen und der Vernichtungsfeldzüge christlicher Kirchen gegen andere mystische Lebenskulturen und gegen den sogenannten »Aberglauben«.

Der »Aberglaube« der Mystik zum Beispiel, den Kirchenbeamte und Machtpolitiker in ihrem eigenen engen, verkrampften und deformierten Wahrheitsverständnis als gefährlich attackierten, war zumeist ja nur das »Aber« gegen kirchliche Gewalt und Herrschaft. Gerd Theissen zum »Aberglauben« des Christentums: »›Aberglaube‹ ist... der in einer Gesellschaft abgelehnte Glaube. ›Glaube‹, so könnte man ironisch formulieren, der offiziell anerkannte Aberglaube. Wo die Grenze zu ziehen ist, bestimmen die maßgeblichen Kreise«; zum Beispiel »jene Kreise, die sich im römischen Kaiserreich einig waren, daß das Christentum exzentrischer Aberglaube« ist[19].

Supermarkt und Postmoderne

Der kirchliche »Markt der Möglichkeiten« ist – gesamtgesellschaftlich gesehen – nur ein relativ bescheidener »Binnenmarkt«, eine kleine Warenabteilung im gesellschaftlichen Supermarkt. Zu den auffälligen »Markenartikeln der Branche« zählt die Geisteshaltung des Postmodernismus.[20]

»Postmodern ist«, definiert der Philosoph Wolfgang Welsch, »wer sich jenseits von Einheitsobsessionen der irreduziblen Vielfalt der Sprach-, Denk- und Lebensformen bewußt ist und damit umzugehen weiß«[21]. Religiöse und pseudoreligiöse Absolutheitsansprüche und Totalitarismen feister Wahrheitsbesitzer und Fundamentalisten abwehrend, geht es den Postmodernisten darum, die faktische Pluralität von Optionen und Überzeugungen »vorbehaltlos und ressentimentlos anzuerkennen, und mehr noch: sie ist nicht nur nüchtern zu akzeptieren, sondern in ihrer Positivität und ihrem inneren Wert zu erkennen und zu begrüßen«[22]. Für Welsch geht es nicht mehr um die eine und einzige Wahrheit, sondern um vielfältige Formen des Wahren in unterschiedlichen Sprach- und Denkartikulationen. An die Stelle einstigen Identitätsbedarfs mit seinem »Einheitsanspruch« trete das individuelle und soziale Arrangement mit Brüchen, Diskontinuitäten und Widersprüchen.

Postmodernisten wehren sich gegen den Vorwurf, ihre Rede sei eine Ideologie für flexible Trendsetter und ein Plädoyer für Beliebigkeit: *anything goes*. Für Welsch ist die Postmoderne vielmehr »diejenige Epoche, wo die Reibungen heterogener Wissens- und Lebensformen nicht mehr gefürchtet und ignoriert oder unterbunden werden, sondern zugelassen und ausgetragen werden, weil man realisiert, daß menschliche Sprache und humanes Leben nur im Plural möglich sind«[23]. Es gehe nicht um gleichgültige Beliebigkeit, sondern um aufmerksame Wahrnehmung des Möglichen, an denen sich eigene Wertungen und Einstellungen ständig reiben, revidieren und rekombinieren: »Man urteilt und verurteilt nicht mehr mit dem Pathos der Absolutheit und der Einbildung der Endgültigkeit, sondern man erkennt auch dem anderen mögliche Wahrheiten grundsätzlich zu – noch gegen die eigene Entscheidung.«[24] Postmodernes Bewußtsein sei durch »Grenzbewußtsein, Grenzbeachtung und Vielheitsblick« charakterisiert.

Angesichts fundamentalistischer Positionen, nationalistischer und rassistischer Ideologien sind dies durchaus sympathische Gedanken. Allerdings produziert das postmoderne Defizit sogenannter »großer Erzählungen«, die für den einzelnen, aber auch Kollektive und Gesellschaften Identität, Motivation und Handlungswissen bedeuten, jenen Verlust an Gemeinschaftlichkeit – die vielfach beklagte »Kälte« der Moderne – und jene Entsolidarisierungsphänomene, die zu einer zunehmenden Brutalisierung der Gesellschaft führen.[25] »Meta-Erzählungen« im Verständnis des Postmodernismus sind zum Beispiel die aufgeklärte Erzählung von der Mündigkeit und Emanzipation des Menschen, die Erzählung vom messianischen Gottesreich in der jüdisch-christlichen Tradition oder die utopischen Erzählungen einer Gesellschaft, in der sich »Gerechtigkeit und Friede küssen« (Psalm 85,11).

Kritische Beobachter postmoderner Geisteshaltung sprechen deshalb angesichts dieses Verlustes »großer Erzählungen von

Sinn- und Geschichtsverlust, von Identitäts- und Subjektverlust – Verluste, deren Folgen für den einzelnen und die Gesellschaft dramatisch sind und unzählige Spielarten neuer Fundamentalismen, pseudoreligiöser Kulte und Sekten produzieren. Zudem würden die Postmodernisten niemals den Blick »über den Tellerrand der kapitalistischen Industriegesellschaften«[26] richten, also die »große Erzählung« vom Imperialismus, Kolonialismus und Eurozentrismus nicht hören wollen; vor allem nicht von denjenigen, die sie von der »Unterseite« des Fortschritts her, aus der Perspektive der »Opfer« erzählen: der Arbeitslosen, der Hungerflüchtlinge, der Fremden, all derer, gegen die heute innere und äußere Mauern errichtet werden, um die postmoderne Lebens- und Wirtschaftsform aufrechterhalten zu können. In jedem Fall machen die Postmodernisten die »Rechnung ohne den Wirt«, das heißt: ohne die Marktmechanismen von Angebot und Nachfrage und den allgegenwärtigen Warenfetischismus. Aus den vielfältigen Formen des Wahren werden Waren.

Warenform und Seelenleben

Pier Paolo Pasolini, Ankläger und Analytiker aller Herrschaftsideologien und der Zerstörung des einzelnen und der Lebenskulturen, sprach prophetisch von der »Schein-Toleranz« der neuen, totalitären Herrschaft des Konsums. Die »Toleranz« der kapitalistisch-hedonistischen Ideologie ist für Pasolini die totalitärste und »schlimmste aller Repressionen der Menschheitsgeschichte«[27]. Sie führe, weil tendenziell alles zur Ware verkomme, »zu einer Art Verkrampfung aller geistigen und moralischen Fähigkeiten«[28]. Die persönliche Lebenskraft des einzelnen werde ebenso zerstört wie die Kultur der Gesellschaft. Die Konsumgesellschaft sei »ein neuer, scheintoleranter Herrschaftstyp«[29].

Die »Toleranz«, von der die Postmodernisten schwärmen, hat – zurückhaltend gesagt – direkte Zusammenhänge zu der »Schein-Toleranz« konsumistischer Ideologie, von der Pasolini spricht. Diese »Toleranz« hat de facto nichts mehr oder nur wenig mit dem Toleranz-Denken eines aufgeklärten Lessing zu tun, der Toleranz nicht als Selbstzweck beschwor, sondern als Folge und Rahmenbedingung für existentielle Wahrheitssuche und gesellschaftlichen

Dialog, »der offen ist zu Gemeinsamkeit und veränderbarer Praxis«[30], zu einem Mehr an Humanität, Freiheit und Gerechtigkeit.

Auch Weltanschauungen, Religionen und Religiositäten verkommen in dieser ach so »toleranten« postmodernen Gesellschaft zum Konsumgut, das weder Identität noch Kultur stiftet. Lebensorientierungen und Sinnstiftungsversuche, die – gewollt oder ungewollt, bewußt oder unbewußt seitens ihrer Verkünder – als »Angebote« daherkommen, setzen den Fetischcharakter der Ware ins Seelenleben fort: »Ein Sinn, der als Angebot daherkommt, ist schon der potentielle Ersatz und Ausverkauf seiner selbst, der Glaube an ihn von Unglauben durchdrungen, die Bekehrung zu ihm die Fortsetzung des öffentlichen Warenfetischs im privaten Seelenleben.«[31] Solche Sinnangebote sind Wahrzeichen des Glaubens an die Marktwirtschaft. Der moderne Bürger und »mündige« Konsument kann im Produktvergleich und Warentest prüfen, »welche Idole seinem Seelenhaushalt am ehesten frommen, kann sich irgendeiner verschrobenen Sekte anschließen, ohne daß seine Realitätstüchtigkeit, seine Geschäftsfähigkeit oder seine Karriere im modernen Alltag darunter leiden müssen«[32].

Christoph Türke stellt in seinem desillusionierenden Essay »Kassensturz – Zur Lage der Theologie« fest: »Also keine Rede davon, daß die moderne Gesellschaft sich von der Religion emanzipiert hätte. Sie ist sich selbst zur Religion geworden, und zwar so, daß sie den herkömmlichen Unterschied von profaner und sakraler Sphäre aufhebt. (...) Etwas ganz Profanes, nämlich ein bestimmtes Produktionsverhältnis, ist zur religiösen Substanz der ganzen Gesellschaft geworden: zur real existierenden Volkskirche«[33]. Zu dieser neuen »Volkskirche« gehören zweifellos das Bekenntnis zum Postmodernismus, die »City Religion« und der »Markt der Möglichkeiten« – ein Markt, der zudem auch extrem intolerante Phänomene produziert.

2. Kapitel

Das fundamentalistische Heilsangebot

Fundamentalistische Strömungen und Mentalitäten in Gesellschaft, Religion und Kirche sind derzeit ein weltweit auftretendes Phänomen. Ihre Heilsangebote und Weltrettungspläne haben Hochkonjunktur. Fast epidemisch breitet sich die fundamentalistische Versuchung konfessions- und religionsübergreifend aus und ist »in Wellen, Schüben und wilden Metamorphosen zum beseelenden Geist und zur treibenden Kraft in den Hirnen und Herzen ungezählter Millionen geworden«[34].

Definitionen, so nützlich und notwendig sie sein mögen, sind letztlich immer nur der hilflose Versuch, kopfstehende Wirklichkeiten und wankende Begriffe, die Hochkonjunktur haben, wieder auf die Füße zu stellen und das Konjunkturbarometer zu fixieren. »Fundamentalistisch« soll deshalb hier nicht Etikettierung, sondern Richtungsanzeige sein. Der Religionswissenschaftler Fritz Stolz skizziert das, was Fundamentalismus genannt wird, mit Hilfe von drei Dimensionen:[35]

- Auf *ideologischer Ebene* eines »repressiven« Fundamentalismus – im Gegensatz zum »progressiven«, ökologischen oder feministischen – sind folgende Merkmale festzustellen: Rückgriff auf vormoderne Lehr- und Ideologiemuster; der Versuch, ein umfassendes und konsistentes bzw. geschlossenes Weltbild anzubieten; Absolutheitsanspruch; regressive Orientierung auf vormoderne geschlossene Weltbilder; Krisenkult.
- Auf *soziologisch-sozialpsychologischer Ebene* sind zu nennen: Elitebildung; hochgradige soziale Kontrolle; gruppeneigene Kommunikationsstile; Rückkehr zu emotionalen und normierenden Orientierungen der Vergangenheit; intensive Werbetätigkeit.
- Hinsichtlich des fundamentalistischen *Frömmigkeitstyps* sind zu

beobachten: Rezeption des traditionellen, voraufklärerischen Symbolsystems in einer »individualistischen Zuspitzung« (das heißt, der einzelne müsse sich entschließen, die überlieferte Autorität als solche anzuerkennen); die Erlebniswelt des frommen Fundamentalisten wird entscheidend und wesentlich durch den einmaligen, biographisch fixierten Punkt der »Bekehrung« bestimmt; der fundamentalistische Frömmigkeitstyp ist durch ein hohes Maß an Emotionalität und Rigidität der Normen und Gebote geprägt.

»Fundamente« gegen den Zersetzungsprozeß der Moderne

Die ständig gesteigerte Pluralisierung und Individualisierung in modernen Gesellschaften, der Verlust der oligopolen Stellung der »alten«, organisierten Religionen und Kirchen hat offensichtlich nicht nur verunsichernde und irritierende, sondern traumatisierende Wirkungen auf das Personal dieser Großinstitutionen. Gegen den »Zersetzungsprozeß« der Moderne und Postmoderne werden die Fundamente des eigenen Glaubens und der eigenen Tradition verstärkt nach innen und nach außen reklamiert und propagiert.

Es ist zugleich der Versuch, den im postmodernen »Markt der Möglichkeiten« verunsicherten und überforderten Individuen erneut seelischen Halt zu geben. Feste religiöse Lehrsätze, Ritualangebote, Formelbestände und Kategorien haben fast zwangsläufig Konjunktur. Allzuhäufig allerdings steht dabei das dürre und »verknöcherte Gespenst« eines Glaubens, der »nur allergisch und intolerant auf alle Formen von Aufklärung«[36] reagiert. Die lebendige Fortschreibung der Tradition wird abgebrochen, um zu sichern, was man zu haben und zu besitzen wähnt; ein tragischer Irrtum bzw. ein fahrlässiges Mißverständnis von Tradition.

Die differenzierte Beantwortung der Fragen eines sich im gesellschaftlichen und geschichtlichen Kontext entwickelnden Glaubens wird offensichtlich immer weniger möglich: Was können und müssen wir tun, um den Glauben gegen den Zersetzungsprozeß der Moderne im »Markt der Möglichkeiten« zu behaupten, zu »bewahren«? »Wie weit muß man gehen, damit der Glaube nicht zur Mumie wird; wie weit kann man gehen, ohne daß er sich auflöst? (...)

Was gehört zur Verhandlungsmasse, was steht nicht zur Disposition?«[37]

Im römisch-katholischen Kontext gilt als eine der »Frühblüten« des Fundamentalismus, quasi ein »Fanal der Moderne, Paradigma eines Fundamentalismus«[38], das I. Vatikanische Konzil, das sich 1870 zu dem Dogma verführen ließ: Der Papst ist unfehlbar, wenn er Lehrentscheidungen und -aussagen »ex cathedra« verkündet. Das installierte Unfehlbarkeitsdogma ist als Versuch der Fundamentalisierung römisch-katholischer Wahrheiten und als Immunisierungsstrategie gegen die »modernistische« Kritik zu begreifen. Zugespitzt analysiert Christoph Türke diesen Versuch: »Eine Religion, die die Unfehlbarkeit ihrer Lehrsätze zum Lehrsatz erhebt, verfährt nach dem Motto: § 1: Der Lehrer hat immer recht. § 2: Sollte der Lehrer einmal nicht recht haben, so gilt § 1. Sie hat Unfehlbarkeit nötig, weil sie spürt, wie fehl sie geht. Sie traut ihren eigenen Lehrsätzen nicht über den Weg. Der sich selbst nicht wahrhaben wollende Unglaube an die Überzeugungskraft der Dogmen ist es, der sich im Unfehlbarkeitsdogma ausspricht«[39].

Strategiekonzept Integralismus

In der römisch-katholischen Kirche wurde mit dem päpstlichen »Syllabus« (griechisch: Verzeichnis) von 1864, der Enzyklika »Pascendi« und dem Dekret »Lamentabili sane exitu« von 1907 des »Heiligen Offiziums«, der Nachfolgeinstitution der »Heiligen Institution« (beide sind Vorgängerinnen der römischen Glaubenskongregation) der Integralismus in Kirche und Theologie bestätigt. Der »Syllabus«, die Enzyklika und das Dekret verurteilten »Irrtümer« in Theologie, Religion, Wissenschaft, Politik und Wirtschaft. Insgesamt müssen diese Dokumente als Opposition und Abwehrfront gegen die moderne Kultur und Wissenschaft, gegen Gewissens- und Religionsfreiheit interpretiert werden. Die Integralisten – eine Selbstbezeichnung, die sich vom lateinischen *integer* (unverfälscht, unverletzt, rein) ableitet – setzten ihre religiöse Macht brutal gegen jeden »Abweichler« und »Modernisten« ein und beanspruchten die gesellschaftliche Vorherrschaft auf politischem, wirtschaftlichem, sozialem, kulturellem und wissenschaftlichem Gebiet. Innerkirchlich bedeutet das Strategiekonzept des

Integralismus, möglichst in Höchstform: Zentralismus, Autoritarismus, Eurozentrismus, Absolutheitsanspruch, Triumphalismus, Disziplinierung und Ausgrenzung abweichender Meinungen, Uniformismus und Bunkermentalitäten allerorten.

Nachdem die römische Kirchenleitung dem Druck der Menschenrechtsforderungen nicht mehr widerstehen konnte und das von Papst Johannes XXIII. eröffnete II. Vatikanische Konzil (1962 bis 1965) die Menschenrechte der Religions- und Gewissensfreiheit[40] lehramtlich rezipierten, erhielten die Integralisten einen Rückschlag. Unter dem Pontifikat von Papst Johannes Paul II. und den fundamentalistischen Stoßtrupps und *peer groups* Opus Dei & Co. bläst man enthusiastisch zum reaktionären Rückschritt in die Jahre 1864 und 1907.

»Die denkbar radikalste Perversion des Evangeliums«

Der konservative Theologe Hans Urs von Balthasar, unverdächtig des Modernismus und Progressismus, markiert die Geisteshaltung, Logik und innerkirchliche Stoßrichtung des »Integralismus heute«, die aus ideologiekritischer und sozialpsychologischer Sicht römisch-katholische Spielart des Fundamentalismus: Kennzeichen der traditionalistischen und integralistischen Kreise »ist ihre Starre und Selbstgerechtigkeit. Das Bewußtsein ihrer integralen Katholizität gibt ihnen das Recht, alles von ihrem Standpunkt Abweichende souverän zu verurteilen. Sie haben recht, und nur sie. Weshalb? Weil die ›Tradition‹ für sie ist. Und was ist für sie Tradition? Das, was war. Was bisher immer gegolten hat. Zur Gegenwart hin wird ein abschließender Strich gezogen. (…) Man sieht nicht, daß der geistlose Buchstabe tötet. Daß Tradition zuerst etwas Lebendiges, Weiterdrängendes ist, ein suchendes Sich-hinein-Beten und -Betrachten in das lebendige Wort.«[41]

Mit den Worten des christlichen Philosophen Maurice Blondel diagnostizierte von Balthasar im integralistischen Fundamentalismus die Deformation der christlichen Botschaft zu einem »Gesetz der Furcht und des Zwangs«: »Der von den Untertanen geforderte blinde Konformismus ist ›die denkbar radikalste Perversion des Evangeliums‹. (…) ›Die Logik des Integralismus ist unerbittlich‹: Die klar begriffliche Trennung eines geschlossenen Reiches der

Natur und einer ebenso geschlossenen Übernatur, die von oben herab herrscht, fordert von den Vertretern der letzteren, ›sich selbst mit der Offenbarungswahrheit zu identifizieren, oder vielmehr die Offenbarungswahrheit mit sich, um schließlich zu einer rein menschgestaltigen Theokratie zu gelangen, die man zwar dauernd ableugnet, aber doch immerfort praktiziert‹. Da der weltliche Arm für diese Herrschaft nicht mehr verfügbar ist, muß man ihn notgedrungen durch eine innerkirchliche Machtanwendung ersetzen; die Kirche im ganzen liegt im ›Belagerungszustand‹, und da der ideale Untertan der blind gehorchende ist, wird die Tendenz dahin gehen, alle nicht restlos Gefügigen aus der Kirche herauszutreiben: ›in Ermangelung des compelle intrare wird man das compelle exire praktizieren; (...) der Herr ließ damals die 99 getreuen Schafe auf ihrer Weide, um dem einen verlorenen nachzueilen, manche möchten heute bei dem einzigen getreuen verharren, um es noch besser anzubinden.‹ Das Leitbild ist jetzt der ›Kreuzzug‹.«[42]

Man betrachte unter diesem Gesichtspunkt einmal die kleine Zeichnung auf dem Schutzumschlag der deutschsprachigen Ausgabe des neuen »Katechismus der katholischen Kirche« von 1993, der sich der offensichtlichen Sorge der klerikalen Kirchenhierarchie um die Identität der römisch-katholischen Kirche verdankt. Die Zeichnung bildet – eingefaßt in einen hermetisch geschlossenen Rahmen – einen Baumstamm, einen Hirten und ein Schaf ab.

Das Herrschaftskonzept des Großinquisitors

In dem Roman »Die Brüder Karamasow« erzählt Fjodor M. Dostojewskij[43] die fiktive Geschichte des Großinquisitors, in der zentral die religiöse und politische Frage nach Freiheit und Knechtschaft, Geheimnis und Autorität gestellt wird. Die Parallelen zum integralistischen Konzept und fundamentalistischen Heilsangebot, seinem Menschenbild und Gottesverständnis sind offensichtlich.

Die Handlung spielt zur schrecklichsten Zeit der Inquisition in Spanien, in Sevilla. In seiner »unendlichen Barmherzigkeit wandelt Er noch einmal unter den Menschen in derselben Menschengestalt, in der Er vor fünfzehn Jahrhunderten dreiunddreißig Jahre lang unter ihnen gewandelt ist«. Gott steigt erneut hinab auf die

»glühenden Plätze« Sevillas, auf denen gerade erst am Tag vorher »in Gegenwart des Königs, des Hofes, der Ritter, der Kardinäle und der schönsten Hofdamen der Kardinal-Großinquisitor vor der zahlreichen Einwohnerschaft ganz Sevillas« fast ein ganzes Hundert Ketzer auf einmal – *ad majorem gloriam Dei* – hat verbrennen lassen. Er aber vollbringt erneut Wunder, er heilt Menschen und erweckt ein totes Kind zum Leben.

Der Kardinal-Großinquisitor, ein Greis von fast neunzig Jahren, »mit vertrocknetem Gesicht und eingesunkenen Augen«, hat alles gesehen und befiehlt den »heiligen« Wächtern, Ihn zu ergreifen und einzukerkern. »Und so groß ist seine Macht, so gut abgerichtet, so unterwürfig und ihm ängstlich gehorsam ist das Volk, daß die Menge sofort vor den Wächtern auseinanderweicht.«

In einem erregten Monolog sagt der Großinquisitor im Kerker zu Jesus: »Bist Du es? Du?... Antworte nicht, schweige. Was könntest Du auch sagen?... Auch hast Du gar kein Recht, dem etwas hinzuzufügen, was Du schon früher gesagt hast. Warum bist Du gekommen, uns zu stören?« Der Inquisitor wirft Jesus vor, daß er erneut die religiöse und öffentliche Ruhe störe. Vor allem hält er ihm die »Fehler« seiner Botschaft und seines Handelns vor. »Wir haben ›Deine Tat verbessert‹, Deine Fehler korrigiert«, das ist der Herrschaftsanspruch, den der Inquisitor als Vertreter kirchlicher und weltlicher Macht reklamiert: »›Alles ist von Dir dem Papst übergeben worden, Du aber sollst jetzt überhaupt nicht mehr kommen, störe uns wenigstens vorderhand nicht.‹«

Der entscheidende Fehler Jesu ist für den Inquisitor das Versprechen der Freiheit: »›Hast nicht gerade Du damals so oft gesagt: Ich will euch frei machen? Nun hast Du sie gesehen, diese freien Menschen!‹ fügt der Greis mit nachdenklichem, spöttischem Lächeln hinzu. ›Ja, das ist uns teuer zu stehen gekommen‹, fährt er fort und blickt Ihn streng an, ›doch wir haben dieses Werk schließlich zu Ende geführt, in Deinem Namen. Fünfzehn Jahrhunderte haben wir uns mit dieser Freiheit herumgeplagt, doch jetzt ist unser Werk vollendet.‹«

Die Menschen seien nicht fähig zur Freiheit, sie ängstigten und fürchteten sich vor der Freiheit, »denn nichts ist jemals dem Menschen und der menschlichen Gesellschaft unerträglicher gewesen als die Freiheit! (...) ›Hast Du vergessen, daß Ruhe und selbst der

Tod dem Menschen lieber sind als die freie Wahl in der Erkenntnis von Gut und Böse? Nichts kann den Menschen mehr verführen als Gewissensfreiheit, aber auch nichts ist qualvoller für ihn. Doch statt ihm feste Grundlagen zu geben, damit er sein Gewissen ein für allemal beruhigen könnte, wiesest Du ihm alles zu, was es an Ungewöhnlichem, Rätselhaftem und Unbestimmtem gibt, alles, was über die Kräfte des Menschen geht. (...) Statt Dich der Freiheit des Menschen zu bemächtigen, hast Du sie vermehrt und ihre Qualen auf ewig der menschlichen Seele aufgebürdet.‹« Die Freiheit stifte nur Unruhe, Verwirrung, Unglück.

Der Mensch »ist schwach und gemein. Was hat es schon zu besagen, wenn er jetzt allerorten gegen unsere Herrschaft rebelliert und darauf auch noch stolz ist? Das ist der Stolz eines Kindes, eines Schuljungen. Sie sind wie kleine Kinder«. Wir hatten »das Recht, ein Geheimnis zu predigen und die Menschen zu lehren, wichtig sei nicht der freie Entschluß ihres Herzens und nicht die Liebe, sondern das Geheimnis, dem sie blind gehorchen müßten, selbst gegen ihr Gewissen. Das haben wir getan. Wir haben Deine Tat verbessert und sie auf das Wunder, das Geheimnis und die Autorität gegründet.«

»Ich verspreche euch den Himmel«

Einen sicheren Weg zu Glück, Heil und Erfolg, zum ewigen Leben und Paradies versprechen alle pseudoreligiösen Sekten und fundamentalistischen Gruppierungen demjenigen, der sich ihnen anschließt. Bis in die Wortwahl gleichen sich die Heilsangebote und -versprechen. Die Sprache ist immer mehr oder weniger religiös.

»Alles, was dich im Augenblick bekümmert, ist mehr oder weniger wichtig. – Einzig wichtig ist, daß du glücklich, daß du gerettet wirst« (Der Weg, Nr. 297). – »Du hast schon immer von großartigen Abenteuern geträumt – nun hast du dich auf ein wunderbares Abenteuer eingelassen, das dich heilig macht« (Die Spur des Sämanns, Nr. 184). – »Im übrigen verspreche ich euch den Himmel.« – Diese Formulierungen stammen weder aus den Werbematerialien der Mun-Sekte, der Scientology, der »Kinder Gottes«, des Hare Krischna oder ähnlicher Gruppierungen mit vereinnahmender und totalitärer Tendenz, sondern aus den religiösen »Erbauungsbüchern« des Opus Dei-Gründers Josemaría Escrivá. Zahlreiche ähnliche Versprechen könnten an dieser Stelle zitiert werden.

Wenn du bei uns mitmachst, wenn du dich für unsere Gemeinschaft entscheidest, wirst du erleuchtet, heilig, wirst du errettet und kommst ins Paradies, gelangst du zur Tiefe deines Lebens und begegnest dem Absoluten! – So oder ähnlich lautet das Heilsversprechen aller Fundamentalismen, die profitträchtig auf dem Jahrmarkt der Heilsangebote verkauft und längst zum gesellschaftlichen Machtfaktor geworden sind.

Wesentliches Kennzeichen aller religiösen Sekten und fundamentalistischen Gruppen ist das Angebot eines »rettenden Prinzips«, das sowohl für das Leben des einzelnen als auch für die Menschheit Heil birgt. Die Sekte oder Gruppe verfügt über ein nahezu hermetisch geschlossenes Weltdeutungs- und Erklärungsmuster. In den Genuß des Heils kommen selbstverständlich nur diejenigen, die Mitglied der fundamentalistischen Gruppe sind und sich total der Autorität des Führers und dem Regelwerk der Gruppe unterwerfen. Nur wer nach den detaillierten Geboten und Regeln der »geretteten Familie«, der fundamentalistischen Gruppe lebt und handelt, kann aus der Gnade des religiösen Meisters und Führers Anteil an dem geheimen Wissen der Geweihten, der Erleuchteten, der an Stelle Gottes Handelnden erwarten. Das Schema äußerer Vorschriften verlangt totale Erfüllung. Sigmund Freud verhandelte dies für den religiösen Bereich unter dem Titel »Zwangshandlungen und Religionsübungen«.

Der religiöse Wahn des Wahrheitsbesitzes und der Absolutheitsanspruch – *Extra ecclesiam nulla salus* (außerhalb der Kirche kein Heil) – feiert hier neue Urständ. Ein Wahn, der außerhalb seiner Grenzen nur Gottlosigkeit, störrischen Unglauben, moralischen Verfall, Blindheit und zersetzenden Zweifel erkennen kann. Die religiöse Elite der »Sakristan-Soldaten«, die durchgeschulte Sturmschar enthusiastischen Elans, darf – kraft ihrer »göttlichen Erwählung« – auch Mittel einsetzen, zu denen unter Umständen Lüge, Betrug, Manipulationen und Gewalt gehören. Der Zweck heiligt für den Fundamentalisten und Ideologen allemal die Mittel.

Es ist von jenem religiösen Wahn die Rede, der Kern aller totalitären Ideologien ist und der für jedes Verbrechen der Christentums-, Religions- und Menschheitsgeschichte aktivierbar war, für Religions- und Kolonialkriege, für die Genozide an anderen Religionen und Kulturen, für die Vernichtungsfeldzüge gegen die Weisheitskulturen der Frauen, für mörderischen Antisemitismus und »ethnische Säuberungen«, für inquisitorischen Terror, für »Endlösungen« aller Art.

3. Kapitel

Bekehrungssüchte

»Zwischenbilanz. Eine Jugend in Berlin«, das ist der Titel des ersten Bandes der Autobiographie von Günter de Bruyn.[44] Das Buch ist ein Entwicklungsroman und Epochenpanorama, der Versuch – jenseits von Eitelkeit und Verharmlosung – eine Lebensgeschichte im Kontext der Zerstörung der Weimarer Republik, der nationalsozialistischen Zeit und des realexistierenden Sozialismus der DDR zu analysieren. Günter de Bruyn notiert mit peinigender Genauigkeit, was er tat und unterließ, was er wußte, nicht wußte und nicht wissen wollte. Er zeichnet ein feines Diagramm des Spannungsfeldes, in dem sich unter Diktaturen und totalitären Gesellschaften Charaktere formen und verformen, mitmachen und sich opportunistisch einpassen. Wir lesen ein Stück Ursachenforschung zur großen deutschen und europäischen »Krankheit«, die de Bruyn »politischen Analphabetismus« nennt, der bekanntlich ersten Voraussetzung totalitärer Systeme und Mentalitäten.

Diese Autobiographie ist eine Art Lebensbeichte, die konsequent mit dem Gedanken konfrontiert ist, »daß einer, der drei so verschiedene Staaten überlebte, ohne auch nur einmal im Gefängnis gesessen zu haben, von Charakterfehlern nicht frei sein könne«.

Die Sicherheit des »Familien-Katholizismus«

Über fast hundert Seiten führt uns de Bruyn in den »Familien-Katholizismus« seiner Kindheit ein, dem Wurzelwerk seiner Biographie. Daraus einführend in die Frage heutiger Bekehrungssüchte und religiöser Sicherheitsbedürfnisse zwei Zitate:

»Die Sicherheit, der ich das Glück meiner frühen Kindheit verdanke, basiert neben der Liebe der Eltern zu uns und zueinander auch auf einem Familien-Katholizismus, der unser Leben in die festen Regeln von Tisch- und Abendgebet, von sonntäglichem Kirchenbesuch und fleischlosen Feiertagen zwängte, sonst aber von Person zu Person individuell gefärbt war. Meinem Vater, der diese Rituale überliefert hatte, waren sie zu selbstverständlich, als daß er viel Wesens von ihnen gemacht hätte; er befolgte sie, ohne Eifer dabei zu zeigen, und war sich immer im klaren darüber, daß die Kirche (...) zwar Gehorsam verlangt, aber die Vollkommenheit von Sündern mit einkalkuliert. Er gab mir den Schutzengel mit, der mich auf der Straße und im Dunkeln behütete und der Angst vor der Zukunft zu wachsen verbot. Er machte das Weihnachtsfest zum Höhepunkt des Jahres und jeden Sonntag zum Festtag, dessen einziger Fehler war, daß in ihm die Zeit schneller als sonst verging.«[45]

»Die Toleranz innerhalb unserer Familie wurde ermöglicht durch ein Gewebe traditioneller Regeln. Vom täglichen Morgen- und Abendgebet über die Gestaltung der Sonntage bis hin zum Höhepunkt des Familienjahres, der Weihnachtsfeier, waren wir in Rituale eingebettet, die nicht als Zwänge empfunden wurden, sondern als Sicherheit. Sie bildeten den festen Rahmen, in dem die Individualitäten sich entwickeln konnten, relativ frei, wenn auch durch ein Gesetzessystem gebunden, das dafür sorgte, daß die Eigenart des andern auch geachtet wurde und der Stärkere nicht den Lebensraum beschnitt.«[46]

Immer wieder kehrt de Bruyn in seiner Autobiographie in die Sicherheit und das Glück seiner frühen Kindheit zurück, in seine von Glaube und Liebe erwärmte Familie. In ihr lebte man Toleranz und war in Rituale eingebettet, in ein Gesetzessystem, das der Entfaltung der individuellen Lebenskräfte doch ihren Platz und ihren Raum gab. Es ist mir wichtig, an diese Sicherheit des Familien-Katholizismus und die darin liegende lebensfördernde Perspektive religiöser Rituale und Traditionen zu erinnern, die ich ebenfalls erlebt habe.

Günter de Bruyn, dessen Autobiographie durchgängig durch seine »Aversion gegen verordnete Denkweisen«, seinen Widerspruch gegen »Dressurversuche am Menschen« und gegen »Konvertiten-Eifer«, gegen totalitäre Ängste und lebenszerstörende

Mächte qualifiziert ist, schildert meines Erachtens die einzig mögliche Art und Weise der Rede von religiöser »Sicherheit« im Lebensalltag des einzelnen, die das Evangelium der hebräischen Bibel und des Neuen Testaments nicht pervertiert, sondern die Entwicklung eines menschenverträglichen Gottesbildes in der religiösen Biographie fördert. Als Perversion des Evangeliums erkenne ich die diversen Versuche fundamentalistischer und integralistischer Gruppierungen, Institutionen und Organisationen in der Kirche, die die Bibel für die eigenen Ängste und Machtinteressen zurechtfrisieren und darin in der Substanz und Mitte zerstören. Dies hat dann mit religiösem Wahn und Ideologie zu tun, aber nichts mehr mit dem Evangelium, das Heilung und Befreiung, Gerechtigkeit und »Leben in Fülle« verheißt.

Nervöse, bekehrungsanfällige Identitäten

Aber »the times, they are changing«. Bereits 1912 diagnostizierte Walter Benjamin hellsichtig das Dilemma und die Tragik des modernen Menschen: »Und die alte und geplagte Not ist, daß wir selber uns verlieren. Verlieren durch all die glorreichen Fortschritte. (...) Religionen kommen aus der Not und nicht aus dem Glück.«[47] Und Robert Musil formuliert in seinem Roman »Mann ohne Eigenschaften«, dem ersten großen literarischen Kaleidoskop des Zwanzigsten Jahrhunderts: »Jeder Fortschritt ist ein Zuwachs an Ohnmacht.«

Der amerikanische Sozialwissenschaftler Peter Berger bestätigt in seiner Studie »Das Unbehagen in der Modernität« im Kern die Diagnose Benjamins und Musils. In die moderne Kultur und Gesellschaft ist eine fortwährende Identitäts- und Orientierungskrise des einzelnen Menschen quasi programmiert. Infolge der ständig sich verändernden Welt, der »beschleunigten« Zeit und der zunehmenden Pluralisierung der Lebenswelten, der stetig gesteigerten weltanschaulichen und religiösen »Warenproduktion«, dem allgegenwärtigen Prinzip von Angebot und Nachfrage gelangt der Mensch heute zumeist nur noch zu einer brüchigen, nervösen Identität. Der hauptsächliche Lebenshalt des Individuums ist ein »subjektives Reich der Identität«[48]. Alle Gewißheit und Sicherheit, deren er im Leben, Denken und Handeln bedarf, muß er zuerst und zuletzt aus sich selber schöpfen. Der einzelne ist aber zu solch einer Leistung aus eigener Kraft kaum in der Lage. Deshalb ist er »in besonderem Maße offen und unabgeschlossen, differenziert und labil, verunsichert und reflexiv, das heißt in seiner Unsicherheit dauernd auf sich selbst zurückgezogen«[49]. Die Sozialforscher nennen das »strukturelle Individualisierung«. Die Chance zu Selbstbestimmung, -denken und -handeln – jenseits von Vorurteilen, Tabus, Konventionen und strukturellen Autoritäten – war noch nie derart groß. Entfaltung aller Lebensmöglichkeiten setzt aber jene Ich-Stärke, Selbstgewißheit und Orientierungssicherheit voraus, die gerade von vielen Menschen »lebenslänglich« nicht oder nur ansatzweise hergestellt werden kann. Damit wächst die Gefahr der verzweifelten Regression in Pseudogewißheiten und tröstende Fiktionen. Das Individuum wird im höchsten Maße »bekehrungsanfällig«.

Wieviel religiöse »Sicherheit« braucht der Mensch?

Was bringt Menschen dazu, Anschluß an Sekten, neue religiöse Bewegungen und fundamentalistische Gruppierungen zu suchen? Welche individuellen und gesellschaftlichen Faktoren begünstigen die Anfälligkeit für integralistische Weltdeutungsmuster und Mentalitäten, für Sekten und pseudoreligiöse Kulte? Weshalb gehen Menschen den Heilsangeboten solcher Gruppierungen »auf den Leim«?

Der Fundamentalismus in den Kirchen scheint dem Bedürfnis nach tragfähigem Lebensfundament, nach Sicherheit und Stabilität, nach einfachen Antworten auf immer komplexere Lebens- und Gesellschaftsfragen Rechnung zu tragen. Das fundamentalistische Heilsangebot stößt auf nervöse, bekehrungsanfällige Menschen. »Das Gruppenmitglied tauscht mit alldem sozusagen seine Autonomie, Individualität und Kritikfähigkeit ein gegen ein künftigen Zweifeln systematisch entzogenes Angebot von Sinn, Geborgenheit, Eindeutigkeit, Vertrautheit, Gewißheit und Heil und eine überlegene Bestätigung des eigenen Selbstwertes.«[50] Psychologen haben als verlockendsten Aspekt am Leben in der Sekte das Gemeinschaftsgefühl ausgemacht.

Fundamentalistische Mentalitäten sind, das offenbaren psychologische und sozialwissenschaftliche Analysen, ein Komplex zynischer Lebenslügen. Gruppierungen mit vereinnahmender Tendenz verachten die Lebensfragen und -wünsche der Menschen. Sie vermitteln keine »Sicherheit«, sondern zerstören den letzten Rest an individuell gewachsener Sicherheit, um die Unterwerfung noch totalitärer durchsetzen zu können.

Die von integralistischen und fundamentalistischen Kreisen aggressiv propagierte Rückkehr zu den »alten« Werten und Strukturen, zum »rechten« und »unverkürzten« Glauben, zur »reinen« Glaubenslehre, zu einfachen Formeln und Riten einer religiösen Kultur, die es längst nicht mehr gibt, verhindert das gemeinsame Suchen nach wirklichen Antworten auf die Lebensfragen.

Die Allgegenwart der Angst

»Die moderne, freiheitliche, demokratische Industriegesellschaft bringt uns um, nicht mehr und nicht weniger. (...) Die Welt geht unter, und man weiß nicht recht, was zu tun ist, man hat keine Übung in derlei Angelegenheiten«, stellt Jurek Becker lapidar fest.[51] In der Tat: Angesichts der verpesteten Luft, des verseuchten Wassers, der vergifteten Böden und Nahrungsmittel sowie dem damit verbundenen Sterben von Pflanze, Tier und Mensch erhält eine Seligpreisung aus dem Evangelium nach Lukas 23,29 furchtbare Aktualität: »Denn siehe, es wird die Zeit kommen, in welcher man sagen wird: Selig sind die Unfruchtbaren und die Leiber, die nicht geboren haben.« Die an Pseudokrupp erkrankten und hustenbellenden Kinder zeigen in unmittelbarer Härte den Grad der »Zivilisationsverelendung« im Zentrum reicher Gesellschaften.

Die Gefährdungen und zum Teil irreversiblen Beschädigungen allen organischen Lebens werden immer sichtbarer: »Gefahren werden zu blinden Passagieren des Normalkonsums. Sie reisen mit dem Wind und dem Wasser, stecken in allem und in jedem und passieren mit dem Lebensnotwendigsten – der Atemluft, der Nahrung, der Kleidung, der Wohnungseinrichtung – alle sonst so streng kontrollierten Schutzzonen der Moderne.«[52] »Wirklich effektiv dürfte unter diesen Umständen« – der Vergiftung von Luft, Wasser, Böden, Nahrungsmitteln usw. – »nur noch Nichtessen, Nichttrinken, Nichtatmen schützen.«[53]

Wer heute wirklich wach ist, lebens- und schmerzwach, wer sieht und hört, wie täglich der »Fortschritt« getätigt wird, wer die Nachrichten über die ökologischen Krisen- und Katastrophenprozesse nicht nur fern-sieht, sondern ernst nimmt, der ahnt, daß die Zerstörung der »äußeren Natur«, der Mitwelt, in der Gefährdung und Zerstörung der »inneren Natur« des einzelnen Menschen gespiegelt wird. Die Angst vor den schleichenden, häufig unsichtbaren Lebensverwüstungen ist allgegenwärtig. Und die unmittelbare Angst um das eigene Leben und das der Kinder wird verstärkt durch die ständige Flut von Unheilsnachrichten und Katastrophenmeldungen, die sich gegenüber der Erfahrung Robert Burtons von 1621 bis heute vervielfacht haben und medien-totalitär präsentiert werden: »Täglich höre ich neueste Nachrichten und landläufige Gerüchte über Kriege, Seuchen, Feuer, Überschwemmungen, Diebstähle, Morde, Massaker…«[54].

»Der Wunsch, ganz zu sein und anders zu leben«

Bereits 1922 hat der evangelische Theologe Leonhard Ragaz in seiner kulturanalytischen Schrift »Theosophie oder Reich Gottes?« formuliert, was für unsere Zeit gleichermaßen Gültigkeit hat. Ragaz warnt davor – auf unseren Zusammenhang übertragen –, das Bedürfnis nach Esoterik, Spiritualität, Mystik und Transzendenz, die Nachfrage nach »neuen« religiösen und fundamentalistischen Heilsangeboten als eine weltflüchtige Spinnerei abzutun. Wer all dies in seiner Vorhandenheit nicht ernst nimmt, es nicht als Bedürfnissymptom der zeitgenössischen Gesellschaft analysiert, geht zynisch über die akuten Defizite seines Kulturkreises hinweg, und damit verbunden über die Lebenswünsche und Sehnsüchte der Menschen. All diese »alten« und »neuen« Phänomene von Religiosität sind »eine Gegenwirkung auf die Verödung und Verwüstung, die der Materialismus herbeigeführt hat, eine Antwort auf den Schrei der aus ihrer Weltbetäubung wieder erwachenden Seele, eine inmitten des Bankrotts einer Kultur den Menschen dargebotenen Hilfe, eine Stillung des Verlangens nach mehr Tiefe und Größe des Lebens und nach einer geistigen Heimat der Seele«[55].

Ragaz formuliert noch schärfer: Esoterisches Denken – und fundamentalistisches – ist nicht nur ein Bedürfnissymptom einer kranken Gesellschaft, sondern geradezu ein »Gericht über unsere vorhandene Kultur, unsere Wissenschaft und unsere Religion«.

Die Suche nach dem heilen Leben, »der Wunsch, ganz zu sein und anders zu leben« (Dorothee Sölle), ist unausrottbar und wächst parallel zu den Ängsten vor den Gefahren der Risikogesellschaft (Ulrich Beck)[56]. Das Bedürfnis nach einem tragfähigen Fundament menschlicher Existenz, die Suche nach Sinn, Geborgenheit, Wahrheit, Gewißheit, Tiefe und Lebenswärme in einer zunehmend entzauberten und kommerzialisierten Welt verführt heute aber offensichtlich mehr und mehr Menschen dazu, »Opium-Ersatz« für das Gesuchte und Erhoffte auf dem Markt religiöser Sinnangebote anzunehmen bzw. zu kaufen. Die Menschen, die positiv auf das Heilsversprechen von Gruppierungen mit totalitärer Tendenz reagieren und sich zunehmend im Netz von Abhängigkeiten verstricken, sehnen sich nach einem »rettenden Prinzip« (Friedrich-Wilhelm Haack). Auch weiterhin hat der diagnostische Satz von Karl Marx Gültigkeit, daß der Mensch »Erlösung« sucht, solange er »ein erniedrigtes, ein geknechtetes, ein verlassenes, ein verächtliches Wesen«[57] ist; und daß Religion Opium oder Protestation gegen das diesseitige Elend ist. Der »beschädigte« Mensch ist es, der auf der Suche nach Ich-Identität ist, und dabei allzu oft totalitären Gruppierungen auf den Leim geht, die ein klares »Identitäts-Profil« anzubieten scheinen.

Jugendliche und fundamentalistische »Bekehrungssüchte«

Wie ist zu erklären, daß Jugendliche offensichtlich besonders anfällig sind für fundamentalistische Mentalitäten und totalitäre Gruppierungen? Worin besteht die besondere Disposition und psychische Empfänglichkeit von Jugendlichen? Warum zielt zum Beispiel das Opus Dei bei seinen Rekrutierungsbemühungen neuer Mitglieder besonders auf Jugendliche, auch wenn dies regelmäßig und stereotyp abgestritten wird?

Die Jugendphase hat eine eigengeartete Psychologie. Entwicklungspsychologisch ist festzuhalten, daß der Heranwachsende mit Ich-Problemen, mit seiner erst noch auszubildenden, reifenden Identität zu tun hat. »Es gehört nicht nur zur Bedrohung, sondern auch zum Charme und Lebensangebot des jungen Menschen, daß er vielfach zur Totalität neigt.«[58] Für den jungen Menschen kann es entwicklungspsychologisch sehr wichtig werden, zur Gewinnung der eigenen Identität »die Wirklichkeit von einigen wenigen als fundamental angesehenen Aspekten aus zu betrachten und alle anderen auszublenden. Damit verbunden ist ein großer Idealismus, der sich für jene Prinzipien vorbehaltlos und rücksichtslos einsetzt. Fundamentalismus ist, so betrachtet, eine normale, doch vorübergehende Reifungsphase.«[59] Das erklärt auch den Erfolg fundamentalistischer und totalitärer Gruppierungen bei jungen Frauen und Männern, deren Jugendphase immer mehr »zerfranst« (Konsum, Mediennutzung, Mobilität, Partnerschaft und Sexualität, verlängerte Ausbildungszeiten usw.).

Stephan H. Pfürtner erklärt auf den ersten Blick Paradoxes: Jugendliche wollen »nicht einfach Überkommenes übernehmen, mag es ihnen nun von den Eltern, der Kirche oder dem Staat angeboten werden. Sie drängen auf Selbsterfahrung, nicht auf Anpassung an das Vorgegebene oder an das, was ›man‹ tut. Mit ihnen fängt das Leben eben neu an. Aber die Totalitäts- und Innovationsneigung der jungen Generation trifft nun auf die ihr entgegenkommende Realität, angefangen von derjenigen des Welthungers und des millionenfachen Kriegselendes bis zur drohenden Ökokrise dieses Planeten und zu den Frustrationen aus dem Schul-, Berufs- oder Arbeitsbereich. Je nach dem Ausmaß ihrer persönlichen Milieu-Entwurzelung oder auch der Intensität ihrer Erwartungshaltung werden sie dann an sie herantretenden Gruppen mehr oder weniger ausgesetzt sein.

Dem widerspricht keineswegs, daß die jeweiligen Bewegungen oder Gruppen organisationsintern ihren Mitgliedern bisweilen härteste Anstrengungen abverlangen oder sie rigorosen Verhaltensregeln unterwerfen. Im Gegenteil, die Anhänger erfahren dadurch gerade die Erfüllung ihrer Mentalitätshaltung, die nach totalem Einsatz und unmißverständlicher Moral verlangt. Eben diesen Anspruch hatten sie in der ›permissiven Gesellschaft‹ vermißt. Diese moderne Gesellschaft wurde ihnen nicht zuletzt deshalb zum Ort der Sinnleere, der Unverbindlichkeit und Inhaltslosigkeit, weil alles in gleicher Weise vertreten werden konnte: daß das Leben wert und daß es unwert ist, daß Lieben Sinn hat und daß Hassen auch gilt, daß Frieden gepredigt und Krieg in jubelnden Festen gefeiert wird. Fundamentalismus wird zur Abwehrreaktion auf eine derartige Bedrohung und gleichzeitig zum weltweiten Symptom dafür, wie gründlich unsere Gesellschaft in die Krise geraten ist. (...) Daß der Fundamentalismus nicht zuletzt die junge Generation als Gesellschaftskrankheit befällt, verweist darauf, wie schwer es in unserer Epoche ist, ihre Herausforderungen zur Komplexität der Lebensbeziehungen zu bestehen.«[60]

Es ist hier nicht schnell zu beantworten, was von Eltern, Lehrerinnen und Lehrern zu tun ist, um Jugendliche so in ihrem Wachstum zu fördern, daß sie weniger anfällig für die Seelen- und Menschenjäger von Sekten, Psychokulten und fundamentalistischen Gruppen mit ihrem totalitären Charakter sind.

4. Kapitel

Das »kastrierte« Evangelium

Fundamentalistische Mentalitäten und Versuchungen sind primär ein psychologisches Problem und dementsprechend psychotherapeutisch aufzuarbeiten. Zu den Motivationen und Kennzeichen religiös fundamentalistischer Einstellungen, die nach Werner Huth sogleich signifikante Merkmale der pathologischen Zustände von Ideologie und Wahn sind[61], gehören grob skizziert und unvollständig:

- Eine große Ich-Schwäche als Grund einer allgegenwärtigen Lebensangst und Verunsicherung, mangelnden Selbstsicherheit und »nervösen Identität«; Ideologie und Struktur der totalitären Gruppe stellen ein System organisierter Lebensangst dar;
- die Ignoranz gegenüber real existierenden Konflikten in Gesellschaft und Kirche (eine verordnete »Harmonie«), überhaupt ein verzerrtes Wirklichkeitsverständnis;
- ein extremer Autoritarismus und die Forderung unbedingten Gehorsams; autoritäre Strukturen werden als Sicherheitssurrogate angeboten;
- die ständige Wiederholung tradierten Wissens und Glaubens in (Leer-)Formeln ohne inhaltliche Füllung, Neuformulierung, Kontextualisierung und »Sättigung« mit Lebenserfahrungen, Änderung und »Abweichung« (eine Pervertierung jedes Traditionsverständnisses). Statt einer Elementarisierung des Glaubens wird die Lehre reduziert, aus »Festen des Lebens« werden Fossilien, die Gewissensfreiheit und Verantwortung der Glaubenden wird mit tötenden Buchstaben stranguliert;
- eine pathologische Besessenheit von der totalen »Reinheit« des Glaubenssystems, die unbedingt nach innen und nach außen durch Säuberungsaktionen gewährleistet werden soll;

- die aggressive Abwehr anderer, fremder Lebensformen, Religionen und Kulturen (Emmanuel Lévinas bezeichnete dies als die »Krankheit der Identität«);
- die Exkommunikation Andersdenkender (»Bibelverse als Schlagstöcke«);
- eine veräußerlichte Frömmigkeitspraxis, die auf das Befolgen unzähliger Gebote, Regeln und »frommen Gewohnheiten« fixiert ist und keine persönliche Sprache des Glaubens sucht;
- ein gestörter Umgang mit Kritik, Kommunikationsunfähigkeit, Dialogunwilligkeit und Kompromißfeindschaft;
- ein alles und jede/jeden kontrollierender Zentralismus;
- ein verschärfter Integralismus, der andere Kultur- und Wissensbereiche unter die eigene Position und Weltdeutung unterwerfen will.

Dummdreiste Menschenverachtung und Lebensfeindschaft

»Im Namen der christlichen Liebesbotschaft und der Menschenwürde dürfen wir uns mit dieser heilig gesprochenen Unverschämtheit, mit dieser dummdreisten Menschenverachtung nicht arrangieren«, formulierte Peter Schellenbaum[62], nachdem er sich mit der Opus-Ideologie aus psychologischer Perspektive auseinandergesetzt hatte.

Die sich in dieser fundamentalistischen Ideologie zeigende Menschenverachtung ist zugleich eine »Gottesvergiftung«. Sie propagiert und erzwingt einen autoritären, patriarchalen Herr-Gott über Welt und Menschen, der als Richter und Kriegsherr richtet, straft, belohnt und herrscht, vermittelt durch das Gottes Autorität beanspruchende fundamentalistische Personal. Es ist der angstmachende Gott »von oben«, der in seiner göttlichen Majestät unbegreiflich-teilnahmslose Gott, erhaben über allem realen Leid seiner Geschöpfe. Es ist der Gott, mit dem alles gemacht werden kann, den Herrschafts- und Unterwerfungsinteressen der jeweiligen pseudoreligiösen Gruppierungen entsprechend. Dieser »Gott« wird opportunistisch an Herrschafts- und Unterdrückungsverhältnisse angepaßt; mit ihm kann die Diskriminierung der Frau ebenso fortgesetzt werden wie die kolonialistische und rassistische Dominanz der westlichen, reichen Kirchen über die der sogenannten Dritten und Vierten Welt. Mit diesem Gott können die Kinder auch weiterhin oder erneut traktiert und geknebelt werden. Im Fundamentalismus verdichtet sich ein autoritäres Religionsverständnis und Gottesbild, das Menschen einschüchtert und erdrückt, mundtot und »klein« macht sowie jeden Versuch einer Lebensentfaltung und Subjektwerdung im Keim zu ersticken sucht.

Dieses Gottesbild ist totalitär und hat gar nichts mit dem biblischen Gott der Liebe, Gerechtigkeit, Heilung und Befreiung zu tun. Das Evangelium von der Menschwerdung Gottes wird zurechtgebogen und -frisiert für die eigenen Herrschaftsinteressen. Das Evangelium wird »kastriert«[63], das heißt seiner lebenssbefreienden und lebensstärkenden Kraft beraubt. Es dient zur Lebensverhinderung. Die Methodik der Unterwerfung und erzwungene Lebensform ist in der Tendenz totalitär. Sie produziert einen verkrüppelnden und krankmachenden Lebensstil. Die jüdisch-christliche Tradition wird pervertiert zu einem geschlossenen System der Lebensverachtung und Menschenfeindlichkeit. In der religiösen Ideologie wird die Menschwerdung Gottes verleugnet. Gott wird statt dessen zur Inkarnation der Angst.

»Lust an der Liebe«

Dieser »Gott«, dieser Götze, muß durch die neuzeitliche Religionskritik als Unterdrückungsinstrument entlarvt werden. Die Erkenntnisse und Lektionen des materialistischen (P.H. v. Holbach), anthropologischen (L. Feuerbach), sozialpolitischen (K. Marx), nihilistischen (F. Nietzsche) und psychoanalytischen (S. Freud) Atheismus sind im Kontext des Fundamentalismus neu zu lernen.

Gegen den abstrakten und herrschsüchtigen Götzen fundamentalistischer Religion muß der biblische Gott behauptet werden, von dem es beim Propheten Hosea heißt, daß er »Lust an der Liebe« habe (6,6). Gegen die »dummdreiste Menschenverachtung« muß das Evangelium von der »Fülle des Lebens« erinnert und konkretisiert werden, das auf menschliche Beziehungen zielt, in denen gilt: keine Herrschaft des einen über den anderen, gemeinsame Suche nach Lebensmöglichkeiten und geteilte Hoffnung auf ein Leben in Gerechtigkeit für alle, eine Verheißung und Sprache, die alle einschließt und von allen verstanden wird.

Gegen das abstrakte Ordnungssystem und die Gesetzeslogik einer pathologischen Reinheitsbesessenheit ist das Ethos der ungeteilten Zuwendung zum konkreten Menschen, zur individuellen Person und ihren Rechten zu setzen. Gegen die pseudoreligiöse und ideologische Herrschaftsausübung totalitären Zuschnitts muß die Vision eines »neuen Himmels und einer neuen Erde« ausgesprochen werden. Gegen die Lebensbeschädigungen und -verkrümmungen in fundamentalistischen Systemen sind biblische Heilungsgeschichten, wie zum Beispiel die Aufrichtung der gekrümmten Frau aus dem Lukas-Evangelium (13, 10ff.) zu erzählen, in der Jesus den Stolz der Frau stärkt und sie gegen die Lebensverächter ins Recht setzt.

Kult- und herrschaftskritisch

»Die Kirche dürfe sich mit nichts anderem befassen als mit der Erlösung unserer Seele. Das ist mir eine nette Religion. Wenn nur der kleine Meier sich einrichten und in den Himmel kommen kann, was in aller Welt geht ihn die Welt sonst an? Laß sie zur Hölle fahren. Das ist eine Religion, die dem Kaiser gefällt; er will ihr gerne staatliche Unterstützung gewähren. Diese Religion wird ihm nie in die Quere kommen. Es ist eine Religion, die Gotteslästerung heißt. Die Wahrheit ist nicht ruhig und würdevoll und erhaben; sie beißt und reibt und schlägt drein. Die Wahrheit ist nichts für vorsichtige Menschen; sie brauchen nicht die Wahrheit, sondern ein Sofa.«[64]

Diese streitbaren Worte des dänischen Priesters und Schriftstellers Kaj Munk, die er im November 1941 angesichts der faschistischen Verbrechen an die Adresse der »vorsichtigen« Kirchen in Deutschland richtete, stellt die Frage zum Verhältnis der Religion gegenüber der politischen und ökonomischen Macht.

Die Bibel ist ein herrschaftskritisches Buch. In den Büchern der Propheten und der Weisheit werden Sozial- und Kultkritik untrennbar verknüpft: »Ich ertrage es nicht länger, euer Feiern und eure Feste, eure Feiertage sind mir in der Seele verhaßt, sie sind mir zur Last geworden, ich bin es müde, sie zu ertragen. Wenn ihr auch noch so viel betet, ich höre es nicht. (...) Hört auf, vor meinen Augen Böses zu tun! Lernt, Gutes zu tun! Sorgt für das Recht. Helft den Unterdrückten!«, spricht Gott im Buch des Propheten Jesaja (1,13–17). Der religiösen Feier, dem Gebet, dem Kult und Gottesdienst muß das gerechte Tun entsprechen, das ist die Grundaussage dieses und anderer biblischer Texte.

Der jüdisch-christliche Gott ist eine »gefährliche Erinnerung« (Johann Baptist Metz). Er stört die Ruhe und Ordnung, er stört das hermetisch geschlossene Regelsystem verwalteter Religion, das narzißtisch mit sich selbst beschäftigt ist und gegenüber den Lebenswünschen der Menschen ignorant bleibt. Der Gott des Evangeliums ist nicht ein Gott des allgemeinen Sinns, sondern ein Gott der Armen, der Unterdrückten und derer, denen das Leben vorenthalten und zerstört wird. »Sein Sohn ist nicht gesandt, das Leben zu wattieren« (Fulbert Steffensky), sondern »den Armen das Evangelium zu bringen, die zerstoßenen Herzen zu heilen, den Gefangenen Befreiung zu verkünden und den Blinden das Augenlicht« (Lukas 4,18). Das Evangelium verkündet, daß das »Wort Gottes« all das ist, was Menschen zum gerechten Tun befreit und tröstet, heilt und stärkt. Hauptfragen des Evangeliums sind: Wem wird das Leben vor dem Tod verweigert, und wer verweigert es? Wer hungert, und wer läßt verhungern? Wer weint, und wer verursacht das Weinen?

Der Schriftsteller Franz Fühmann stellte in täglicher Bibellesung fest, daß die Bibel »ein Buch der Subversion« ist, »des Unerhörten, des Unerlaubten, des Umkehrens von Oben und Unten (...), ein zersetzendes Buch, das den Königen fluchte und die Armen und Schwachen seligpries, ein Buch der Parteinahme für alle Mindren, das den Herrenmenschen ins Gesicht spie, ein Buch des Aufwiegelns und Unruhestiftens, das alles das in Frage stellte, das sich in fraglos sichrer Gegründetheit wähnte – voran die eigene Existenz«.[65]

Religiös-fundamentalistische Ideologien »kastrieren« das Evangelium nicht nur hinsichtlich der »Lebenspotenz«, der Kraft zum stolzen Leben, indem es die Menschen psychisch zu krümmen und zu unterwerfen sucht, sondern auch hinsichtlich der herrschaftskritischen Kraft. Ja, das Evangelium wird selbst zu einem Gesetz der Angst und des Zwangs pervertiert. Keine Spur des herrschaftskritischen Gottes der hebräischen und neutestamentlichen Bibel ist erkennbar, der dort zu finden ist, wo Menschen versuchen, sich aus psychischer, politischer und ökonomischer Unterdrückung zu befreien. Der Gott der Fundamentalisten eröffnet keine Geschichte der Heilung und Befreiung, keine Gnaden- und Heilsgeschichte des Menschen mit Gott, sondern schreibt eine einzige Unterdrückungsgeschichte. Man braucht nur anzuhören, was »Gott« im Mund fundamentalistischer Ideologen wird: eine repressive, Regression erzwingende Herrschaftskategorie; abstrakt, menschenleer und darin gottesleer. Sie meinen mit »Gott« auf den Lippen eine Ermächtigung zur Unterwerfung und Unterdrückung anderer Menschen zu haben.

Kastrationen

Kein Zweifel, auch der postmoderne Supermarkt der Religionen »kastriert« das Evangelium in seiner macht- und herrschaftskritischen Kompetenz. Religion als »kompensatorischer Freizeitmythos« hat Hochkonjunktur.[66] Mythen und Märchen, Magie und Spiritismus, Esoterik und die Sinnangebote »neuer Religiosität« disqualifizieren sich tendenziell als Opium, als Tröstungspotential, die keine Veränderung lebenszerstörender Verhältnisse anzielen, sondern faktisch damit »versöhnen«. Die Sehnsucht nach einer anderen, menschengerechten Wirklichkeit wird eher ausgetrieben als gefördert. Die Seelen werden den Markt-Gesetzen von Angebot und Nachfrage ausgeliefert.

Jetzt theologisch gesagt: Gegen die »Ahnungslosigkeit« und Ignoranz der Mehrheit der »neuen Religiositäten«, die vor allem kaufkräftige Kundschaft bedient, ist von Kreuz und Niederlage, Widerstand und Auferstehung zu sprechen. Gegen religiös verbrämte Angebote, welche die Frage nach gerechteren Lebensverhältnissen gar nicht erst stellen, ist an die »konkrete Utopie« der Gerechtigkeit und Lebensfülle des Reiches Gottes zu erinnern, das – spirituell, abstrakt und jenseitig – den Fragen des Geldes, der Macht- und Herrschaftsverhältnisse keineswegs neutral und indifferent gegenübersteht. Gegen die diffuse »göttliche Energie«, von der in der »neuen Religiosität« die Rede ist, ist zu verdeutlichen, daß sich Gott biblisch vor allem dialogisch, im Antlitz des anderen offenbart (Martin Buber). Gerade die machtkritische und widerspenstige Hoffnung auf die »andere Wirklichkeit« des Reiches Gottes entlarvt den allzu häufig pausbäckigen Optimismus »neuer

Religiositäten«. Die prophetische Kult- und Religionskritik ist heute als sozialwissenschaftliche Kritik an den Fast-food-Mentalitäten neuer Religiosität, der Flüchtigkeit des aktuellen religiösen Marktes durchzuführen. Die Opium-Funktion postmoderner Religiosität ist rückhaltlos im Interesse der Ängste und Lebenswünsche der Menschen auf ein gerechtes »Leben in Fülle« zu entlarven und aufzuklären.

Unschuldswahn und Voyeurismus

Nur so ist dem entgegenzuwirken, was Johann Baptist Metz als »neuen Unschuldswahn« bezeichnet: »Ein neuer Unschuldswahn hat unser Denken ergriffen, eine Vorliebe für Mythen mit dem Rücken zu jener Gesellschaft und Geschichte, in der gelitten und gestorben wird. Nicht das Krisenbewußtsein und das Krisendenken sind gefragt, sondern das Krisengewöhnungsdenken.«[67] Was Metz hier an der sogenannten postmodernen Geisteshaltung erkennt, ist in den heutigen Zeiten »erhöhter Ansteckungsgefahr durch Gleichgültigkeit und Dummheit« (Milan Kundera) offensichtlich ein gesamtgesellschaftliches und kulturelles »Zeichen der Zeit«.

Die Informationsströme der Industrie- und Konsumgesellschaft, denen wir erbarmungslos ausgesetzt sind, produzieren eine zunehmende Verblüffungsfestigkeit gegenüber den Katastrophen- und Unheilsnachrichten aus aller Welt, jenes voyeurhafte Zurkenntnisnehmen der Leidensgeschichten anderer. Die Nachrichtenflut der Informationsgesellschaft führt dabei zu einer gefährlichen »Entqualifizierung des Wissens« (F.-J. Lyotard): An die Stelle von Reflexion tritt die Speicherung von Wissensware, an die Stelle der Argumentation die Information, an die Stelle des Denkens in Zusammenhängen die Montage von Informationsbrocken. All dies verstärkt die Tendenz bei einer wachsenden Mehrheit, sich nur noch mit den eigenen, scheinbar überschaubaren und hausgemachten Problemen und Konflikten zu beschäftigen. Die »eigenen vier Wände« im persönlichen, familiären, gesellschaftlichen und kirchlichen Raum verdrängen tendenziell die Not der anderen, die »fremde« Not. Innere und äußere, psychische und sichtbare Mauern nach allen Seiten sind die Folge.

5. Kapitel

Gefahr aus der Mitte

Verschiedentlich habe ich auf die offensichtliche Nähe des Opus Dei beziehungsweise von Opus-Leuten zu reaktionär-konservativen Regierungen und gesellschaftlichen Eliten aufmerksam gemacht. Deutlichstes Beispiel ist die faktische Komplizenschaft mit dem Regime Francos. Derartige Vorgänge sind keine Einzelfälle, keine »Betriebsunfälle«, sondern entsprechen offensichtlich der politisch-gesellschaftlichen Grundeinstellung, der Weltsicht und den Optionen Escrivás, die von der heutigen Opus-Führung im Kern übernommen wurden, wie die lateinamerikanische Situation zeigt.

Sein Hagiograph Peter Berglar zitiert einen Brief Escrivás aus dem Jahre 1958 mit dem Titel »Dei amore«. Escrivá spricht darin »von drei großen ›manchas‹, Flecken, die die Welt verschmutzen: zunächst ›esa mancha roja‹, jener rote Fleck [der marxistische Atheismus, Kommunismus; MM], der sich mit großer Geschwindigkeit über die Erde ausbreitet, der alles niederreißt, ›der noch die winzigste übernatürliche Regung zu zerstören trachtet‹. Dann das Vordringen einer zweiten großen Woge von losgelassener Sinnlichkeit, ja geradezu Verblödung, die die Menschen dazu bringt, sich wie Tiere aufzuführen. Schließlich ein noch ›andersfarbiger Fleck‹: die ständig zunehmenden Tendenzen, Gott und Kirche sozusagen die objektive Wirklichkeit und Bedeutung abzusprechen und sie in einen Winkel des Privatlebens zu verbannen, wo sie unter Kuratel eines subjektivistischen ›Gewissens‹ gestellt werden sollen; mit anderen Worten, die Verdrängung des Glaubens und seiner Bekundungen aus dem öffentlichen Leben. Diese drei ›manchas‹ stellen andauernde, offenkundige und aggressive Gefährdungen dar.«[1]

Die antidemokratische Einstellung Escrivás, seine Verachtung für das Menschenrecht der Gewissensfreiheit, korrespondiert mit seiner Sympathie für das nationalsozialistische Deutschland. Vladimir Felzmann schildert in einem Interview mit Peter Hertel, daß dieser »Nazi-Deutschland als einen Kreuzzug gegen den Kommunismus«[69] gesehen habe. Vor allem meinte Escrivá in Hitler den Lebensretter der spanischen Kirche zu erkennen: »Ohne Hitler wäre Franco nicht. (...) Für ihn war es so: man ist schon fast tot, plötzlich kommen die Deutschen in Waffen, und das Leben geht weiter. Die Kirche, die fast schon zu Grabe getragen wurde, richtete sich wieder auf.«[70]

Josemaría und die »Auschwitzlüge«

In dieser Verblendung verstieg sich Escrivá, nach dem Zeugnis Felzmanns, zu Sätzen, die nahe an der »Auschwitzlüge« Ewiggestriger, reaktionärer Antisemiten und neonazistischer Ideologen ist. Escrivá habe gesagt, »wenn die Leute behaupteten, Hitler habe sechs Millionen Juden getötet, dann übertrieben sie. So schlecht sei Hitler nicht gewesen. Er könne nicht mehr als drei oder vier Millionen Juden getötet haben.«[71]

Für was eigentlich soll nach Meinung hoher römischer Kirchenherren das Opus Dei als Modell der römisch-katholischen Kirche dienen? Um die Schärfe dieser Frage deutlich zu machen, führe ich im folgenden das Verhältnis zwischen katholischer Kirche und nationalsozialistischem Staat vor Augen. Die vermeintliche und faktische Interessenkonvergenz der katholischen Kirche zum nationalsozialistischen Regime in dessen »Abwehrfront« gegen den Kommunismus und Bolschewismus zeigt, daß der Opus-Gründer mit seiner Grundhaltung durchaus kein Einzelfall der römisch-katholischen Kirchenhierarchie war.

Fast ein halbes Jahr, nachdem Adolf Hitler und seine Generale im Juli 1941 mit dreieinhalb Millionen Soldaten und Tausenden von Panzern, Geschützen und Kampfflugzeugen die Sowjetunion überfielen und jenen Krieg begannen, der von Anfang an als mörderischer Vernichtungsgkrieg geplant war, verkündeten die deutschen katholischen Bischöfe am 10. Dezember 1941 in einer gemeinsamen Erklärung: »Mit Genugtuung verfolgen wir den

Kampf gegen die Macht des Bolschewismus, vor dem wir deutschen Bischöfe in zahlreichen Hirtenbriefen gewarnt und zur Wachsamkeit aufgerufen haben.« Wie ist diese ideologische Verblendung, wenigstens in Ansätzen, zu erklären?

Besitzstandswahrung und ideologischer Antikommunismus

Bei allen grundsätzlichen weltanschaulichen Gegensätzen und dem totalitären Anspruch des Nationalsozialismus, eine Ideologie mit unbedingter, letztgültiger Wahrheit zu sein, trotz der Beschneidung kirchlicher Ansprüche und traditioneller Rechte auf dem Gebiet des Schulwesens, der Jugendarbeit, der Presse, trotz der Gleichschaltung katholischer Vereinigungen und der Konfiskation von Kirchengütern erkennen Historiker und Sozialwissenschaftler vor allem im Antikommunismus der katholischen Kirche die Ursache für das Entstehen einer partiellen politischen Interessenkonvergenz zwischen Faschismus und katholischer Kirche.[72] Im Katholizismus der dreißiger Jahre weit verbreitet war offensichtlich die Auffassung, der Nationalsozialismus sei die einzige Sicherung vor dem »atheistischen Kommunismus«.

Noch nach den Septemberwahlen 1930 waren die deutschen Bischöfe der nationalsozialistischen Ideologie, der stärker werdenden NS-Reichstagsfraktion und den paramilitärischen Schlägertrupps der Nazis mit scharfen offiziellen Verurteilungen begegnet. Zusammen mit der Zentrumspartei, ihren Verbänden und ihrer Presse bildeten sie eine »geschlossene katholische Abwehrfront«[73] und führten für die Reichstagswahl am 5. März 1933 ihren bis dahin härtesten Wahlkampf.

Die Erklärung der deutschen Bischofskonferenz vom 28. März 1933 markiert auf den ersten Blick scheinbar eine grundlegende Veränderung im Verhältnis der katholischen Kirche zum Nationalsozialismus. Die entscheidenden Sätze der Kundgebung der Bischöfe, die als Reaktion auf die Regierungserklärung Hitlers vom 23. März 1933 erfolgte, lauteten: »Ohne die in unseren früheren Maßnahmen liegende Verurteilung bestimmter religiös-sittlicher Irrtümer aufzuheben, glaubt daher der Episkopat das Vertrauen hegen zu können, daß die vorbezeichneten allgemeinen Verbote und Warnungen nicht mehr als notwendig betrachtet zu werden brauchen. (...) Für die katholischen Christen, denen die Stimme ihrer Kirche heilig ist, bedarf es auch im gegenwärtigen Zeitpunkt keiner besonderen Mahnung zur Treue gegenüber der rechtmäßigen Obrigkeit und zur gewissenhaften Erfüllung der staatsbürgerlichen Pflichten unter grundsätzlicher Ablehnung allen rechtswidrigen oder umstürzlerischen Verhaltens.«[74]

Die in der Regierungserklärung gegebene Zusage Hitlers, die Rechte der Kirchen blieben unangetastet, und der Einfluß der christlichen Konfessionen in Schule und Erziehung werde von der nationalsozialistischen Regierung sichergestellt, konnte allein keine Änderung des Gesamturteils der deutschen Bischöfe über den Nationalsozialismus herbeigeführt haben. Auch können die zunehmend stärker werdenden Übergriffe und Unterdrückungsmaßnahmen von seiten des neuen Staates, der psychische Druck und physische Terror nationalsozialistischer Organisationen gegen katholische Verbände, katholische Presse und einzelne Katholiken das plötzliche Einlenken des Episkopats nicht hinreichend erklären.

Bei Durchsicht der Stellungnahmen der katholischen Oberhirten während der Auseinandersetzungen zwischen katholischer Kirche und Nationalsozialismus in den Jahren 1930 bis 1933 fällt auf, daß die Verurteilung des NS-Faschismus im wesentlichen die kulturpolitischen Anschauungen und Forderungen betreffen. Die staatspolitischen Ziele des Dritten Reiches aber werden in den Verurteilungen der Bischöfe ausgeklammert[75]. Die Anklagen der deutschen Bischöfe richteten sich vor allem gegen die Verletzung katholischer Interessen und zielten in erster Linie auf die Etablierung oder zumindest die Sicherung bestimmter Rechte und Einflußmöglichkeiten der Kirche in Schule und Erziehung.[76]

»Der Nationalsozialismus erschien dem deutschen Katholizismus eben als unmittelbarer Gegner nur da, wo er die Lehren der katholischen Kirche direkt angriff bzw. wo er katholische Bürger, katholische Vereine und die Kirche selbst in ihrer Freiheit und Wirksamkeit beschnitt. Der Widerstand des deutschen Katholizismus war, vor allem in den Anfangsjahren, Widerstand um der eigenen Selbstbehauptung willen, nicht eigentlich Widerstand gegen das Unrecht als solches.«[77]

Wurde die nationalsozialistische Weltanschauung mit ihrem totalitären Anspruch und das kulturpolitische Programm abgelehnt, so erkannte die deutsche katholische Kirchenführung die »antisozialistische Funktion des deutschen Faschismus«. Katholische Theologen, katholische Presse und Bischöfe verwiesen kontinuierlich in Hirtenbriefen, Stellungnahmen und Schriften auf die »Übereinstimmung im Antikommunismus, damals Antibolschewismus genannt«[78].

Ohne Zweifel war gerade auch die Furcht des Papstes und der Kurie vor dem Kommunismus wesentliche Ursache für die rasche Durchführung und den äußerst schnellen Abschluß des Konkordats zwischen Vatikan und nationalsozialistischem Deutschland (Juli 1933). Die Diplomatie des Vatikans verfolgte in den Jahren vor dem Zweiten Weltkrieg und in den ersten Kriegsjahren das Ziel, einerseits die moralische Autorität des Papstes durch zahlreiche Friedensappelle zu stärken, andererseits eine westliche Front, einschließlich Deutschlands, gegen die »drohende Gefahr des Bolschewismus« aufzubauen.[79] Auffallend ist in diesem Zusammenhang, daß Papst Pius XII. an keiner Stelle seiner Weihnachtsansprachen in den Jahren 1941 bis 1944 den deutschen Angriff auf Rußland verurteilte.

Mit dem Abschluß des Reichskonkordats, das der Vatikan vor dem Hintergrund der schnell wachsenden Macht des nationalsozialistischen Staates abschloß, um den kirchlichen Einfluß im kulturpolitischen Bereich zu sichern, erreichte Hitler die Entpolitisierung des deutschen Katholizismus, die Anerkennung der nationalsozialistischen Herrschaft durch Rom und die Rücknahme der bischöflichen Verurteilungen[80]. Von der nationalsozialistischen Regierung wurde das Konkordat, ebenso wie schon die Kundgebung der deutschen Bischöfe vom 28. März 1933, als volle Zustimmung der katholischen Kirche zum Dritten Reich in allen Bereichen propagandistisch ausgeschlachtet und hatte so eine dementsprechend lähmende Wirkung auf die Kräfte im deutschen Katholizismus, die gegen die nationalsozialistische Terrorherrschaft kämpfen wollten.

Diesen Kampf verstanden diese Katholiken, im Gegensatz zur übergroßen Mehrheit der deutschen Katholiken und des Klerus, nicht als alleiniges Eintreten für das eigene »Gruppeninteresse«, sondern als Kampf gegen den faschistischen Unrechtsstaat als

Ganzem: gegen den immer stärker werdenden Terror gegen Juden und Zigeuner, gegen die Verfolgung von Sozialisten und Kommunisten, gegen die Ingangsetzung der nationalsozialistischen Kriegsmaschinerie und die zunehmende Militarisierung der Gesellschaft.

Die nahezu ausschließliche Fixierung des deutschen Episkopats auf kirchen-, konfessions- und kulturpolitische Aufgaben einerseits und die katholische Tradition des Antikommunismus bzw. Antibolschewismus andererseits, führten seit der Regierungerklärung Hitlers vom 23. März 1933 zu unkritischen Loyalitätsbekundungen der Bischöfe gegenüber dem totalitären Staat.

Kurt Sontheimer weist neben der Übereinstimmung im Antikommunismus noch auf andere Affinitäten zwischen den staatspolitischen Vorstellungen des Nationalsozialismus und den politischen Ideen des deutschen Katholizismus hin: »Reichsidee, Autoritätsgedanke, hierarchisches Prinzip, soziale Neubildung des Volkes zu brüderlicher Einheit und schließlich auch der nationale Machtstaatsgedanke, sie konnten manchen Katholiken als Verheißung für die künftige Realisierung eines wahrhaften Dritten Reiches, als neuer Ansatz zu einem christlichen Reiche der Deutschen gelten.«[81]

Der evangelische Theologe Dietrich Bonhoeffer, der am 9. April 1945 im Konzentrationslager Flossenbürg von Nazi-Schergen ermordet wurde, erkannte den fatalen Irrweg der Kirche, die nur um ihre Selbsterhaltung gekämpft und ihren Besitzstand zu wahren versucht hat, aber stumm war, »wo sie hätte schreien müssen, weil das Blut der Unschuldigen zum Himmel schrie«.[82] In seinen Briefen und Aufzeichnungen aus der Haft, die später unter dem Titel »Widerstand und Ergebung« veröffentlicht wurden, warnt Bonhoeffer vor neuer organisatorischer Machtentfaltung der Kirche und fordert zur Selbstbescheidung auf: »Unsere Kirche, die in diesen Jahren nur um ihre Selbsterhaltung gekämpft hat, ist unfähig, Träger des versöhnenden und erlösenden Wortes für die Menschen und die Welt zu sein. Darum müssen die früheren Worte kraftlos werden und verstummen, und unser Christsein wird heute nur in zweierlei bestehen: im Beten und im Tun des Gerechten unter den Menschen«.[83]

Mißachtung der Gewissensfreiheit und des Selbstbestimmungsrechts

Das Verhältnis der katholischen Kirche gegenüber dem Nationalsozialismus markiert ein Verhaltensmuster und Modell, dem die kirchliche Politik in verschiedenen gesellschaftlichen Kontexten gefolgt ist. Ein Staat, ein Regime erscheint als »gut« bzw. kann mit kirchlicher Billigung oder zumindest Duldung rechnen, wenn er das Recht auf freie Ausübung katholischer Religiosität garantiert und den Besitzstand der Kirche respektiert. Die Menschenrechte sind mehr oder weniger nur ein Anhängsel der Religionsfreiheit, nicht deren Voraussetzung.

Eine Regierung, ein Regime wird begrüßt, wenn es den Ausbau der kirchlichen Privilegien zuläßt oder gar dem integralistischen Anspruch der Kirche entspricht oder zu entsprechen vorgibt. Das heißt: Sie unterwirft Gesetze des Staates zu den Fragen Ehe, Abtreibung, Empfängnisverhütung, Sexualität, Homosexualität, Schule, Wissenschaft u. a. den Lehr- und Moralsätzen der römisch-katholischen Kirche. In diesem Fall wird der staatlichen Macht und gesellschaftlichen Elite vieles – inklusive Menschenrechtsverletzungen – entschuldigt.

Verheerend wirkt sich hinsichtlich der sozialen Menschen- und Freiheitsrechte aus, wenn sich die beiden skizzierten Verhaltensmuster kirchlicher Politik mit einem ideologischen Antikommunismus verbinden. Beispiele sind das franquistische Spanien, das nationalsozialistische Deutschland sowie die Ideologie der »Nationalen Sicherheit« und der »demokratischen Regimes« (formale Demokratisierung, neoliberales Wirtschaftskonzept) in lateinamerikanischen Staaten heute.

Ebenso wie jede staatliche Macht mit totalitärem Anspruch mißachtet das Konzept des katholischen Integralismus die Gewissensfreiheit des einzelnen, weil es das Gewissen einer externen autoritativen Instanz, nämlich dem Wahrheitsanspruch eines integralistisch dominierten Lehramts unterwerfen will. »Der katholische Integralismus ist nur scheinbar ein Feind des Totalitarismus, in Wirklichkeit aber dessen Konkurrent, denn beide lehnen das irreduzible menschliche Wesen radikal ab.«[84]

Es ist keine Nebensache, wenn Josemaría Escrivá und damit das

Opus Dei de facto von der Kirchenhierarchie zum Modell für die Erneuerung der katholischen Kirche genommen werden. Es zeigt sich darin, daß die Achse der Kirche massiv nach rechts verschoben worden ist und wird. Nicht die extremistischen Gruppierungen stellen die eigentliche Gefahr für staatliche Gemeinwesen oder religiöse Gemeinschaften dar, sondern der fehlende Widerstand und die Billigung rechtsextremer Positionen und Ideologien aus der Mitte. Die Gefahr kommt aus der Mitte. Die Gewissensverächter, die den einzelnen der eigenen Herrschaftsideologie zu unterwerfen suchen, gelangen so immer mehr zur Macht.

4. Teil

Organisierte Lebensangst

1. Kapitel

Im totalitären Würgegriff

Empirisch-sozialwissenschaftliche Studien stellen ein explosionsartiges Wachstum von Phänomenen während der letzten Jahre fest, die heute unter der Bezeichnung »Religiöse Kulte und Sekten« beziehungsweise »Neue religiöse Bewegungen« bekannt sind.[1] Ich ziehe den Begriff »Gruppierungen mit vereinnahmender und totalitärer Tendenz«[2] vor. Psychotherapeuten und Sozialpsychologen wissen, daß religiöse Sekten und Gruppierungen mit totalitärer Tendenz in jedem Fall eine persönliche Katastrophe für die Betroffenen und ihre Angehörigen sind.

Die gesellschaftlichen Folgen des Vormarsches totalitärer Gruppierungen mit fundamentalistischer Ideologie sind mittel- und langfristig nicht kalkulierbar. Mit den in demokratischen Gesellschaften verfassungsrechtlich garantierten Menschenrechten stehen solche Gruppierungen auf Kriegsfuß. Sie mißachten letztlich all das, was Demokratie und Rechtsstaatlichkeit, was politische Kultur wesentlich kennzeichnet: Gewissens-, Meinungs- und Religionsfreiheit, institutionalisierte Rechtskultur, Transparenz und Offenheit aller Entscheidungsprozesse, Mündigkeit und Selbstbestimmung des einzelnen und anderes mehr. Die stereotype Behauptung seitens dieser Gruppierungen mit fundamentalistischer Ideologie, die Mitglieder seien in all ihren Lebensentscheidungen völlig frei, trifft formaljuristisch zumeist zu. In der Tat existieren nur in Ausnahmefällen juristische Möglichkeiten, gegen die Praktiken totalitärer Gruppen und religiöser Sondergruppen vorzugehen.[3] Psychologisch gesehen, widerspricht das juristische Defizit keineswegs dem tatsächlich totalitären Charakter solcher Gruppierungen.

Im Gegensatz zu neuen »religiösen Kulten und Sekten« begegnet die Öffentlichkeit Gruppierungen, die innerhalb oder am Rande der institutionalisierten Religion bzw. Kirchen operieren, mit Nachsicht und »Toleranz«. Wenn zudem die Mitglieder mit den Insignien akademischer Titel und gesellschaftlichem Rang auftreten, reduziert sich regelmäßig die Konfliktbereitschaft zur öffentlichen Auseinandersetzung. Die offizielle Anerkennung und Förderung des Opus Dei, der Bewegung »Communione e liberazione« und anderer fundamentalistischer Gruppierungen durch die höchsten Spitzen der römisch-katholischen Kirche erschwert Eltern, Lehrern und Behörden zusätzlich, gegen diese vorzugehen, wenn sie vereinnahmende Anwerbungsmethoden, ideologische Indoktrination, persönlichkeitsmanipulierende und -zerstörende Tendenzen feststellen oder vermuten.

Profillinien totalitärer Gruppierungen

Autoritär strukturierte Gruppierungen mit vereinnahmender, totalitärer Tendenz operieren geschickt und perfid mit den vielschichtigen Ängsten verunsicherter und ichschwacher Menschen. Ihre neue gefährliche Qualität besteht in dem systematischen Einsatz von psychologischen Techniken und Praktiken, die letztlich alle darauf zielen, den Willen des Individuums zu schwächen oder zu brechen, Gewalt über sein Denken, Fühlen und Handeln zu erlangen.

Wichtigste Informationsquelle zur Entscheidung der Frage, ob es sich bei einer bestimmten Gruppe um eine mit totalitärer Tendenz handelt, sind Ex-Mitglieder. Sie haben zumeist präzise Kenntnisse über die Lehre bzw. die Ideologie der Gruppe, das Sozialleben, die Werbemethoden, die Leitungsstruktur und internen Praktiken, über Namen der Führungsclique und Adressen von Tarnorganisationen.

Gegenüber normalen gesellschaftlichen oder religiösen Gruppierungen unterscheiden sich totalitäre, persönlichkeitszerstörende Kulte und Sekten mit religiösem Charakter unter anderem durch die folgenden Hauptmerkmale und Profillinien:[4]

1. Berufung auf eine höhere, göttliche Wahrheitsinstanz und die ehrfürchtige Anbetung eines »seelischen Führers«, eines Meisters, Gründers oder Stifters; darauf gründet die hierarchische und

streng autoritäre Leitungsstruktur und die Forderung des unbedingten Gehorsams gegenüber den Vorgesetzten;

2. Korporative Identität und ein ausgeprägtes Elitebewußtsein;

3. Heilsversprechen, das Rettung und Erlösung all denen verheißt, die Mitglied werden;

4. Reduktion der Komplexität und Widersprüchlichkeit von Mensch, Gesellschaft und Welt auf einen manichäischen Dualismus von Gut und Böse, Schwarz und Weiß, Heil und Unheil, Freund und Feind;

5. Manipulative Methoden der Anwerbung neuer Mitglieder und ständige ideologische Indoktrinierung, die dem einzelnen zunehmend die Entscheidungsfreiheit beschneiden und rauben;

6. Starres System von Normen, Geboten und Regeln, denen man sich rückhaltlos und bedingungslos zu unterwerfen hat; außerdem starke Ritualisierung und Schematisierung der Binnenkontakte zwischen den Mitgliedern (gruppenspezifische Sprache, floskelhafte Sprachvorgaben usw.);

7. Soziale Isolierung und Abschottung gegenüber Angehörigen, FreundInnen und KollegInnen, die Teil einer in der Tendenz totalen sozialen Kontrolle sind;

8. Manipulation durch Angst, Scham- und Schuldgefühle; Verteufelung abweichender und »unerlaubter« Gefühle wie Traurigkeit und Depression, die die Mitgliedschaft »gefährden« können;

9. Diffamierung ehemaliger Mitglieder als charakterliche Schwächlinge und Versager, außerdem die Existenz diverser objektiver Widerstände (finanzielle Abhängigkeit, keine Sozialversicherungen usw.) und psychologischer Methoden, die den Austritt erschweren bzw. unmöglich machen sollen;

10. Finanzielle Ausbeutung der Mitglieder sowie das Auseinanderklaffen zwischen der Propagierung einer asketischen, armen Lebensform für den einzelnen und dem objektiven Reichtum der Gruppierung oder Organisation.

Diese allgemeinen Hauptmerkmale und Profillinien von Gruppierungen mit totalitärer Tendenz benutze ich für die Analyse kirchlicher Gruppen, die ich tendenziell dem fundamentalistischen Spektrum zurechne. Ich konzentriere mich wiederum auf das Opus Dei, da mir zu dieser Geheimorganisation die umfangreichste Dokumentation vorliegt, die ich aus Platzgründen hier nur teilweise ausschöpfen kann. Sie ermöglicht mir den Vergleich zwischen den Berichten ehemaliger Mitglieder und den internen bzw. geheimen Dokumenten dieser Organisation.

Die Existenz von Gruppierungen mit vereinnahmender Tendenz innerhalb der Kirchen, die den einzelnen »im totalitären Würgegriff« zu halten versuchen, ist ein Skandal, der durch kein noch so abstruses Kirchenverständnis zu relativieren oder gar zu rechtfertigen ist.

2. Kapitel

Seelenfänger und Menschenjäger

»Wenn jemand nicht den Eifer hat, andere für die Sache zu gewinnen, so hat er kein Herz, das schlägt. Er ist tot. Wir können die Worte der Schrift auf ihn anwenden: ›Iam foetet, quadriduanus est enim‹ (Johannes 11,39) – ›Er ist bereits am Verwesen (wörtlich: er stinkt), denn er ist schon vier Tage tot.‹ Diese Seelen, auch wenn sie am Werk teilhatten, wären tot, verfault, iam foetent. Und, so sagt der Vater, Leichen bringen mir nichts. Leichen begrabe ich.«

Diese Sätze aus der *Crónica*, der internen Führungszeitschrift des Opus Dei, verpflichten jedes Mitglied des Werkes in starken Tobak-Worten auf die Anwerbung neuer, möglichst junger Anhänger. Die *Crónica* ist unmittelbar nur den zölibatär lebenden Numerariern zugänglich und wird in den Opus-Zentren streng unter Verschluß gehalten. Das Zitat zeigt einmal mehr die Gründe für derartige Geheimniskrämerei.

Die Jagd nach neuen Mitgliedern gehört zu den Hauptverpflichtungen aller Opus-Mitglieder. Wer negativ durch zu geringe Anwerbungsanstrengungen auffällt und die Rekrutierungserwartungen neuer Anhänger, die von der Opus-Führungscrew der nationalen Niederlassungen und Zentren, den sogenannten »Örtlichen Räten«, festgelegt werden, nicht erfüllt, wird mit Mißgunst und Mißtrauen bestraft. Der psychische Druck wird forciert, indem der oder dem Betroffenen mangelnder »apostolischer Eifer« für die Ziele des Werkes und damit die Sache Gottes unterstellt wird.

Unverhohlen artikuliert der zitierte Satz – »Leichen bringen mir nichts« – die religiöse und soziale Verachtung gegenüber denen, die bei ihren »Fischzügen«, der Menschenjagd und dem Seelenfang erfolglos sind. In solchen Sätzen, die dem »ehrwürdigen Diener Gottes Josemaría Escrivá« von seinen Hagiographen und Ideologen nachgesagt werden, steckt ein erhebliches Potential an Menschenverachtung. Einmal mehr entlarven solche Sätze, daß es dem Opus Dei zuerst und zuletzt um Erfolg, Geld und Macht geht. Das sind die Maßeinheiten für die Leistungsbilanz und das Seelenheil jedes einzelnen Mitglieds. Nicht die individuelle »religiöse Erbauung« steht an erster Stelle, sondern der Mitglieder- und Machtzuwachs des Opus Dei. Mit unerbittlicher Regelmäßigkeit werden sie mit der Frage konfrontiert: »Es ist Zeit zu zählen. Wie viele Berufene hast du uns gebracht?«[5]

Die Anwerbung neuer Anhänger ist konstitutive Verpflichtung für jedes Opus-Dei-Mitglied. Niemand kann Mitglied sein ohne ständige Mitgliederanwerbung, es sei denn, er ist zu »höheren Aufgaben« in der Hierachie des Opus berufen. In dem geheimen Dokument »De Spiritu et de piis servandis Consuetudinibus« (Geist und fromme Gewohnheiten) heißt es: »Kein Mitglied des Werkes vergißt, daß die Verpflichtung zu werben zu seiner Berufung gehört; sie muß ein beständiges Anliegen und Thema der täglichen Gewissensforschung sein. (...) Die Neuberufenen haben von Anfang ihres Eintritts an die Werbung praktisch zu betreiben.«[6]

»Josefsliste« und »Pfeifkandidaten«

Das gleiche Geheimdokument beschreibt das Verfahren, durch das die Mitglieder auf die Werbung neuer Anhänger eingeschworen werden. Mehrmals im Jahr versammeln sich die Opus-Dei-Mitglieder eines Zentrums oder einer Gruppe, um eine sogenannte »Josefsliste« potentieller »Pfeifkandidat/innen« zusammenzustellen.

»Pfeifkandidaten« heißen im internen Jargon diejenigen Frauen und Männer, zumeist junge Erwachsene und Jugendliche, die bereits im Netz der Anwerbung und Abhängigkeit verstrickt sind und intern als zukünftige Mitglieder »gehandelt« werden. Ständig wird in informellen Gesprächen und regelmäßigen Treffen im Opus-Dei-Zentrum darüber spekuliert, wer in absehbarer Zeit »reif«, wer soweit ist, daß er Mitglied des Opus werden will. Gemeinsam wird überlegt, wie auf zögerndes Verhalten der Pfeifkandidatin, des Pfeifkandidaten am günstigsten zu reagieren ist, welches Vorgehen, welche Methoden am erfolgversprechendsten sind. Viele Gespräche werden zu einer Erfahrungs- und Ideenbörse psychologischer Mittel des Seelenfangs und der Menschenjagd.

Ein besonderer Tag ist der Vorabend des Festes des heiligen Josef (19. März). Das ehemalige Opus-Dei-Mitglied Klaus Steigleder berichtet: »Nach gemeinsamer Anrufung des Heiligen Geistes soll jedes der Mitglieder eines Zentrums ›zwei Freunde‹ seines Apostolats benennen, von denen es überzeugt ist, daß sie im Verlauf eines Jahres Mitglieder der Vereinigung werden können. (...) Die Liste wird am Ende in einem Umschlag verschlossen und von dem Leiter des Hauses bewahrt, um dann im folgenden Jahr unmittelbar vor Erstellung der neuen ›Josefsliste‹ wieder geöffnet und verlesen zu werden. Großer Jubel und Applaus für diejenigen, die tatsächlich ›gepfiffen‹ haben; Nachfragen zu denen, die diesen Schritt nicht beziehungsweise noch nicht gegangen sind. Die Mehrzahl der Anwesenden beim Erstellen der ›Liste vom hl. Josef‹ notieren sich die Namen, die ›auf die Liste gesetzt‹ werden, auch in ihrem Notizbuch, so daß die betreffenden Personen auch während des Jahres Gegenstand des Beisammenseins sind. Für die Mitglieder stellen eine solche ›Josefsliste‹ und die anderen Listen von ›Pfeifkandidaten‹, die im Verlauf des Jahres sonst noch aufgestellt werden, einen gewaltigen Ansporn für ihre apostolischen Bemühungen dar.«[7]

Seelenfang als »Gottesdienst«

Entscheidend für das Selbstverständnis des einzelnen Mitglieds und die Strategie der Anwerbung neuer Anhänger ist die religiöse Überhöhung dieser Pflicht. Die Rekrutierung neuer Mitglieder ist – nach der pseudoreligiösen Ideologie des Opus – »Gottesdienst«, die Namensammlung potentieller Pfeifkandidaten und das Erstellen der Josefsliste »Gebet«: »Wenn die Opus-Dei-Mitglieder eines Zentrums oder einer Gruppe zusammenkommen, um die Liste des heiligen Josefs zusammenzustellen, ißt und trinkt man nichts: es ist Gebet«, heißt es in dem geheimen Dokument »Geist und fromme Gewohnheiten«.[8]

Die Anwerbung neuer Mitglieder wird außerdem für die ins Visier Genommenen zu einer Art »Lebensrettung vor dem Selbstmord der Seele« verstanden: »Wir finden allgemeinen Beifall, wenn wir jemand gewaltsam daran hindern, sein irdisches Leben durch Selbstmord zu beenden. Sollen wir nicht in gleicher Weise ungestüm drängen – mit heiligem Zwang–, um das übernatürliche Leben derjenigen zu retten, die unbedingt unsinnigen Selbstmord an ihrer Seele begehen wollen?« (Der Weg, Nr. 399).

Gott habe jedes einzelne Opus-Dei-Mitglied direkt berufen, habe sich, ohne zu fragen, in das Leben eingemischt und grundlegend – meist gegen Zweifel, Bequemlichkeit, Lauheit und andere Laster – das Leben des von Gottes Strahl Getroffenen verändert. Also dürfen wir uns auch in das Leben anderer einmischen, so die Ideologie des Proselytismus im Opus Dei. Hartnäckig gelte es, den potentiellen Pfeifkandidaten mit »heiligem Zwang« und »heiliger Unnachgiebigkeit« zu bedrängen. In der Tat, Eltern wundern sich häufig, wie unermüdlich ihre Jungen und Mädchen telefonisch belästigt und verfolgt werden. Was für diese Eltern als das etwas sonderbare Verhalten einer Mitschülerin oder eines Mitschülers erscheint, ist in Wahrheit ein Opus-Dei-Mitglied oder Aspirant im Erfolgsdruck bei der Anwerbung neuer Mitglieder.

Kennzeichen aller Gruppierungen mit vereinnahmender, totalitärer Tendenz, mit autoritärer Führung und streng hierarchischer Struktur, die in der Literatur – ohne klare und allgemeingültige Definition – als »destruktive Kulte«, »Sekten«, »Jugendreligionen« oder »neu-religiöse Kulte« bezeichnet werden, ist der Wille zur »Missionierung«, zur Anwerbung neuer Mitglieder. Das Vorgehen der Anwerber ist dabei mehr oder weniger offensiv und aggressiv. Die Werbestrategien »religiöser Kulte und Sekten« scheuen entweder öffentliches Auftreten und operieren auf informeller Ebene; oder sie nutzen die ausgeklügelten Strategien der Werbebranche und wenden ein professionelles Marketing an. Die Pseudokirche »Scientology« zum Beispiel, die erfolgreich das Geschäft mit der Angst und der Ausbeutung von Menschen mit modernem Finanz- und Betriebsmanagement verknüpft, wirbt durch flächendeckende Postwurfsendungen von Broschüren und Werbematerial, durch das Angebot von sogenannten »Persönlichkeitstests« auf Straßen, durch Buchstände an günstigen Passantenlagen, durch Inseratkampagnen und Bandenwerbung auf Fußballplätzen. Das Hauptgewicht der Werbestrategie ist eine starke öffentliche Präsenz.

Anders das Werbekonzept des Opus Dei, das keine großflächige und breitgefächerte Werbung unternimmt. Dem Charakter einer Geheimorganisation verpflichtet, meidet das Opus Dei die öffentlichen Orte bei der Anwerbung neuer Mitglieder. Es konzentriert sich auf die altbewährten Orte des kirchlichen Milieus: die kirchliche Jugendarbeit, die katholische Schule, das Umfeld katholischer Studenten- und Hochschulgemeinden. Hier suchen die Anwerber Kontakt zu begabten jungen Menschen, vor allem zu männlichen Jugendlichen.

Zentrales Element der Werbemethoden des Opus ist das sogenannte »Apostolat der Freundschaft und des Vertrauens«. Wer das Wort »Freundschaft« im Zusammenhang mit Opus Dei hört, sollte auf der Hut sein: »Freundschaft« ist hier immer ein Mittel, neue Mitglieder zu werben. Es gehört zur Palette der verschiedenen Methoden gezielter Verstrickung im Netz der Abhängigkeit von jungen und erwachsenen Menschen, die man als »bekehrungsanfällig« einschätzt. Opus-Mitglieder oder Aspiranten versuchen zu denjenigen, die einer Mitgliedschaft für würdig erachtet werden, intensive Kontakte aufzubauen und zu pflegen.

Entscheidend ist, Vertrauen zu erwecken, um möglichst viel über die Persönlichkeit und Lebensführung des Umworbenen zu erfahren, seine Sorgen und Ängste, Schwierigkeiten und Hoffnungen, sein soziales Umfeld und seine Einstellungen. Dazu Klaus Steigleder: »Es wird im Apostolat zu erreichen versucht, daß ein anderer möglichst viel von sich erzählt, ohne daß man Entsprechendes von sich zu berichten gewillt ist. Man darf es auch nur begrenzt, da das Opus Dei eine ›Familie‹ ist, deren Intimsphäre und Gepflogenheiten niemand anderes etwas angingen.«[9] Was im Opus-Jargon als »Apostolat der Freundschaft und des Vertrauens« bezeichnet wird, ist meines Erachtens nichts anderes als das Aushorchen der Intimsphäre eines anderen, um – im Wissen um dessen Schwachstellen und Persönlichkeit – Macht über ihn zu gewinnen.

Gruppen mit totalitärer Tendenz legen es immer vor allem darauf an, Vertrauen zwecks Informationsbeschaffung zu erwecken. Den Anvisierten wird ein möglichst großes Maß an Aufmerksamkeit und Umsorgung zuteil. Die Anwerber geben sich tolerant und zeigen Verständnis für die Ängste und anfängliche Zurückhaltung der Umworbenen. Selbstverständlich bekommen die Umworbenen zu diesem Zeitpunkt ausschließlich die schöne Außenfassade der Sekte und Gruppierung zu Gesicht. Der Umworbene erlebt ein Höchstmaß an Aufmerksamkeit und Zuwendung für seine Person, die er sonst zumeist nicht kennt. Er wird auf einmal mit Einladungen überhäuft und erlebt die Geborgenheit einer Gemeinschaft. Systematisch wird er an die Gruppe gebunden. Zunehmend verliert die oder der Umworbene die Fähigkeit, kritisch auf Distanz zu gehen und »nein« zu sagen. Immer weniger ist er in der Lage, all die neuen »Freunde« zu enttäuschen, diese von sich fernzuhalten und ihrem »Freundschaftsansinnen« negativ zu begegnen. Falls er versucht, sich zu diesem Zeitpunkt zurückzuziehen, begegnen ihm die »Freunde« mit Enttäuschung und Traurigkeit. Der persönliche und moralische Druck wird gesteigert, auch wenn unablässig die »Freiwilligkeit der Entscheidung«, die man selbstverständlich respektieren werde, vorgegaukelt wird.

Ehemalige Opus-Dei-Mitglieder berichten übereinstimmend, daß sie bei ihren Versuchen der Anwerbung neuer Mitglieder in jedem einzelnen Schritt zur Absprache mit ihrem »geistlichen Leiter« angehalten wurden. Dieser bündelte die Persönlichkeitskenntnisse des Umworbenen und empfahl das weitere Vorgehen. »Apostolat ist im Opus Dei immer geleitetes ›Apostolat‹, Freundschaft dementsprechend (...) geleitete ›Freundschaft‹.«[10] Allein diese Tatsache zeigt, wie straff geführt die Anwerbung neuer Anhänger im Opus Dei ist. Aber weniger von Anwerbung kann hier die Rede sein als von Seelenfang.

Verwandte, Freunde, Teufel und Luzifer

Wer mit Opus Dei zu tun bekommt, muß sich häufig zwischen seiner wirklichen Familie und der neuen »Opus-Familie« entscheiden, zumindest dann, wenn Eltern, Angehörige, Freunde Skepsis gegenüber dem Opus haben. Josemaría Escrivá macht dies mit aller Brutalität deutlich:

»›Ich bin gekommen‹, sagt der Herr, ›um den Sohn mit seinem Vater zu entzweien und die Tochter mit ihrer Mutter und die

Schwiegertochter mit ihrer Schwiegermutter...‹ Indem du das tust, was der Herr von dir verlangt, beweist du wahrhaft die Liebe zu deinen Eltern. Sie soll vollkommen sein, aber du darfst dich nicht hinter ihr verstecken, wenn die Stunde dein persönliches Opfer fordert. Denn andernfalls – glaub mir – stellst du der Liebe zu Gott die Liebe zu deinen Eltern und der Liebe zu deinen Eltern deine Eigenliebe voran. Verstehst du jetzt besser, wie die Aussagen des Evangeliums zusammengehören« (Der Weg, Nr. 816) – »Der Teufel – Vater der Lüge und Opfer seines Stolzes – strengt sich an, den Herrn in allem nachzuäffen, sogar in der Art und Weise Jünger zu gewinnen. Hast du das noch nicht bemerkt? Wie der Herr sich bestimmter Menschen bedient, um Seelen zu retten und zur Heiligkeit hinzuführen, so bedient sich der Widersacher ebenfalls bestimmter Menschen, um dies zu verhindern und die Seelen ins Verderben zu stürzen. Mehr noch – und erschrick jetzt nicht: Genauso wie Jesus Menschen, die uns nahestehen, etwa Verwandte, Freunde, Kollegen, zu seinen Werkzeugen erwählt, so versucht auch der Teufel oft, uns durch Menschen, die wir besonders lieben, zum Bösen zu verführen. Sollten also einmal aus den Banden des Blutes Fesseln werden, die dich hindern, den Wegen Gottes zu folgen, dann zerreiß diese Fesseln mit Entschiedenheit. Dadurch befreist du vielleicht auch die, die sich in den Netzen Luzifers verfangen haben« (Der Weg, Nr. 812).

3. Kapitel

Märtyrerwahn und Elitebewußtsein

»Die Menge tut einem leid. Die Hohen, die Niedrigen, die Mittleren – alle ohne Ideal! – Sie machen den Eindruck, als ob sie nicht wüßten, daß sie eine Seele haben. Sie sind wie ... Rinderherden, Schafherden..., Schweineherden. Jesus, mit der Hilfe Deiner erbarmenden Liebe wollen wir die Rinderherde in eine Legion verwandeln, die Schafherde in ein Heer..., und aus der Schweineherde wollen wir die herausholen, die nicht mehr unrein sein wollen« (Der Weg, Nr.914).

Nein, es ist keine Frage des sprachlichen Geschmacks, wenn Menschen mit Schaf- und Schweineherden verglichen werden. Die Sätze aus dem Hauptwerk von Monsignore Josemaría Escrivá, dem »ehrwürdigen Diener Gottes«, sind ein Ausdruck großer Menschenverachtung. Die Menge ist unwissend und einfältig, fehlgeleitet, unrein und ohne Ideale, »als ob sie nicht wüßten, daß sie eine Seele haben«. Wir aber wollen und werden »die herausholen, die nicht mehr unrein sein wollen«. Wir werden sie herausführen aus ihrer Unwissenheit und Unreinheit. Wir wollen sie retten und glücklich machen: »Du wirst nie ein Führender sein, wenn du die Masse nur als Sprungbrett für eine Karriere betrachtest. Führender Kopf bist du nur dann, wenn du den Ehrgeiz hast, alle Menschen zu retten. Du darfst der Menge nicht die kalte Schulter zeigen. Du mußt den tiefen Wunsch verspüren, sie glücklich zu machen« (Der Weg, Nr.32).

Führer und Masse

Ein Mitglied des Opus Dei kann kein »Dutzendmensch« sein, er gehört nicht »zum großen Haufen«, denn er ist »zur Führung geboren«, »zum Caudillo« (Der Weg, Nr.16). Er »flattert nicht wie eine Henne«, weil er »wie ein Adler aufsteigen« kann (Der Weg, Nr. 9). Er hat »Wegweiser und Führender« zu sein, »der die anderen durch sein Beispiel und sein Wort, sein Wissen und seine Ausstrahlungskraft ermutigt, anspornt und mitreißt« (Der Weg, Nr. 19). Er »spürt den Drang zu wissen, zu führen, kühn zu sein« (Der Weg, Nr. 24).

Durchgängig auffallend bei der Lektüre des »Weges« von Escrivá ist der Geist der Selbstgefälligkeit und Überlegenheit, Anmaßung und Eitelkeit, Arroganz und Großmäuligkeit – eine Mischung aus Selbstvergottung und Unfehlbarkeitsdünkel. Allein die Kategorien von »Führer« und »Masse« sind, eingedenk der faschistischen Ideologie »Führer und Volk«, unerträglich. Wenn Escrivás Führer die Menschen glücklich machen sollen, ist es »häufig nicht mehr weit zur Perversion einer ›faschistischen Mystik‹, welche Gott im Zueinander von Führer und Masse zu erleben glaubt«.[11]

Auch den Auserwählten des Opus Dei wird, ähnlich wie den Mitgliedern von Gruppen mit totalitärer Tendenz, das Gefühl vermittelt, etwas Besonderes zu sein, einem Elite-Corps der Menschheit anzugehören. Maria Augustias Moreno, ehemaliges Opus-Mitglied, berichtete über das Elitebewußtsein: »Aufgrund der Tatasche, von der ›Obra‹ [Bezeichnung für das Opus Dei im spanischen Herkunftsland; MM] zu sein, wird man immer recht haben, wird man die sichere Lehre an diese armen Fehlgeleiteten, Verbildeten, Unwissenden und Einfältigen weitergeben; denn zugleich mit dem Eintritt hat man schon die Bürgschaft, die Unterstützung und die Gewähr der Direktoren, d. h. besonders erlesener Personen – so soll man meinen –, die aufgrund ihrer Verbindung zum Vater [gemeint ist Escrivá; MM] die Gabe der Unfehlbarkeit besitzen. Denn der Vater irrt niemals, und in der ›Obra‹ geschieht alles durch den Vater; ›ihr müßt alles durch meinen Kopf und durch mein Herz gehen lassen‹, hat Msgr. Escrivá oftmals zu seinen Direktoren gesagt.«[12]

»Generalstab Christi«

Für Escrivá sind die zölibatär lebenden Opus-Mitglieder die Avantgarde überzeugter Gläubiger, der »Generalstab Christi«, während die Ehe für das Fußvolk, »das Heer Christi« ist.[13] Das

Opus Dei ist »Operation Gottes«: »ein großer, rettender Eingriff des göttlichen Arztes, der das Corpus Christi Mysticum, den Leib des Herrn, die Kirche, die so sehr geschwächt ist, vom Abfall im Glauben und bisweilen auf Krücken durch die Welt der Moderne (!) humpelt, heilen und buchstäblich wieder ›auf die Beine‹ bringen will. Damit ist aber auch gesagt, daß es gegen den Zeitgeist antritt.«[14]

Das Werk geht also direkt auf göttlichen Befehl zurück, der Escrivá in großer Erleuchtung zur Gründung des Werkes offenbart worden ist. Das Opus ist »keine weltliche Gründung und auch keine ›kirchliche‹ Aktivität, sondern eine unmittelbare Stiftung Gottes in seiner und für seine Kirche«.[15] Im Werk herrscht die Überzeugung vor, »zu den wenigen Intakten in der Kirche zu zählen und die Hoffnung und das Werkzeug für die ›Rettung der Kirche‹« darzustellen.

Als Gemeinschaft fühlt man sich von Gott dazu auserwählt, Kirche und Welt aus der Zerrissenheit und Dunkelheit in eine neue Zeit des Lichtes, der Bekehrung und Heiligung zu führen. Das Opus Dei ist »die nimmermüde Wanderschaft Christi über die Erde hin«.[16] »Gott hat mit diesem ›Werk‹ eine neue Seite im Buch der Kirchengeschichte«[17] und damit der Menschheitsgeschichte aufgeschlagen. Monsignore Escrivá will keine Kleinigkeit, sein Trachten gilt »allem Großen« (Der Weg, Nr. 821); er will einen »mächtigen Bau«. Alles ist »ein gewaltiges Abenteuer« (Nr. 826).

Die Geschichte vom »häßlichen Entlein«

Ebenso wie das Opus Dei von Gott erwählt sein will, ist jedes einzelne Mitglied direkt von Gott berufen. Das Wort aus den Abschiedsreden Jesu im Johannes-Evangelium gilt für das Selbstverständnis der Opus-Leute allemal: »Nicht ihr habt mich erwählt, sondern ich habe euch erwählt« (15,16); daß die Erwählung tatsächlich durch die geschickte Hand eines Anwerbers und Seelenfängers erfolgt ist, kann da nachträglich nicht mehr irritieren.

Psychoanalytiker und Psychotherapeuten stellen fast immer Verletzungen, Mißachtungen und Demütigungen im Leben derjenigen fest, die der Berufungsideologie bestimmter religiöser Kulte erliegen. Ein Mangel an Selbstliebe und Selbstwertgefühl, eine nicht oder noch nicht stark ausgebildete Ich-Identität macht Menschen besonders verführbar für Gruppierungen mit vereinnahmender Tendenz, die eine Berufungs- und Elite-Mentalität anbieten.

Zu den psychischen Gründen klerikaler Erwählungsanfälligkeit erkennt Eugen Drewermann, was für die »Elite« des Opus allemal zu gelten scheint: »Der Gemiedene der Spielplätze, das Mauerblümchen der Klassenfeten, die verlachte Unschuld vom Lande, der belächelte ›Senator‹ der Jugendhorden – sie alle sind vom Tag ihres Entschlusses zum Klerikersein an Umgewertete, Umgewandelte, von heiligem Schauer Umgebene. Die ehedem Verzweifelten sind jetzt die Lieblinge Gottes. Wer sie nicht respektiert, ist selber nicht mehr als ein Gläubiger, als ein Gottloser – ein Bedauernswerter, bei Licht besehen. (...) Was 15, 20 Jahre lang als mickrig, verhuscht, gehemmt und verschüchtert, was als verweigert und vertan erscheinen mochte, das gerade erweist sich jetzt als wahrhaft höhere Berufung, als ein ›gleichsam‹ auserwähltes Sein. Alle Leiden, Kränkungen, Ängste, Sehnsüchte und niemals eingestandene Erwartungen ans Leben erhalten jetzt endlich ihr eigentliches Ziel, sie rücken in die Nähe einer Ahnung von Erfüllung – es ist, wenn auch auf einem Umweg, doch und um so mehr erreichbar, was zunächst so grausam verstellt schien: Liebe und Ansehen, Achtung und Wertschätzung vor Gott und den Menschen.«[18] Es ist die Geschichte Hans Christian Andersens vom »Häßlichen Entlein«.[19]

»Der Krieg ist für uns«

Die Parole heißt: »Vorwärts, los! mit heiliger Unverschämtheit« (Der Weg, Nr. 44); denn »die Gleichheit, so wie man sie heute versteht, ist gleichbedeutend mit Ungerechtigkeit«. Jedem einzelnen befiehlt Escrivá: »Caudillos! ... Stähle deinen Willen, damit Gott dich zum Führer macht.«[20] Da soll offensichtlich der Enthusiasmus und Fanatismus überzeugter Elitesoldaten gezüchtet werden. Unvermeidbar ist hier die Erinnerung an die Losungen »Gott mit uns« der evangelischen und katholischen Kriegspredigt und an die Koppelschloßgravur »Vorwärts im Namen des Herrn!«, mit denen deutsche Soldaten und Kinder in die Massenschlächtereien und Gaskriege des Ersten Weltkrieges getrieben wurden.[21]

Das Menschenverständnis und die Weltsicht des Josemaría Escrivá scheint pessimistisch und dunkel wie die des Joseph de Maistre zu sein; allerdings auf viel niedrigerem Niveau an intellektueller Schärfe und Sprache formuliert. Für de Maistre war die übergroße Mehrheit aller Menschen, die Gesellschaft, ein unentwirrbares Gefüge aus schwachen, sündigen, hilflosen Menschen, hierhin und dorthin getrieben, getrieben von dunklen Mächten. Er war besessen von »der Boshaftigkeit und Unwürdigkeit der selbstzerstörerischen Dummheit einer sich selbst überlassenen Menschheit«.[22] Sein Credo war, nur Leiden könne die Menschen davon abhalten, »in den Abgrund der Anarchie und der Zerstörung aller Werte zu stürzen«.[23] Leistungen in der Menschheitsgeschichte könnten überhaupt nur vollbracht werden »unter der Führung einer Hierarchie weiser, willensstarker Wesen«, »die als Repräsentanten der Kräfte der Geschichte (die für de Maistre fast das fleischgewordene Wort Gottes ist; MM) ihr Leben der Aufgabe widmen, zu organisieren, zu unterdrücken und die gottgegebene Ordnung zu erhalten, und die durch dieses Opfer Gemeinschaft mit der göttlichen Ordnung erlangen«.[24] Das ist der Wahn totalitärer Ideologien!

Das Gefühl, einer auserwählten, von Gott berufenen Elite anzugehören, die führen und retten soll, ist ein schwerer »Opfergang«, ein »Kriegsdienst«, den man lieben zu lernen hat: »Vergiß mir nicht, daß auch Christus seinen ›Kriegsdienst‹ hat und Leute, die zu seinem Dienst auserwählt sind« (Der Weg, Nr.905) – »Der Krieg. Der Krieg hat ein übernatürliches Ziel, sagst du, das der Welt verborgen ist: der Krieg ist für uns. Der Krieg ist das größte Hindernis für einen bequemen Weg. – Aber schließlich werden wir ihn lieben müssen wie ein Mönch seine Bußgeißeln« (Nr.311).

»Selig seid ihr, wenn euch die Menschen schmähen«

Öffentliche Fragen oder kritischer Widerspruch werden vom Opus Dei regelmäßig als Hetze und Verleumdungen disqualifiziert. Trotzdem ist man offensichtlich dringend darauf angewiesen. Der Wiener Kardinal Hans Hermann Groër, der anläßlich der Seligsprechung Escrivás eine glühende Lobeshymne auf das Opus Dei schrieb, faßt im Blick auf »Verdächtigungen verschiedenster

Art« gegen das »Werk Gottes« den Märtyrerwahn der Opus-Ideologie treffend zusammen, allerdings in großer Zustimmung: »So ist es dem echten Christentum in der Kirche eigentlich immer gegangen, wenn es in lebendigen Menschen ›mitten in der Welt‹ – und doch nicht ›von dieser Welt‹ – gelebt wurde. Was hat der Herr nicht alles seinen Jüngern ganz ›nüchtern‹ verheißen müssen? Was hat er dennoch mit ›Selig seid ihr, wenn euch die Menschen schmähen…‹ sogar als himmlisch lobenswert in Aussicht gestellt?«[25]

Wahnhaft sieht man sich offenbar in der direkten Nachfolge der Verfolgungen und Schmähungen Jesu: »Wenn sie mich verfolgt haben, werden sie auch euch verfolgen« (Johannes 15,20). Gerade in den innerkirchlichen und öffentlichen »Verdächtigungen« und »Verleumdungen«, tatsächlich der Kritik, könne man – so der Märtyrerwahn – die wahrhaft göttliche Berufung, den anstößigen Eifer der Mitglieder erkennen. Die »Verfolgungen« und »Anfeindungen« seien letztlich Prüfungen Gottes für die Glaubensstärke des einzelnen. Jede Kritik an der Geheimhaltungspolitik, den Rekrutierungsmethoden junger Menschen und anderes mehr wird umgedeutet zur Bewährungsprobe für das ganze Werk. Aber all dies könne dem Opus Dei nichts anhaben. Im Gegenteil: Je heftiger und bösartiger die Verleumdungen und Attacken, um so deutlicher strahlt die göttliche Berufung.

»Du bist eine Null!«

Die Mitglieder und Anhänger sind dankbar, zur auserwählten Schar zu gehören. Klaus Steigleder schildert das Gefühl der Zusammengehörigkeit, der Geborgenheit und Wärme in dieser exklusiven Gemeinschaft: »Hier war die Welt in Ordnung, hier wußte man Bescheid, hatte die ›rechte Lehre‹ und hatte auf alles eine Antwort. Es verband uns – ausgesprochen wie unausgesprochen – ein Überlegenheitsgefühl…, das Bewußtsein, auf dem rechten Weg zu sein.«[26]

Aus der Zugehörigkeit zur Gruppe und ihrer Erwählungsideologie beziehen die Mitglieder ihren individuellen Wert, ihre Selbstachtung, ihr Selbstwertgefühl. Ohne die Gruppe sind sie ein Nichts. »Du bist eine Null« ohne die Gemeinschaft der Gruppe. Du bist ein Niemand ohne die göttliche Berufung, die dich in das

Opus Dei geführt hat und in dem du dich zu bewähren hast – das hat die zentrale Einsicht des Lebens jeden Mitglieds zu sein. Der psychische Mechanismus ist banal, aber wirkungsvoll. Betrieben wird die Ausrottung des eigenen Willens, Denkens und Fühlens zugunsten des absoluten Wahrheitsmonopols der Gruppe.

Paranoia und Ritterorden der Templer

Vladimir Felzmann vergleicht den elitären Geist der Opus-Ideologie mit der elitären Einstellung der Templer-Ritter, jenem Orden der Templer (*Milites* oder *equites templi*), der in der Zeit der Kreuzzüge in Palästina entstand: »Opus Dei ist kein normaler religiöser Orden; es gehört nicht in gleicher Weise zur Hierarchie. Die Templer auch nicht. Sie waren kriegerisch, hingebungsvoll, eifernd, zölibatär, männlich. Aber im Zuge der Unbeweglichkeit, die mit solcher Haltung einhergeht, wurden sie mehr und mehr in materielle Dinge verwickelt. Die Templer wurden schließlich äußerst reich, obwohl sie Armut leben wollten. Es war (...) eine hingebungsvolle Kraft, die sich (...) in eine sehr starke politische und wirtschaftliche Macht umwandelte.«

Im Opus Dei herrsche »derselbe elitäre Geist« wie bei den Templern. »Das kommt, denke ich, wie alles Kriegerische aus einem Gefühl von Korpsgeist und aus einem Feindbild. Wenn man Korpsgeist und einen Feind hat, dann tendiert man nach und nach, wenn man lange genug in dieser Atmosphäre lebt, zur Paranoia, die darin besteht, daß man von der eigenen Größe träumt: du bist der Überlegene, der Beste, du bist einzig, und gleichzeitig hast du einen Feind. Deshalb wirst du von einem Feind verfolgt, und deshalb gibt es den Argwohn.«[27] Den Opus-Kritikern werden deshalb Neid, Bosheit, Heimtücke, Verleumdung, Hetze und Rufmord unterstellt.

4. Kapitel

Zwang zum kindischen Glauben

Einleitend zum Hauptbuch des Opus Dei-Gründers Josemaría Escrivá, »Der Weg«, diesem »intimen Erbauungsbuch« und »Seelenführer«, heißt es: »Lies diese Gedanken in Ruhe. (…) In diesen vertraulichen Gesprächen ist Gott zugegen. Ich habe dir nichts Neues zu sagen. Erinnerungen möchte ich wachrufen in dir und Gedanken wecken, die dich treffen, damit dein Leben anders wird und du Wege des Gebetes und der Liebe aufnimmst und am Ende ein Mensch bist, der klarsieht.«[28] Unter den Titeln »Geistliche Kindschaft« und »Leben der Kindschaft« sind über fünfzig Maximen versammelt, die ich auszugsweise zitiere.:

»Sei klein, sehr klein. – Sei nicht älter als zwei, höchstens drei Jahre. – Größere Kinder sind schon Spitzbuben, die ihre Eltern mit den unwahrscheinlichsten Lügen täuschen wollen. Sie haben schon die Bosheit, den Keim der Sünde« (Nr. 868).

»Suche nicht, ein Erwachsener zu sein. – Kind, immer Kind, auch wenn du vor Alter umfällst. – Wenn ein Kind stolpert und hinfällt, so wundert das niemanden: sein Vater wird sich beeilen, es wieder aufzuheben« (Nr. 870).

»Daß euer Gebet männlich sei! – Kind sein heißt nicht, weibisch sein« (Nr. 888).

»Die geistliche Kindschaft fordert die Unterwerfung des Verstandes. Das ist schwerer als die Unterwerfung des Willens« (Nr. 856).

»Du dummes Kind: an dem Tag, da du deinem geistlichen Leiter etwas über deine Seele verbirgst, hörst du auf, ein Kind zu sein, denn du hast dein einfaches Wesen verloren« (Nr. 862).

»Ein schwaches Kind hält sich, wenn es klug ist, dicht an seinen Vater« (Nr. 880).

Die Texte empfehlen und fordern unmißverständlich infantile Abhängigkeit und Hilflosigkeit als Basis jeglichen Glaubens und als Weg christlicher Spiritualität. Die Unterwerfung des Kindes unter die Autorität des Vaters wird als die eigentliche Wurzel des »richtigen« Glaubens an Gott propagiert. Die »väterliche Autorität« repräsentiert im Opus Dei zuerst Escrivá, aber auch seine Nachfolger, die »geistlichen Führer«. Wer die religionskritischen Schriften Sigmund Freuds kennt, für den wirken diese Texte wie überspitzt formulierte karikierende Illustrationen seiner Thesen: »Das Ganze ist offenkundig infantil.«[29]

Gott als erhöhter Vater

Für Sigmund Freud (1856 bis 1939), den »Vater der Psychoanalyse«, der stolz bemerkte, »am Schlaf der Welt gerührt« zu haben, ist Religion zutiefst infantil. Sie sei »einer Kindheitsneurose vergleichbar«. Der Glaube an Gott sei eine regressive Erneuerung der infantilen Schutzmächte, unter denen der Vater die entscheidende Rolle spiele. In der Religion fliehe der Mensch vor der harten Realität in die Wunschwelt des Kindes; deshalb sei Religion Illusion.

Im Glauben an Gott artikuliere sich die Sehnsucht nach einem allmächtigen Vater, der den – durch die harte Wirklichkeit des Lebens verängstigten – Menschen tröste, beschütze und bewache: »Dieselbe Person, der das Kind seine Existenz verdankt, der Vater (richtiger wohl, die aus Vater und Mutter zusammengesetzte Elterninstanz), hat auch das schwache, hilflose, allen in der Außenwelt lauernden Gefahren ausgesetzte Kind beschützt und bewacht; in seiner Obhut hat es sich sicher gefühlt. Selbst erwachsen geworden, weiß sich der Mensch zwar im Besitz größerer Kräfte, aber auch seine Einsicht in die Gefahren des Lebens hat zugenommen, und er schließt mit Recht, daß er im Grund noch ebenso hilflos ist und ungeschützt geblieben ist wie in der Kindheit, daß er der Welt gegenüber noch immer ein Kind ist. Er mag also auch jetzt nicht auf den Schutz verzichten, den er als Kind genossen hat. Längst hat er aber auch erkannt, daß sein Vater ein in seiner Macht eng beschränktes, nicht mit allen Vorzügen ausgestattetes Wesen ist. Darum greift er auf das Erinnerungsbild des von ihm so überschätzten Vaters der Kinderzeit zurück, erhebt es zur Gottheit und rückt es in die Gegenwart und die Realität. (...) Die affektive Stärke dieses Erinnerungsbildes und die Fortdauer seiner [des Menschen; MM] Schutzbedürftigkeit tragen miteinander seinen Glauben an Gott.« Gott ist für Freud »nichts anderes als ein erhöhter Vater«: »Der letzte Grund der Religion ist die infantile Hilflosigkeit des Menschen.«[30]

Freuds Analysen und Interpretationen bieten gewiß keine hinreichende Beschreibung und beweiskräftige Erklärung von Religion, die Allgemeingültigkeit beanspruchen könnte. Das globale Urteil Freuds über Religion als »universelle Zwangsneurose«, das jede Form religiöser Praxis und religiöser Glaubensinhalte mit Neurose identifiziert, ist mit aller Deutlichkeit zurückzuweisen. Der Schweizer Pfarrer Oskar Pfister warnte Freud in einem Brief davor, pathologische Religionsformen generell mit *der* Religion allgemein zu verwechseln: »Der Unterschied liegt wohl hauptsächlich darin begründet, daß Sie in der Nähe pathologischer Religionsformen aufwuchsen und sie für ›die Religion‹ ansehen, während ich das Glück hatte, mich zu einer freien Religionsform wenden zu dürfen, die Ihnen eine Entleerung des Christentums zu sein scheint, während ich in ihr das Zentrale und Substantielle des Christentums erblicke.«[31] Aber Freud schärft den Blick für den fahrlässigen Mißbrauch religiöser Anschauungen und Werte, wie er beispielhaft in den Äußerungen Escrivás zur »geistlichen Kindschaft« zum Ausdruck kommt. Schonungslos deckt er die Gefahr neurotischer Auswüchse im religiösen Verhalten auf.

Infantile Abhängigkeit verschüchterter Kinder

Was Escrivá unter dem Deckmantel Gottes fordert, ist die infantile Abhängigkeit verschüchterter Kinder, die das eigene Ich aufgeben: das Recht, selbst zu denken, zu wollen, zu fühlen; die Möglichkeit, in ein eigenes Leben aufzubrechen, mit all seinen Irrtümern, Experimenten und Fehlern; die Entdeckung der eigenen Phantasie, der Poesie des eigenen Herzens und der Lebenskraft der eigenen Wünsche.

Die verinnerlichte regressive Haltung macht den Ausbruch aus dem Opus und den Aufbruch in ein selbstbestimmtes Leben offensichtlich unmöglich. Wie verkrümmt, eingeschüchtert, deformiert muß die Seele eines Menschen eigentlich sein, der bei der Lektüre des folgenden Textes von Escrivá über die Pflichtabtötungen mit Geißel, Bußgürtel oder anderem Werkzeug nicht – nicht lauthals lachend und spottend – das Weite aus dem Opus Dei sucht:

»Hast du gesehen, wie leicht man die Kinder über etwas hinwegtäuschen kann? – Sie wollen die bittere Medizin nicht nehmen, aber man sagt ihnen: Komm! Dieses Löffelchen für den Papa, dieses für die Oma … und so weiter, bis sie die ganze Dosis geschluckt haben. Genau so du: noch eine Viertelstunde Bußgürtel für die Seelen im Fegefeuer, noch fünf Minuten für deine Eltern, weitere fünf für deine Brüder im Apostolat. … Bis die Zeit erfüllt ist, die dein Stundenplan dir angibt. Wenn du deine Abtötung auf diese Weise machst, wie wertvoll ist sie dann!« (Der Weg, Nr. 899).

Was für ein dümmliches und erbärmliches Menschenbild des Verfassers kommt in solchen Texten zum Vorschein? Diese konzentrierte Menschenverachtung und Dummheit in sechs Sätzen ist wohl kaum überbietbar. Aber das Ganze hat System und entspricht durchaus der Religionspraxis im Opus Dei. Das jedenfalls berichten ehemalige Mitglieder, die den Zwang zum kindischen Glauben am eigenen Leib erfahren haben. Die Züchtung des Kindischseins ist offenkundig der Kern der Indoktrination im Opus Dei. Den Maximen des Opus-Gründers entspricht ein minutiös ausgeklügeltes Regelwerk, wie interne Dokumente des Opus Dei beweisen.

»Du dummes Kind!«

»Du dummes Kind.« – Diese Anrede Escrivás markiert die völlige Mißachtung der Persönlichkeit und Würde eines Menschen. Sie zielt zugleich auf die »Kastration« des eigenen Willens und Selbstwertgefühls: »Du bist dumm, du weißt nichts!« Einem dummen Kind wird gesagt, was es zu tun und zu lassen hat. Nur das widerspruchslose Befolgen der Anweisungen des »Vaters«, der unbedingte Gehorsam macht das Kind noch einigermaßen akzeptabel und liebenswert, »dem göttlichen Vater wie dem väterlichen Gott«.

Herangebildet wird so ein neurotisches Lebensgefühl der Armseligkeit, Schwäche, Mickerigkeit und Wertlosigkeit der eigenen

Person. Je stärker dieses Lebensgefühl verinnerlicht wird, desto mehr wird die Atemluft zum eigenen Denken und Fühlen, Sprechen und Handeln vergiftet. Das Selbstvertrauen soll zerstört werden, um die Frau, den Mann in infantiler Abhängigkeit zu halten. Da wird offenkundig die totale Selbstsabotage organisiert.

Insgesamt entsteht auf diese Weise psychologisch »eine Struktur des verinnerlichten Zwangs, indem das Ich nicht durch eigene Reifung, durch Einsicht, Urteilsfähigkeit und gefühlsmäßige Resonanz dahin gelenkt wird, sich die katholische Form von Religion zu eigen zu machen, sondern allein durch Befehl, Weisung und Training sowie durch den Reflex heftigen Schuldgefühls in jedem Fall der Abweichung von den Regeln und Reglements der Kirche«.[32] Das gewünschte Ergebnis ist ein ständig schlechtes Gewissen dafür, immer noch einen eigenen Willen zu haben und eigene Gedanken und Gefühle, die von den vorgeschriebenen Mustern abweichen.

Jeder vorsichtige, verzweifelte Versuch, sich der »väterlichen« Abhängigkeit und Fremdbestimmung zu widersetzen, sich abzugrenzen und auf das eigene Innere zu hören, wird von Escrivá verspottet und lächerlich gemacht: »Kannst du dir etwas Lächerlicheres vorstellen als einen Jüngling, der den Mann spielen will.« »Komme nur nicht in die Pubertätsjahre«, diese wichtigen Lebensjahre beginnender Selbstbestimmung.

Selbstverständlich darf ein »Kind« keine Geheimnisse vor der »väterlichen Autorität« haben. Selbst die intimsten Gedanken, Gefühle und Unternehmungen sind dem »Vater« zu offenbaren, preiszugeben, damit dieser noch allmächtiger wird. Wer vor dem »geistlichen Leiter« etwas über seine Seele verbirgt, hört auf, »ein Kind zu sein«, denn er hat sein »einfaches Wesen verloren«, das allein zur Gotteskindschaft befähigt.

»Größere Kinder sind schon Spitzbuben, die ihre Eltern mit den unwahrscheinlichsten Lügen täuschen wollen. Sie haben schon die Bosheit, den Keim der Sünde.« Abgesehen davon, daß es entwicklungspsychologisch gesehen falsch ist, bei drei- bis vierjährigen Kindern von »Lügen« zu sprechen – jeder eigene Wille, jeder Versuch, die eigenen Lebenswünsche ernst zu nehmen, ist für Escrivá & Co. der Beginn des Täuschens und Belügens der elterlichen Autorität; da fängt das Sündigen an.

Wenn du schon ein »dummes« und »schwaches Kind« bist, dann sei wenigstens »klug« und halte dich »dicht an deinem Vater«. Er »wird sich beeilen«, dich »wieder aufzuheben«, wenn du stolperst und hinfällst.

»Suche nicht, ein Erwachsener zu sein. – Kind, immer Kind, auch wenn du vor Alter umfällst.« – Das ist die Forderung nach vollständiger »Unterwerfung des Verstandes«, nach Ausrottung des eigenen Willens zugunsten der allmächtigen Größe, des absoluten Wahrheitsmonopols des »geistlichen Führers«, der weiß, was für dich gut ist.

Erfolgreich ist die Integration in das Opus Dei nach Mitteilung von Escrivá offenbar, wenn es gelingt, die Mitglieder auf dem Status eines Dreijährigen zu halten: »Sei klein, sehr klein. – Sei nicht älter als zwei, höchstens drei Jahre.«

»Gottesvergiftung«

Welcher Gott ist in diesen Texten Escrivás eigentlich »zugegen«, wie es einleitend zum Buch »Der Weg« heißt? Nach der Lektüre der 999 Gedanken und Maximen Escrivás, nach der Kentnisnahme mehrerer interner, vom Opus Dei geheimgehaltener Dokumente und vor allem nach Gesprächen mit ehemaligen Mitgliedern erkenne ich nur jenen »Gott«, der nicht nur nicht befreiend, lebensentfaltend und -stärkend wirkt, sondern lebenshemmend, knechtend und unterdrückend. Er muß wohl so etwas wie die »personifizierte Lebensfeindlichkeit« sein; ein »Gott«, der als Selbstverachtung und Selbsthaß im Menschen wohnt.

Tilmann Moser hat in diesem Zusammenhang von »Gottesvergiftung« gesprochen. Sein gleichnamiges Buch ist eine einzige Anklageschrift gegen den Gott seiner Kindheit, ein Klage- und Zornpsalm gegen das Gottesbild seiner religiösen Erziehung, der offensichtlich die Gotteserfahrung unzähliger Frauen und Männer in ihrer religiösen Biographie beschreibt:

»Du warst eine solche Enttäuschung, ein solcher Betrug in meinem Leben. (...) Du warst einst so fürchterlich real, neben Vater und Mutter die wichtigste Figur in meinem Kinderleben. Nein, obwohl es mich wundert, wie leicht es mir fällt, dich immer noch so direkt anreden zu können. Du hast überlebt in meiner seelischen Struktur: ganze Gewölbe, Verehrungsthrone, innere Zimmer- und Kapellenfluchten wurden für dich angelegt. Du haustest in mir wie ein Gift, von dem sich der Körper nie befreien konnte. Du wohntest in mir als mein Selbsthaß. Du bist in mich eingezogen wie eine schwer heilbare Krankheit, als mein Körper und meine Seele klein waren. Beide wurden, entgegen einer freieren Bestimmung, zu deiner Wohnung gemacht, und ich war stolz, daß du auch in mir kleinem Jungen Wohnung nehmen würdest. Es gab Jahre, wo ich dir mein Leben weihen wollte, wo zwischen dir und mir verhandelt wurde über einen Erwählungsvertrag. Du hast schon ganz früh mit meinem Größenwahn gespielt, ihn genährt, ihn an geheiligten Vorbildern gesteigert, die mir in deinem Namen vor Augen gehalten wurden. Ich habe dir so schreckliche Opfer gebracht an Fröhlichkeit, Freude an mir und anderen, und der Lohn war, neben der Steigerung des Erwähltheitsgefühls, oder dem Kampf darum, ein Quentchen Geliebtsein vielleicht, vielleicht ein Quentchen weniger Verdammnis. Weil ich dich insgeheim haßte um der Demütigungen willen, die ich auf mich nahm, um dir zu gefallen, um deine Gunst zu erwerben oder auch nur um deine Ungunst zu vermeiden, mußte ich dich immer mehr verehren, dich immer inständiger anflehen, an mir doch ein wenig Wohlgefallen zu finden. Und so bist du immer wirklicher geworden. (...)

›Herr, erhebe dein Antlitz über uns...‹, so haben wir am Ende jedes Gottesdienstes gefleht, als gäbe es keine größere Sehnsucht, als immerzu dein ewig kontrollierendes Big-brother-Gesicht über uns an der Decke zu sehen. Du als Krankheit in mir bist eine Normenkrankheit, eine Krankheit der unerfüllbaren Normen, die Krankheit des Angewiesenseins auf deine Gnade, die von beamteten Herabflehern zusätzlich zu meinem Geflehe bei dir erbettelt wurde. (...)

›Wir sollen Gott fürchten und lieben...‹ war mir eingebleut worden, als ob nicht das erste das zweite fast unmöglich macht. Und weil deine irrsinnige Daseinsbedingung, als einer, den man fürchten und lieben soll, gleichzeitig Haß erzeugt hat, mußte man wiederum um so mehr Angst haben, um so demütiger, um so dankbarer für den Aufschub sein, noch nicht verworfen zu werden. (...) Das brachte mich in die Lage einer keuchenden Ratte, die ihre

Tretmühle in wachsender Panik immer schneller tritt. Du hast aus mir eine Gottesratte gemacht, ein angstgejagtes Tier in einem Experiment ohne Ausweg.«[33]

»Wenn ihr nicht werdet wie die Kinder«

Die psychoanalytische Religionskritik Sigmund Freuds analysiert die Bedingungen und Ursachen der »Gottesvergiftung« durch neurotisierende Religion. Freud kritisiert und entlarvt jenen erzwungenen, durch Angst lebendig gehaltenen neurotischen Glauben an einen autoritären Gott, der alles sieht, der herrscht, regiert, richtet, straft, belohnt. Es ist die notwendige Demontage eines kindischen Gottesbildes, ohne die kein Glaube an Gott möglich ist, der das Wachsen der Ich-Identität, die Entfaltung der Persönlichkeit zuläßt und fordert. Freud legte die Grundsteine zur kritischen Analyse der Mechanismen, Praktiken und Strukturen einer autoritären Religion, die Menschen entmündigt, in infantiler Abhängigkeit hält und um ihr Leben betrügt. Eine Religion, die durch religiöse Erziehung und Vermittlung als eine Form von Gewalt in den Herzen verinnerlicht wird und den Menschen ständig Ängste und Schuldgefühle bereitet. Eine Religion, die verhindert, daß Menschen ihrem eigenen Denken und Fühlen, ihren eigenen Erfahrungen trauen.

Die psychoanalytische Religionskritik fordert die Aufmerksamkeit für die zentrale Frage: Wie kann ein Gottesbild wachsen, das lebenspraktisch Menschen heilt und befreit und nicht erdrückt oder einschüchtert, mundtot und »klein« macht? Damit behauptet sie zugleich die konstitutive Zusammengehörigkeit des Gottesgedankens und des Subjektwerdens und Subjektseinkönnens der Menschen als Gegenstück zum kindischen Gottesglauben. Gefordert ist ein Gottesglaube, der weder die Unterwerfung eines Rangniederen unter einen Ranghöheren ist noch eine infantile Abhängigkeit und Hilflosigkeit, die von einer statischen Allmacht Gottes alles Heil und Glück des Lebens ersehnt, ohne selbst zum eigenen Leben aufzubrechen.

Zur Opus-Ideologie einer »geistlichen Kindschaft« gehört der regelmäßige Hinweis auf das Wort Jesu »Wenn ihr nicht werdet wie die Kinder«, das die Forderung infantiler Abhängigkeit im

Glauben biblisch belegen soll. Aber Jesus fordert mitnichten eine Regression, sondern eine Umkehr der Existenz, die nur dann möglich ist, wenn sie in jener »vertrauensvollen, offenen und partizipativen Haltung erfolgt, wie sie gerade Kindern zu eigen sein kann«. Wörtlich heißt es im Matthäus-Evangelium: »Wenn ihr nicht umkehrt und werdet wie die Kinder, so werdet ihr nicht ins Reich der Himmel kommen« (18,3). Mit der infantilen Abhängigkeit und Kindschaft, die Escrivá und sein Opus Dei fordern, hat dies nichts zu tun. Gemeint ist vielmehr jene Umkehr des Lebens, die Reife und gelebtes Leben voraussetzt.

5. Kapitel

Die Methodik der Unterwerfung

»Es scheint, (...) daß alle Sünden auf den ersten müßigen Augenblick warten. Der Müßiggang selbst müsse schon eine Sünde sein. Wer sich der Arbeit für Christus verschrieben hat, darf keinen freien Augenblick haben« (Der Weg, Nr. 357).

Ein dickes Pflichtenheft, strenger Tagesplan und hohes Arbeitspensum halten jedes Mitglied des Opus Dei unter ständigem Druck. »Müßiggang ist aller Laster Anfang«, sagt das Sprichwort. Im Opus Dei ist Müßiggang verboten. »Müßiggang ist etwas Unbegreifliches«, betonte Escrivá (Der Weg, Nr. 358), er wird gleichgesetzt mit »Nachlässigkeit, Schlamperei und Faulenzerei«, »Feigheit und Bequemlichkeit«. Für private, individuelle Bedürfnisse ist keine Zeit, kein Platz mehr.

Jedes Mitglied, das sich dem Opus Dei verschrieben hat, muß zu festgelegten Tageszeiten die »Normen des Lebens« und die »Frommen Gewohnheiten«, den sogenannten »Lebensplan«, akribisch einhalten und ausführen. »Die Berufung des Opus Dei setzt ein Leben des Opfers und großmütiger, freudiger, intensiver Arbeit voraus.«[34] Gefordert werden totaler Einsatz und beste Leistungen.

Der Lebensplan: Ständige Überbelastung und Müdigkeit

Für die Mehrheit der Mitglieder bedeutet dies permanente Überforderung und Überlastung, die in der Konsequenz zu Schlaflosigkeit, Überarbeitung und Müdigkeit führen. Psychische Schwierigkeiten und psychosomatische Krankheitsbilder sind fast unvermeidbar. Systematisch werden dadurch Individualität, Autonomie und Kritikfähigkeit zerstört. Der Wille des einzelnen ist total dem Willen der Gruppe, das heißt der Lebensplan-Ideologie, unterzuordnen. Erst dann ist die »Formung« erfolgreich.

Jede Gruppierung mit totalitärer Tendenz erzwingt bei ihren Mitgliedern die totale Unterwerfung unter das feste Regelwerk der Gruppe. Individualität ist schlecht, Konformität ist gut. Psychische Schwierigkeiten beschleunigen den Prozeß der Unterwerfung, weil dem einzelnen damit individuelles Versagen und persönliche Schuld vorgeworfen werden können.

Die »Normen des Lebens« bedeuten laut den internen »Caeremoniale« und den »Frommen Gewohnheiten«[35]

Täglich: am frühen Morgen, »die Stirn in den Staub gebeugt«, Sprechen des Satzes »Serviam« (»Ich will dienen«), Aufopferung der Arbeit, mehrmals ein halbstündiges Gebet, Besuch der Eucharistiefeier mit Kommunionempfang, Lesung des heiligen Evangeliums und eines geistlichen Buches (zum Beispiel Escrivás »Der Weg«), mindestens zweistündiges Tragen des Bußgürtels, Sprechen des opus-internen Gebetes, der »Preces«, Gebet des Heiligen Rosenkranzes, dreimalige Gewissenserforschung, Sprechen dreier »Ave Marias«, der »Ave Puritatis« (der Reinheit).

Wöchentlich: Sakrament der Beichte, »Wachetag« (»an diesem Tag bemüht er sich mit größter seelischer Anstrengung, in besonderer Rechenschaft, den Geist, die Gewohnheiten und Normen zu leben«), Benutzung der Geißel, besondere körperliche Abtötung, dabei Rezitieren des »Salve Regina« beziehungsweise des »Regina Coeli«.

Monatlich: »Retiro mensual« (Einkehrtag), an dem Vorträge gehört werden sowie Meditationen stattfinden und gottesdienstliche Handlungen eingeübt werden.

Um »die feinfühlige und beständige Erfüllung des geistlichen Lebensplans«[36] zu gewährleisten, »erhalten die Werksmitglieder die geeignete geistliche kollektive Leitung (Jahreskurse, Exerzitien, Kreise, Meditationsübungen, monatliche Einkehrtage und spezifische Kurse = convivencias especiales usw.) und eine persönliche Seelenführung (Periodische Aussprache, Brüderliche Zurechtweisung, Sakramentale Beichte). Diese Bildungsmittel stellen für alle ein Recht und eine Pflicht dar«, heißt es im »Vademekum der örtlichen Räte«.

Die Mitglieder werden »zu einer vollen und ganzen Hingabe an die Ziele der Prälatur« verpflichtet: »Die Mitglieder des Werkes haben gründlich zu bedenken, daß sie, stets vor Gott, ein festes, beständiges Engagement mit einem sehr bestimmten theologischen, moralischen und aszetischen Inhalt eingehen, das die Rechtskraft und Verbindlichkeit einer Hingabe aus Berufung besitzt. Darin verpflichten sie sich mit der christlichen Treue und Redlichkeit, die man einem spezifischen, von Gott erhaltenen Ruf schuldet.«[37]

Klaus Steigleder betont: »Die ›Normen‹ haben für die Mitglieder das Wichtigste im Laufe ihres Tages zu sein, nichts darf sie verdrängen oder ersetzen, ausgenommen – so wird gesagt – die Pflicht, einem anderen in Lebensgefahr beizustehen.«[38]

Pflichtverletzungen sind Sünde: »Eine dieser Pflichten in einer schwerwiegenden Materie zu verletzen – das heißt in etwas, was sich auf einen wesentlichen Aspekt der Verpflichtungen bezieht, so wie die Statuten ihn festlegen – wäre somit eine schwere Sünde gegen die Tugend der Treue«. – »Indem sie sich an all das erinnern, werden die Mitglieder des Werkes bereit sein, ihrem Engagement aus Liebe jeden Tag treuer zu sein, und sie werden sich – ohne Skrupel – vor jedem Anzeichen eines Nachlassens im persönlichen Kampf hüten. Deswegen hat die Gewissensforschung – die tägliche, die wöchentliche im Kreis, die an Einkehrtagen – streng zu sein; sie darf sich über keinen Punkt der Selbsthingabe hinwegsetzen.«[39]

Das überrissene Pflichtpensum und die damit verbundene Erschöpfung verhindern in der Tendenz jede Selbstwahrnehmung. Die Luft zum eigenen Denken und Fühlen, Sprechen und Handeln, jenseits des minutiös normierten und reglementierten Alltags, wird zunehmend dünner. Der »Lebensplan«, der die Wirkung einer Zwangsjacke hat, macht den Gedanken an und Aufbruch in ein selbstbestimmtes Leben fast unmöglich.

Der Terror der Fragen

Elias Canetti hat in seiner weitläufigen und konzentrierten Studie »Masse und Macht« die Funktionen und die Macht des Fragens beschrieben, die sich um ein Vielfaches in autoritären Herrschaftsbeziehungen, in Beziehungen zwischen einem Ranghöheren zu einem Rangniederen, multiplizieren: »Alles Fragen ist ein Eindringen. Wo es als Mittel der Macht geübt wird, schneidet es wie ein Messer in den Leib des Gefragten. (...) Mit der Sicherheit eines Chirurgen geht man auf die inneren Organe los. Der Chirurg hält sein Opfer am Leben, um Genaueres über es zu erfahren. Er ist eine besondere Art von Chirurg, der bewußt mit lokaler Schmerzerregung arbeitet. Er reizt gewisse Partien des Opfers, um über andere Sicheres zu erfahren.«[40]

Der Fragende gewinnt durch stetiges Fragen an Macht. »Der Antwortende unterwirft sich um so mehr, je häufiger er den Fragen nachgibt.«[41] Er anerkennt damit die Autorität und Macht des Fragenden. Die Frage ist letzten Endes »auf Zerlegung« aus: »Was sie herausholt, wird beiseite gelegt zu späterer Verwendung.«[42] Der Fragende erzwingt durch ständiges Fragen nicht nur immer mehr Informationen über den Befragten, er festigt auch seine höhere Rangstufe. Er dringt tiefer und tiefer in die intimsten Bereiche und Schutzzonen vor. Der Befragte gibt mehr und mehr sein Innerstes preis. Immer geringer ist seine Chance, sich über seine eigenen Gedanken und Gefühle klar zu werden. Er lebt in der ständigen Bereitschaft, auf Fragen zu reagieren. Ständig erwartet er Interventionen seitens des Fragenden, der mit der Zeit große Mengen an Wissen über seine Persönlichkeit angesammelt hat. Ein Wissen über Gefühle, Gedanken, Phantasien, Träume, Schwächen, Fehler, Hoffnungen und Sehnsüchte, die der Befragte durch viele Antworten preisgegeben hat, ohne daß er sich in der Regel vollumfänglich daran erinnert, weil er ständig unter dem Druck des Antwortgebens gestanden hat.

»Die Freiheit der Person liegt zum guten Teil in einem Schutz vor Fragen«[43], sagt Elias Canetti. Das Opus-Dei-Mitglied ist permanenten Fragen ausgesetzt, auf die es antworten muß. Ständig wird Rechenschaft von ihm über die Erfüllung seines Lebensplans verlangt. Er ist einem fast hermetisch geschlossenen System des Fragens ausgeliefert. Selbst die demütige Annahme einer Weisung, eines Befehls vom Vorgesetzten, kann zur momentanen Schutz- und Schonzeit vor den unablässigen Fragen werden.

Einmal wöchentlich findet, getrennt für Frauen und Männer, NumerarierInnen und Assoziierte, der sogenannte »Kreis« *(Circulus Brevis)* statt. Der Ablauf dieser geschlossenen Sitzung zur »Formung« der zölibatären Mitglieder folgt einem festgelegten Ablauf von Gebeten (in lateinischer Sprache: *Confiteor, Misereatur, Avinculus, Preces* und andere), Lesungen aus der Bibel, Kommentaren zu einzelnen Normen und frommen Gewohnheiten, Gesprächen über Angelegenheiten des Opus Dei. Der wichtigste Teil des Kreises ist die Gewissenserforschung, zu der 26 Fragen anleiten sollen. Es ist eine Liste von Kontrollfragen, die das Mitglied zur Rechenschaft über die genaue Einhaltung der Pflichten, Normen und Gewohnheiten des Opus zwingt:

»2. Habe ich mich in der Gegenwart Gottes geübt und an den einzelnen Tagen öfters an meine Gotteskindschaft gedacht?

5. Bin ich in der heiligen Messe täglich des Opus Dei und meiner Brüder, vor allem aber der Direktoren eingedenk gewesen?

7. Habe ich die gewohnten Abtötungen unterlassen?

8. Bestrebe ich mich, mir Bußgeist anzueignen?

11. Habe ich in dem von den Direktoren mir übergebenen Apostolat dem Opfergeist nachgelebt?

12. War ich in dem, was das geistliche Leben und das Apostolat betrifft, gegenüber meinen Direktoren gefügig?

15. War ich beim Erteilen oder beim Hinnehmen der Brüderlichen Zurechtweisung, sooft diese nötig war, insbesondere der Normen der Liebe und der Klugheit eingedenk?

16. Beweise ich durch Taten meinen Eifer, für das Opus Dei neue Mitglieder zu gewinnen?

17. Bin ich mir bewußt, wegen meiner Gleichgültigkeit, Unklugheit, Laschheit oder Lässigkeit bei der Verrichtung meiner religiösen, gesellschaftlichen oder beruflichen Pflichten dem Opus Dei Schaden zugefügt zu haben?

19. Habe ich aus Schwelgerei, Leichtsinn, Eitelkeit, Bequemlichkeit usw. überflüssige Ausgaben gemacht?

20. War ich gegenüber meinen Direktoren stets tief ehrlich, indem ich persönliche Spontaneität und Verantwortung geschickt miteinander verband und in Demut unterwürfig und von Herzen die Vorschriften in bezug auf das geistliche Leben und das Apostolat auf mich nahm?

23. Arbeite ich, wenn ich arbeiten soll (heute, jetzt), oder täusche ich mich durch Aufschübe, welche Unterlassungen gleichkommen?

24. Suche ich in meinem äußeren Aussehen alles zu meiden, was affektiert, seltsam, befremdlich ist und zu meinem Amt und meiner Aufgabe nicht paßt?

25. Ließ ich mich von Traurigkeit beherrschen, und vergaß, daß sie mit dem Feind meiner Seele im Bunde steht?

26. Arbeite ich immer mit der Freude dessen, der weiß, daß er Gottes Kind ist?«[44]

Die Selbstverleugnung

Die Liste der Fragen zur Gewissenserforschung ließe sich zugespitzt in einer einzigen kurzen Frage zusammenfassen: »Habe ich mich bedingungslos unterworfen?« Mit dem persönlichen Gewissen des befragten Mitglieds hat diese Frageliste zur »Gewissenserforschung« wohl nichts zu tun. Da wird kein Gewissen gebildet, sondern versucht, eine Kleinkinder-Moral zu züchten. Jede Frage zielt im Kern auf die Kontrolle des Gehorsams, der Unterwerfung, der Leistung.

Die Fragen lehren allein, das eigene Selbst, das eigene Leben zu verleugnen. Das Erlebte, Gefühlte, Getane oder Unterlassene wird in ein dürres Raster von Gehorsamsfragen gepreßt. Gegenüber eigenen Gefühlen wie Traurigkeit, Unlust, Freudlosigkeit ist zuerst und zuletzt Mißtrauen angebracht. Solche Gefühle sind eine Gefahr, weil sie im Bunde mit dem Teufel, der Versuchung, dem Schlechten stehen und der Anfang vom Ende sind (Frage 25 und 26). Ex-Mitglieder berichten, daß die Diffamierung von Gefühlen wie Traurigkeit, Freudlosigkeit, Einsamkeit, die sich bis zu eindeutig depressiven Krankheitsbildern steigern können, zu einer ständigen Verstellung vor den anderen führe. Es entstehe eine Atmosphäre der gespielten Freude, der Lüge, Heuchelei und Unwahrhaftigkeit. »Fröhlichkeit vorzutäuschen und immer im Kämmerlein zu weinen, das war eine meiner größten Qualen im Opus Dei«[45], erzählt eine Numerarierin, die das Opus nach Jahrzehnten der Selbstverleugnung verließ.

Der Fragenkatalog ist ein Lehrbuch zur Selbstsabotage, zum prinzipiellen Selbstmißtrauen, zur Selbstverleugnung. Die Fragen zielen nicht darauf ab, die Fähigkeit zur ethischen Unterscheidung und Entscheidung auszubilden, sondern darauf, das starre

Befolgen klar definierter, von außen gesetzter Regeln, Gesetze und »Normen« zu erzwingen. Dieser Fragenkatalog leitet nicht zu wirklichen Gewissensentscheidungen an, die aus Einsicht und »vollem Herzen« getroffen werden. Faktisch wird da der Zerfall der Gewissensstruktur betrieben. Es ist das Modell des Kardinal-Großinquisitors von Dostojewskij, der sagt: »Nichts ist so verführerisch wie die Gewissensfreiheit, nichts aber peinigt ihn auch mehr.«[46] Letztlich kommt die Fragenliste der »Gewissenserforschung« einer Verachtung des persönlichen Gewissens gleich.

»Demütige dich!«

Die Verachtung des Gewissens entspricht offenbar direkt dem Menschenbild Escrivás. Aus den folgenden Texten spricht eine kaum steigerungsfähige Menschenverachtung:

»Vergiß nicht, was du bist..., ein Kehrrichteimer. (...) Demütige dich: weißt du nicht, daß du ein Eimer für Abfälle bist?« (Der Weg, Nr. 592) – »Wenn du dich kennen würdest, wärst du über die Verachtung erfreut, und dein Herz würde weinen über Hochachtung und Lob« (Der Weg, Nr. 595) – »Wenn du dem Antrieb deines Herzens und den Aussagen deiner Vernunft entsprechend handeltest, dann müßtest du dauernd mit dem Gesicht am Boden liegen, gekrümmt wie ein schmutziger, häßlicher, abscheulicher Wurm ... vor diesem Gott, der dich immer noch erträgt und trägt« (Der Weg, Nr. 597) – »Du bist schmutziger, herabgefallener Staub« (Der Weg, Nr. 599) – »Vater, wie können Sie all diesen Unrat ertragen? sagtest du mir nach einer zerknirschten Beichte. Ich schwieg und dachte: Wenn deine Demut dich dahin bringt, dich als Unrat, als einen Haufen Unrat, zu erkennen, können wir aus all dieser Erbärmlichkeit noch etwas Großes machen« (Der Weg, Nr. 605).

Unerbittlich beschwören und fordern diese Sätze die Demütigung und Verachtung der eigenen Person. Sie schüren die abgründige Angst, wertlos, sündig, unrein und schmutzig zu sein. Sie provozieren und verstärken Gefühle des Selbsthasses, der Angst vor sich selbst, der Schuldgefühle und des permanent schlechten Gewissens. Eingehämmert wird die Angst, im Dasein nicht anerkannt und gerechtfertigt zu sein.

Allein die selbstherrliche Zuwendung des Seelenführers und

Vorgesetzten zu dieser »Erbärmlichkeit« kann aus diesem »Haufen Dreck« noch etwas »Großes«, Menschenähnliches machen; vorausgesetzt, das Mitglied unterwirft sich total. Die Psyche der Mitglieder soll durch diese Selbsterniedrigung ganz der Macht des geistlichen Führers ausgeliefert werden, der das Verhalten durch Belohnung (Zuwendung, freundliche Worte) und Bestrafung (Ignoranz, verletzende Worte) steuert.

Die Beichte als »Sekte zu zweit«

Für die »Seelenführung« des einzelnen noch wichtiger sind – neben der kollektiven »Gewissenserforschung im Kreis« – die »Brüderliche Aussprache«[47] und die häufige Beichtpraxis.

»Gott unser Herr will, daß im Werk niemand eine Sorge oder einen Kummer für sich allein behält.«[48] Niemand solle im »Kampf um die Heiligkeit« jemals allein sein, heißt es im Vademekum über die Brüderliche Aussprache. Selbst für die Aufforderung zu einem derartigen Gespräch werden standardisierte Redefloskeln vorgeschlagen: »Man kann zum Beispiel sagen: ›Gehen wir plaudern.‹« Die Aussprache muß in jedem Fall »demütig und in Kürze erfolgen«, zehn oder fünfzehn Minuten müssen genügen. Mehr Zeit wäre eventuell ein Hinweis darauf, daß »man über Angelegenheiten spricht, die mit diesem wunderbaren Mittel geistlicher Leitung nichts zu tun haben«.[49] Anders gesagt: Die Gefahr wird gefürchtet, daß da tatsächlich ein echtes Gespräch zwischen zwei Menschen stattfindet, in dem sich nicht nur zwei Menschen gegenseitig zur Befolgung der Opus-Regeln, zum Gehorsam gegenüber den Vorgesetzten und zur Leistung bei der Mitgliederwerbung oder in Schule und Beruf auffordern, sondern über ihre Traurigkeit und Einsamkeit, Verzweiflung und Depression, ihre Sehnsüchte und Herzenswünsche sprechen. Und das soll verhindert werden.

Was das Opus Dei in der Öffentlichkeit als Rat, Hilfe und Unterstützung »auf dem Weg zur Heiligung des Lebens« darstellt, schildern ehemalige Mitglieder als ständige Kontrolle und massiven psychischen Druck. Zentrale Bedeutung hat die Beichtpraxis. Alberto Moncada spricht von einem Beichtkult, der die Konsequenz des Klimas eines ständigen Schuldbewußtseins ist. Der einzelne fühlt sich permanent schuldig, wegen irgendwelcher Regelverstöße oder traurig-depressiver Gefühle. Die Selbstanklage und -demütigung ist typisches Kennzeichen aller Gruppierungen mit totalitärer Tendenz und fundamentalistischer Weltsicht.

Das Opus Dei hat wiederholt erklärt, jedes Mitglied könne bei jedem Priester der katholischen Kirche beichten.[50] Dies ist zwar formal richtig, tatsächlich aber werden Priester, die nicht Opus-Mitglieder sind, als ungeeignet und »nicht gute Hirten« abqualifiziert. In den sogenannten opus-internen »Cuadernos« heißt es: »Leute, die das Opus Dei nicht kennen, sind nicht geeignet, der Hirt meiner Schafe zu sein« – »Und könnten nicht andere Hirten hingehen, um nach meinen Schafen zu suchen und sie gut zu weiden? Nein. Der Herr sagt es ganz entschieden: (...) ›Wer in den Schafstall nicht durch die Tür hineingeht, sondern anderswo einsteigt, der ist ein Dieb und ein Räuber‹ (Joh. 10,1). (...) Diejenigen, die nicht eine von den Direktoren erteilte Sendung haben, sind nicht gute Hirten, auch wenn sie Wunder wirken.«[51] Das Mitglied soll hermetisch vor jeder Möglichkeit eines Gesprächs, einer Beichte mit einem Nicht-Opus-Mitglied abgeschirmt werden.

Nur wer sich an einen Opus-Priester wende, könne geheilt und gerettet werden: »Je besser der Beichtvater den Pönitenten kennt, desto wirksamer wird die Beichte sein« – »Was tut ein Kranker, der geheilt werden will? Er geht zu einem bestimmten Arzt, der ihn kennt (...) Und falls der Patient nicht ein Narr ist, wird er sich beeilen, dem Arzt sämtliche Symptome, sämtliche Umstände zu nennen, selbst die geringsten, die seines Erachtens Krankheitszeichen sind.«[52] Nur wir können dich retten und heilen, das ist die ständig suggerierte Botschaft. Das Mitglied soll in völliger Abhängigkeit zur eigenen »Familie« gehalten werden. Nur so ist die Kontrolle durch die Vorgesetzten über einen längeren Zeitraum hinweg durchzusetzen.

Als unumstößlicher Vorsatz gilt: »Die schmutzige Wäsche ist zu Hause zu waschen. Das erste Anzeichen dafür, daß ihr euch hingebt, besteht darin, daß ihr nicht die Feigheit habt, die schmutzige Wäsche außerhalb des Werks waschen zu gehen. Falls ihr wirklich heilig sein wollt; wenn nicht, seid ihr überflüssig.«[53] Völlige Auslieferung an das Opus oder Verlassen des Weges zur Heiligung: »Es ist Feigheit, eine Art Niederträchtigkeit, die sich in die Seele, die nicht demütig ist, einnistet und veranlassen kann, daß man diese Lehre nicht gut versteht und ihr vielleicht nicht nachlebt.«[54]

Ehemalige Mitglieder haben die häufige Beichtpraxis als ständige Selbstbeschuldigung erlebt. Die Beichte setze die alltägliche Maßregelung fort. Faktisch wird das Institut der Beichte zu einem hervorragenden Herrschaftsinstrument. Selbst die intimsten und geheimsten Fehler werden an die Vergebungsbereitschaft der »Seelenführer« und der Gruppe gebunden. Das »Sakrament der Buße« wird pervertiert zum Systemelement verinnerlichter Außenlenkung. Psychologen sprechen in diesem Zusammenhang von einer »Sekte zu zweit«.

Nicht unerwähnt bleiben soll die Praxis der »Brüderlichen Zurechtweisung«, die meines Erachtens faktisch nichts anderes als die Aufforderung zur gegenseitigen Bespitzelung und Denunziation eines »Fehlverhaltens« beim Direktor bedeutet. Sie trägt »zu einem permanenten Kontrolliertsein der Mitglieder des Opus Dei und einer sofortigen Ahndung kleinster Abweichungen bei«.[55]

Kontrolle und Zensur

Mitglieder des Opus Dei werden auch in ihrer Freizügigkeit bzw. Bewegungsfreiheit massiv eingeschränkt. Wer zum Beispiel nach dem Abendessen das Wohnhaus verlassen will, hat dies der Leitung mitzuteilen, zu begründen und um Erlaubnis zu bitten.

Die Opus-Leitung entscheidet zudem, welche Belletristik und Fachliteratur gelesen werden darf, welche Radio- und Fernsehsendungen gehört und gesehen werden dürfen. Die Führung läßt sich dabei offensichtlich von dem Satz Escrivás leiten: »Du solltest Bücher nicht ohne den Rat kluger und erfahrener Christen anschaffen. Man kauft so leicht etwas Nutzloses oder Schädliches ein. Oft glauben Menschen, sie trügen unter dem Arm ein Buch. Doch sie tragen eine Ladung Schmutz« (Der Weg, Nr. 339).

Vladimir Felzmann schildert, was die Zensur der fachwissenschaftlichen Literatur faktisch bedeutet: »Doktortitel werden an Leute verliehen, die nur die orthodoxen, genehmigten Bücher gelesen haben. Im Opus Dei gibt es einen Index, der strikt und vielleicht sogar strikter ist als der ursprüngliche Index [vom Vatikan geführt, offiziell eingestellt; MM]. So ist es möglich, Doktor zu werden in Philosophie und Theologie, ohne daß man die sozusagen bösen, schlechten Autoren gelesen hat, die man an der [nicht opuseigenen; MM] Universität nicht umgehen könnte. (...) Es ist also im Opus Dei möglich, einen Doktor zu bekommen, der so etwas wie Kosmetik ist.«[56]

Die Zensur beschränkt sich aber nicht nur auf Bücher, Zeitschriften und Zeitungen, sondern nach Auskunft ehemaliger Mitglieder auch auf persönliche Briefe und Mitteilungen. Die soziale Kontrolle ist total. Kein Intimbereich ist vor dem Zugriff der Opus-Leitung sicher: »Kontrolliert werden die Mitglieder eines ›Zentrums‹ des Opus Dei zudem in ihrer Post. Alles, was die Mitglieder eines ›Zentrums‹ zugeschickt erhalten, wird zunächst vom Leiter des Hauses durchgesehen und gelesen und dann erst an die jeweiligen Empfänger verteilt. (...) Umgekehrt müssen die Numerarier alle Post, die sie geschrieben haben, vor dem Verschicken dem Leiter zum Lesen geben.«[57]

Psychosomatische Krankheitsbilder, Depressionen, Suizidgefährdung

Unvermeidbare Folge der ständigen Repressionen, der Diffamierung der Gefühle, der Ghettoisierung und Vereinsamung der Opus-Mitglieder sind psychosomatische Krankheitsbilder aller Art, Schlaflosigkeit, Alpträume, Ängste und Depressionen. »Das Leben, ich selbst, war mir verhaßt. Ich sehnte mich nach Ruhe vor der ständigen Fragerei und Kontrolle. Ja, ich sehnte mich nach dem Tod«, erzählte mir mit leiser, stotternder Stimme eine Ex-Numerarierin.

Vladimir Felzmann berichtet über zahlreiche psychosomatische Krankheitsbilder: »Unter den zölibatären Mitgliedern des Opus Dei hat eine erschreckend große Anzahl Verdauungsprobleme, psychosomatische Probleme, Kopfschmerzen, Migräne, Rückenschmerzen usw.«[58]

Die Opus-Führung ist sich der psychischen Schwierigkeiten, die das Opus-System »produziert«, durchaus bewußt. Im genannten geheimen Vademekum heißt es dazu: »Die Direktoren haben psychischen Schwierigkeiten vorzubeugen – es geht keineswegs darum, Psychiatrie zu treiben–, die infolge Überarbeitung, wegen des Alters oder wegen Krankheit in einigen Fällen auftreten können. Wenn diese Schwierigkeiten vorliegen, sind sie im allgemeinen nicht Folge einer Geistesstörung oder Nervenkrankheit, sondern sie pflegen auf die Ermüdung, auf die innere Spannung zurückzugehen, die ein Leben intensiver Arbeit mit sich bringt.«[59]

In jedem Fall ist im Fall psychischer Krankheitsbilder oberste Verhaltensmaxime, koste es, was es wolle, daß »die schmutzige Wäsche« in der »Familie« bleibt. Der Direktor hat sich bei akuten Fällen an professionelle Opus-Psychiater zu wenden: »In Fällen von Depressionen und Erschöpfungszuständen wird man sich an einen erfahrenen und klugen Arzt wenden – um so besser, wenn er ein Mitglied des Opus Dei ist.«[60] Aber auch in dieser Situation wird Erbarmungslosigkeit empfohlen. Der Arzt oder Psychiater solle nicht auf den »Ermüdungstendenzen insistieren« – »denn gelegentlich dient das dem Kranken unbewußt als Vorwand, sich nicht helfen zu lassen oder sich zum eigenen Arzt zu machen«.[61] Auch durch Krankheit soll offensichtlich niemand dem Opus-System entfliehen.

6. Kapitel

Die Apartheid der Geschlechter

Die Schweizer Regionalleitung des Opus Dei residiert in zwei Häusern an der Restelbergstraße im Villenquartier Zürichs am Zürichberg. Das Besitztum mit der Hausnummer 10 irritiert durch eine auffallende architektonische Besonderheit. Wie angeklebt wirkt ein Anbau auf der rechten Hausseite, in dem sich ein zweites Treppenhaus und ein zweiter Hauseingang befinden. Der sonderbare Anbau ist nicht das Ergebnis eines kauzig-eigenwilligen Architekten. Er ist vielmehr das sichtbarste Zeichen einer Apartheid der Geschlechter, die im Opus Dei herrscht und sich bis in die Architektur der Niederlassungen fortsetzt.

Das Wort Apartheid bezeichnet gemeinhin die von der weißen Regierung Südafrikas praktizierte Politik der Rassentrennung zwischen weißer und schwarzer Bevölkerung. Das berüchtigte und menschenverachtende System der Apartheid in Südafrika stellt die institutionalisierte und legalisierte rassistische Diskriminierung der übergroßen Mehrheit der südafrikanischen Gesellschaft dar. Apartheid ist ein System zur Erhaltung der Privilegien einer Bevölkerungsgruppe auf Kosten einer anderen. Apartheid bedeutet Diskriminierung in allen gesellschaftlichen und wirtschaftlichen Bereichen: Bildung, Berufschancen, Wohnort (»Homelands«), Wahlrecht usw. Zu einer ideologischen Rechtfertigung werden Konzepte wie etwa rassische »naturgegebene« oder »gottgegebene« Determinanten herangezogen, die angeblich die »Überlegenheit der weißen Rasse« begründen.

»Von niedriger Rasse«

Schriftstellerinnen und Sozialwissenschaftlerinnen haben den inneren Zusammenhang von Rassismus, Kolonialismus und Sexismus, die versteckte oder offen brutale Unterdrückung von Frauen, die psychischen, kulturellen und sozialen Tode im Zentrum westlicher Zivilisation und deren Export in den entferntesten Winkel der Erde beschrieben und analysiert. Die Verbrechen des »weißen Mannes«, des »weißen Patriarchats«, richten sich einerseits gegen die fremden Kulturen außer- und innereuropäischer Völker, andererseits gegen das »Andere« europäischer Frauen-Kultur. Ingeborg Bachmann hat in ihrem Romanfragment »Der Fall Franza«[62], jenem unvollendeten Roman, für den ursprünglich der Titel »Todesarten« vorgesehen war, die Lebenssituation und »Todesarten« heutiger Frauen im Kontext der europäischen und der Weltgeschichte geschildert:

»Er hat mir meine Güter genommen. Mein Lachen, meine Zärtlichkeit, mein Freuenkönnen, mein Mitleiden, Helfenkönnen, meine Animalität, mein Strahlen, er hat jedes einzelne Aufkommen von all dem ausgetreten, bis es nicht mehr aufgekommen ist. Aber warum tut das jemand, das verstehe ich nicht, aber es ist auch nicht zu verstehen, warum die Weißen den Schwarzen die Güter genommen haben, nicht nur die Diamanten und die Nüsse, das Öl und die Datteln, sondern den Frieden, in dem die Güter wachsen, und die Gesundheit, ohne die man nicht leben kann ... Das hab' ich begriffen, ich bin von niedriger Rasse.«[63]

Als »niedrige Rasse« gelten offensichtlich auch die Frauen im Opus Dei, auch wenn dem in Erklärungen von Opus-Männern und Priestern widersprochen wird: »Msgr. Escrivá betonte ebenso die ›prinzipielle Rechtsgleichheit‹ zwischen Mann und Frau, da die Frau als Person und als Kind Gottes die gleiche Würde besitzt wie der Mann, und die Rechtsgleichheit muß sowohl im bürgerlichen wie im kirchlichen Recht ihre gesetzliche Anerkennung finden ... Dasselbe gilt für die Stellung der Frau im Leben der Kirche. Gerade in dieser Beziehung ist das Opus Dei der Zeit um Jahrzehnte voraus gewesen.«[64]

Abgesehen von der Tatsache, daß die römisch-katholische Kirche in Vergangenheit und Gegenwart ein »sexistisches ›Herr‹-schaftssystem par excellence«[65] war und ist, »in dem mit den verschiedensten pseudotheologischen Begründungsversuchen die Gottebenbildlichkeit der Frauen mißachtet wird«[66], diese Behauptung von Escrivá-Hagiograph Dominique le Tourneau muß in den

Ohren ehemaliger Opus-Frauen wie Hohn und Spott klingen. Sie haben an Leib und Seele erfahren, was es heißt, im Opus Dei zu sein. Aufgrund der Lektüre 1992 erstmals veröffentlichter interner Dokumente und den Berichten ehemaliger Mitglieder spreche ich im Zusammenhang mit der strikten Geschlechtertrennung und der Stellung der Frau im Opus Dei von »Apartheid«.

Die Architektur der Apartheid: getrennte Treppenhäuser, verschlossene Türen

Mit »Verwaltung« ist im Opus Dei dreierlei gemeint: erstens der Wohnbezirk der Frauenabteilung, die 1930 gegründet worden ist, zweitens die Personengruppe der Bewohnerinnen, drittens die hauswirtschaftlichen Arbeiten, die die zölibatären Frauen in der »Residenz« der Männer für diese versehen (Raumpflege, Wäsche, Kochen, Pfortendienst usw.). In den »Regulae internae pro Administrationibus«, den »internen Regeln für die Verwaltung« aus dem Jahr 1985, ist in nicht weniger als 73 Punkten detailliert festgelegt, wie die Begegnung von Frauen und Männern zu verhindern und nahezu auszuschließen ist. Die folgenden Auszüge erklären auch unmißverständlich die Architektur der Opus-Niederlassung an der Restelbergstraße in Zürich:

»8. Die Verwaltung und die verwaltete Residenz sind so vollständig voneinander unabhängig, daß sie so leben, als ob sie mehrere Kilometer voneinander entfernt wären. Zwischen den Personen in einem Hause und denen im anderen Hause gibt es keine Beziehung irgendwelcher Art. (...)

11. Der Eingang der Residenz ist stets vom Eingang der Verwaltung verschieden; soweit möglich, soll man sogar dafür sorgen, daß jeder Eingang sich an einer anderen Straße befindet, so daß die Personen, die in den beiden Häusern leben, absolut unabhängig eintreten und hinausgehen können. Es ist stets zu vermeiden, daß man von der Verwaltung aus die Residenz und von der Residenz aus die Verwaltung sehen kann. (...)

13. Diejenigen, die in der Residenz leben, haben mit den Personen der Verwaltung nichts zu tun und wissen auch deren Namen nicht. Sie sehen sie auch nie, mit Ausnahme derer, die bei Tisch bedienen. (...)

15. Diejenigen, die in der Residenz wohnen, begeben sich nie in die Zone der Verwaltung.

18. Die Verbindungstüre zwischen den beiden Häusern hat zwei verschiedene Schlösser, je eines auf jeder Seite der Türe; besser ist es, wenn eine Doppeltüre da ist mit je einem verschiedenen Schloß. Der Direktor verwahrt einen Schlüssel und die Direktorin einen weiteren, davon verschiedenen.«[67]

Die besten Frauen sind jene, die Mann nicht sieht

»Die perfekte Verwaltung sieht und hört man nicht«[68] heißt es in den internen Regeln. Das meint: Die besten Opus-Frauen sind die, die man nicht sieht. Sie »achten darauf, daß man nicht mit lauter Stimme spricht«, sie bedienen am Tisch der ehrenwerten Herren »in strengem Stillschweigen«. Sie diskutieren nicht, sondern korrigieren ihr »Fehlverhalten«: »Wenn der Direktor [der Residenz; MM] telefonisch irgendeine Bemerkung macht oder einen Hinweis gibt, bringt die Direktorin [der Verwaltung; MM] nicht Entschuldigungen oder Erklärungen vor. Sie trifft die geeignete Maßnahme« und »erteilt die angebrachten Mahnungen oder Rügen direkt oder durch andere Numerarierinnen«. Anweisungen nehmen Opus-Frauen schweigend und demütig entgegen: »Falls der Direktor irgendeinen Hinweis gibt, hören sie ihn sich bloß an, ohne zu sprechen.«[69]

Putzen, Waschen, Kochen und die heilige Messe

Was Aristoteles, der das Weibliche biologisch als unvollkommene Ausbildung des Männlichen abwertete, in der »Politeia« über die Leitungsfähigkeit der Frauen sagte, gilt offensichtlich ohne jede Einschränkung bis heute im Opus Dei: »Das Männliche ist von Natur aus zur Leitung mehr geeignet.« – »Das Verhältnis des Männlichen zum Weiblichen ist von Natur aus so, daß das eine besser, das andere geringer ist, und das eine regiert und das andere regiert wird.«[70]

Die Frauen sollen sich nicht bilden, sondern gehorsam sein und ihre Pflicht tun. Zu ihren exklusiven Aufgaben gehören Putzen, Waschen, Kochen, Pforten- und Telefondienst, manuelle, hauswirtschaftliche Pflichten. Damit die alte Kult-Vorherrschaft des klerikalen und zölibatären Opus-Mannes grundsätzlich ungefährdet ist, beginnt die Reinigung der Residenz »für gewöhnlich dann, wenn deren Bewohner zur Betrachtung und zur heiligen Messe im Oratorium weilen«.[71] Außerdem gilt die Anweisung: »Die Reinigung wird so organisiert, daß die Bewohner der Residenz, wenn sie aus dem Oratorium kommen oder das Frühstück beendigt haben, sich in einen Teil der Residenz – Aufenthaltsraum, Vorhalle, Bibliothek usw. – begeben können, während die Verwaltung absolut unabhängig davon die Reinigung in anderen Zonen vornimmt.«[72]

Wie anders, denn als sexistischen Patriarchalismus, kann solches bezeichnet werden? Bereits Escrivá äußerte in der »Crónica«: »Meine Töchter, ihr habt keine Gründerin gehabt. Gott, Unser Herr, hat mir das Herz eines Vaters und einer Mutter gegeben.«[73]

Uniform und gestraffte Frisur

Der Minderbewertung und Diskriminierung der Frauen entspricht offensichtlich ihre Desexualisierung; sie haben – vergleichbar geschlechtslosen Wesen – alle weiblichen Attribute in Haarform und Kleidung zu vermeiden: »Die Numerarierinnen müssen gebührend auf ihr Kleid achten und ein weißes Arbeitsgewand tragen, während sie die Verwaltungsarbeiten ausführen. Die übrigen tragen zur Besorgung der Verwaltungsarbeiten stets ein bescheidenes farbiges Kleid und ziehen zum Dienst an der Pforte und im Speisesaal eine ebenfalls bescheidene Uniform mit langen Ärmeln an. Die gestraffte Frisur gehört zur Uniform, die sie zu tragen haben, während sie die Verwaltungsarbeiten besorgen.«[74] Sie sollen immer zusätzliche Arbeiten befohlen bekommen, »damit sie stets beschäftigt sind und die Zeit ausnützen«.

»Und führe uns nicht in Versuchung!«

Frauen und Männer im Opus Dei haben stets vorausblickend darauf zu achten, niemals allein mit dem anderen Geschlecht zusammenzutreffen. Mindestens muß man zu zweit sein – mit einer Aufpasserin, einem Aufpasser – damit man nicht in Versuchung geführt wird: »Zum Öffnen und Verschließen der Türen sollen sich stets mindestens zwei Personen einfinden.«[75] – »Während der Zeit, in der die Verwaltung diesen Dienst leistet, haben im Dienstraum der Pförtnerin stets zwei Personen anwesend zu sein.«[76]

Die Priester, die in der Abteilung die Messe feiern, müssen mit aller Schlüsselgewalt vor allen weiblichen Versuchungen geschützt werden: »Wenn die Priester des Werks ihren Dienst in einem Zentrum der weiblichen Sektion ausüben, sind sie nur so lange wie nötig im Hause. Falls nicht ein wirklich außerordentlicher Grund vorliegt, frühstücken sie nicht einmal in den Zentren der weiblichen Sektion, nachdem sie die heilige Messe gefeiert haben.«[77] – »Wenn der Priester sich zum Umziehen in die Sakristei begeben muß, läßt die Verwaltung das Schloß der Verbindungstüre offen und schließt mit ihrem Schlüssel die Türe, die dieses Lokal mit dem Rest seiner Zone verbindet.«[78]

Wenn männliche und weibliche Abteilung »einander Angelegenheiten mitteilen müssen«, »macht man die Mitteilung stets auf schriftlichem Wege, mit maschinengeschriebenen Notizen, ohne Eingangs- und Schlußformeln«[79], das heißt: ohne auch nur das geringste Symbol, daß die Notiz ein Mensch geschrieben hat, ohne persönlichen Gruß, und sei er noch so bescheiden.

»Tummelplatz teuflischer Versuchungen«

Die Verfasser dieser internen Regeln wittern offensichtlich hinter jeder Tür die Versuchungen der fleischlichen Lust. Jeder Kontakt zwischen Frauen und Männern, der über die standardisierten Formeln hinausgeht, soll wie besessen verhindert werden. Die detaillierten Verhaltensregeln müßten kabarettreifen Spott erregen, wenn sie nicht ahnen ließen, daß da jede Regung des Herzens krampfhaft vermieden werden soll: Sympathie, Freundschaft und noch viel schlimmer: Liebe und Leben. Da werden alle Register der Reglementierung, der Tabuisierung, der Isolierung, der Vereinsamung, der Verschüchterung und Demütigung gezogen. Alles weist auf einen extrem entwickelten sozialpsychologischen Angst- und Abwehrmechanismus gegenüber der Frau in der zölibatären und der männlichen Mitgliederschaft hin. Alles muß möglichst »geschlechtslos«, also menschenleer und frigide organisiert werden.

Vladimir Felzmann schildert die große Angst der Opus-Männer: »Und wenn wir über die Sexualität, die ganze Einstellung gegenüber Mann und Frau sprechen: Die objektiven Werte verbinden sich mit dem Mann, die subjektiven dagegen mit der Frau. Denken, Verstand, Intellekt verbinden sich mit dem Mann; Gefühle, Emotionen, Körper mit der Frau.« Wie könnte es auch anders ein: »So geht man gegen das Subjektive, gegen die Emotionalität an, und das geschieht im Opus Dei: Und man hebt das Intellektuelle, Objektive und Abstrakte hervor. So ergeben sich Probleme im praktischen Leben: Wenn man im Opus Dei ist und Gefühle und Emotionen hat, wird man gepeinigt.«[80]

Selbst bei der Berufswahl der jungen Opus-Mitglieder wittern die geistlichen Leiter, selbst eingezwängt in die Korsetts zur Abwehr von »weibischen Gefühlen« jeder Art, fleischliche Versuchungen. Am Beispiel eines unverheirateten jungen Mannes, dessen größter Herzenswunsch die Ausbildung zum Sänger war, die ihm aber ausgetrieben wurde, stellt Widmar Puhl grundsätzlich fest: »Alle Berufe, die ein unverheiratetes Mitglied des Opus Dei in Kontakt mit dem anderen Geschlecht bringen könnten, versucht man ihm auszutreiben. Vor allem musische Berufe hält man für einen Tummelplatz teuflischer Versuchungen.«[81]

7. Kapitel

Die Abtötung des sündhaften Fleisches

»Jammervolle Todesstimmung erfüllte das Kirchenschiff, das bespritzt war mit dem von Gliedern des großen Christus herabrinnenden Blut, während an den Wänden die vierzehn Bilder der Leidensgeschichte ihr grausames, gelb und rot beschmiertes, Grauen schwitzendes Drama zur Schau stellten. Es war das Leben, das dort in Todesqualen lag, in diesem tödlichen Schauer, auf diesen Gräbern gleichenden Altären, mitten in dieser Nacktheit einer Gruft. Alles sprach von Gemetzel, von Nacht, von Grauen, vom Zermalmen, vom Nichts. Ein letzter Weihrauchatem hing in der Luft gleich dem letzten schwachen Atemzug einer Dahingeschiedenen, die unter den Steinfliesen aus Eifersucht erstickt worden war.«[82]

In seinem Roman »Abbé Mouret« hat Emile Zola vor hundert Jahren das Sterben der Liebe und des Lebens in der kirchlich erzwungenen zölibatären Selbstverpflichtung eines Priesters eindrücklich beschrieben. Die Verweigerung der Liebe, die religiös mit den Martern der Leidensgeschichte Christi verbunden wird, erlebt *Albine* als Verweigerung der Freude am Leben, als Verlust des Lebens. Zu ihrem Geliebten *Serge*, den sie nach Tagen sehnsüchtigen Wartens in der Kirche antrifft, sagt sie: »Behalte deine Gebete. Dich will ich haben ... Ich kann dich nicht hierlassen. Weil du hier bist (in der Kirche; MM), bist du wie tot, ist deine Haut so kalt, daß ich nicht wage, dich zu berühren...«[83]

»Das Leben, das in Todesqualen liegt«

Die düsteren Bilder Zolas, die das Ersticken der Liebe als Zuschütten der Quelle des Lebens beschreiben, entsprechen der Erfahrung unzähliger Frauen und Männer, die an Leib und Seele die negative

Stigmatisierung und restriktive Normierung menschlicher Liebe und Sexualität in ihrer religiösen Biographie und kirchlichen Erziehung erlebt haben. »Man dürfe die Liebe nur lernen, indem man lernt sie zu meiden, man müsse in diesem wichtigsten Erlebnisraum des menschlichen Lebens fertig sein, noch ehe man überhaupt begonnen hat, aus Versuch und Irrtum einen eigenen Weg zu finden, und man habe gefälligst den Körper, das Fleisch, die Welt, das Weib zu ›heiligen‹, indem man sie zur Quelle der Sünde erklärt«[84], das sind nur ausschnitthaft Anklagepunkte ganzer Generationen gegen das Regelwerk einer repressiven kirchlichen Sexualmoral, die körperliche Liebe nur als Instrument und Funktion der Fortpflanzung in der »guten katholischen Ehe« zu kennen scheint.

Wer die Sexualität eines Menschen beschneidet, tabuisiert, mit Angst und Schuld belädt, »vergiftet nicht nur die Quelle seiner Triebe, er verstört zugleich auch die Klarheit seines Denkens, die Reinheit seines Fühlens und die Sensibiltiät seiner Sehnsucht.«[85] Das ist, verkürzt zusammengefaßt, das Wissen der Psychoanalyse in der Frage der Sexualität und Lebenskraft des Menschen. Wer die Sexualität und Leibhaftigkeit krümmt, kann eher die Seele, den Willen, das Rückgrat, den Stolz krümmen und beugen. Michel Foucault, der Archäologe der Macht und Herrschaft in der Moderne, hat die Verfügung über die Sexualität als eine der wichtigsten Machttechniken zur Disziplinierung von Menschen erkannt.

Wer junge Menschen zu Angst und Mißtrauen sich selbst gegenüber erzieht, ihnen Schuldgefühle und Strafangst im Zusammenhang mit der eigenen Sexualität einschärft und sie zum »freiwilligen« Verzicht verführt, der bringt sie um eines der wichtigsten Menschenrechte: das Recht auf seinen Leib, das »Gefäß der Seele«, die Erfahrung der eigenen Geschlechtlichkeit und die Kraft seiner Liebe.

Das »Hohe Lied der Liebe«

Vergeblich erinnert *Albine* – in Zolas »Abbé Mouret« – ihren Geliebten an das gemeinsam erfahrene Leben: »Wie schön war es in der Sonne, erinnerst du dich? (...) Du flüstertest: ›Wie gut ist das Leben!‹ Das Leben, das waren die Gräser, die Bäume, die Wasser, der Himmel, die Sonne, in der wir über und über blond waren, mit goldenem Haar (...) Wie groß erschien es (das Leben; MM) uns! Niemals konnten wir sein Ende finden. Das Laub wogte dort ungehindert bis zum Horizont mit Wellenrauschen. Und wieviel Blau über unseren Köpfen! Wir konnten wachsen, davonfliegen, wie die Wolken dahinziehen, ohne auf andere Hindernisse zu stoßen als auf Wolken. Die Luft gehörte uns.«[86]

Die Sprachbilder Zolas, die das wache Herz der Geliebten für das Leben zeichnen, ähneln den Gedichten und Liebesliedern, die im biblischen Buch »Das hohe Lied« gesammelt sind. Das »Hohelied der Liebe«, das von Theologen als moralischer Traktat und *magna charta* der keuschen Einehe interpretiert und verbogen wurde, besingt die Liebe als Quelle allen Lebens und Befähigung, einander gerecht zu werden. Jenseits der Kategorien »moralisch« oder »unmoralisch« wird die Schönheit und die Bedeutung der Geliebten besungen, die Sehnsucht nach Vereinigung, das Glück des Beisammenseins und der Schmerz der Trennung. In schöner Bildsprache beschreiben die Lieder, wie im geliebten Menschen »alle Hoheit, aller Glanz, alle Lebenskraft und Lebensfreude der Welt«[87] in personaler Zuneigung begegnen: »Die Quellen des Gartens bist du, ein Brunnen lebendigen Wassers« (4,15). Der Hals der Geliebten ist einem »Turm« gleich – ein Bild, eine Metapher, die den Stolz der Geliebten zum Ausdruck bringt. Ein Stolz, der nicht Hochmut ist, sondern das Ungebrochensein, das Nichtgekrümmte und die Lebensstärke des Menschen meint, der zu »aufrechtem Gang« und Leben fähig ist.

Das »Gebet der Sinne«

Wichtige und unverzichtbare Übung für die »Heiligung des Alltags« ist für das Opus Dei das »Gebet der Sinne«. Gemeint sind damit die »frommen Gewohnheiten« der Abtötung, zu denen jedes Mitglied verpflichtet ist. In dem internen Dokument »Fromme Gewohnheiten« heißt es: »Um den Körper zu züchtigen und ihn dienstbar zu machen, sollen die Numerarier und Assoziierten des Opus Dei mit Zustimmung ihres geistlichen Leiters an der frommen Gewohnheit festhalten, täglich mindestens zwei Stunden lang einen kleinen Bußgürtel zu tragen; außerdem sollen sie einmal pro Woche die Geißel benutzen und auf dem Fußboden schlafen, sofern es ihrer Gesundheit nicht schadet.«[88]

Pflichtabtötungen sind – entgegen anderslautenden offiziellen Erklärungen des Opus Dei, die den Ausnahmecharakter dieser Formen der »Abtötung« behaupten – Bußgürtel und Geißel, Schlafen auf dem Fußboden oder einem blanken Holzbrett, der Verzicht auf einen Mittagsschlaf. Freiwillige Abtötungen sind zum Beispiel kalte Duschen, auf dem Stuhl sitzen, ohne sich anzulehnen, Verzicht auf Brotaufstrich und Dessert.

Opus-Mitglieder haben ihren »sündhaften Körper« mit diversen Abtötungspraktiken in masochistischer Manier zu traktieren und zu züchtigen. Ausnahmen aus Alters- und Krankheitsgründen sind präzise geregelt. »Du machst nur so viele Fortschritte, wie du dir Gewalt antust«, lautet die Maxime eines heiliggemäßen Lebens.

»Geliebt, geheiligt sei der Schmerz«

Der Bußgürtel, eine über Jahrhunderte übliche Abtötung »fleischlicher Begierden« und Sinne, ist ein Metallband mit nach innen gerichteten Dornen, das am Oberschenkel getragen wird. Die Geißel ist in der Regel eine fünfschwänzige Lederpeitsche mit Knoten oder Perlonschnüren, an denen dicke, beschwerte, stachelige Kugeln befestigt sind.

Klaus Steigleder schildert: »Das Tragen des ›Bußgürtels‹ ist äußerst schmerzhaft, vor allem beim Sitzen. Die Metallspitzen graben sich tief in die Haut ein und hinterlassen als Spuren kleine rote Punkte. Mehr noch schmerzt der Gebrauch der Bußgeißel, im Unterschied zu der des Gründers spritzt aber bei den aus Kordel geknüpften kein Blut. So schmerzhaft es auch war, sich selbst zu geißeln, als weitaus unangenehmer und qualvoller empfand ich es, das durchdringende Knallen zu hören, wenn ein anderer sich mit der Geißel schlug – was ich, als ich in Bonn im ›Studienzentrum‹ der Vereinigung wohnte, häufiger erleben mußte.«[89]

Der psychische Hintergrund solcher barbarischen, mittelalterlich anmutenden Praktiken der Selbstkasteiung muß – psychologisch betrachtet – als zwangsneurotisch gelten. Da wird die Sehnsucht nach Liebe und Vergeben begangener Schuld erfleht und erwartet durch Selbstquälerei, die kaum anders als masochistische Handlung, als lustvoll betonte Freude am Dulden und Erleiden körperlicher Schmerzen und seelischer Demütigungen bezeichnet werden kann. Der Hinweis der Opus-Ideologen auf die »zeitlos gültige Lehre der Kirche«[90] und die Bußpraxis vergangener Jahrhunderte kann die Perversion des Bußverständnisses und des Schmerzes, die darin zum Ausdruck kommt, nicht relativieren.

»Man sollte glauben, Schuld, die Menschen begangen haben, können sie am besten wieder gutmachen, wenn sie selber so glücklich, so intensiv und persönlich leben, als es irgend geht. Dann verbreiten sie Glück und Freude und schenken anderen Leben. Aber diese Bußpraxis ist ganz umgekehrt: sie zieht den Schmerz der Reue, wie es heißt, so sehr nach innen, daß dann vor allem auch die Kasteiung des eigenen Fleisches im Namen der begangenen Sünden noch einen zusätzlichen Verdienst bilden soll vor Gott.«[91] Die Abtötung wird zu einem »Kreuzweg nach innen«. Die Selbstbestrafung wird als asketisch wertvoll und religiös gewinnbringend erklärt.

Pathologische Leidensspiritualität

Josemaría Escrivá beschwört einen abgrundtiefen Dualismus von Leib und Seele und die Feindschaft des Menschen zu sich selbst:

»Jener Mann traf ins Schwarze, der sagte, daß Leib und Seele zwei Feinde sind, die sich nicht trennen, und zwei Freunde, die sich nicht ausstehen können« (Der Weg, Nr. 195) –

»Behandle deinen Körper sorglich; aber schone ihn nicht mehr, als einem verräterischen Feind zusteht« (Der Weg, Nr. 226) –

»Wenn du begriffen hast, daß der Leib dein Feind ist und Feind der Verherrlichung Gottes, weil er deine Heiligung bedroht, warum faßt du ihn dann so weich an?« (Der Weg, Nr. 227) –

»Sag deinem Leib: Lieber will ich mir einen Sklaven halten als selber dein Sklave sein« (Der Weg, Nr. 214) –

»Wenn dir klar ist, daß diese körperlichen und seelischen Schmerzen Läuterung und Verdienst bedeuten, dann segne sie« (Der Weg, Nr. 219) –

»Wir adeln den Schmerz, wenn wir ihn an seinen richtigen Platz im Heilsplan des Geistes stellen: als Sühne« (Der Weg, Nr. 234) –

»Die Abtötung darf wie das Schlagen des Herzens nie aussetzen: Auf diese Art erlangen wir die Herrschaft über uns selbst und verwirklichen gegenüber unseren Mitmenschen die Liebe Christi« (Im Feuer der Schmiede, Nr. 518) –

»Wer liebt, tritt sich selbst mit Füßen (...)« (Im Feuer der Schmiede, Nr. 532) –

»Gesegnet sei der Schmerz. – Geliebt sei der Schmerz. – Geheiligt sei der Schmerz. – Verherrlicht sei der Schmerz!« (Der Weg, Nr.208).

Die Textbeispiele, deren Zitierung fast beliebig fortgesetzt werden könnte, drücken eine pathologische »Spiritualität« des Leidens und des Schmerzes aus. Sie beschwören eine neurotische Lebensverunstaltung, die in Angst, Selbstschädigung und Selbstzerstörung mündet. Es ist die Verherrlichung einer verkrüppelnden und krankmachenden Lebensform, die fast zwangsläufig ein verkümmertes Leben in Depression und Resignation produzieren muß, von dem ehemalige Mitglieder des Opus Dei berichten.

Masochistische »Kreuzes-Mystik«

Die Verherrlichung des Schmerzes ist verknüpft mit der Perversion des Kreuzes Jesu Christi. Das Kreuz Jesu ist das realistische Symbol von Macht und Unterdrückung, Gewalt und Vergewaltigung, Verfolgung, Folter und Mord. An das Kreuz wurde Jesu geschlagen, weil er die Umkehrung aller gesellschaftlichen Herrschaftsverhältnisse verkündete und zeichenhaft die Macht des Todes brach. Von diesem biblisch-christlichen Kreuzesverständnis ist in den Schriften Escrivás so gut wie nichts zu endecken. Wenn der Opus-Gründer von »Kreuz« spricht, ist exklusiv die Verherrlichung der eigenen Schmerzen gemeint, die Selbstquälerei, die das barbarische Ritual der körperlichen Abtötung einschließt.

Sowenig verschwiegen werden darf, daß diese »Kreuzes-Mystik« jahrhundertelange Frömmigkeitspraxis prägte und immer wieder Menschen zu dem irrigen Versuch verleitete, sich durch diverse Abtötungspraktiken mit dem Leiden und Kreuz Jesu zu identifizieren – Escrivá treibt diesen Irrweg, diese Perversion noch auf die Spitze:

»Hindere nicht das Wirken des Heiligen Geistes: Vereinige dich mit Christus, um dich zu läutern. Ertrage mit ihm die Schmähungen, das Angespienwerden, die Ohrfeigen. Die Dornen, das lastende Kreuz. Die Nägel, die dein Fleisch zerreißen, die ganze Not eines Sterbens in Verlassenheit. Versetze dich in die geöffnete Seite unseres Herrn Jesus, bis zu sicheren Schutz in seinem verwundeten Herzen findest« (Der Weg, Nr. 58) –

»Das Kreuz auf deiner Brust – gut, aber das Kreuz auf deinen Schultern, das Kreuz in deinem Fleisch, das Kreuz in deinem Verstand. – Nur so lebst du für Christus, mit Christus und in Christus. Nur so bist du Apostel« (Der Weg, Nr. 929) –

»Spürte ich doch in meinem Fleisch nichts anderes als das Kreuz!« (Der Weg, Nr. 151) –

8. Kapitel

Weh dem, der austreten will

Die Ideologie religiöser Kulte und Sekten läßt keinen legitimen Grund gelten, der den Austritt einzelner Mitglieder rechtfertigen würde. Im Gegensatz zu anderen Organisationen, Vereinen oder Parteien, die persönliche Austrittsentscheidungen von Mitgliedern respektieren, wird der Ausstieg aus einer Gruppe mit vereinnahmender, totalitärer Tendenz immer als persönliche Schwäche, Charaktermangel, Versuchung oder sündhafter Abfall interpretiert.

Tatsächlich aber finden immer wieder Frauen und Männer den Weg aus dem psychischen Gefängnis und Labyrinth der Abhängigkeit.[92] Trotz der sozialen Isolierung und Ghettoisierung, die häufig de facto eine Kasernierung ist, trotz der nahezu totalitären Kontrolle und permanenten Indoktrination erkennen Mitglieder als Ursache ihrer inneren Zerrissenheit, ihrer Schlaflosigkeit, ihrer Depressionen die Zugehörigkeit zur totalitären Sekte. Voraussetzung dieser inneren Distanzierung sind Veränderung und persönliches Wachstum.

Teuflische Versuchungen

Die Mitgliedschaft im Opus Dei wird als göttliche Berufung angesehen, die keinen nur zeitlich begrenzten Charakter habe. Deshalb gibt es auch in dieser Organisation keinen legitimen Grund für einen Austritt. Als Ursache für den Austritt werden teuflische Versuchungen ausgemacht. In Escrivás Buch heißt es: »Bitte immer um deine Beharrlichkeit und um die deiner Gefährten im Apostolat; denn unser Widersacher, der Teufel, weiß genau, daß ihr seine großen Feinde seid… Wenn einer in euren Reihen fällt, wie freut er sich darüber« (Der Weg, Nr. 924).

Deutlicher ist im »Vademekum der örtlichen Räte« von 1987 zu lesen: »Es ist indes nicht verwunderlich, daß trotz allem in jemandem die Versuchung aufkommt, den Blick zurückzuwenden (vgl. Lk 9,62); denn mit den Schwächen eines jeden als seinen Komplizen sucht der Teufel den Bau des inneren Lebens zum Einsturz zu bringen.«[93]

Der ehemalige Opus-Numerarier Widmar Puhl berichtete gar den folgenden Fall: »In Stuttgart bekam die Verlobte eines Opus Dei-Mitglieds, dem man mit sechzehn Jahren das Zölibatsversprechen abgenommen hatte und das nun heiraten oder austreten wollte, einen anonymen Anruf. Am Telefon war eine Frau, die sich als Mitglied des Opus Dei zu erkennen gab und meinte, ihr Name tue nichts zur Sache. Sie sagte, wer einen Diener Gottes in solche Abgründe der Sünde stürze, sei des Teufels, ihm sei nichts heilig und es sei besser, man hänge ihm einen Mühlstein um den Hals und versenke ihn in die Tiefe des Meeres. Die junge Frau aus Stuttgart unternahm einen Selbstmordversuch, kurz nachdem die anonyme Anruferin eingehängt hatte.«[94] Wie immer man die psychische Stabilität dieser Frau einschätzen mag, der geschilderte Fall verdeutlicht die Opus-Ideologie, die jeden Austritt offensichtlich als Folge der Intervention dämonischer Kräfte interpretiert. In jedem Fall sind hinterhältige Versuchungen zu vermuten: »Manchmal tritt die Versuchung ungeschminkt auf, zumeist hinterhältig, ja sogar unter dem Anschein der Liebe« (vgl. Der Weg, Nr. 134).

Gegen die Berichte ehemaliger Mitglieder, sie seien psychologisch massiv unter Druck gesetzt worden, behauptet das Opus Dei in offiziellen Erklärungen, die Entscheidungsfreiheit des austrittswilligen Mitglieds sei garantiert: »Gerade weil die Mitglieder im Opus Dei einer göttlichen Berufung folgen, handelt es sich um eine ernsthafte Bindung, die grundsätzlich keinen vorläufigen Charakter haben kann, sondern auf die Hingabe des ganzen Lebens ausgerichtet sein muß. Sollte dennoch jemand, selbst nach der endgültigen Eingliederung, zu der Einsicht kommen, dies sei nicht sein Weg, so steht seinem Austritt nichts im Wege. Es ist ein Zeichen der Gesundheit des Opus Dei und der Achtung der persönlichen Freiheit aller, daß einzelne das Opus Dei wieder verlassen, weil sie sich geirrt haben oder weil sie dem Ruf Gottes untreu geworden sind. Sie bleiben dem Opus Dei fast immer freundschaftlich verbunden.«[95]

Diese Aussage widerlegen nicht nur die Berichte Ehemaliger, sondern auch das genannte Vademekum. Es empfiehlt den verantwortlichen »geistlichen Leitern« und Direktoren bestimmte Verhaltensweisen und vermittelt psychologisches Know-how.

Erstens wird auf den psychischen Prozeß der inneren Distanzierung aufmerksam gemacht, der immer längerfristig und durch bestimmte Anzeichen erkennbar ist: »Es ist zu berücksichtigen, daß die Krisen, die plötzlich einmal eintreten können, sich nicht unversehens einstellen. Es geht ihnen eine lange Etappe voraus mit bestimmten Anzeichen, welche die Direktoren und diejenigen, die mit dem Betreffenden zusammenleben, bemerken können und müssen.«[96]

Zweitens wird vor emotionalen Überreaktionen gewarnt. Es wird empfohlen, niemals heftig oder aggressiv auf Anzeichen von Austrittswilligkeit zu reagieren. Vielmehr solle man mit Klugheit, Gelassenheit und Übersicht reagieren: »Solchen, die ihre Berufung aufgeben wollen, muß man geistlich beistehen und – ohne irgendeinen Zwang – auf ihr Umdenken hinwirken. Vielleicht sind sie blind, verblendet, und dann bedürfen sie mehr als je des gelassenen Urteils des Direktors, der ihnen beibringen wird, die Probleme in übernatürlicher Gesinnung zu beurteilen. Er wird auch, falls es angebracht ist, edle menschliche Mittel anzuwenden versuchen, damit sie den Umständen aus dem Weg gehen, die Anlaß oder Ursache dieser Versuchungen gegen die Berufung sind oder sein können.«[97] Offensichtlich ist man sich im Opus Dei bewußt, daß emotionale Heftigkeit oder Aggressivität fast immer das Gegenteil von dem bewirkt, was man erreichen will.

Drittens wird dazu aufgefordert, die sozialen Kontakte und Bezugspersonen festzustellen, die den Betreffenden in seiner Austrittsneigung bestärken und unterstützen, um gegebenenfalls geeignete Maßnahmen zu ergreifen: »Konkret ist es ratsam, mit Klugheit herauszubekommen, welche Art von Freundschaften er pflegt: ob er mit einer Person ein vertrautes Verhältnis hat; ob er sich mit einem Geistlichen (der dem Werk nicht angehört) berät, statt daß er das mit seinen Brüdern tut; welche Briefsachen er versendet und empfängt, denn vielleicht schreibt er an Verwandte, an

Freunde oder andere Personen, die ihm recht wenig guttun; welche Bücher er liest...«[98] Faktisch bedeuten diese Aufforderungen eine verstärkte soziale Kontrolle. Interessanterweise wird nicht gesagt, was zu tun ist, wenn derartige »vertraute Verhältnisse« oder Briefkontakte festgestellt werden. Dies wird offensichtlich der Phantasie des verantwortlichen Direktors überlassen.

Dieser allerdings wird selbst massiv unter Druck gesetzt, falls seine Bemühungen erfolglos bleiben: »Im Falle eines Abfalls, dessen Gründe man sich nicht zu erklären weiß, sprach deshalb unser Vater (Escrivá; MM) die Direktoren und diejenigen, die mit diesem seinem Sohn zusammengelebt haben, nicht von Sünde, ja manchmal von schwerer Sünde, frei, weil sie es nicht verstanden hatten, dem Betreffenden die Mittel zu verschaffen, um auszuharren...«[99] Die »Versager« werden also direkt mit haftbar gemacht.

Der folgende Bericht der ehemaligen Opus-Numerarierin Maria del Carmen Tapia veröffentlicht, zu welcher Art von Phantasie derartiger psychischer Druck führen kann: »Ich wurde acht Monate lang [in der römischen Zentrale] regelrecht unter Hausarrest gehalten. Dabei wurde nicht klar, was für ein ›Vergehen‹ ich begangen hatte... Ich wurde dauernd überwacht, durfte weder Briefe schreiben noch telefonieren. Man sagte mir, wenn jemand nach mir frage, werde man antworten, ich sei krank oder weggegangen. Anhaltende Bemühungen sollten mich zu einem Schuldbekenntnis und zu Gewissensbissen bringen. Innerhalb von drei Monaten wurden meine Haare weiß. Ich bat, zu meinen Eltern nach Spanien zurückkehren zu dürfen. Eine Erlaubnis wurde abgelehnt.«[100]

Eine ehemalige Numerarierin in der Schweiz erklärte mir gegenüber, daß sie keine größeren Schwierigkeiten gehabt habe, auszutreten.

»Gefallene Seelen wie der Satan«

Auch wenn einzelne Leiterinnen und Leiter persönlich eher zu Zurückhaltung und Respekt gegenüber dem austrittswilligen Mitglied neigen, ihre menschliche Scham Auswirkungen auf ihr Verhalten hat – die Ideologie, die Escrivá seinem Werk vorgegeben hat, ist unmißverständlich: »Kämpft, meine Kinder, kämpft. Handelt nicht wie diejenigen, die sagen, daß die Firmung uns nicht zu

Soldaten Christi macht. Vielleicht sagen sie es, weil sie nicht kämpfen wollen. Und so sind sie, was sie sind: besiegte Menschen, unterworfene Menschen, glaubenslose Menschen, gefallene Seelen wie der Satan.«[101]

Die Sprache Escrivás ist militaristisch und kriegerisch. Er denkt in Kategorien der Kriegsführung: »Die Situation ist ernst, meine Töchter und Söhne. Die ganze Kampflinie ist bedroht. Laßt nicht zu, daß durch einen von uns eine Bresche geschlagen wird. Ich habe nicht aufgehört, euch zu warnen: das Böse kommt von innen und von hoch oben. Es gibt eine wirkliche Fäulnis, und zur Zeit scheint es, als sei der mystische Leib Christi ein Leichnam in stinkender Verwesung. Wie viele Beleidigungen gegen Gott gibt es! Wir sind so zerbrechlich und sogar noch zerbrechlicher als andere. Aber wie ich schon immer gesagt habe: Wir haben eine Verpflichtung zur Liebe; wir müssen jetzt unserem Dasein einen Sinn der Wiedergutmachung geben.«[102]

Schadensbegrenzung

Sollte ein Numerarier oder Assoziierter »bei irgendeiner Gelegenheit das Zentrum, bei dem er eingeschrieben ist, ohne Erlaubnis des Direktors« verlassen und »sein Wohnsitz nicht ausfindig zu machen« sein, »wird sofort die Regionalkommission informiert, und sonst niemand«. Noch wird der Fall nicht verloren gegeben: »Dann wird ein kluger und erfahrener Numerarier-Priester mit der Familie Kontakt aufnehmen, um den Fall in Klugheit und Klarheit darzulegen, damit nach Möglichkeit herausgefunden werden kann, wo der Betreffende zu erreichen ist.«[103] Um wieder Einfluß ausüben zu können, muß wieder Kontakt hergestellt werden.

Oberste Maxime ist in jedem Fall die Schadensbegrenzung nach innen und außen. Nur zu gut weiß man, daß das Opus Dei durch die Berichte ehemaliger Mitglieder, wie der von Maria del Carmen Tapia zitierte, große Verluste an Image und Glaubwürdigkeit zur Folge hatte, besonders in konservativen kirchlichen Kreisen. Zu eifrige Mitglieder, die gegenüber den Verwandten Austrittswilliger aggressiv auftreten, können deshalb ebenfalls Schaden verursachen.

In jedem Fall sind opus-intern »Maßnahmen zu ergreifen, damit der gute Geist der anderen nicht beunruhigt wird und keine verwirrlichen und unklaren Situationen entstehen«,[104] wenn ein Mitglied ausgetreten ist und gegebenenfalls erneut Kontakt zu Opus-Mitgliedern sucht, die dadurch »angesteckt« werden könnten.

Die Opus-Führung weiß Austritte gar positiv-biologistisch zu verstehen: »Immerhin ist es unvermeidlich, daß einige austreten. Das ist ein Beweis mehr für die übernatürliche Kraft und die geistige Gesundheit des Werkes. Wie jeder gesunde Leib sträubt es sich, das, was ihm nicht guttut, zu assimilieren, und stößt unverzüglich das aus, was es nicht assimiliert. Und es leidet nicht darunter; es erstarkt.«[105]

Vorbeugende Maßnahmen

Bereits vorbeugend versucht man seitens der Opus-Leitung den »göttlich Berufenen« offensichtlich jede Austrittsversuchung auszutreiben, indem man das darauffolgende Leben als äußerst unglücklich beschreibt. Der »Abfall« vom Werk, der Sündenfall des Austritts, so suggeriert man, wird quasi von Gott bestraft. Klaus Steigleder berichtet: »Von seiten der Leiter fehlt es nicht an Hinweisen darauf, wie unglücklich diejenigen meist seien, die ihre Berufung als Mitglied im Opus Dei aufgegeben und es verlassen haben. In aller Regel werden sie als Menschen hingestellt, die ihres Lebens nicht mehr froh werden und die nichts so sehr bereuen wie ihren Austritt aus der Vereinigung. Es wird erzählt von jenem ersten Mitglied des Opus Dei, das eine Berufung zum Numerarier gehabt habe, diese aufgab und heiratete. Es sei eine unglückliche und kinderlose Ehe geworden. Oftmals habe ich gehört, wie verschiedene Leiter ehemalige Mitglieder als ›ganz arme Schweine‹ bezeichnet haben. Wenn ich meine Absicht zu erkennen gab, das Opus Dei zu verlassen, wurden mir von den Leitern häufig ehemalige Mitglieder als warnendes Beispiel vorgehalten. ›Willst du denn, daß es dir einmal so ergeht wie X oder Y?‹«[106]

In der Tat trifft zu, daß ehemalige Mitglieder nach ihrem Austritt große psychische und häufig auch physische Schwierigkeiten haben. Die jahrelange psychische Indoktrination und Abhängigkeit kann nur durch jahrelange Auseinandersetzung mit diesem Zeitabschnitt der eigenen Biographie überwunden werden. Die erlittenen Demütigungen und Verletzungen haben häufig lebenslängliche Folgen. Zumeist ist eine professionelle psychologische Hilfe geboten. Die angeeigneten konspirativen Verhaltensmuster, die Vereinsamung des einzelnen und anderes mehr bestimmen zumeist auch das soziale Verhalten in der ersten Zeit nach dem Austritt und führen zu sozialen Konflikten.

Als vorbeugende Maßnahme muß ebenfalls der Versuch der Opus-Führung gesehen werden, persönliche, sogenannte »private Freundschaften« zu unterbinden. Alberto Moncada äußerte: »Seelische Übereinstimmungen, ob sie schon vorher bestanden oder gewachsen waren, müssen verdrängt, der Anschein von ›Extra-Freundschaften‹ muß vermieden werden.«[107] Diese Aussage wird von anderen ehemaligen Mitgliedern bestätigt.

Sekten und Gruppierungen mit vereinnahmender, totalitärer Tendenz versuchen grundsätzlich echte Freundschaften zu unterdrücken. Damit soll einerseits die exklusive emotionale Bindung und Fixierung des Mitglieds zum Führer gewährleistet werden. Andererseits soll so verhindert werden, daß ein Mitglied bei seinem Austritt andere mitnehmen könnte. In jedem Fall will man unkontrollierbare »private« Gespräche zwischen den Mitgliedern verhindern, in denen Zweifel und Kritik geäußert und verstärkt werden könnten.

Keine Ansprüche

Eine Organisation, die ihre Mitgliedschaften verheimlicht, veröffentlicht auch keine Statistik über die Anzahl der Austritte. Während Ordensgemeinschaften durchaus die Zahl von Austritten auf Anfrage bekanntgeben, stößt man auch in diesem Punkt auf Fehlanzeige beim Opus Dei. Soweit mir bekannt, existieren auch keine begründeten Schätzungen für einzelne Länder oder gesamthaft von Beobachtern.

Ehemalige Mitglieder können bei Austritt auf keinen Fall Ansprüche irgendwelcher Art geltend machen. In den päpstlich akzeptierten Statuten heißt es: »Wer, aus welchem Grund auch immer, die Prälatur verläßt oder von ihr entlassen wird, kann gegen sie wegen der ihr geleisteten oder wegen anderer Zuwendungen, die er durch seinen Einsatz oder durch Ausübung eigener Berufstätigkeit oder auf andere Art und Weise erbracht hat, keine Ansprüche geltend machen« (Nr. 34).

Die am schwersten durch diese Ablehnung jeglicher finanzieller Ansprüche Geschädigten sind die Frauen, die zumeist zu niedrigen hauswirtschaftlichen Arbeiten angehalten wurden und keine staatlich anerkannte Berufsausbildung im Opus Dei genossen haben. »Nach elf Jahren ist das Törtchenbacken meine größte Stärke«, sagte eine dieser Frauen.[108] Eine ehemalige Numerarierin aus Madrid berichtet: »Nachdem ich dreißig Jahre lang praktisch fürs Essen gearbeitet hatte, stand ich auf der Straße mit einem Koffer und ein paar Kleidern als einzigem Besitz.«[109]

Alberto Moncada macht darauf aufmerksam, daß die Opus Dei-Frauen »gewöhnlich keiner Sozialversicherung angeschlossen«[110] sind. Zu allen psychischen Schwierigkeiten im Zusammenhang mit dem Loslösungsprozeß und Austritt aus dem Opus Dei bedeutet dies zusätzlich eine völlig unsichere finanzielle und ökonomische Zukunft.

Insofern können die Berichte ehemaliger Mitglieder über Suizidversuche und Suizide, die ich nicht überprüfen konnte, kaum überraschen. Die finanzielle Situation, die zur Verarmung führen kann, falls keine verwandtschaftliche oder freundschaftliche Unterstützung gewährt wird, verschärft die psychischen Schwierigkeiten und die soziale Vereinsamung. Die Drohung der Opus Dei-Leitung, Menschen, die aus dem Opus austreten, würden »ihres Lebens nicht mehr froh«, wird zynischerweise bestätigt.

Das Leben ist anderswo

»Verehrtes Publikum, jetzt kein Verdruß:
Wir wissen wohl, das ist kein rechter Schluß.
Vorschwebte uns: die goldene Legende.
Unter der Hand nahm sie ein bitteres Ende.
Wir stehen selbst enttäuscht und sehn betroffen
Den Vorhang zu und alle Fragen offen.
Der einzige Ausweg wär aus diesem Ungemach:
Sie selber dächten auf der Stelle nach«.[1]

Die Sätze aus Bertolt Brechts »Gutem Menschen von Sezuan« sind ganz und gar nicht leichtfüßig salopp gemeint. Die Analyse und Diagnose der »katholischen Mafia« ist eine Art kirchlicher Alptraum, die Wirklichkeit scheint die schlimmsten Befürchtungen zu übertreffen. Doch die Diagnose des Zustands der katholischen Kirche und der Religionslandschaft ist eine meines Erachtens unvermeidbare Zumutung und notwendige Ent-täuschung; oder ohne Scheu katholisch gesagt: eine Art »Purgatorium«, ein »Läuterungsort der Seelen«.

Die Tugend des Fragens, der Ratlosigkeit, des Zweifels

»Alle Fragen offen«, keine fertigen Antworten, sondern ein Ernstnehmen der persönlichen und gesellschaftlichen Lebensfragen, das ist zugleich gute katholische Kirchen- und Konzils-Tradition; »katholisch« nicht konfessionell verengt, sondern in der Weite jüdisch-christlicher Ökumene. Der Theologe Karl Rahner stellte einmal an die Adresse sicherheitsbedürftiger Gottsucher fest: »Gott nimmt uns unsere weltlichen Probleme nicht ab, er erspart uns nicht unsere Ratlosigkeiten. Man sollte darum auch in der Kirche nicht so tun, als ob es so sei. Letztlich zwingt uns sogar die Berufung auf Gott in eine letzte Ratlosigkeit hinein«.

Entscheidend sei, so Rahner, sich zu den offenen Fragen zu bekennen, statt falsche Sicherheit vorzuspiegeln und sich im Besitz der Wahrheit zu wähnen. Das Christentum ist keine Sicherheitsideologie, keine Art »bürgerliche Heimatreligion, der alle tödlich bedrohte Hoffnung, jede verletzliche und widerspenstige Sehnsucht« ausgetrieben ist. Rahners Sätze sind ein Plädoyer für die jüdisch-christliche Tugend des Fragens, des Zweifelns, der Skepsis und der Kritik an den Sicherheitssurrogaten rezepthafter Antworten und Ratschläge. Keine der Rechnungen unseres Lebens und unserer Gesellschaft geht glatt auf; eine Einsicht, die sich in dieser Zeit »zerstörter, verbrauchter, blamierter Utopien« verschärft hat.

Dieser Tugend des Fragens und Suchens verpflichtet, bezeichnete das II. Vatikanische Konzil die Kirche als »das pilgernde Gottesvolk« in Gesellschaft und Geschichte; eine Kirche, die sich durch Weggemeinschaft, durch gemeinsames Fragen, offenes Suchen und lebensverändernde Hoffnungen auf mehr Gerechtigkeit und Humanität qualifizieren wollte; eine Kirche, welche die Verheißungen des jüdisch-christlichen Evangeliums mit den Hoffnungen und Freuden, der Trauer und der Angst der Menschen heute angesichts von sozialer und psychischer Not, Gewalt und Unterdrückung befreiend konfrontieren wollte. Das Konzil sollte ein »Anfang vom Anfang« sein, in dessen nachfolgender Rezeption sich die Sehnsucht der Menschen und die Sprache der Verheißungen Gottes, die Bilder und Visionen vom Reich Gottes, vom Reich der Gerechtigkeit und des Friedens, von der Erhöhung der Erniedrigten und vom Lachen der Kinder Gottes »fruchtbar und lebensvoll« verknüpfen würde. Aus diesem Verständnis entstehen kaum zum Autoritätsgebaren der Kirche »passende« Gottesbilder.

Oder mit den Worten des Kabarettisten Hanns Dieter Hüsch, diesem fahrenden Menschen- und Gottesfreund: »Für Gott sind Sucher die wichtigsten Menschen.« Es ist »höchster Adel der Seele und des Geistes«, im Fragen zu verharren, sagte Friedrich Heer, der Anwalt des Humanismus, gegen diejenigen, die hochmütig behaupten, die Wahrheit zu besitzen und im Griff zu haben.[2] Der Mensch lebt existentiell in unlösbaren Fragen. Und genau dies kann ihm die gute Unruhe verschaffen, die ihn mit Sorge, mit Wachheit, mit Bescheidenheit und mit Aufmerksamkeit erfüllt. Es ist die Unruhe, die einen zu akzeptieren und zu respektieren lehrt, was immer an Wahrheit und besonderer Lebensmöglichkeit in der Seele jedes Menschen lebt. Die Unruhe, von der hier die Rede ist, hat nichts zu tun mit der äußeren Unruhe, der Mobilität postmoderner Fastfood-Religiosität, die häufig nur die Wirkung hat, vagabundierende Ängste zu beruhigen, mit Opium zu beschwichtigen.

Die Wahrheit wird erkennbar im »Gespräch«

»Mir ist die Wahrheit geschenkt«[3], ein dummer und ungeheuerlicher Satz, ein maßloser und verräterischer Satz des österreichischen Bischofs Kurt Krenn, den dieser in einem Streitgespräch mit Priestern sagte, die wegen dessen dogmatisch und kirchenpolitisch reaktionärem Kurs zurücktreten wollen.

»Es ist ein Wahnsinn, es ist ein Abersinn, es zeugt von äußerster Unkultur des Geistes, des Herzens, der gesamten Menschenperson, wenn man von der Wahrheit spricht«[4], und nicht von der Frage, der Suche nach der Wahrheit. Es ist die Anmaßung des Menschen, Gott zu spielen. Es ist die Pseudo-Wahrheit geschlossener Systeme, die zu nichts anderem dient, als Menschen auszugrenzen, weil sie selber fühlen und denken; früher: »um andere Menschen zu verbrennen«, die sich nicht diesem Wahrheitswahn unterwerfen wollten. Es ist im Kern die Wahrheit der »Inquisition«, der Kreuzzüge, der großen und kleinen Glaubenswächter, die nichts von der Wahrheitsqualität der jüdisch-christlichen Tradition wissen will.

Kein Geringerer als der Kirchenvater Thomas von Aquin, der heute als Schlüsselverwalter Petri, als der Geistesverwalter der Wahrheit, der Papstkirche reklamiert wird, hat am Ende seines Lebens in kaum überbietbarer Schärfe gezeigt, was von dieser Art von Wahrheit zu halten ist. Er, der als totaler Besitzer der Wahrheit begann und sich im Besitz der Wahrheit seiner Kirche, der Wahrheit des Glaubens erlebte, fordert kurz vor seinem Tode, daß alles von ihm verbrannt wird, alles vernichtet. Alles sei bloß ein Nichts angesichts der völlig undurchdringlichen Geheimnisse der Gottheit und der Menschen. Alles, was er als Glaubenssicherheiten verkündet hat, hebt er auf, ein bescheidener Mann, an dessen Glaubensstärke später Johannes XXIII. mit seiner Verweigerung erinnert, jemals »ex cathedra« zu sprechen.

So ist es kein Zufall, daß Dante Alighieri in seiner »Göttlichen Komödie« gerade Thomas von Aquin im Paradies die Laudatio auf den sogenannten Atheisten Siger von Brabant, seinen zu Lebzeiten großen Gegner, halten läßt, der »das Gerede von der Wahrheit, daß der Mensch die Wahrheit besitzt oder erschauen könnte, als eine Fiktion, als eine Machtfunktion der Kurie ansah«.

Gegen den fundamentalistischen Wahn des Wahrheitsbesitzes formuliert Fulbert Steffensky: »Die Wahrheit haben wir nicht in einem Depot. Die Wahrheit ist ein Gespräch. Sie ist ein Gespräch zwischen den gegenwärtigen Leiden und Sehnsüchten der Menschen und den alten Texten unserer Tradition«. Er vermutet, »daß eine Kirche, die nicht irrtumsfähig ist, auch nicht wahrheitsfähig ist. Nur bei Enthaltung von der Frage nach der konkreten Wahrheit ist der Irrtum ausgeschlossen.«[5] Und nur die abstrakte »Wahrheit«, die alle konkreten Situationen persönlichen und gesellschaftlichen Lebens konsequent ignoriert, kann Irrtumslosigkeit reklamieren. Aber das ist nicht Wahrheit auf dem Niveau jüdisch-christlicher Tradition, die nicht als abstrakter Besitz existiert, sondern sich bewährt im je verschiedenen »Beten und Tun des Gerechten«, wie Dietrich Bonhoeffer sagte.

Was es heißt, ein Mensch zu sein

Ganz etwas anderes als der Wahn des religiösen Wahrheitsbesitzes ist es, auf die Wahrheit zu treffen, die im eigenen Leben steckt. Damit meine ich die existentielle Wahrheit, die Erfahrung des eigenen Menschseins in allen seinen Ungereimtheiten, Fragwürdigkeiten, seinen Selbsttäuschungen, seinen Irrungen, seinem Scheitern. Dazu gehört ebenso sehr die Erfahrung seiner eigenen Lebenskräfte, seines Stolzes, seiner unausrottbaren Sehnsucht »ganz zu sein, und anders zu leben« (Dorothee Sölle), seiner Suche nach Heilung, Gerechtigkeit und Befreiung, seiner Vergewisserung dessen, was wirklich lebenswichtig ist und seiner Erfahrung, aus Niederlagen wieder aufzuerstehen, durch Schmerzliches hindurch lebenswacher und stärker zu werden. Das alles kann nur wachsen aus der Konfrontation mit anderen Menschen, Kulturen und Traditionen, aus dem »großen Gespräch«.

Isaiah Berlin, dessen Buch »Das krumme Holz der Humanität« ein »Philosophie-Krimi« der europäischen Ideengeschichte genannt wurde, stellt allen seinen Überlegungen als Motto das Zitat Immanuel Kants voran: »Aus so krummem Holze, als woraus der Mensch gemacht ist, kann nichts Gerades gezimmert werden.«[6] Der Mensch ist nur um den Preis seiner Menschlichkeit, seiner Würde und seiner Rechte in das starre, »gerade« Raster moralischer Normierungen zu zwingen. Das Leben, der Mensch ist aus »krummem Holze«.

Diese Einsicht korrespondiert mit der profunden Skepsis Isaiah Berlins gegen das Streben nach dem Ideal, das im Kern immer die Gefahr der rigoristischen Verwirklichung, der Repression und des Totalitarismus in sich birgt. Das Streben nach dem Ideal mutiert allzu rasch zum geschlossenen, totalitären Glaubenssystem, zur Ideologie, die den konkreten Menschen zum »notwendigen Opfer« erklärt; »im Namen des Volkes«, »im Dienst am Sozialismus«, »zum Wohl der Kirche« und für »nationale Interessen«. Karl Popper formulierte: »Die Hybris, die uns versuchen läßt, den Himmel auf Erden zu verwirklichen, führt uns dazu, unsere gute Erde in eine Hölle zu verwandeln.«

Wer menschengerecht handeln will, kann sich nicht zuerst und zuletzt auf ein abstraktes Ordnungssystem berufen, sondern muß sich an dem konkreten Menschen, der individuellen Person und dem Schutz ihrer Menschenrechte orientieren. Nur das wache Herz für den konkreten Menschen schützt vor der Gesetzeslogik fundamentalistischer und in der Konsequenz totalitärer Ideologien.

Starke Subjekte

Das Entscheidende jeder Religion ist heute die unbedingte Achtung vor dem Menschen, der Respekt vor seiner Lebenskultur, seiner Persönlichkeit; das Interesse an der Menschwerdung des Menschen, das Interesse an »starken Subjekten«. Mit Erich Fromm gesagt: Jede Religion muß sich heute fragen lassen, ob sie auch in

Zukunft autoritär bleiben wolle oder ob sie es lerne, humanitär zu werden. An dieser Frage entscheidet sich die Zukunfts- und Hoffnungsfähigkeit der Religion.

Für den jüdisch-christlichen Überlieferungszusammenhang ist selbstverständlich, daß kein Mensch nur im Blick auf sich selbst und für sich allein hoffen kann. Johann Baptist Metz formulierte: »Das starke Ich, das starke Subjekt der Hoffnung und der Gotteszeugenschaft ist ein Plurale tantum.«[7] Dies widerspricht nicht der emanzipatorischen Idee der Selbstvergewisserung und Selbstwerdung, aber der falschen Annahme, man könne zuerst das Selbst verwirklichen und sich dann gestärkt und selbstgewiß wieder der Welt zuwenden.

Abgesehen davon, daß die Selbstverwirklichungs-Psychologie zunehmend zur Verkaufsstrategie und -ideologie von Esoterik-Anbietern verkommt, ist zu betonen, daß starke Subjekte sich aus der Konfrontation und Begegnung mit anderen Menschen, mit anderen Lebensentwürfen und Kulturen entwickeln. Die exklusive Konzentration der Menschen auf sich selber als die Quelle der »Selbstverwirklichung« und der Lebensrettung ist ein fataler Irrtum, der häufig in die Ich-Isolation, in die Ich-Flucht und dann eben auch zur Bekehrungsanfälligkeit, in Beherrschbarkeit durch Polit- und Psycho-Sekten führen kann.

Es ist die Gefahr einer individualisierenden Psycho-Religion, in der propagiert wird, der Mensch solle sich selber Maßstab und Endpunkt sein, »sozusagen sein eigenes Evangelium«;[8] alles sei aus eigenen Erfahrungen herstellbar. Authentizität und Ganzheit werden darin vor allem als Übereinstimmung mit sich selber verstanden: eine fatale Zurichtung des Menschen auf sich selbst. Fulbert Steffensky nennt das die »Erschöpfung der Menschen in den Liebesaffären mit sich selber«.[9]

Angesichts der systematischen Produktion von Reichtum für wenige bei ständig gesteigerter Produktion von Hunger und Verelendung für viele, von Ozon-Löchern, Umweltkatastrophen und grassierender Brutalisierung der Lebenswelt, von Rassismus und Nationalismus, ist die genannte Ich-Fixierung faktisch ein Kopf-in-den-Sand-Stecken vor den Überlebensfragen hier und heute. In dieser Zeit der Utopieschrumpfung und Visionsverkümmerung müssen verstärkt solidarisierende Denk- und Verhaltensweisen eingeübt und entwickelt werden, die ihre Stärke aus der Fähigkeit zum Mitleiden mit gefährdetem Leben (Mensch, Mitwelt, Luft, Wasser) gewinnen. Nur durch diese Empathie mit anderen und Fähigkeit zur Solidarisierung kann die Empörung und heilige Entrüstung für das Leben die notwendige gesellschaftspolitische Durchsetzungsfähigkeit erlangen.

Macht, die nicht korrumpiert

Die genannten Projekte und Tendenzen widerlegen den vielzitierten Satz Lord Actons: »Alle Macht korrumpiert, und absolute Macht korrumpiert absolut«, der das Thema ›Macht‹ nur negativ mit Unterdrückung und Gewalt korrespondiert. Aber es ist nicht die Macht als solche, sondern der Machtmißbrauch, welcher korrumpiert.[10] Gegen den negativ pauschalisierenden Sprachgebrauch plädierte der politische Philosophin Hannah Arendt (1906 bis 1975) dafür, zwischen den Schlüsselbegriffen Macht, Stärke, Kraft, Autorität und schließlich Gewalt zu unterscheiden. Aus der Lebens- und Fachkompetenz, aus der Solidarität und dem gewaltfreien Engagement der vielen einzelnen und Gruppen in den »Biotopen des Lebens« wächst jene Kraft und Autorität, die – jenseits fundamentalistischer Schwarz-Weiß-Malerei – auf der Seite des Lebens ist.

Gemäß diesem positiven Verständnis von »Macht« als lebenswacher und -achtender Macht, bemerkte Albert Nolan im Widerstand gegen ein unterdrückerisches, brutales und rassistisches Regime kritisch an die Adresse machtscheuer Gottsucher: »Es ist verblüffend zu sehen, wie furchtsam die meisten Christen werden, wenn man anfängt, von realer Macht, von Auseinandersetzungen um die Macht oder Machtkämpfen zu sprechen.« – »Nichts hat das Evangelium derart kastriert, nichts hat seine Botschaft der Erlösung derart schwächlich und ohnmächtig gemacht, wie unsere Unfähigkeit, der Machtfrage standzuhalten.«[11] Gegen den zentralisierten und hierarchisierten Machtwahn muß *die* Macht gesetzt werden, die aus der Lebenskraft und Solidarität der vielen wächst. Macht muß geteilt werden, damit eine gemeinsame und gegenseitige Ermächtigung zum Leben möglich wird.

Die Kirche sei keine Demokratie, wird regelmäßig denen entgegengehalten, die innerkirchlich einzuklagen suchen, was Rechtsstaatlichkeit und politische Kultur wesentlich kennzeichnet: eine Verfassung, die die Menschen- und Grundrechte garantiert; die Gewaltenteilung; eine institutionalisierte Rechtskultur; Transparenz, Offenheit und demokratische Kontrolle aller Entscheidungsprozesse; Respekt vor dem Gewissen, der Mündigkeit und Selbstbestimmung des einzelnen; der Schutz sogenannter Minderheiten und Ermöglichung einer Vielfalt von Lebenskulturen.

Die Kirche sei keine Demokratie, das wird zumeist von denen gesagt, die – ausgesprochen oder unausgesprochen – die Kirche als spätabsolutistisches Feudal- oder Apartheidssystem sehen, welches zum Beispiel Mauern zwischen Frauen und Männern oder dem Klerikerstand und dem Kirchenvolk um jeden Preis aufrechterhalten will. Die Kirche ist keine Demokratie, wenn »Demokratie« als politisches System mißverstanden wird, in dem über alles nach dem Mehrheitsprinzip abgestimmt werden kann, über Detailfragen ebenso wie über die sozialen Menschen- und Freiheitsrechte, über das Recht auf Militärdienstverweigerung aus Gewissensgründen und das Recht auf Schutz vor politischer Verfolgung, auf Asyl. Die Demokratie hat zuerst und zuletzt die Menschenrechte und Grundfreiheiten zu garantieren.

Wenn die klerikale Hierarchie der römisch-katholischen Kirche in ihrer Mehrheit oder Spitze weiterhin der Ansicht ist, sie habe das Entscheidungs- und Definitionsmonopol des Katholischen, des Christlichen, sie sei der Garant einer fertig zu lehrenden Wahrheit und könne dekretieren, was richtig und wahr ist, wird sie endgültig jede Glaubwürdigkeit verlieren und jede Autorität in ethischen Fragen zerstören. Bleibt die Kirche in ihrer Hauptttendenz mental und strukturell unfähig und unwillig, die Menschenrechte und Grundfreiheiten sowie das Recht der Betroffenen auf Beteiligung an Entscheidungsprozessen zu respektieren und institutionell zu garantieren (man nenne dies demokratische oder synodale Strukturen), wird der Durchmarsch der fundamentalistischen Gruppierungen Marke Opus Dei, Comunione e Liberazione usw. kaum aufzuhalten sein.

Unvermeidbare Folge wird eine neue Kirchenspaltung sein. Hier ist die kirchenhistorische Einsicht Hans Urs von Balthasars zu zitieren: »Ist man sich klar, daß alle Schismen der Kirchengeschichte… traditionalistischen Ursprungs sind?«.[12] Wenn die Kirche nicht die Ausbildung einer freien und offenen Menschlichkeit und einer »politischen Kultur« als unverzichtbar lebenswichtig erkennt und in ihrer Sozialgestalt verwirklicht, disqualifiziert sie sich. Sie wird mental zur Sekte verkommen. Die totalitäre Vision der Opus-Dei-Führung, die uns Vladimir Felzmann berichtet, könnte dann Realität werden: »Sehr wichtige Leute im Opus Dei sagen heute offen, in 20, 30 Jahren wird das einzige, was von der Kirche bleibt, Opus Dei sein«.[13]

Zorn aus Liebe[14]

Gegen die Gefahr dieses Szenariums der Selbstauslieferung der Kirche an menschenverachtende und gottesvergiftende Ideologien und Machtstrategien, gegen die »falschen Propheten« des Opus Dei & Co. helfen keine freundlichen Appelle oder scharfen Forderungskataloge an die Adresse der Kirchenherren. Das alles ist unzählige Male erfolgt und muß hier nicht wiederholt werden.

Vielmehr gilt, was Martin Buber 1919 zu der Frage »Was zu tun ist« sagte: »Wer diese Frage stellt und damit meint: ›was hat man zu tun?‹ – für den gibt es keine Antwort. ›Man‹ hat nichts zu tun, Man kann sich nicht helfen, mit Man ist nichts mehr anzufangen, mit Man geht es zu Ende… Wer aber die Frage stellt, den Ernst einer Seele auf den Lippen, und meint. ›Was habe ich zu tun?‹ – den nehmen Gefährten bei der Hand, die er nicht kannte und die ihm alsbald vertraut werden, und antworten… : ›Du sollst dich nicht vorenthalten.‹«

Was not tut, ist ein »heiliger Zorn« aus Liebe zum Leben, die Wiederentdeckung des Prophetischen und der Aufstand gegen die »ehrenwerten Herren«. Zorn hat überall dort eine positive Funktion, wo die Mentalität und die Methoden von Repression und Einschüchterung ihr unheimliches Bündnis eingegangen sind, wo zum Unrecht geschwiegen wird und wo es besonderer Kraft bedarf, um die Mauer des Schweigens und der Tabuisierung zu durchbrechen.

Ludwig Kaufmann, leidenschaftlicher Anwalt einer Kirche der Armen, wußte, was Frömmigkeit und Zorn sind: »Ich sehe den Zorn zwischen der ›elementaren Empörung‹ und der Trauer. Elementare Empörung wird durch ›himmelschreiendes Unrecht‹ geweckt, sie verbindet alle, die noch einen Funken Menschlichkeit im Leibe haben. (...) der echte Zorn hat es mit Gericht zu tun, mit der blitzschnellen Aufhellung einer Situation, mit der Scheidung der Geister, mit dem Ja oder Nein, mit der Wahrheit gegen die Lüge, mit der Entlarvung von Heuchelei und Zweideutigkeit.«[15]

»Mit dem Konzil fing alles Übel an.« Solche Sätze der Ewiggestrigen und Protagonisten kirchlicher Reaktion machen mich nicht mehr zornig. Diese Kreise gab und gibt es immer. Zornig machen mich die kirchlichen Wendehälse und Opportunisten, die »eine Zeitlang auf der Welle des Konzils mitgeritten sind«, jetzt aber, da der Wind gedreht hat, »mir nichts, dir nichts der restaurativen Strömung folgen, die alten Ladenhüter aus der Mottenkiste holen, längst überwundene Argumente wieder ins Feld führen und, mit einem Wort so tun, als sei nichts geschehen, als habe es *kein* kollektives Umdenken und Neudenken gegeben, keine Umkehr, keine Läuterung, keinen Aufbruch«[16] im und nach dem II. Vatikanischen Konzil. Die fundamentalistische Gefahr kommt aus der Mitte der Kirche, aus dem Opportunismus der vielen.

Prophetie und Protest[17]

Wie der Teufel das Weihwasser scheut der Opus-Dei-Gründer Josemaría Escrivá die Propheten des jüdisch-christlichen Evangeliums. Die biblischen Bezüge in seinen Hauptschriften fehlen fast vollständig. Die herrschaftskritische Kompetenz, die Religions-, Kult- und Sozialkritik eines Amos, Hosea, Jesaja fehlen ganz.

Aber die unerschrockenen Reden der Propheten, diesen Vorkämpfern der Gerechtigkeit und des sozialen Gewissens, gegen die Mächtigen, gegen die religiös, politisch und ökonomisch Herrschenden, gegen die »ehrenwerten Herren«, stellen bis heute einen »hochexplosiven Sprengstoff« in den Grundmauern des biblischen Kanons dar. Sie können nicht zum Schweigen gebracht werden, und sie haben Nachkommen, Frauen und Männer, die die falschen Götzen der Macht entlarven.

Wer wissen will, was dieser Kirche heute not tut, lese die biblischen Propheten und studiere ihre Rollensoziologie und -psychologie. »Der Soziologe Max Weber hat in den Propheten ein Musterbeispiel für seine Unterscheidung von Charisma und Amt gesehen, die ihm für menschliche Gesellschaft überhaupt konstitutiv zu sein scheint. Amt heißt Institution, Beharrung, Verfestigung, Abschließung gegen alles Neue; dafür stehen in Israel Priester und König. Charisma dagegen meint den schöpferischen Außenseiter, der auf alle Sicherung verzichtet und die Kraft der Innovation für die Gesellschaft bedeutet – siehe den Propheten.«[18] Das Prophetische ist als Kraft der Erneuerung aufzufassen, die institutionelle Strukturen aufbricht, ohne diese zu verlassen oder zu zerstören.

Mit Leidenschaft kritisieren die Propheten das religiöse Selbstbewußtsein und die Selbstsicherheit, das Gottesbild und den Kult. Sie kritisieren alle Formen des Gottesdienstes, dem kein Menschendienst entspricht und der als Selbstsucht praktiziert wird. Sie klagen die Existenz des lebendigen Gottes ein, der durch keine »frommen Gewohnheiten« vergewissert werden kann. Sie reißen die frommen Masken herunter, die wahre Frömmigkeit zur bedingungslosen Unterwerfung unter religiöse Herrscher pervertiert haben.

Die Propheten verbinden ihre Religions- und Kultkritik mit der Sozialkritik, mit dem Einspruch gegen politische und ökonomische Ungerechtigkeit. Sie propagieren den Aufstand gegen die Herren der Welt. Ihre Sozialkritik wird heute fortgesetzt von der Theologie und Kirche der Befreiung, die prophetisch den lebendigen Gott des jüdisch-christlichen Evangeliums gegen die neuen Götzen der kirchlichen und »nationalen Sicherheit«, gegen die Götzen des Neoliberalismus einklagen.

In einer Erklärung der EATWOT-Konferenz, ein Zusammenschluß von Theologen aus der »Dritten Welt«, heißt es prophetisch-kritisch und widerstandsbereit: »Die falschen Götter, die das weltweite System der Unterdrückung aufrechterhalten, [sind] von dem wahren Gott zu unterscheiden, der auf der Seite der Armen und Unterdrückten steht. (...) Die Idole haben landläufige Namen: ›Konsum‹, ›freier Markt‹, ›nationale Sicherheit‹. Sie versprechen Wohlstand, Macht, Sicherheit, Freiheit, Frieden und Erfüllung –

und damit verführen sie die Massen. Aber an ihren Früchten werden sie erkannt: Sie führen nur zum Tod.«[19]

Prophetie will gelernt sein![20]

Ein Theologe der hebräischen Bibel, Bernhard Lang, hat eine kleine Phänomenologie prophetischer Praxis skizziert. Da die Propheten nur selten die Möglichkeit hatten und haben, in öffentlichen Gottesdiensten und Foren das Wort zu ergreifen, haben sie andere Gelegenheiten zum Auftreten und Überbringen ihrer Botschaft wahrgenommen. Bernhard Lang unterscheidet fünf Methoden:

»1. Das Aufsuchen von Zuhörern an Plätzen, wo viel Publikum verkehrt. (...)

2. Der Gebrauch einer rhetorisch eindrucksvollen, insbesondere bildreichen Sprache, die sich leicht einprägt. (...)

3. Der Gebrauch von rhythmisch-poetischer Sprache. (...)

4. Der Einsatz von Schriftstücken, in denen das Prophetenwort niedergelegt ist (...), ohne sich dem Zugriff von Tempelpolizei oder Militär auszusetzen. (...)

5. Die Aufführung von Straßentheater, in dem der Prophet sein Wort durch Spiel, Mimik und Requisiten veranschaulicht. (...)«[21]

Prophetie will gelernt sein! Hier sollten wir mit unserer dürren Theologensprache in die Lehre gehen. Die Praxis des prophetischen Protests und der Zukunftsansage, die immer herrschaftskritische Diagnose der jeweiligen Gegenwart ist, muß heute aus der Praxis der vielen Frauen und Männer auferstehen, die den Gott des Lebens, der Gerechtigkeit und der Befreiung lieben und die Menschwerdung Gottes und des Menschen ernst nehmen.

Wer die prophetische Praxis eines Amos und Hosea studiert, wird auch erkennen, wie »praktisch« die Aufforderungen und Ermächtigungen im »Neuen«, im zweiten Testament sind. Klaus Wengst hat in einem Aufsatz mit dem Titel »Handeln aus Ohnmacht«[22] formuliert, was heute für das kirchliche und gesellschaftliche Handeln der »Ohnmächtigen« wichtig wäre, die ihre Macht allein aus der Solidarität der vielen schöpfen:

1. *»Laßt euch in keiner Weise von den Widersachern einschüchtern!«* (Philipper 1,27–30). Seid keine Duckmäuser! sagt Paulus den Phi-

lippern. »Kämpft einmütig miteinander für den vom Evangelium gewirkten Glauben!« Ein Sich-Einigeln, ein »Überwintern« in der opportunistischen Anpassung ist falsch. Widersetzt euch in kämpferischer Offenheit dem Karriere-Denken der Zeit und laßt euch nicht von der Macht der Gewalt imponieren. »Die Drohung und die Verheißung des Gottesreiches darf nicht verstummen. Dazu sind die Christen eingesetzt in der Gesellschaft. Dafür bürgen sie mit ihrer Existenz.«[23]

2. *Sorgt für Öffentlichkeit!* (vgl. Matthäus 10,26f.; Lukas 12,2f.). »Was ich euch in der Dunkelheit sage, ruft im Licht aus, und was ihr ins Ohr (geflüstert) hört, verkündet auf den Dächern.« (Matthäus 10,27). »Licht« und »auf den Dächern« bezeichnen Öffentlichkeit. Widersetzt euch dem Gebot der *omertá*, brecht das Schweigen. »Nutzt die euch gegebene Öffentlichkeit voll aus! Sagt alles laut und frei hinaus, was ihr zu sagen habt!«[24]

3. *Setzt öffentlichen Druck ein!* (vgl. Markus 11,27–33; Matthäus 21,23–27; Lukas 20, 1–8). Die Evangelisten erzählen die Geschichte von der »Frage nach der Vollmacht Jesu«. Die Oberpriester und Schriftgelehrten suchten nach einer Möglichkeit, wie sie Jesus aus dem Weg räumen könnten: »Sie fürchteten sich nämlich, denn das ganze Volk war außer sich geraten über seine Lehre« (vgl. Markus 14,2). Im Schutz der Öffentlichkeit, die grundsätzlich mit ihm sympathisiert, stellt er eine Gegenfrage nach der göttlichen Vollmacht der Taufe des Johannes und bringt seine Gegner damit in ein Dilemma. Wie immer sie antworten, sie würden dadurch ihre tatsächlichen Interessen entlarven. Jesus unterbricht damit die Diffamierung seiner Person und seines Tuns. Er verteidigt sich nicht oder verharrt in der Defensive, sondern fragt offensiv.

4. *»Seid listig wie die Schlangen und arglos wie die Tauben!«* (Matthäus 10,16). Die Schlange symbolisiert List, die Taube Arglosigkeit. Beide Verhaltensweisen, Arglosigkeit und List, können je nach Ort und Zeit klug und richtig sein. Gewarnt wird vor falscher Naivität, aber auch vor der List in der falschen Situation, die ins Zwielicht führt und die Wahrhaftigkeit des eigenen Denkens und Handeln korrumpieren kann.

Diese Verhaltensweisen müssen diejenigen, die nicht zulassen wollen, wie die Lebenshoffnungen der Menschen und die Verheißungen des Reiches Gottes begraben werden, gegen den Vormarsch des Fundamentalismus und der schweigenden Mehrheit neu einüben. Zorn allein vermag da wenig. Hartnäckigkeit, gelassene Ungeduld und der längere Atem der Hoffnung müssen sich mit dem Zorn und der prophetischen Kritik verbinden.

Vermischte Lebenswirklichkeiten[25]

Die Gefährlichkeit religiöser Entwürfe erkennt man regelmäßig daran, daß in ihnen ein extrem hohes »Trennungsinteresse« besteht und praktiziert wird. Es wird mit viel Aufwand unterschieden zwischen Leib und Seele, Gott und Mensch, Engel und Dämonen, Freund und Feind, Gläubigen und Häretikern, Himmel und Erde, Geistlichem und Weltlichem, Ideal und Wirklichkeit. Darin verbirgt sich eine Art Besessenheit nach Sicherheit und Reinheit des Glaubenssystems. Tiefere Ursachen sind zumeist Angst und Machtinteresse.

Ganz anders und entgegengesetzt die Grundgeschichte von Spiritualität. Diese ist eine Erfahrung der vermischten Lebenswirklichkeiten. Fulbert Steffensky erzählt als Beispiel eine »Geschichte der Vermischung«, die Geschichte eines großen Lebensliebhabers:

»Franziskus hatte angefangen, in allen Dingen Gott zu lieben. Eines Tages kommt er zu einer Quelle und spricht: ›Schwester Quelle, erzähle mir von Gott!‹ Die Quelle sprudelte auf, als ob sie reden wollte. Dann wurde sie ruhig, und auf dem Grunde des Wassers sah Franziskus das Bild der Klara, der Frau, der er verbunden war. Er ging weiter und kam zu einem Mandelbaum. ›Bruder Mandelbaum, erzähle mir von Gott!‹ bat er. Die Zweige des Mandelbaums rauschten, und der Baum fing an zu blühen, obwohl es nicht seine Zeit war. Endlich traf Franziskus einen alten Mann, der von weit herzukommen schien, und auch ihn bat er: ›Erzähle mir von Gott.‹ Der Alte nahm ihn mit in eine Stadt zum Quartier der Armen, wo die Frauen Wäsche wuschen, ihre Kinder spielten und wo die Ärmsten um Brot bettelten. Der Alte öffnete seinen Sack und verteilte Brot an die Armen, und die Armen verteilten es wieder untereinander. Um so mehr sie es untereinander teilten, desto mehr wurde das Brot. Da sprach der Alte: ›Unser Vater!‹ Und nach einer Weile: ›Unser Brot!‹«[26]

Franziskus sucht Gott und trifft auf das Gesicht der Frau, mit der er liebend verbunden war. Er hört das Rauschen des Mandelbaums und erkennt Gott im Brot der Armen, das geteilt wird. Gott zeigt sich in diesen Begegnungen nicht in jenseitiger, distanzierter und abstrakter »Reinheit«. Überall kann Gott real anwesend sein demjenigen, der sich von einem abstrakten Gottdenken verabschiedet und zur »Mystik der offenen Augen« (Johann Baptist Metz) findet.

Wir erkennen die Existenz Gottes, »indem wir die Augen aufmachen«, schrieb Voltaire an die Adresse der schlafenden und gottvergessenden Christen. Nicht zufällig zieht sich wie ein roter Faden durch die Bibel die Aufforderung »Wacht auf, macht die Augen auf!«, »Hört und seht!« Es ist die Entdeckung Gottes in den Leiden und Freuden der Menschen, in der zerstörten und wachsenden Natur. Sie reduziert Gott nicht auf Selbsterfahrung, aber sie schließt sie auch nicht aus. Fulbert Steffensky sagt richtig: »Diese Spiritualität hat darum immer etwas Lumpiges, etwas Dreckiges: Sie ist störungsanfällig, und sie erlaubt nicht, in sich selber zu ruhen. Sie lehrt uns, Fragen zu stellen: Wo leiden Menschen? Woran leiden sie? Wer macht sie leiden? Mit diesen Fragen aber ist unsere Harmonie gefährdet.«[27] Mit diesen Fragen und Gotteserfahrungen sind unsere Plausibilitäten und Pseudosicherheiten hermetisch geschlossener Glaubenssysteme gestört. Mystik und Biographie, Mystik und Politik werden miteinander konfrontiert und verknüpfen sich.

Biotope des Lebens[28]

Die sich nach der Analyse unseres Themas der »katholischen Mafia« stellende Frage »Was ist zu tun?« ist bekanntlich schreibtischscheu. Der Diagnose kann nicht einfach die Skizze einer »Therapie« folgen; dies wäre anmaßend und naiv. Rezepte existieren nicht. Statt dessen kann ich in diesem Epilog nur sehr unvollständig Optionen und Wegmarkierungen benennen.

All dies im Bewußtsein, daß »die katholische Mafia« nicht *die*(!) Wirklichkeit der katholischen Kirche ist, sondern nur eine, wenn auch mächtige und gefährliche. Andere, nicht »disziplinierbare« Wirklichkeiten wachsen, und diese Prozesse sind kaum umkehrbar. Allerorten entstehen gegen die Reservate der Resignation »Biotope der Hoffnung« und werden »Trampelpfade« (Erhard Eppler) aus der sektenhaften Abschließungsmentalität in die Weite des Lebens entdeckt. Katechese und Religionsunterricht suchen im Respekt vor den Lebenswünschen von Kindern und Heranwachsenden eine lebensnahe religiöse Sprache, jenseits gestanzter Formelbestände und Worthülsen, die stumm machen. Es wächst eine Theologie, die nicht mehr »mit dem Rücken zum Leiden der Menschen« (J. B. Metz) betrieben wird, sondern die Rede von Gott aus den Brennpunkten persönlicher und gesellschaftlicher Lebensfragen entwirft.

Die Demontage des maskulin-patriarchalen, omnipotenten und herrschsüchtigen Gottesverständnisses findet statt, damit lebensstärkende, heilende und befreiende Gottesbilder wachsen können, die dem biblischen »Gott des Lebens« entsprechen. Der Stolz, das Selbstbewußtsein und die Kirche der Frauen wachsen quer zu allen konfessionellen Beschränkungen; ebenso das Engagement und die Praxis unzähliger Gruppen für soziale Gerechtigkeit, ökologieverträgliche Wirtschaftsformen und -strukturen, Armutsflüchtlinge und politisch Verfolgte. »Die Hoffnung ist das letzte, was stirbt«, sagte der seit 27 Jahren im Amazonasgebiet Brasiliens tätige Bischof Erwin Kräutler[29] angesichts der vatikanischen Politik gegen die Kirche der Armen und die Theologie der Befreiung. Auch wenn wir in einer Zeit zerstörter und geschrumpfter Utopien leben, wir können uns den »Luxus der Resignation« nicht leisten.

Brot statt Steine

Die in diesem Buch analysierten Charakteristika fundamentalistischer Mentalität entlarven nicht nur die Kleingläubigkeit fundamentalistischer Kreise gegenüber der lebensstiftenden und befreienden Kraft jüdisch-christlichen Glaubens, sondern pervertieren das Evangelium zur Sicherheitsideologie für eigene Ängste und Machtansprüche. Sie »kastrieren« das Evangelium um seine prophetische, herrschaftskritische Potenz.

»Oder ist einer unter euch, der seinen Kindern einen Stein gibt, wenn sie um Brot bitten?« – heißt es im Evangelium des Matthäus (7,9). Statt Lebens-Brot, das nährt und kräftigt, bieten fundamentalistische Gruppen und Sekten ein »Denken in Beton« an. Sollten die kirchliche Sektenmentalität und die fundamentalistische Versuchung in der Kirche zunehmen, wie ich sie exemplarisch am Vormarsch des Opus Dei analysiert habe, wären die Folgen für die Verkündigungs- und Zukunftsfähigkeit katastrophal. In der Tat würde dann die Opus-Dei-Ideologie zur Totengräberin der Kirche.

Aus theologisch-dogmatischer Sicht kann auf die Herausforderung fundamentalistischer Weltdeutung und Anmaßung nur eine Antwort gegeben werden: »Es ist nicht zu sehen, wie sich Fundamentalismus in jedweder Form und Katholizität miteinander vereinbaren lassen. Der Fundamentalismus ist objektiv betrachtet eine strukturelle Häresie.«[30]

Wie ich in diesem Buch skizziert habe, artikuliert sich in der Attraktivität fundamentalistischer Heilsangebote und neuer Religiositäten das Bedürfnis, die Sehnsucht der Menschen nach Religion, nach Spiritualität, nach einer Wirklichkeit jenseits unserer Plausibilitäten und Interessen. Fundamentalismus und neue Religiosität sind Bedürfnissymptome unserer Gesellschaft, Kultur und Religion. Die Menschen sehnen sich nach dem »Brot der Religion«, das nahrhaft ist, das den Hunger stillt. »Unser tägliches Brot gib uns heute« – die Bitte des Vaterunsers artikuliert genau diese Sehnsucht und diesen Hunger. Sie unterscheidet nicht zwischen der Sättigung des Leibes und der Seele. Sie ist eine Art »heiliger Materialismus«. Sie spricht von Religion als »Nahrungsmittel«.

Richtig erkannte Leonhard Ragaz im Blick auf esoterische Religionsangebote, was auch für fundamentalistische Angebote gilt: »Wenn einer großen Hunger hat, so ist ihm nicht damit geholfen, daß man ihm zu beweisen versucht, die Speise, womit er seinen Hunger stillt, sei ungesund, noch damit, daß man ihm zeigt, daß eine solche Art von Hungerstillen auch schon dagewesen sei, aber sich nicht bewährt habe.«[31] Was hungrige Menschen allein überzeugen kann, ist das Brot, eine Speise, die tatsächlich sättigt; eine Religion, die wahrhaft Lebensmittel ist, die keine falsche Unterscheidung zwischen Leib und Seele unternimmt. Wenn organisierte Religionen bzw. die Kirchen kein Brot geben können oder nicht dorthin führen, wo dieses Brot zu finden ist und geteilt werden kann, verlieren sie jede Lebensrelevanz.

Brot statt Steine und Beton. Es ist Beton, was fundamentalistische Religionssysteme anbieten; es sind Steine, die keine Lebensnahrung sind, sondern das Leben verhindern und »erschlagen«. Es ist kein Zufall, daß die Evangelien voller Geschichten des Essens, des Brotes und der Tischgemeinschaft sind. Der katholische Exeget Franz Mussner hat deshalb eine – auf den ersten Blick – merkwürdige Definition des jüdisch-christlichen Glaubens gegeben: »Das Wesen des Christentums ist zusammen zu essen.«

Beim Exodus aus Ägypten geht es wiederholt ums Essen; die Fleischtöpfe Ägyptens werden durch das Manna, das »Brot des Himmels«, die Wegzehrung ersetzt. In Bethlehem, dem »Haus des Brotes« (wörtliche Übersetzung) wird Jesus geboren, der gekommen ist, um die Hungrigen zu speisen. Mit dem Brot-Teilen beim Abendmahl will Jesus Christus erinnert werden. Diese Allgegenwart des Brotes ist zentral für unsere Frage. Brot ist Symbol für die »notwendige und ausreichende Nahrung« (Sprüche 30,8). Brot ist dem Wort »Hunger« entgegengesetzt. Brot und Wein, das sind die elementaren Lebenszeichen. Aber das Brot enthält auch – biblisch gesprochen – das Versprechen der »Fülle des Lebens«. Das Brot ist Zeichen des Reiches Gottes, das in Jesus Christus angebrochen ist: »Ich bin das lebendige Brot. (...) Wer von diesem Brot ißt, der wird leben in Ewigkeit.«

»Selig, die hungern und dürsten nach Gerechtigkeit«

Eine Aussage Ingeborg Bachmanns über Poesie wird nicht mißbraucht, wenn sie für die Frage nach Religion gewendet wird: »Dieses Brot müßte zwischen den Zähnen knirschen und den Hunger wiederentdecken, ehe es ihn stillt... (Es) wird scharf von Erkenntnis und bitter von Sehnsucht sein müssen, um an den Schlaf der Menschen rühren zu können. Denn wir schlafen ja, sind Schläfer, aus Furcht, uns und unsere Welt wahrnehmen zu müssen.«[32] Gemeint ist jenes Brot, das nicht nur sättigt, sondern den Hunger und den Durst nach dem Reich Gottes weckt und darin die Frage nach Gerechtigkeit, nach einem »Leben in Fülle« für alle weckt; ein Brot, das nicht im »stillen Kämmerlein«, in den eigenen vier Wänden verzehrt wird, sondern mit anderen geteilt wird. Der Hunger nach Brot und der Hunger nach Gott und sein Reich sind, das ist meine feste Überzeugung, nicht voneinander zu trennen.

»Ich schlafe nicht ein, weil ich hasse«, sagte mir ein lebensneugieriges achtjähriges Mädchen. Auf meine irritierte Frage, wen oder was sie denn hasse, antwortete sie: »Ich hasse die, die die Wälder und die Luft kaputt machen.« Die Sätze zeigen, wie Kinder um die Gefährdung ihrer Zukunft und allen Lebens wissen. Eine Religion, die nicht an Zukunft interessiert ist, die die Lebenswünsche und das Lebensrecht der Kinder nicht mit dem biblischen Versprechen eines »Lebens in Fülle« verbindet, ist eine Ideologie zur Beschwichtigung der eigenen Angst und Sicherung von was auch immer für gearteten Machtansprüchen.

Der religiöse Fundamentalismus ist an Zukunft nicht interessiert. Seinen Protagonisten und Machtstrategen geht es in ihrer Verblendung um die Mehrung ihrer Macht mit allen Mitteln, koste es, was es wolle. Ihre Mienen werden regelmäßig verständnislos, bitterböse und hart, wenn sie auf die Zukunftsfragen des Überlebens angesprochen werden. Sie haben nicht die Spur eines Beitrags zur Lösung der großen Menschheitsfragen anzubieten – durchgängig Fehlanzeige. Fundamentalistische Heils- und Weltrettungsangebote verweigern konsequent die Zukunftsfrage.

Wer heute wirklich wach ist, lebenswach und schmerzwach, wer sieht, wie täglich der Fortschritt getätigt wird, wer die Augen öffnet für die Menschen- und Naturopfer des Neoliberalismus, dieser »Religion« der Menschen- und Gottesverachtung, wer erlebt – mit Friedrich Heer gesagt –, »wie sich Kirchenführer, Theologen, Professoren und andere öffentliche Herumsteher herummogeln, herumlügen, schnurrend, schmatzend, selbstzufrieden als fette (hochmutsfette) Katzen und Kater um den heißen Brei gehen – die Selbstvernichtung großgeschrieben«, den packt heiliger Zorn. Selbstverständlich sind diese Sätze Heers pauschalisierend und in vielen Einzelfällen unzutreffend, aber sind sie deshalb falsch? Bei den Ideologen des religiösen Fundamentalismus Marke Opus Dei ist nicht einmal der »heiße Brei« zu entdecken.

Fast rührend wirkt da meine Aufforderung zum Kindlich-werden gegen das Kindisch-sein eines Josemaría Escrivá. Dennoch will ich eingedenk des Lebensrechtes, der Spiellust und des Lachens der Kinder nicht darauf verzichten. Denn angesichts der

Zukunftsverweigerung der harten und weichen Fundamentalismen stellt sich für alle Menschen guten Willens die Frage: Wie ernähren wir unsere Träume, unsere Visionen eines guten Lebens für uns und unsere Kinder?

Kinder sind von sich aus Wesen der Zuversicht und der Hoffnung.[33] Sie haben, wenn sie nicht daran gehindert werden, große Neugier, Tatkraft und starken Lebenswillen. Sie erinnern die Erwachsenen an ihre eigenen Lebenswünsche, Hoffnungen und Visionen, die vielleicht verkleinert, durch Lebensbeschädigungen verschüttet oder zerstört wurden. Kinder sind eine Chance, gegen alle Resignationen immer wieder neu mit ihnen »das Alphabet der Hoffnung buchstabieren« zu lernen. Wer mit Kindern zusammenlebt oder die Existenz der Kinder ernst nimmt, kann sich Hoffnungslosigkeit angesichts der allgegenwärtigen Lebensgefährdungen nicht leisten. Sie fordern die »Gegensprache der Hoffnung« (Fulbert Steffensky). Sie zwingen zur gemeinsamen Suche nach Lebensbildern und öffnen die Augen für die Kostbarkeit des Lebens, für die Gefährdungen und Gegenkräfte des Lebens.

Kinder lehren beten. Dorothee Sölle beschreibt Beten als Besinnung, als Vergewisserung der eigenen Lebensmöglichkeiten in einer Welt der Lebensgefährdungen und der Kultur des Gewalt: »Beten bedeutet nicht verzweifeln. (...) Beten ist Widerspruch gegen den Tod. Beten bedeutet, sich sammeln, nachdenken, Klarheit gewinnen, wohin wir eigentlich leben, was wir mit unserem Leben wollen; Gedächtnis haben und darin Gott ähnlich werden; Wünsche haben für uns und unsere Kinder; die Wünsche laut und leise, zusammen und allein äußern und darin immer mehr dem Menschen ähnlich werden, als der wir gemeint waren.«[34]

Insofern sind Kinder Botschafter und Propheten einer anderen Wirklichkeit, biblisch gesagt: des Reiches Gottes. Ein indischer Schriftsteller und Philosoph formulierte es ähnlich in dem bekannten Satz: »Jedes Kind, das geboren wird, bringt von Gott die Botschaft mit, daß er noch nicht an der Menschheit verzweifelt ist.« Die »große Erzählung« des Reiches Gottes weiß um den Lebenswillen und die Lebensmacht der Kinder. Sie fordert dazu heraus, alles Denken und Tun an dem zu orientieren, was für das Wohl der Kinder gut ist. Dies schließt den »Luxus der Hoffnungslosigkeit« aus.

Nachwort
Was auf dem Spiel steht

Mega-Sekte »Römisch-Katholische Kirche«?

»Die gegenwärtige Eskalation von Machtausübung in der katholischen Kirche (...) empfinden viele Menschen als Parallele zu einem Ereignis, das wir jüngst in Deutschland erlebt haben: das Vorspiel des Zusammenbruchs eines totalitären Regimes, das bis zuletzt das Faktum eines massenhaften Loyalitätsverlustes nicht wahrhaben wollte. Die Zunahme autoritärer Entscheidungen und Diskussionsverbote (...) löst diese Assoziation aus.«[1] In der Tat, wer mit Menschen spricht, die »trotz allem« eine affektive Bindung zu ihrer Kirche haben, bekommt immer häufiger diese Assoziation an deutsche Vorgänge im Zusammenhang des Jahres 1989 zu hören. Vier führende Pastoraltheologen – die Professoren Ottmar Fuchs (Bamberg), Norbert Greinacher (Tübingen), Norbert Mette (Paderborn) und Hermann Steinkamp (Münster) – haben zum Reformationsfest am 31. Oktober 1994 eine Erklärung zur gegenwärtigen Situation in der Römisch-Katholischen Kirche vorgelegt, die an Deutlichkeit nichts zu wünschen übrigläßt.

Im Wissen, daß die sich immer stärker zuspitzende Krise der katholischen Kirche nicht nur hausgemacht ist, sondern sich im Kontext epochaler gesellschaftlicher Wandlungsprozesse verschärft, erkennen sie einen »Geist der Abgrenzung und eine Praxis der Verdächtigungen und Verurteilungen«, die das kirchliche Klima beherrschen und »immer größere Teile des gläubigen Volkes an dieser ihrer Kirche irrewerden lassen«.

In der Vielzahl päpstlicher und vatikanischer Verlautbarungen der letzten Jahre manifestiert sich in ihren Augen, was jüngst den Zürcher »Tages-Anzeiger« veranlaßte, die Eine, Heilige, Katholische und Apostolische Kirche mit dem neuen Titel »Mega-Sekte« zu belegen. Obwohl die Professoren durchaus auch »hoffnungsvolle Aufbrüche« und »Zeichen des Erwachsenwerdens des Volkes Gottes« erkennen, stellen sie im einzelnen eine »einseitige hierarchische Kirchenauffassung«, »eine für sich Endgültigkeit beanspruchende Indoktrination«, einen neuen Absolutheitsanspruch, »die einzig wahre Kirche zu sein«, eine Mißachtung der »verantworteten Gewissenentscheidung« des einzelnen und die erneute Festschreibung des »Lehramtes als objektive Wahrheitsinstanz« sowie »eine sexistisch ausgeprägte Reklerikalisierung« fest. Für die Autoren sind all dies eindeutige »Symptome einer Agonie«, die nur vor dem Hintergrund irrationalen Machtgebarens nachzuvollziehen ist. Allzu offensichtlich ist der Zusammenhang zwischen dem autoritären Leitungsstil klerikaler Funktionseliten und ihrer Angst um noch weiteren Einflußverlust.

Nein, die Römisch-Katholische Kirche ist keine Mega-Sekte. Dies wäre *erstens* eine maßlose Überstrapazierung des Begriffs »Sekte«; *zweitens* ein Mißverständnis dessen, was Kirche in ihrer Gesamtheit und Vielfalt tatsächlich ist, und *drittens* letztlich der Ausweis von Resignation nach dem Motto »Man kann ja doch nichts machen«. Immer stärker aber, und darauf zielt der Vorwurf der »Mega-Sekte«, greift in der klerikalen Hierarchie eine Sektenmentalität um sich, die innerhalb und außerhalb der Kirche nur mehr den Abfall vom rechten Glauben, die Zerstörung aller sittlichen Werte, einen totalen Individualismus und eine »Kultur des Todes« erkennen kann.

Zwei aktuelle Vorgänge belegen erneut, wie die ausführlich analysierte »Opus-Dei-Mentalität« im vatikanischen Milieu weiter Boden gewinnt und wie der Vormarsch von Mitgliedern fundamentalistischer Organisationen auf Schlüsselpositionen in der hierarchischen Struktur der Römisch-Katholischen Kirche voranschreitet: Die fundamentalistische Staatskirchenpolitik des Vatikans im Vorfeld und während der UN-Konferenz über Bevölkerung und Entwicklung 1993 in Kairo und die Ernennung eines Opus-Dei-Monsignore zum Erzbischof von San Salvador verdeutlichen, daß die gesellschaftspolitischen Folgen innerkirchlicher Restauration und Reaktion massiv sind.

»Ich mag das Wort Kompromiß nicht.« Der Vatikan, das Opus Dei und die Überlebensfragen der Menschheit

»Wieder bläst Rom zum Kreuzzug. Wie einst im Mittelalter schickt der Papst seine Knappen in den Orient, um eine heilige Mission auszufechten. Heute ist Kairo das Ziel; und die Ungläubigen, die es diesmal zu schlagen gilt, sind nicht die Muselmanen. Die kämpfen Anno Domini 1994 mit dem Vatikan Seit' an Seit' (...).« Mit diesen Sätzen leitete die deutsche Wochenzeitung »Die Zeit« einen Beitrag ein, der wenige Tage vor Beginn der »Internationalen Konferenz über Bevölkerung und Entwicklung« publiziert wurde[2]. Nur mit diesem krassen historischen Vergleich sah sich der Autor Christian Wernicke offensichtlich in der Lage, Motive und Ziele der »diplomatischen Offensive« des Vatikans, so die papstnahe italienische Zeitschrift »39 Giorni«, im Vorfeld der UNO-Konferenz in Kairo auf den Punkt zu bringen.

An der UN-Konferenz vom 5. bis 13. September 1994, in den Medien verkürzend und irreführend häufig als »Weltbevölkerungskonferenz« bezeichnet, nahmen über 15 000 Delegierte aus knapp 180 Staaten teil. Die Konferenz war die letzte Chance für die internationale Staatengemeinschaft in diesem Jahrhundert, sich mit den Herausforderungen und Zusammenhängen von Bevölkerungswachstum, Familienplanung und reproduktiver Gesundheit, von Entwicklung und internationaler Gerechtigkeit zu befassen. Mit den Fragen, wie viele Menschen die Erde ertragen kann, ob sich die internationale Gemeinschaft trotz aller Gegensätze und Interessenkonflikte zu einem gemeinsamen Kraftakt in der für die Zukunft der Menschheit entscheidenden Frage von Bevölkerung und Entwicklung aufraffen kann, welchen Optionen ein ethisch akzeptables bevölkerungspolitisches Handeln zu folgen hat, wie der exzessive Konsum, die verschwenderische Produktion und die Umweltschädigung durch den Norden zugunsten der wirtschaftlichen Wohlstandsentwicklung des Südens reduziert werden kann, wie die ungerechte Weltwirtschaftsordnung umgestaltet werden muß und wie mehr Rechte für die Frauen durchgesetzt werden können. Über all dies wäre zwischen den Staaten des Nordens und Südens in größtmöglicher

Verbindlichkeit zu streiten gewesen. Dazu aber kam es allenfalls ansatzhaft. Den Gesandten des Vatikans ist es offensichtlich gelungen, die Konferenz weitgehend zu einem Abtreibungskolloquium umzufunktionieren, so daß kaum Raum für andere Überlebensfragen blieb.

Die Einschätzung der Ergebnisse der Konferenz könnte in den Kommentaren der Konferenzbeobachter kaum verheerender ausfallen. In der »Süddeutschen Zeitung« schreibt Reymer Klüver: »Der Papst hat es geschafft, die Kairoer Konferenz zur Abtreibungskonferenz zu stilisieren – und riskiert damit einen Schaden von wahrhaft apokalyptischen Dimensionen.«[3] Und Detlef Franke kommentiert in der »Frankfurter Rundschau«: »Eine Woche lang stritten die Delegierten über eine einzige Formulierung im 117seitigen Aktionsprogramm und ließen sich dabei von den Vertretern des Vatikans zu Geiseln in der Abtreibungsfrage nehmen. Unterbelichtet blieben die Probleme Strukturanpassung, Schuldenlast, unfaire Weltmarktpreise, kurz: die ungerechte Weltwirtschaftsordnung. Gleiches geschah mit der Rolle des Nordens für eine globale nachhaltige Entwicklung.«[4]

Diese Einschätzung konnten auch wichtige Funktionäre der Konferenz wie Nicolaas Biegman, stellvertretender Vorsitzender des Hauptausschusses, nicht relativieren, der quasi beruflich verpflichtet zur Schadensbegrenzung neigen mußte. Er stellte fast trotzig fest, die Abgesandten des »Holy Seat«, des Heiligen Stuhls, hatten es nicht geschafft, »den Geist des Dokuments zu verändern«.

Der Papst nutzte seine einzigartige Doppelrolle als religiöses Oberhaupt der Römisch-Katholischen Kirche und Oberhaupt des Kirchenstaates dazu, gegen den wichtigen Aktionsplan zur Intensivierung der Bevölkerungspolitik eine »Ablehnungsfront zu schmieden, in der nicht nur erzkatholische Länder wie Malta oder Honduras stehen, sondern in die sich auch menschenverachtende Regime wie die Regierungen des Sudans oder Libyens einreihen«.[5] Der Zweck heiligte offensichtlich alle Mittel. Man muß nicht Anhänger finsterer Verschwörungstheorien sein, um zu erkennen, daß der Vatikan hier die Fäden zog. Via Völkerrechtsstatus versuchte der Vatikan als einzige Religionsgemeinschaft in Kairo konkrete Maßnahmen zu blockieren. Die fundamentalistische Staatskirchenpolitik des Vatikans löste weltweite Empörung aus.

Bereits im März 1994 hatte der Papst in einem düsteren Brief an alle Staatsoberhäupter seinen »bitteren Eindruck eines Diktates« bei der Lektüre des Entwurfs für das Schlußdokument der UN-Konferenz geäußert, nämlich des Diktats »eines Lebensstils, wie er typisch ist für gewisse Schichten einer entwickelten, materiell reichen und säkularisierten Gesellschaft«. Gegenüber der Präsidentin der Konferenz, Frau Nafis Sadik, hatte er zuvor beklagt, daß man in dem Dokument offenbar von einem »total individualistischen Konzept von Sexualität« ausgehe und die »komplexe globale Bevölkerungssituation« durch gesellschaftlichen, rechtlichen Zwang zur Geburtenregelung bewältigen wolle, die das »abscheuliche Übel« der Abtreibung einschließe. In der Konferenz sah der Papst vor allem »ein Projekt zur Zerstörung der Familie«, eine Verschwörung zur »systematischen Tötung ungeborenen Lebens«. Und Mitte Mai 1994 hatte der »Päpstliche Rat für die Familie«, dem auch mehrere Mitglieder des Opus Dei angehören, jede Absicht, Programme zur Entwicklung in Staaten der Dritten Welt mit Geburtenkontrolle zu verknüpfen, als »Empfängnisverhütungs-Imperialismus« und »zerstörerische Tyrannei« verurteilt. In dieser Stellungnahme, die alle katholischen Gläubigen zum Widerstand gegen solche Absichten aufrief, »notfalls bis zum Martyrium«, wird ebenso wie in anderen vatikanischen Erklärungen stur der Unterschied zwischen Abtreibung und Verhütung verwischt.

Der ständige UNO-Botschafter des Vatikans, Erzbischof Renato Raffaele Martino, war auch während der Konferenz in Kairo Botschafter der Kompromißlosigkeit. Sekundiert wurde er dabei von Joaquin Navarro-Valls, der »Stimme des Heiligen Vaters«, dem Sprecher des Papstes, der jenen Satz äußerte, der offensichtlich die Verhandlungsposition des Vatikans in Kairo zusammenfaßt: »Ich mag das Wort Kompromiß nicht.« Navarro-Valls ist Mitglied des Opus Dei, das sich durch eine pathologische Leidensspiritualität und eine beinharte Verachtung menschlicher Sexualität auszeichnet. Seine Äußerung entspricht dem Grundsatz des Opus-Gründers, der bis heute das elitäre und maßlose Selbstverständnis des Opus Dei kennzeichnet: »Nachgiebigkeit ist ein sicheres Zeichen dafür, daß jemand die Wahrheit nicht besitzt.«[6]

Die Herren kannten das vorbereitende Dokument der Konferenz und den Aktionsplan, der in Kairo zur Debatte stand, genau und wußten, daß das Dokument ausdrücklich als Ziel formuliert, die schreckliche Zahl von weltweit mindestens fünfzig Millionen Schwangerschaftsabbrüchen pro Jahr zu verringern. Um Wege aus diesem alltäglichen Elend zu finden, an dem jedes Jahr Hunderttausende Frauen sterben, weil sie keinen Zugang zu Verhütungsmitteln hatten und sich in ihrer Not Kurpfuschern anvertrauen. Wörtlich heißt es in dem UN-Dokument: »In keinem Fall ist Abtreibung als Mittel der Familienplanung zu fördern.« Die bedarfsdeckende Verbreitung von Verhütungsmitteln statt Abbruch steht auf der Tagesordnung globaler Bevölkerungspolitik, aber genau hier liegt der Knackpunkt der päpstlichen Position, die doktrinär an ihrer restriktiven Sexualmoral festhält, die nur die natürliche (Enthaltsamkeit!) Variante der Verhütung nicht ablehnt und die Pille als »Krieg mit chemischen Waffen« verteufelt.

Vor allem aber ging es in Kairo um mehr. Der internationalen Gemeinschaft sollte vor Augen geführt werden, was der Basler Entwicklungssoziologe Klaus M. Leisinger in seinem Buch zur Frage des Bevölkerungswachstums »Hoffnung als Prinzip«[7] betont: Das Ziel aller bevölkerungspolitischen Maßnahmen kann nicht einfach die Verminderung der Geburtenraten sein, sondern »die Verbesserung der Lebensqualität der betroffenen Menschen und die Bewahrung ihrer Lebensgrundlagen«[8]. Ziel ist auch nicht die Sicherung materieller Besitzstände der Industrieländer und die politische oder wirtschaftliche Vorherrschaft bestimmter gesellschaftlicher Gruppen. Ethisch akzeptables bevölkerungspolitisches Handeln definiert Leisinger als »Handeln, das von Humanität geprägt ist, von der gegenseitigen Anerkennung der Menschen als Wesen gleicher Würde und vom tätigen Bestrebtsein, menschliches Leid und Ungerechtigkeit zu mindern sowie Freiheit und Gerechtigkeit zu mehren... Kurz: Ziel der Bevölkerungspolitik ist die Sicherung menschlicher Existenz in Frieden, Freiheit und Gerechtigkeit und bei Bewahrung der Schöpfung.«[9]

Daraus folgt konsequent die Einsicht, daß ohne Beendigung der wirtschaftlichen Strangulierung der Länder des Südens, ohne eine gerechtere Gestaltung der Weltwirtschaft ebensowenig erreicht werden kann wie ohne aufgeklärte und langfristige Zustimmung der Bevölkerung zur Familienplanung. Die ökonomischen, sozialen und rechtlichen Rahmenbedingungen müssen so ausgestaltet werden, daß alle Betroffenen freiwillige und eigenverantwortliche Entscheidungen treffen können. Damit ist vor allem auch die Durchsetzung von mehr Rechten für die Frauen gefordert. Dies ist nicht nur eine Frage der Ethik, sondern schlicht Gebot der Vernunft. Daß dies ein »empowerment of women« (die Ermächtigung der Frauen) unverzichtbar macht, das Recht auf Familienplanung, mehr Bildung und soziale Gleichstellung zu erlangen, war offensichtlich einigen schwarzgekleideten Herren nicht zu vermitteln. Noch einmal Leisinger: »Männliche Dominanzansprüche, unter denen Frauen unter anderem zur sexuellen Verfügungsmasse degradiert werden, sind nur ein Stein im großen Mosaik des bedauernswerten männlichen Verständnisses vom anderen Teil der Menschheit.«[10]

Symptomatisch zeigt sich in der skizzierten fundamentalistischen Politik des Vatikans erneut, wie wenig die höchsten kirchlichen Würdenträger, gestärkt durch ihre diversen pressure-groups Marke »Opus Dei«, dem freien Gewissen des einzelnen zutrauen und wie stark die durch lebenslängliche Gehorsamsübungen und autoritäre Lebensformen hergestellte Verblendung ist. Daß die Kirche bis heute die Frauen diskriminiert und sexistische Mentalitäten weit verbreitet sind, ist bekannt. In dieser Verblendung und in den autoritär-sexistischen Mentalitäten liegen meines Erachtens die Ursachen für die Flucht in fundamentalistische Positionen.

Gibt die römische Personalpolitik den Mördern von Bischof Oscar A. Romero recht?

Vatikanstadt – San Salvador: Am 22. April 1995 gibt das vatikanische Pressebüro die Bestellung von Fernando Sáenz Lacalle zum neuen Erzbischof von San Salvador bekannt. »Die rechte Regierung El Salvadors ist zufrieden. Papst Johannes Paul II. hat einen Mann ganz nach ihren Wünschen« ernannt, kommentierte die »Süddeutsche Zeitung«.[11] Unverhohlen äußerten hohe Funktionsträger der rechtsextremen regierenden ARENA-Partei ihre Genugtuung über die päpstliche Personalentscheidung. Man erwarte vom neuen Erzbischof, »daß ein für alle Mal Schluß ist mit jenen aufhetzenden Predigten, mit der Aufforderung zur Mißachtung der Obrigkeit, mit der Aufforderung zur Konfrontation«.

Fernando Sáenz Lacalle, 1932 in der spanischen Provinz Navarra geboren, bisher Weihbischof von Santa Ana, der zweitgrößten Stadt El Salvadors, hatte bisher keine Schwierigkeiten mit seinen Obrigkeiten. Alles spricht dafür, daß dies auch in Zukunft so bleibt. Der Monsignore ist sowohl Mitglied der Personalprälatur des Opus Dei als auch Militärbischof der salvadorianischen Armee. Äußerungen von Fernando Sáenz[12] machen deutlich, daß die ARENA-Partei, Militär und paramilitärische Verbände, die seit Jahren von amnesty international und anderen Menschenrechtsorganisationen für Folter und Mord, für das Verschwindenlassen von politischen Gegnern und gewaltsame Übergriffe aller Art verantwortlich gemacht werden, von seiten des neuen Erzbischofs keine öffentlichen Einmischungen und Anklagen zu erwarten haben: »Die sonntägliche Predigt ist nicht dafür da, ungerechte Zustände zu kritisieren. Der Priester soll nicht über politische Zusammenhänge sprechen. Es steht ihm nicht zu, irgend jemanden zu kritisieren.«

Die Ernennung von Fernando Sáenz Lacalle zum Bischof von San Salvador ist eine massive Intervention des Vatikans gegen die Kirche und Theologie der Befreiung in El Salvador, ein Angriff auf jene Kirche, die die Komplizenschaft der klerikalen Hierarchie mit den ökonomisch, politisch und militärisch Mächtigen beendet hatte und sich seitdem für die Menschenrechte der Unterdrückten, Verarmten und Entrechteten engagiert. Diese Kirche hatte aufgehört, die bestehenden Obrigkeiten religiös zu legitimieren, die Leiden der Unterdrückten zur Prüfung Gottes zu erklären, die armen Bevölkerungsschichten auf eine künftige Erlösung im »Jenseits« als Ausgleich für im »Diesseits« geduldig ertragenes Leid zu vertrösten, Bescheidensein, Sichabfinden, Ertragen einerseits und Gehorsam, Fleiß und Unterwürfigkeit andererseits zu christlichen Tugenden zu erklären. Diese Kirche hatte aufgehört, das Evangelium als religiöse Ideologie zur Sicherung von Ungerechtigkeit, Unterdrückung, Verelendung und Gewalt zu mißbrauchen und die Augen vor Folter und Mord der herrschenden Cliquen und Schichten zu verschließen. Diese Kirche hatte sich eindeutig auf die Seite der Unterdrückten geschlagen, weil sie das Evangelium neu als Verheißung umfassender Befreiung und Gerechtigkeit zu entdecken begann.

Die drei Vorgänger im Amt des Erzbischofs von San Salvador – Luis Chavez y Gonzales (1938–1977), Oscar Arnulfo Romero (1977–1980), Arturo Rivera Damas (1980–1994) – billigten und ermöglichten die Entwicklung der salvadorianischen Kirche der Befreiung. Sie ließen sich durch die Armut und Not der unterdrückten und ausgebeuteten Bevölkerungsschichten berühren, erkannten die Protagonisten und Profiteure von Unterdrückung, Ausbeutung, Gewalt und Ungerechtigkeit und analysierten die Herrschaftsstrukturen der salvadorianischen Gesellschaft.

Die Botschaft des neuen Erzbischofs zu seinem kirchenpolitischen Kurs ist unmißverständlich. In einem Interview für die der politischen Rechten El Salvadors verbundene Zeitung »El Diario de Hoy« äußerte Fernando Sáenz Lacalle, die Befreiungstheologie werde »irrtümlicherweise mit diesem Namen bezeichnet, denn sie ist eine Re-Lektüre des Evangeliums in einem marxistischen Code, die Gewalt erzeugt, und sie ist damit etwas, wofür es in der Zukunft keinen Platz mehr in El Salvador geben wird. Demgegenüber ist die Kirche immer für die wahre christliche Befreiung eingetreten.« Das Zitat zeigt, daß Monsignore Fernando Sáenz längst das römisch-hierarchische Vokabular zur Diffamierung der Theologie und Kirche der Befreiung als »marxistisch«, »subversiv« und »gewalterzeugend« beherrscht. Ein Vokabular, das auch die Propagandisten der ARENA-Partei im Munde führten, als Oscar A. Romero am 24. März 1980 während eines Gottesdienstes von paramilitärischen Todesschwadronen ermordet wurde, weil er leidenschaftlich für die Armen und Entrechteten San Salvadors Partei ergriff und die Gewalt und Mordtaten der herrschenden Cliquen öffentlich anprangerte. Als der Nachfolger Romeros, Erzbischof A. Rivera Damas, in einer Predigt 1994 daran erinnerte, daß Oscar A. Romero aufgrund dieser Parteinahme für die Schwächsten der Gesellschaft durch Anstiftung des Gründers der regierenden ARENA-Partei, des verstorbenen Majors Roberto D'Aubuisson, ermordet wurde, forderte die bereits zitierte »El Diario de Hoy« den Vatikan lautstark auf, Arturo Rivera Damas von seinem Amt als Erzbischof von San Salvador zu entfernen.

Kritische Beobachter fragen deshalb, ob der Vatikan mit der Ernennung des Opus Dei-Klerikers Fernando Sáenz Lacalle zum Erzbischof von San Salvador den Mördern Oscar A. Romeros nicht faktisch recht gebe. Besonders zynisch und das Vermächtnis Romeros verhöhnend sind in diesem Zusammenhang die Äußerungen des Opus Dei-Bischofs über seinen Vorgänger: »Erzbischof Romeros provokative wöchentliche Stellungnahmen am Ende seiner Sonntagspredigten waren berühmt, weil er darin die schlimmen Tatsachen brandmarkte, die das Leben der Nation beeinträchtigten. Trotzdem war er ein guter und einfacher Bischof, und sein ›inneres Leben‹ zeigte sich im großen geistlichen Gehalt seiner Predigten und in der materiellen Sorge, die er für liturgische Gewänder und Gefäße aufgewendet hat.« Romeros tiefe theologisch-spirituelle Kompetenz, die ihn zu eindeutigen gesellschaftspolitischen Handlungen führte und zum Märtyrer der Kirche gemacht hat, soll da offensichtlich auf eine »materielle Sorge« für liturgische Gewänder und Gefäße reduziert, verharmlost und verkitscht werden.

Mitglieder des Opus Dei besetzen zunehmend Schlüsselpositionen des Römisch-Katholischen Kirchensystems, sie gelangen in atemberaubende Karrieren, aber auch in höchste politische Funktionen. Als Perus Präsident Alberto Fujimori am 28. Juli 1995 unter dem Schutz von rund 100000 Soldaten und Polizisten für die zweite fünfjährige Regentschaft seinen Amtseid abgelegt hatte, erhielt er die rot-weiße Präsidentenschärpe von der peruanischen Parlamentspräsidentin, Frau Martha Chavez. Die junge Politikerin, die erst im Schatten Fujimoris eine kometenhafte politische Karriere begonnen hat, gehört dem Opus Dei an und bekleidet heute das formal höchste Amt im peruanischen Staat. Zum neuen Außenminister ernannte Fujimori einen jungen Mann aus dem Opus Dei, den Technokraten und Spezialisten in internationalen Fragen, Francisco Tudela.

Wie Menschen dumm gemacht werden

Dietrich Bonhoeffer, der vor fünfzig Jahren am 9. April 1945 zusammen mit anderen Mitgliedern des politischen Widerstands gegen das Nazi-Regime aufgrund einer persönlichen Intervention Hitlers im KZ Flossenbürg ermordet wurde, hat einen der »dichtesten und substanzreichsten politischen Texte des 20. Jahrhunderts« über die Dummheit als menschlichen und moralischen Defekt verfaßt[13]:

»Dummheit ist ein gefährlicherer Feind des Guten als Bosheit. Gegen das Böse läßt sich protestieren, es läßt sich bloßstellen, es läßt sich notfalls mit Gewalt verhindern, das Böse trägt immer den Keim der Selbstzerstörung in sich, indem es mindestens ein Unbehagen im Menschen zurückläßt. Gegen die Dummheit sind wir wehrlos.

Weder mit Protesten noch durch Gewalt läßt sich hier etwas ausrichten; Gründe verfangen nicht, Tatsachen, die dem eigenen Vorteil widersprechen, brauchen einfach nicht geglaubt zu werden – in solchen Fällen wird der Dumme sogar kritisch –, und wenn sie unausweichlich sind, können sie einfach als nichtssagende Einzelfälle beiseite geschoben werden... Um zu wissen, wie wir der Dummheit beikommen können, müssen wir ihr Wesen zu verstehen suchen. Soviel ist sicher, daß sie nicht wesentlich ein intellektueller, sondern ein menschlicher Defekt ist. Es gibt intellektuell außerordentlich bewegliche Menschen, die dumm sind, und intellektuell sehr Schwerfällige, die alles andere als dumm sind. Diese Entdeckung machen wir zu unserer Überraschung anläßlich bestimmter Situationen. Dabei gewinnt man weniger den Eindruck, daß die Dummheit ein angeborener Defekt ist, als daß unter bestimmten Umständen die Menschen dumm gemacht werden bzw. sich dumm machen lassen. (...) die Dummheit (...) ist eine besondere Form der Einwirkung geschichtlicher Umstände auf den Menschen, eine psychologische Begleiterscheinung bestimmter äußerer Verhältnisse. Bei genauerem Zusehen zeigt sich, daß jede starke äußere Machtentfaltung, sei es politischer oder religiöser Art, einen großen Teil der Menschen mit Dummheit schlägt. Ja, es hat den Anschein, als sei das geradezu ein soziologisch-psychologisches Gesetz. Die Macht der einen braucht die Dummheit der anderen. Der Vorgang ist dabei nicht der, daß bestimmte – also etwa intellektuelle – Anlagen der Menschen plötzlich verkümmern oder ausfallen, sondern daß unter dem überwältigenden Eindruck der Machtentfaltung dem Menschen seine innere Selbständigkeit geraubt wird und daß dieser nun – mehr oder weniger unbewußt – darauf verzichtet, zu den sich ergebenden Lebenslagen ein eigenes Verhalten zu finden.«[14]

Die Überlegungen Bonhoeffers zur Interdependenz von Machtentfaltung und Dummheit sind in diesem Buch in zahlreichen

Beispielen bestätigt worden. Der Norweger Inge Lønning schreibt in einem Beitrag »Der andere Blick – 50 Jahre danach«: »Das Zusammenwirken von Macht und Dummheit läßt sich nicht nur in Zeiten außerordentlicher Dramatik, sondern auch unter normaleren geschichtlichen Umständen als eine Spiralbewegung spüren, die zwangsweise abwärts führt, weil die menschliche Integrität sämtlicher Teilnehmer durch den Prozeß des Zusammenwirkens gefährdet, verringert und zuletzt aufgelöst wird. Der Integritätsverlust verbindet Führer und Geführte bzw. Verführer und Verführte in einer Schicksalsgemeinschaft der Unmenschlichkeit.«[15]

Meister in der systematischen Verdummung von Menschen sind heute autoritär-totalitäre Gruppierungen, Psychokulte, Sekten und Guru-Bewegungen aller Ideologien. Sie haben die Methoden der Unterwerfung und Beherrschung von Menschen perfektioniert. Hugo Stamm hat in seinem »Buch, das Seelen retten kann«[16] (Alice Miller) die verschiedenen Phasen der Indoktrination analysiert. Die Merkmale können als Indikator für sektenähnliche Organisationen inner- und außerkirchlicher Gruppierungen und Organisationen dienen. Die Analysen Stamms bestätigen und differenzieren die Beobachtungen Bonhoeffers auf dem Niveau psychologischer Sektenforschung.

»Leben in Fülle und Gerechtigkeit«

Nicht Panik hilft in der Konfrontation mit autoritär-totalitären Gruppierungen weiter, sondern differenzierte Informationen und Aufklärung. Daß ein Ausstieg aus religiösen, esoterischen oder therapeutischen Kultgruppen möglich ist, zeigen viele Exmitglieder.

Auf dem Spiel stehen Werte wie Redlichkeit, Autonomie, Denkfreiheit, Kritikfähigkeit, menschliche Würde, Offenheit, Toleranz und Respekt für den Mitmenschen. Gegen die Täuschung, Manipulation und Ausbeutung durch Gruppierungen mit totalitärer Tendenz ist das zu behaupten, was Alice Miller formuliert: »Wir sind auf die Welt gekommen, um unter Menschen zu leben, denen man vertrauen kann. Das Vertrauen, die Neugier, das Helfenwollen, die Begeisterungsfähigkeit sind wertvolle Güter, die uns durch das Leben tragen. Ihre Werte gehen nicht verloren, wenn sie mißbraucht werden.«[17]

Auf dem Spiel steht aber auch der Glaube an jenen biblisch verheißenen Gott, der ein Leben in Fülle und Gerechtigkeit für alle Menschen will. Dieser ist gegen die autoritär-totalitäre Beanspruchung der in diesem Buch analysierten Gruppierungen zu behaupten. Abschließend sei hier Max Horkheimer, dieser Denker der irdischen Gerechtigkeit und des nicht-entfremdeten Diesseits, aus seinem 1971 veröffentlichten Vortrag mit dem Titel »Bemerkungen zur Liberalisierung der Religion« zitiert: »Alle unsere Begriffe sind subjektiv. Trotzdem oder eben deshalb können wir sagen, daß die uns umgebende Welt nicht die letzte Wirklichkeit ist. Eine echte Liberalisierung der Religion hat sich auf diese Einsicht zu konzentrieren. (...) Die Hauptsache scheint mir die Neufassung des menschlichen Verständnisses von Gott zu sein. Gott als positives Dogma wirkt als trennendes Moment. Die Sehnsucht hingegen, daß die Wirklichkeit der Welt mit all ihrem Grauen kein letztes sei, vereint und verbindet alle Menschen, die sich mit dem Unrecht dieser Welt nicht abfinden wollen und können. Gott wird so zum Gegenstand der menschlichen Sehnsucht und Ehrung; er hört auf, Objekt des Wissens und Besitzes zu sein. Ein so verstandener Glaube gehört unabdingbar zu dem, was wir menschliche Kultur nennen.«

Anmerkungen

In den Anmerkungen sind in der Regel nur AutorIn und Jahr der Publikation angegeben. Die vollständigen bibliographischen Angaben führt die Bibliographie auf. Monographien von Josemaría Escrivá sind mit Kurztitel und Nr. im Text ausgewiesen.

Die katholische Mafia

Einführung oder »Cosa Nostra«

1 *J. Escrivá de Balaguer*, Der Weg, 1939; Nr. 387. Vergleichbare Schriften von *Escrivá* sind: Die Spur des Sämanns, 1986; Im Feuer der Schmiede, 1987. Bemerkenswert ist, daß die deutsche Übersetzung von »Der Weg« gegenüber der spanischen Originalfassung an mehreren Stellen erhebliche Abschwächungen aufweist.

2 *J. Escrivá*, Der Weg, Nr. 394.

3 Vgl. zum Opus Dei insgesamt: *P. Hertel* 1991 (Die in deutscher Sprache umfassendste Untersuchung ist für dieses Buch grundlegend! Für die jahrelangen detaillierten Recherchen gebührt dem Autor größter Dank!); *Paulus-Akademie* 1992 (Wichtigster Beitrag ist der von *P. Hertel*, Intelligent gehorchen, aber blind. Ein Wegweiser durch den Dschungel offizieller und geheimer Dokumente des Opus Dei, in dem erstmals in längeren Auszügen interne und geheime Dokumente des Opus Dei in deutscher Sprache publiziert wurden; besonders hilfreich ist der 17seitige »Wortschatz des Opus Dei« von »Abtötung« bis »Zentrum«); *H. Schützeichel* 1992 (darin die in deutscher Sprache umfassendste Bibliographie zum Opus Dei!); *M. Walsh* 1992; *A. Moncada* 1974; 1977; 1987; 1990; *V. Felzmann* 1984; *P. Berglar* 1984; *K. Steigleder* 1991; *Golias* 1992. Weitere Literaturangaben in der Bibliographie.

4 *K. Walf* 1989, 258.

5 Vgl. allgemein zum Fundamentalismus: *T. Meyer* 1989 A; 1989B; *S. Pfürtner* 1991; *H. Mynarek* 1992; *J. Niewiadomski* 1988; *W. Beinert* 1990; *K. Kienzler* 1990; *F. Stolz/V. Merten* 1990; *H. Hemminger* 1991; *M. Riesebrodt* 1990; *G. Kepel* 1991; *J. Barr* 1981; *M. Odermatt* 1991. Weitere Literaturangaben in der Bibliographie.

6 Vgl. zu »Comunione e liberazione«: *L. Giussani* 1988; *S. Abbruzzese* 1989; *G. Keppel* 1991, 97ff.

7 Zit. nach *P. Hertel* 1992 B, 198. Nach eigenen Angaben sind 98% der Mitglieder des Opus Dei Laien. Ich werde noch zeigen, daß derartige quantitativen Aussagen allenfalls einen geringen Aussagewert haben.

8 *H. U. von Balthasar* 1964; vgl. auch ders. 1988.

9 *Brief Escrivás* »Non ignoratis«, 2. November 1958.

10 *K. von Beyme* 1971; zit. nach *W. L. Bernecker* 1988, 113.

11 Zahlreich sind die Diffamierungen der Gewissensfreiheit in päpstlichen Enzykliken; vgl. auch die Enzyklika »Mirari vos« von 1832 von Gregor XVI. (1831–1846) und die Enzyklika »Quanta cura« von 1864 von Pius IX. (1846–1878).

12 *J. Escrivá*, Nr. 298.

13 *H. U. von Balthasar* 1988, 170.

14 *H. Mynarek* 1992, 143.

15 *H. Hess* 1988, VI; vgl. insgesamt auch *P. Müller* 1990.

16 Vgl. 197 der Konstitutionen; zit. nach *P. Hertel* 1991, 158.

17 *T. Mann* 1970, 483.

18 *J. Escrivá*, Der Weg, Nr. 941.

19 *E. Drewermann* 1989, 437.

20 *E. Canetti* 1978, 335.

21 Ebd. 341.

22 *E. Drewermann* 1989, 24.

1. Teil *Machtergreifung*

1 Die folgenden Zitate habe ich den mündlichen Ansprachen der Beatifikation entnommen, die direkt vom italienischen Fernsehen übertragen wurde.

2 Vgl. die diversen »Informationen« des *Opus Dei* zur Seligsprechung Escrivás: Notizen. Hrsg. vom Informationsbüro der Prälatur Opus Dei in Deutschland, Köln 1992; Der ehrwürdige Diener Gottes Josemaría Escrivá. Gründer des Opus Dei, hrsg. vom Vizepostulation des Opus Dei in Deutschland, in Österreich, in der Schweiz (Informationsblatt Nr. 12), Köln, Wien, Zürich, o. J. (im folgenden zitiert als »Ehrwürdiger Diener«); Antworten. Der Seligsprechungsprozeß Josemaría Escrivá. (Schriftreihe der Karlskirche, Heft 8), Wien 1992 (im folgenden zitiert: *Opus Dei*, Antworten Karlskirche).

3 Acta Apostolicae Sedis, Rom 56 (1964), 649.

4 *P. Berglar* 1984, 66.

5 *Crónica* 1968, Heft 8.

6 *V. Felzmann* 1984, 196f.

7 Längere Textauszüge dieses Dokuments und anderer interner Dokumente des Opus Dei wurden von P. Hertel publiziert, in: *Paulus-Akademie* 1992 (im folgenden zitiert als »Paulus-Akademie«).

8 *Crónica* 1971, Heft 1.

9 Ebd.

10 Vgl. zum folgenden insgesamt *K. Nientiedt* 1991.

11 Zit. nach *K. L. Woodward* 1991, 477.

12 Vgl. *K. Nientiedt* 1991, 574.
13 *H. J. Limburg/H. Rennings* 1989.
14 *Opus Dei*, Antworten Karlskirche, 11.
15 Ebd. 31.
16 Vgl. *P. Hertel* 1992 A, 134, Anmerkung 30.
17 Zit. nach *P. Hertel* 1992 A, 134.
18 *Opus Dei*, Ehrwürdige Diener, 2.
19 *K. L. Woodward* 1991, 487.
20 Vgl. *J. Prieto* 1992.
21 *K. L. Woodward* 1991, 487.
22 Vgl. *M. Alcalá* 1992.
23 *M. del Carmen Tapia*; zit. nach *M. Alcalá* 1992, 112.
24 *Opus Dei*, Antworten Karlskirche, 23.
25 Ebd. 25.
26 Vgl. die Konzilsdokumente, in: *K. Rahner/H. Vorgrimmler* 1966.
27 Katholische Nachrichtenagentur vom 9. Dezember 1989.
28 Vgl. zum Europabild des Papstes und der Strategie der »Neuevangelisierung« den kritischen Beitrag von *R. Bäumlin* 1993.
29 *Golias* 1992, 187.
30 Ebd. 186.
31 Nr. 191 der Konstitutionen.
32 Vgl. *Golias* 1992, 186; insgesamt zu den Bischofsernennungen unter Johannes Paul II.: *H. Boberski* 1992.
33 Vgl. die Erklärung der Kongregation für Bischöfe, abgedruckt in: KIPA vom 3. Dezember 1982.
34 In: L'Osservatore Romano, Wochenausgabe in deutscher Sprache, Rom 10. Dezember 1982.
35 Zit. nach *P. Hertel* 1991, 134.
36 *P. Berglar* 1984, 13.
37 Vgl. *P. Hertel* 1991, 132.
38 Vgl. dazu insgesamt das Kapitel »Der Todescomputer von Bogotá«.
39 *P. Hertel* 1991, 213.
40 *W. Keenan* 1990, 10.
41 Vgl. zu Johannes XXIII.: *P. Hebblethwaite* 1986; *L. Kaufmann/N. Klein* 1990.
42 Zit. nach *A. Esser* »Das Licht der Heiligen. Zur Persönlichkeit von Josemariá Escrivá«, in: *Opus Dei*, Antworten Karlskirche, 27.
43 *A. del Portillo*; zit. nach *P. Hertel* 1991, 41.
44 Vgl. zu der sogenannten »Konsultation« von 2052 Bischöfen seitens des Papstes: *P. Hertel* 1991, 138.
45 Vgl. Anmerkung 33.
46 *H. U. von Balthasar* 1988, 125.
47 Vgl. National Catholic Reporter, Kansas City, Mai 1992.
48 *P. Berglar* 1984, 185.
49 *Opus Dei Deutschland*. Radio Vatikan, Deutsche Abteilung. Interview mit R. von Frankenberg, 1. Juni 1984; zit. nach *Paulus-Akademie* 1992, 68.
50 *Opus Dei Österreich*. Erklärung, Informationsbüro der Prälatur Opus Dei in Österreich, Wien, 2. November 1986; zit. nach *Paulus-Akademie* 1992, 68.

51 Vgl. ausführlich *P. Hertel* 1991, 23ff.
52 Vgl. »Stoßtrupp Gottes im Angriff«. Serie »Das katholische Opus Dei schreckt viele Katholiken«, Weltwoche, Zürich, Nr. 3 – 19. Januar 1983, 35–37.
53 *A. del Portillo*, in: Dokumente, Nr. 185, Presseamt des Erzbistums Köln, 3. September 1984.
54 Urteil des Bezirksgerichts Zürich vom 21. August 1984 und Urteil des Schweizer Bundesgerichts Lausanne vom 5. April 1988.
55 *Opus Dei*, Vademecum de los Consejos Locales, Rom 19. März 1987; zit. nach *Paulus-Akademie* 1992, 71–73.
56 Die detaillierte Beweisführung ist P. Hertel zu verdanken; vgl. *Paulus-Akademie* 1992, 70f.
57 Vgl. Anmerkung 53.
58 *K. von Beyme*; zit. nach *W. L. Bernecker* 1988, 113.
59 Vgl. zum folgenden insgesamt *W. L. Bernecker* 1988, 111–122.
60 *P. Berglar* 1984, 124.
61 *P. Glotz* 1992, 485f.
62 Vgl. *U. Hoffmann-Lange* 1992; *T. Kröter* 1993.
63 *R. Dahrendorf* 1992, 47f.
64 *V. Felzmann* 1984, 204.
65 Vgl. *P. Berglar* 1984, 296.
66 Vgl. ausführlicher *W. L. Bernecker* 1988, 69–72.
67 Codex Iuris Particularis Operis Dei, Rom 1982, Nr. 116; zit. nach *P. Hertel* 1991, 40.
68 Constitutiones Societas Sacerdotalis Sanctae Crucis et Operis Dei, Rom 1950, Nr. 202.
69 *M. Angustias Moreno* 1978, 32f.
70 Dieser Satz wird wortgleich oder ähnlich stereotyp in allen »Informationsschriften« zur Prälatur Opus Dei wiederholt.
71 *H. Segur*, Orden stellen sich vor, in: Radio Vatikan, 4. September 1979; zit. nach *P. Hertel* 1991, 44 und 66.
72 *P. Berglar* 1984, 222.
73 *Crónica* 1972, Heft 2.
74 *P. Hertel* 1992 B, 136.
75 *F. Heer* 1983, 12.
76 *J. B. Metz* 1991A, 20; vgl. insgesamt »Vertreibung der Armen aus Santo Domingo, Hintergrundartikel von Miserior von 1988«, in: Junge Kirche 53 (Juli 1992) 411f.
77 Vgl. ausführlicher *N. Klein* 1992.
78 Zit. nach *N. Arntz*, Das Kreuz des Südens und die Macht auf Erden, in: Retten, was zu retten ist? 1993, 111–145, 112.
79 Zit. nach *N. Klein* 1992, 230.
80 Ebd. 229.
81 *A. Cadavid Restrepo* 1992, 82.
82 Vgl. *K. Nientiedt* 1991, 576.
83 *A. Cadavid Restropo* 1992, 83.
84 Botschaft der Hoffnung vom Kontinentaltreffen in Quito/Ecuador, 27. August bis 2. September 1990, in: *Missionszentrale der Franziskaner* (Grüne Reihe Nr. 45), Bonn 1990, 14.

85 *N. Arntz* 1992 A, 184.
86 Zit. nach *H. Lüning*, Kirche der Armen unter Vormundschaft, in: Retten, was zu retten ist? 1993, 15–32, 19.
87 Zit. nach *N. Arntz*, vgl. Anmerkung 78, 114f.
88 *A. Cadavid Restropo* 1992, 84.
89 Vgl. zur Person Romeros insgesamt: *Oscar Arnulfo Romero* 1986; Ders. 1982.
90 *Opus Dei*, Antworten Karlskirche, 45.
91 Zit. nach *P. Hertel* 1991, 142.
92 Vgl. insgesamt das Kapitel »Spurensicherung – oder: wie Opus Dei gegen die Theologie der Befreiung vorgeht« von *P. Hertel* 1991, 142–155.
93 *M. von Conta*, Des Diktators allmächtige Helfer, in: Süddeutsche Zeitung, Nr. 232 – 6. Oktober 1976; und ders., Totenschein für die Parteien, in: Süddeutsche Zeitung, Nr. 212 – 13. September 1976.
94 *T. Ewers*, Was Strauß in Chile lobte, in: Die Zeit, Nr. 51 – 9. Dezember 1977.
95 Zit. nach *Arntz*, vgl. Anmerkung 78, 125.
96 Vgl. insgesamt *N. Arntz*, Vorbereitungszeit und Verlauf der IV. Generalkonferenz – ein Überblick, in: Retten, was zu retten ist? 1993, 174–185, 179f.; vgl. dazu auch die Namen im Kapitel »Auf dem Vormarsch«.
97 Vgl. *E. Kräutler*, Die Hoffnung stirbt zuallerletzt; *P. Richard*, Die Beschlüsse von Santo Domingo in befreiungstheologischer Perspektive; *E. Dussel*, Das institutionelle Problem: Machtfaktor »Geschäftsordnung«; und *L. Weckel*, Wie sich Texte ändern…; alle Beiträge in: Retten, was zu retten ist? 1993, 33–53, 54–63, 64–89, 154–173.
98 Retten, was zu retten ist? 1993.
99 *H. Lüning*, vgl. Anmerkung 86, 18.
100 Ebd. 18; vgl. auch die informative Chronologie von *S. Reinders*, Von Puebla (1979) bis Santo Domingo (1992), in: Retten, was zu retten ist? 1993, 186–203.
101 Vgl. insgesamt *H. Boberski* 1992, vor allem das Kapitel »Lateinamerika. Befreiungstheologie unerwünscht«, 110 168.
102 Vgl. insgesamt *D. Nohlen/B. Thibaut*, Struktur- und Entwicklungsprobleme Lateinamerikas, in: Handbuch der Dritten Welt 1992, 13–142, besonders 32–36.
103 Vgl. *U. Duchrow* 1991; 1992.
104 Vgl. *U. Duchrow* 1991, 36f.
105 Zit. nach *C. Wernicke*, Dem Wohlstand fehlt die Würde, in: Die Zeit, Nr. 13 – 26. März 1993.
106 Zit. nach *A. Bausch* 1992, 409.
107 Vgl. *P. Hertel* 1991, 144ff.
108 Vgl. besonders das Kapitel »Kirche der Armen und Befreiungstheologie«, 46–53.
109 *U. Duchrow, G. Eisenbürger, J. Hippler* 1989, 131–146.
110 Ebd., besonders der Kommentar zum Santa-Fe-Papier I., 192–196.
111 Ebd. 49.
112 Ebd. 49f.
113 Vgl. *J. Sobrino* 1990.
114 *P. Hertel* 1991, 153.
115 *U. Duchrow, G. Eisenbürger, J. Hippler* 1989, 200.
116 *S. Reinders*, vgl. Anmerkung 100, 189.

117 Vgl. zum Konflikt der Kirchenbilder auch *P. Hertel* 1991, 153f.
118 *U. Duchrow, G. Eisenbürger, J. Hippler* 1989, 50.
119 Ebd.
120 *A. Cadavid Restropo* 1992, 83.
121 Ebd. 84.
122 *P. Hertel* 1991, 152.

2. Teil *Masken der Mafia*

1 Vgl. zur Mafia allgemein: *H. Hess* 1988; *P. Müller* 1990; *P. Arlacchi* 1983; *N. Dalla Chiesea* 1984; *N. Dalla Chiesa/P. Arlacchi* 1987; *G. Di Gennaro* 1991; *C. Fava* 1991; *F. Misani* 1991; *W. Raith* 1983; *L. Sciascia* 1979; *C. Stajano* 1991; *C. Sterling* 1990; *N. Tranfaglia* 1991.
2 *Anonymus* 1989.
3 Zit. nach *P. Müller* 1990, 51. Vgl. insgesamt zur Mafia im Faschismus, 50–55.
4 *H. Hess* 1988, 73f.
5 Zit. nach *H. Hess* 1988, ebd.
6 *E. Canetti* 1978, 340.
7 Ebd.
8 Vgl. insgesamt *P. Müller* 1990, 15–19.
9 Vgl. *P. Müller* 1990, 84.
10 Zit. nach *P. Müller*, ebd.
11 *P. Fritzsche* 1987, 256f.
12 *P. Müller* 1990, 111.
13 Vgl. insgesamt zur inhaltlichen Bestimmung von »Mentalität« *S. Pfürtner* 1991, 157–160.
14 Ebd. 158.
15 *W. Hofmann* 1968, 14ff.; vgl. zur Einführung in die Ideologiekritik *G. Hauck* 1992.
16 *W. Hofmann* 1968, 66.
17 Vgl. *W. L. Bernecker* 1988, 23–25, 69–72.
18 *H. U. von Balthasar* 1964, 118.
19 Nr. 190 und 191 der Konstitutionen.
20 *P. Hertel* 1991, 164f.; vgl. insgesamt das Kapitel »Männlich und unsterblich« von *P. Hertel* 1991, 156–167.
21 Statuten 89 2; zit. nach *Paulus-Akademie* 1992, 60.
22 Zit. nach *P. Hertel* 1991, 165.
23 Zit. nach *Paulus-Akademie* 1992, 62f.
24 Ebd. 63.
25 *A. Moncada* 1990, 40.
26 Vgl. zu den Gruppen und Klassen und zur internen Leitungsstruktur des Opus Dei insgesamt die Recherchen von *P. Hertel* 1991, 156–167; *Paulus-Akademie* 1992, 113–125; Informationsbüro der Prälatur Opus Dei in der Schweiz 1992, 12.
27 *P. Hertel*, 64.
28 Zit. nach *Paulus-Akademie* 1992, 117f.
29 Ebd.
30 Ebd.

31 *V. Felzmann* 1984, 198.
32 *K. Steigleder* 1991, 116.
33 *Y. Le Vaillant* 1971, 68.
34 *E. Schmiederer* 1987, 64; vgl. zu den Namen, Institutionen etc. des Opus Dei in Deutschland, Österreich und in der Schweiz *P. Hertel* 1991, 168–187.
35 *V. Felzmann* 1984, 209.
36 Vgl. ausführlich *P. Hertel* 1991, 46ff.
37 Vgl. insgesamt die offiziellen Opus Dei-Auskünfte, in: Informationsbüro der Prälatur Opus Dei in der Schweiz 1992, 12–14.
38 Ebd. 13
39 W. Puhl, zit. nach *Paulus-Akademie* 1992, 149f.
40 *P. Hertel* 1991, 48; vgl. insgesamt *ders.* 1991, 54–67.
41 *Opus Dei Österreich.* Erklärung, Informationsbüro der Prälatur Opus Dei in Österreich, Wien, 2. November 1986; zit. nach *Paulus-Akademie* 1992, 60f.
42 *D. le Tourneau* 1987, 166.
43 *Opus Dei,* Vademecum de las Sedes de los Centros, Rom, 6. Dezember 1987; zit. nach *Paulus-Akademie* 1992, 148.
44 *A. Moncada* 1990.
45 *V. Felzmann* 1984, 209.
46 *A. Moncada* 1990.
47 Vgl. den Abdruck zweier formalisierter Testamente, in: *Paulus-Akademie* 1992, 142–144.
48 *Opus Dei,* Vademecum de los Consejos Locales, Rom 19. März 1987, 33; zit. nach *Paulus-Akademie* 1992, 148.
49 Zit. nach *Paulus-Akademie* 1992, 97.
50 *W. Beinert* 1991, 68.
51 *M. Weber* 1964, 28.
52 *V. Felzmann* 1984, 199.
53 *K. Steigleder* 1991, 156.
54 *W. Huth* 1988, 283.
55 *Opus Dei,* Vademecum de los Consejos Locales, Rom 19. März 1987, 51; zit. nach *Paulus-Akademie* 1992, 81.
56 *Opus Dei Schweiz.* »Die Kirche wird niemals zum Opus Dei werden«. Interview mit Beat Müller (Sprecher des Opus Dei in der Schweiz), in: Aufbruch, Extra-Nr. über das Opus Dei, Freiburg i. Ü. November 1990.
57 *D. Le Tourneau* 1987, 193f.
58 *J. Escrivá,* Der Weg, Nr. 856.
59 *K. Steigleder* 1991, 115.
60 Aufbruch, Extra-Nr. über das Opus Dei, Freiburg i. Ü. November 1990.
61 *Golias* 1992, 121–124, 122.
62 Zit. nach *Paulus-Akademie* 1992, 116.
63 *J. Fontana/J. Nadal* 1980, 368.
64 Vgl. insgesamt *W. L. Bernecker* 1988, 111–122.
65 Ebd. 115
66 Ebd.
67 Ebd.
68 *M. Walsh* 1992, 154.

69 *W. L. Bernecker* 1988, 114.
70 Ebd. 113
71 Ebd. 115
72 *A. del Portillo*, in: Dokumente, Nr. 185, Presseamt des Erzbistums Köln, 3. September 1984.
73 Zit. nach *M. Walsh* 1992, 157.
74 Notizen. Hrsg. vom Informationsbüro der Prälatur Opus Dei in Deutschland, Köln 1992.
75 *Opus Dei*, De Spiritu et de piis servandis Consuetudinibus (Geist und fromme Gewohnheiten), Rom, 9. April 1990; zit. nach *Paulus-Akademie* 1992, 148.
76 *W. L. Bernecker* 1988, 114f.
77 Ebd. 174.
78 Ebd.
79 Zit. nach *W. L. Bernecker* 1988, 177.
80 *M. Walsh* 1992, 165.
81 *V. Felzmann* 1984, 213.
82 Vgl. insgesamt zur P2 *S. Turone* 1985.
83 Vgl. *P. Müller* 1990, 93ff.
84 Vgl. ebd. 94.
85 Vgl. *P. Müller* 1990, 80.
86 Vgl. insgesamt zu den Finanzgeschäften des Vatikans *N. Lo Bello* 1990, hier: 248.
87 Zit. nach *P. Müller*, 78.
88 Ebd. 79.
89 Vgl. ebd. 249.
90 Ebd. 250.
91 Ebd.
92 Vgl. zu M. Sindona insgesamt *N. Lo Bello* 1990, 253–263.
93 Ebd. 267; vgl. insgesamt 264–273.
94 Vgl. auch *P. Hertel* 1991, 59.
95 Zit. nach *H. Boberski* 1988, 115.
96 Zit. nach *P. Hertel* 1991, 60.
97 Vgl. insgesamt *P. Hertel* 1991, 54–67; *M. Meier*, »Octopus Dei« an der Limmat – spanischer Import, in: Tages-Anzeiger, Zürich, Nr. 157 – 10. Juli 1990.
98 *P. Hertel* 1991, 57.
99 *José María Ruiz Mateos*, La Cassaforte dell'Opus Dei, in: L'Espresso, 4 Maggio 1986; zit. nach P. Hertel, 1991, 57; und zit. nach *Paulus-Akademie* 1992, 148.
100 Vgl. *M. Meier*, vgl. Anmerkung 97.
101 *D. A. Yallop* 1984, 368.
102 *N. Lo Bello* 1990, 242f.
103 Ebd.

3. Teil *Supermarkt der Religionen*

1 *C. Türcke* 1992, 28.
2 Ebd.
3 Vgl. zum folgenden insgesamt *M. Widl* 1989.

4 Ebd. 27.
5 Vgl. auch die empirische Studie »Jeder ein Sonderfall?« hrsg. von *A. Dubach/R. J. Campiche* 1993.
6 *H. Barz* 1992 B, 255.
7 Ebd. 251.
8 Ebd. 253.
9 *G. Schulze* 1993.
10 Vgl. insgesamt *A. Dubach/R. J. Campiche* 1993.
11 *H.-J. Höhn* 1989; Man lasse sich von dem Genus der soziologischen Glosse nicht irritieren oder befremden.
12 Ebd. 103.
13 Ebd.
14 *G. Küenzlen* 1987, 147.
15 *H.-J. Höhn* 1989, 104.
16 *C. Türcke* 1992, 22.
17 Ebd. 23.
18 Ebd.
19 *G. Theissen* 1974, 230.
20 Vgl. zum Postmodernismus insgesamt *K. Füssel, D. Sölle, F. Steffensky* 1993.
21 *W. Welsch* 1988, 35.
22 Ebd. 33.
23 Ebd. 41.
24 Ebd. 245.
25 *D. Sölle* 1993, 26.
26 *G. Hauck* 1992, 242; vgl. insgesamt das Kapitel »Die ›Postmoderne‹ – der Moderne mißratene Schwester«, 231–250.
27 *P. P. Pasolini* 1978, 60.
28 Ebd. 31.
29 Ebd. 60.
30 *D. Sölle* 1993, 15.
31 *C. Türcke* 1992, 24.
32 Ebd. 23.
33 Ebd. 31.
34 *T. Meyer* 1989, 8.
35 Vgl. zum folgenden insgesamt *F. Stolz* 1991.
36 *C. Türcke* 1992, 16.
37 Ebd. 14f.
38 Ebd. 13.
39 Ebd.
40 Vgl. die Dokumente des II. Vatikanischen Konzils, in: *K. Rahner/H. Vorgrimmler* 1966.
41 *H. U. von Balthasar* 1988, 172.
42 Ebd. 168.
43 *F. Dostojewskij 1988, 332–357.*
44 *G. de Bruyn* 1992; Vgl. besonders die ersten knapp 100 Seiten.
45 Ebd. 36.
46 Ebd. 19f.

47 *W. Benjamin* 1980, 25.
48 *T. Meyer* 1989, 264.
49 Ebd.
50 Ebd. 267.
51 *J. Becker* 1990, 59.
52 *U. Beck* 1986, 10.
53 Ebd. 47.
54 *R. Burton* 1988, 20.
55 *L. Ragaz* 1922, 24.
56 Vgl. insgesamt *U. Beck* 1986 und 1988.
57 *K. Marx* 1972, 385.
58 *S. Pfürtner* 1991, 176.
59 *W. Beinert* 1991, 63, 66.
60 *S. Pfürtner* 1991, 176–178.
61 Das Buch von *W. Huth* »Glaube, Ideologie und Wahn« sei für Psychologen und Nichtpsychologen besonders empfohlen.
62 *P. Schellenbaum* 1992, 198f.
63 Den Begriff »kastriert« habe ich von *H. U. von Balthasar* übernommen, der vom »Göttlich-Vollständigen des unkastrierten Evangeliums« spricht; in: *ders.* 1988, 167.
64 Die Stimme des Menschen 1961, 248–251, 249.
65 *F. Führmann* 1986, 135.
66 *J. B. Metz* 1991 B, 23.
67 Vgl. insgesamt von *J. B. Metz* 1991 A und 1991 B; die Aufsätze von Metz gehören zum Besten, was europäische Theologie zu bieten hat.
68 *P. Berglar* 1984, 215.
69 *V. Felzmann* 1984, 205.
70 Ebd. 206.
71 Ebd.
72 *G. Kraiker* 1972, 14–24, 23.
73 *K. Scholder* 1977, 300.
74 Zit. nach *H. Müller* 1963, 32.
75 Ebd. 35f.
76 Vgl. zur »defensiven« Natur des politischen Katholizismus in Deutschland *H. Maier* 1965.
77 *K. Sontheimer, Einleitung zu H. Müller* 1963, 7–24, 18.
78 *G. Kraiker* 1972, 23.
79 Vgl. zur Ostpolitik des Vatikans vor und während des Zweiten Weltkrieges *H. Stehle* 1975; *B. Martin* 1974.
80 Zur Planung, Durchführung und zum Abschluß des Reichskonkordats vgl. *K. Scholder* 1977, 300–321, 482–524.
81 *K. Sontheimer*, Einleitung zu *H. Müller* 1963, 21.
82 *D. Bonhoeffer*, 1984, 120 f.
83 *D. Bonhoeffer*, 1960, 328.
84 *P. F. d'Arcais:* Fundamentalismus ex cathedra. In: Frankfurter Rundschau, 4. Januar 1992.

4. Teil *Organisierte Lebensangst*

1 Vgl. u.a.: *Europäisches Parlament,* Religiöse Kulte und Sekten. Sitzungsdokumente 1984–1985. Dokument I-47/48; Jugendreligionen in der BRD. Bericht in der Bundesrepublik an den Petitionsausschluß des Deutschen Bundestages, Bonn 1983; vgl. insgesamt auch *O. Eggenberger* 1990; *H. Gasper, J. Müller, F. Valentin* 1992; *H. Reller, M. Kiessing* 1985; *I. Reimer* 1991.

2 Vgl. *Pestalozzianum Zürich* 1992.

3 Vgl. insgesamt zur Frage der Ablösung von einer totalitären Gruppierung *S. Hassan* 1993.

4 Vgl. *Pestalozzianum Zürich* 1992, 20f.; *S. H. Pfürtner* 1991, 168.

5 Cronica, zit. nach *M. Walsh* 1992, 188.

6 *Opus Dei,* De Spiritu et piis servandis Consuetudinibus (Geist und fromme Gewohnheiten), Rom 9. April 1990; zit. nach *Paulus-Akademie* 1992, 73.

7 *K. Steigleder* 1991, 184.

8 Zit. nach *Paulus-Akademie* 1992, 74.

9 *K. Steigleder* 1991, 177; vgl. insgesamt *Pestalozzianum Zürich* 1992, 188ff.

10 *K. Steigleder* 1991, 177.

11 *A. Rotzetter* 1992, 187.

12 *M. A. Moreno* 1977, 61; vgl. insgesamt zur Analyse Escrivás »Der Weg« *J. M. Castillo* 1978.

13 *J. Escrivá,* Der Weg, Nr. 28.

14 *P. Berglar* 1984, 228.

15 Ebd. 75.

16 Ebd. 66.

17 Ebd. 14.

18 *E. Drewermann* 1989, 74.

19 *H. C. Andersen* 1976, Bd. 1, 290–301.

20 *J. Escrivá,* Der Weg, Nr. 833

21 Vgl. insgesamt zur deutsch-kirchlichen Kriegstheologie *K. Hammer* 1974; *W. Pressel* 1967.

22 *I. Berlin* 1992, 151.

23 Ebd.

24 Ebd. 220.

25 *Opus Dei,* Antwort Karlskirche, 2; vgl. auch *P. Hertel* 1991, 90–98.

26 *K. Steigleder* 1991, 157 f.

27 *V. Felzmann* 1984, 195f.

28 *J. Escrivá,* Der Weg, 1.

29 *S. Freud* 1953, 102.

30 *S. Freud,* XIV., 377; XV., 175f.; *E. Jones* 1960–1962, I. 413.

31 *E. Jones* 1962, III. 432; vgl. zum folgenden insgesamt *E. Drewermann* 1989, 459ff.

32 *E. Drewermann* 1989, 448 f.

33 *T. Moser* 1976, 9ff., 14ff., 28f.

34 Vgl. *Paulus-Akademie* 1992, 82-92.

35 Vgl. *Paulus-Akademie* 1992, 83f.

36 *Opus Dei,* Vademecum de las Sedes de los Centros, Rom 19. März 1987, 59f.; zit. nach *Paulus-Akademie* 1992, 90.

37 Ebd. Vademecum 39ff.; zit. nach ebd.
38 *K. Steigleder* 1991, 132f.
39 *Opus Dei*, Vademecum 39ff.; zit. nach *Paulus-Akademie* 1992, 91.
40 *E. Canetti* 1978, 329.
41 Ebd. 330.
42 Ebd.
43 Ebd.
44 *Opus Dei*, Caeremoniale, Rom o.J.; zit. nach *Paulus-Akademie* 1992, 96f.
45 Zit. nach *A. Moncada* 1990.
46 Die wöchentliche Aussprache jedes Mitglieds mit seinem »geistlichen Leiter« heißt »Charla Fraterna«, die gelegentliche Aussprache »Charla Periodica«.
47 Vgl. längere Textauszüge aus diesem Dokument, in *Paulus-Akademie* 1992, 104f.
48 *Opus Dei*, Vademecum 63ff.; Zit. nach *Paulus-Akademie* 1992, 104.
49 Ebd.
50 Vgl. z.B. *P. Berglar* 1984, 191.
51 Zit. nach *Paulus-Akademie* 1992, 101.
52 Ebd. 99f.
53 Ebd. 102f.
54 Ebd. 103.
55 *K. Steigleder* 1991, 160.
56 *V. Felzmann* 1984, 207f.
57 *K. Steigleder* 1991, 220.
58 *V. Felzmann* 1984, 199.
59 Zit. nach *Paulus-Akademie* 1992, 91f.
60 Ebd. 92.
61 Ebd.
62 Vgl. insgesamt zu *I. Bachmann: S. Lennox*, Geschlecht, Rasse und Geschichte in »Der Fall Franza«, in: *H. L. Arnold* 1984, 156–179; *O. Gutjahr*, Faschismus in der Geschlechterbeziehung? Die Angst vor dem anderen und geschlechtsspezifische Aggression in Ingeborg Bachmanns »Der Fall Franza«, in: *C. Koschel* 1989, 541–554.
63 *I. Bachmann*, Werke 1978, Bd.III., 413.
64 *D. le Tourneau* 1987, 212f.
65 *Bensberger Kreis* 1992.
66 Ebd.; vgl. vor allem zur Frage von »Sexualfeindschaft und Macht« in der kirchlichen Tradition *S. H. Pfürtner; G. Denzler* 1988; *P. Brown* 1991.
67 *Opus Dei*, Regulae internae pro Administrationibus (interne Regeln für die Verwaltung) Rom. 1985; zit. nach *Paulus-Akademie* 1992, 118f.; vgl. den Text in langen Auszügen ebd., 118–124.
68 Ebd.
69 Ebd.
70 Politea I., 12 1259b2 und 5 1254b13f.; vgl. zum kirchlichen Sexismus *S. H. Pfürtner* 1992, 38–45.
71 Zit. nach *Paulus-Akademie* 1992, 122f.
72 Ebd.
73 *J. Escrivá*, Cronica 1971, H.1.
74 Zit. nach *Paulus-Akademie* 1992, 121.

75 Ebd. 118ff.
76 Ebd.
77 Ebd.
78 Ebd.
79 Ebd.
80 *V. Felzmann* 1984, 198.
81 Zit. nach *Paulus-Akademie* 1992, 124.
82 *E. Zola* 1975, 439ff., 441.
83 Ebd.
84 *E. Drewermann* 1989, 529f.; vgl. insgesamt *ders.*, 526–654.
85 Ebd. 526.
86 *E. Zola* , a.a.O., 441f.
87 *O. Keel* 1984, 30; vgl. insgesamt zum Hohenlied: *Ders.*; *G. Gerlemann* 1965; *H. Gollwitzer* 1978; *H. Haag/K. Elliger* 1983; *U. Seidel/W. McBride* 1985; *W. Teichert* 1986.
88 *Opus Dei*, De Spiritu et de piis servandis Consuetudinibus (Geist und fromme Gewohnheiten), Rom 9. April 1990; zit. nach *Paulus-Akademie* 1992, 84–86, 84f.
89 *K. Steigleder* 1991, 138.
90 *Opus Dei*, Vademecum; zit. nach *Paulus-Akademie* 1992, 90.
91 *E. Drewermann* 1991: »Ich muß dem Opus Dei eine zwangsneurotische Grundhaltung bescheinigen.« In: Sämann, Oktober 1991.
92 Vgl. insgesamt *S. Hassan* 1993.
93 *Opus Dei*, Vademecum; zit nach *Paulus-Akademie* 1992, 92; vgl. insgesamt ebd. 107–112.
94 zit. nach *Paulus-Akademie* 1992, 110.
95 *D. le Tourneau* 1987, 138f.
96 *Opus Dei*, Vademecum; zit. nach *Paulus-Akademie* 1992, 109f.
97 Ebd.
98 Ebd.
99 Ebd.
100 *M. del Carmen Tapia*, »What Opus Dei has done for church...«, in: National Catholic Reporter, Kansas City, 27. Mai 1983.
101 *J. Escrivá*, Cronica 1972, H.2.
102 Ebd.
103 *Opus Dei*, Vademecum; zit. nach *Paulus-Akademie* 1992, 109f.
104 Ebd. 110.
105 Ebd. 108.
106 *K. Steigleder* 1991, 246.
107 *A. Moncada* 1990.
108 *Opus Dei*, Statuten, Nr.34; zit. nach *Paulus-Akademie* 1992, 147.
109 Zit. nach *A. Moncada* 1990.
110 Ebd.

Epilog *Das Leben ist anderswo*

1 *B. Brecht* 1967, Gesammelte Werke 4.
2 *F. Heer* 1983, vgl. das Kapitel »Über Wahrheit«, 69–71.
3 Der Satz avancierte zum »Wort der Woche«, in: *Die Zeit*, Nr. 25 – 18. 6. 1993.
4 *F. Heer* 1983, 69.
5 *F. Steffensky* 1993, 95.
6 *I. Kant*, »Idee zu einer allgemeinen Geschichte in weltbürgerlicher Absicht« (1784); Kants gesammelte Schriften, Berlin 1910 ff., Bd. VIII., 23.
7 *J. B. Metz* 1991 A, 42.
8 *F. Steffensky* 1993, 101.
9 Ebd. 102.
10 Vgl. insgesamt *T. Bernet-Strahm* 1993.
11 *A. Nolan* 1989, 139.
12 *H. U. von Balthasar* 1988, 172.
13 *V. Felzmann* 1984, 196.
14 Vgl. den gleichnamigen Sammelband mit Beiträgen von über 40 »zornigen alten Männern der Kirche«, hrsg. von *N. Sommer* 1983.
15 Ebd. 171–176, 172.
16 Ebd. 173.
17 Zur Prophetie vgl. insgesamt: *B. Lang* 1980; *K. Koch* 1978 und 1980; *H. W. Wolff* 1986; *Ders.* 1979; *Ders.* 1976; *G. von Rad* 1977; *J. Jeremias* 1983.
18 *K. Koch* 1978, 34.
19 Herausgefordert durch die Armen 1983, 156; vgl. zur Götzenfrage insgesamt: *H. Assmann* 1984; *F. J. Hinkelammert* 1985.
20 Vgl. insgesamt *B. Lang* 1980, 33–45.
21 Ebd. 28 f.
22 *K. Wengst* 1988, besonders 56–63; dessen Ausführungen hier referiert werden.
23 *K. Barth* 1947, 41 f.
24 *K. Wengst* 1988, 60.
25 Vgl. insgesamt *F. Steffensky* 1993, 85 ff.
26 Ebd. 87 f.
27 Ebd. 88 f.
28 Zu dem Titel wurde ich angeregt durch das – zu Ehren *Ludwig Kaufmanns* – publizierte Buch »Biotope der Hoffnung«, hrsg. von *N. Klein, H. R. Schlette, K. Weber* 1988.
29 Vgl. sein Beitrag in: Retten, was zu retten ist? 1993.
30 *W. Beinert* 1991, 81.
31 *L. Ragaz* 1922, 78.
32 *I. Bachmann* 1980, 21 f.
33 Vgl. insgesamt *N. Mette*, Der christliche Gott für neue Kinder – was sollen wir tun? Referat, gehalten auf den »Religionspädagogischen Tagen Luzern« 1992, unveröffentl. Manuskript.
34 *D. Sölle* 1982, 30.

Nachwort *Was auf dem Spiel steht*

1 »Nicht mehr zu schweigen! Zur gegenwärtigen Situation in der katholischen Kirche«. Erklärung der vier Pastoraltherologen *O. Fuchs, N. Greinacher, N. Mette* und *H. Steinkamp* zum Reformationsfest am 31. Oktober 1994. In: *Orientierung* 58. Jg., 1994, 231–233.

2 Vgl. insgesamt: *C. Wernicke*, Die drei Gebote von Kairo, in: *Die Zeit*, Nr. 36 – 2. September 1994; *A. Vornbäumen*, Und was ändert sich in Slums und Schlafzimmern?, in: *Frankfurter Rundschau*, Nr. 214 – 14. September 1994; *R. Klüver*, Der Heilige Stuhl steht im Wege, in: *Süddeutsche Zeitung*, Nr. 208 – 9. September 1994.

3 A.a.O.

4 In: *Frankfurter Rundschau*, Nr. 214 – 14. September 1994.

5 *R. Klüver*, a.a.O.

6 *J. Escriva*, Der Weg, Nr. 394.

7 *K. M. Leisinger* 1993

8 Ebd. 237.

9 Ebd. 240.

10. Ebd. 345.

11. *E. Karnofsky*, Fernando Sáenz Lacalle. Neuer Erzbischof von San Salvador, in: *Süddeutsche Zeitung*, Nr. 101 – 3. Mai 1995.

12 Die folgenden Zitate von F. Sáenz Lacalle aus verschiedenen Zeitungen sind dem Beitrag von *N. Klein* 1995 entnommen.

13 Vgl. *Inge Lønning*, Dummheit ist ein moralischer Effekt. Eine Erinnerung an den Theologen Dietrich Bonhoeffer. Der andere Blick – 50 Jahre danach, in: *Frankfurter Rundschau*, Nr. 138 – 17. Juni 1995.

14 *D. Bonhoeffer* 1951, 17f.

15. A.a.O.

16 *H. Stamm* 1995; vgl. dazu *A. Miller*: Ein Buch, das Seelen retten kann, in: *Die Zeit*, Nr. 13 – 24. März 1995.

17 A.a.O.

Literatur

Abruzzese, Salvatore, 1989: Comunione e liberazione, Identité catholique et disqualification du monde. Paris.

Adorno, Theodor, W., 1973: Studien zum autoritären Charakter. (Ausgewählte Kapitel aus »The Authoritarian Personality«). Frankfurt/M.

Alcalá, Manuel, 1992: Ein Gegenstand öffentlicher Kontroversen. Zur Seligsprechung von Josemaría Escrivá de Balaguer. In: Orientierung Jg. 56, 1992, 110–112.

Allgemeine Erklärung der Menschenrechte vom 10. Dezember 1948. In: Die Menschenrechte. Erklärungen, Verfassungsartikel, Internationale Abkommen. Hrsg. von Wolfgang Heidelmeyer. Paderborn 1972, 239–245.

Andersen, Hans Christian, 1976: Sämtliche Märchen. 2 Bde. Zürich

Anonymus, 1989: Mein Leben für die Mafia. Der Lebensbericht eines ehrbaren anonymen Sizilianers. Reinbek bei Hamburg.

Aristoteles: Politik (Ed. Bekker 1252–1342). Deutsch übersetzt und hrsg. von Olof Gigon. München, 5. Aufl., 1984.

Arlacchi, Pino, 1983: La mafia imprenditrice. L'etica mafiosa e lo spirito del capitalismo, Bologna.

Arnold, Heinz Ludwig, 1984: Ingeborg Bachmann, Darmstadt.

Arntz, Norbert, 1992 A: Bischöfe bestätigen die Option für die Armen. Im Vorfeld der IV. CELAM-Konferenz in Santo Domingo, Auszüge der »Secunda Relatio«. In: Orientierung 56. Jg., Nr. 17 – 15. 9. 1992, 183–186.

Arntz, Norbert, 1992 B: »Zur größten Ehre der Christenheit«. Oder wie man in Santo Domingo einen Bußakt vermied, ohne ihn zu verhindern. In: Junge Kirche, H. 12, 1992, 680–685.

Arntz, Norbert, 1993: Das Kreuz des Südens und die Macht auf Erden. Die Verstrikkung der Kirche in den Nord-Süd-Konflikt. In: Retten, was zu retten ist? 1993.

Assmann, Hugo (Hrsg.), 1984: Die Götzen der Unterdrückung und der befreiende Gott. Münster.

Aufbruch, 1990: Forum für eine offene Kirche. Aufbruch extra über das Opus Dei. Fribourg H. 8, 1990.

Bachmann, Ingeborg, 1978; Werke; hrsg. von C. Koschel, I. v. Weidenbaum, C. Münster. München - Zürich. Bd. III.

Bachmann, Ingeborg, 1980: Frankfurter Vorlesungen. Probleme zeitgenössischer Dichtung. München.

Balthasar, Hans Urs von, 1963: Integralismus. In: Wort und Wahrheit Jg. 18, 1963, 737–744.
Balthasar, Hans Urs von, 1964: Friedliche Fragen an das Opus Dei. In: Der christliche Sonntag, 12. April 1964, 117f.
Balthasar, Hans Urs von, 1988: Integralismus heute. In: Diakonia 19 Jg., 1988, 221–229; auch abgedruckt in: Beinert, Wolfgang, 1991, 166–175.
Barr, James, 1981: Fundamentalismus. München.
Barz, Heiner, 1992: Forschungsbericht »Jugend und Religion«: Teil 1. Religion ohne Institution? Eine Bilanz der sozialwissenschaftlichen Jugendforschung; Teil 2. Postmoderne Religion. Die junge Generation in den Alten Bundesländern. Opladen.
Bäumlin, Richard, 1993: Die »Neuevangelisierung« des Papstes. In: Neue Wege. Organ der Religiös-sozialistischen Vereinigung der Deutschschweiz. 87. Jg., Januar 1993 – Nr. 1, 10–19.
Bausch, Albrecht, 1992: COPADEBA: Widerstand gegen die Vertreibung der Armen. In: Junge Kirche, H. 7, 1992, 409–411.
Beck, Ulrich, 1986: Risikogesellschaft. Auf dem Weg in eine andere Moderne. Frankfurt/M.
Beck, Ulrich, 1988: Gegengifte. Die organisierte Unverantwortlichkeit. Frankfurt/M.
Becker, Jurek, 1990: Warnung vor dem Schriftsteller. Drei Vorlesungen. Frankfurt/M.
Beinert, Wolfgang, 1991: »Katholischer« Fundamentalismus. Häretische Gruppe in der Kirche? Regensburg.
Benjamin, Walter, 1980: Dialog über die Religiosität der Gegenwart. In: Ders., Gesammelte Schriften, Bd. II.1, 16–35, Frankfurt/M.
Bensberger Kreis (Hrsg), 1992: Kirche – Macht – Sexualität. (J. Funk, Rathausstraße 36, 88281 Schlier).
Berger, Peter L./Berger, Brigitte/Kellner, Hansfried, 1975: Das Unbehagen in der Modernität. Frankfurt/M.
Berglar, Peter, 1984: Opus Dei. Leben und Werk des Gründers Josemaría Escrivá. 2. Aufl., Salzburg.
Berlin, Isaiah, 1990: Das krumme Holz der Humanität. Kapitel der Ideengeschichte. Frankfurt/M.
Bernal, Salvador, 1978: Msgr. Josemaría Escrivá de Balaguer. Aufzeichnungen über den Gründer des Opus Dei. Köln.
Bernecker, Walther L., 1988: Spaniens Geschichte seit dem Bürgerkrieg. 2. Aufl., München.
Bernet-Strahm, Toni, 1993: Macht. Zu Begriff, Sprachgebrauch und Sache. In: Schweizerische Kirchenzeitung. 161 Jg., Nr. 7 – 1993, 93–95.
Beyme, Klaus von, 1971: Vom Faschismus zur Entwicklungsdiktatur – Machtelite und Opposition in Spanien. München.
Birnstein, Uwe (Hrsg.), 1990: Gottes einzige Antwort…: christlicher Fundamentalismus als Herausforderung an Kirche und Gesellschaft. Wuppertal.
Blank, Ronald, J., 1988: Der Aufstand des domestizierten Gottes. Münster/Westfalen.
Boberski, Heiner, 1990: Das Engelwerk. Ein Geheimbund in der katholischen Kirche? Salzburg.
Boberski, Heiner, 1992: Die Divisionäre des Papstes. Bischofsernennungen unter Johannes Paul II. Salzburg.

Bonhoeffer, Dietrich, 1951: Widerstand und Ergebung. Briefe und Aufzeichnungen aus der Haft. Hrsg. von Eberhard Bethge. München.

Bonhoeffer, Dietrich, 1960: Widerstand und Ergebung. Briefe und Aufzeichnungen aus der Haft. Hrsg. von Eberhard Bethge. Erweiterte Neuausgabe, München.

Bonhoeffer, Dietrich, 1984: Ethik. Hrsg. von Eberhard Bethge. 10. Aufl., München.

Broer, Ingo, 1991: Fundamentalistische Exegese oder kritische Bibelwissenschaft? Anmerkungen zum Fundamentalismusproblem anhand des paulinischen Offenbarungsverständnisses. In: Werbik, Jürgen, 1991.

Brown, Peter, 1991: Die Keuschheit der Engel. Sexuelle Entsagung, Askese und Körperlichkeit am Anfang des Christentums. München - Wien.

Bruyn, Günter de, 1992: Zwischenbilanz. © S. Fischer Verlag GmbH, Frankfurt/M 1992.

Bucher, Rainer Maria, 1990: Wenn Gott unter den Menschen verkommt. Zu Logik und Kritik der fundamentalistischen Versuchung im Christentum. In: Katechetische Blätter, H. 10, 1990, 685–694.

Burton, Robert, 1988: Anatomie der Melancholie. Über die Allgegenwart der Schwermut, ihre Ursachen und Symptome sowie die Kunst, es mit ihr auszuhalten. Zürich - München.

Cadavid Restrepo, Ancízar, 1992: Lateinamerika – 500 Jahre verbotenes Wort. In: Du. Die Zeitschrift der Kultur. Heft Nr. 1, Januar 1992, Indios – das lange Gedächtnis. Zürich.

Canetti, Elias, 1978: Masse und Macht. Düsseldorf.

Carmen Tapia, Maria del, 1983: Good housekeepers for Opus Dei; und ein Interview mit dem Titel »What Opus Dei has done for church«. In: National Catholic Reporter, Kansas City. Mai 1983.

Castillo, José M., 1978: Die »Nachfolge Christi« und »Der Weg«. Zum Thema »unterscheidendes Erkennen«. In: Concilium, H. 11, 1978, 585–590.

Claussen, Detlev, 1993: Die mißglückte Säkularisierung. Über Xenophobie, Antisemitismus und Nationalismus als Bestandteile einer modernen Alltagsreligion. In: Widerspruch, 13. Jg., H. 26 – Dezember 1993, 5–14.

Colpe, Carsten/Papenthin, Heike (Hrsg.), 1989: Religiöser Fundamentalismus – unverzichtbare Glaubensbasis oder ideologischer Strukturfehler? Berlin.

Concilium 1988: Thematisches Heft zu »Macht in der Kirche oder kirchliche Vollmacht?«, H. 3, 1988.

Concilium 1992: Thematisches Heft zu »Fundamentalismus als ökumenische Herausforderdenung«, H. 3, 1992.

Dahrendorf, Ralf, 1992: Der moderne soziale Konflikt. Stuttgart.

Dalla Chiesa, Nando/Arlacchi, Pino, 1987: La palude e la citta. Milano.

Dalla Chiesa, Nando, 1984: Delitto imperfetto. Milano.

Denzler, Georg, 1988: Die verbotene Lust. 2000 Jahre christliche Sexualmoral. München - Zürich.

Die Stimme des Menschen, 1961: Briefe und Aufzeichnungen aus der ganzen Welt 1939–1945. München.

Dostojewskij, Fjodor M., 1988: Die Brüder Karamasow, München.

Drewermann, Eugen, 1989: Kleriker. Psychogramm eines Ideals. Olten.

Dubach, Alfred/Campiche, Roland J. (Hrsg.), 1993: Jeder ein Sonderfall? Religion in der Schweiz. Zürich - Basel.

Duchrow, Ulrich/Eisenbürger, Gert/Hippler, Jochen (Hrsg. und Kommentar), 1989: Totaler Krieg gegen die Armen. © Chr. Kaiser/Gütersloher Verlagshaus, Gütersloh.

Duchrow, Ulrich, 1991: Europa im Weltsystem 1492–1992. Gibt es einen Weg der Gerechtigkeit nach 500 Jahren Raub, Unterdrückung und Geldver(m)ehrung? Sonderdruck der Junge Kirche, (Mathildenstraße 86, 28203 Bremen), Beilage zu H.9, 1991.

Eggenberger, Oswald, 1990: Die Kirchen, Sondergruppen und religiöse Vereinigungen, 5. Aufl., Zürich.

Eggenberger, Oswald, 1991: Kleine Sektenkunde, 6. Aufl., Zürich.

Escrivá de Balaguer, Josemaría, 1977: Christus begegnen. Homilien. 4. Aufl., Köln.

Escrivá de Balaguer, Josemaría, 1978: Christus begegnen. 5. Aufl., Köln.

Escrivá de Balaguer, Josemaría, 1980: Freunde Gottes. 2. Aufl., Köln.

Escrivá de Balaguer, Josemaría, 1984: Der Weg. 11. Aufl., Köln (spanische Erstausgabe: Camino. Valencia 1939).

Escrivá de Balaguer, Josemaría, 1986: Die Spur des Sämanns. Köln.

Escrivá de Balaguer, Josemaría, 1987: Im Feuer der Schmiede. Köln.

Felzmann, Vladimir, 1984: Interview von Peter Hertel am 11. Mai 1984. In: Hertel, Peter, 1991, 194–213.

Fetscher, Irwing, 1990: Toleranz. Von der Unentbehrlichkeit einer kleinen Tugend für die Demokratie. Stuttgart.

Franzoni, Giovanni, 1990: Der Teufel – mein Bruder. Der Abschied von der eigenen Verdammnis. München.

Freud, Sigmund, 1953: Das Unbehagen in der Kultur. Frankfurt/M.

Freud, Sigmund, Gesammelte Werke, Band XIV und XV. © Imago Publishing Co. Ltd., London 1948 (für Band XIV) und 1940 (für Band XV). Alle Rechte vorbehalten S. Fischer Verlag GmbH, Frankfurt/M.

Frieling, Reinhard (Hrsg.), 1984: Die Kirchen und ihre Konservativen. »Traditionalismus« und »Evangelikalismus« in den Konfessionen. (Bensheimer Hefte, Nr. 62), Göttingen.

Fries, Heinrich, 1991: Nicht Gespenst, sondern Wirklichkeit. Zur Diskussion über einen katholischen Fundamentalismus. In: Christ in der Gegenwart Jg. 43, 1991, 237f.

Fühmann, Franz, 1986: Die Schatten. Hamburg.

Füssel, Kuno/Sölle, Dorothee/Steffensky, Fulbert, 1993: Die Sowohl-als-auch-Falle. Eine theologische Kritik des Postmodernismus. Luzern.

Füssel, Kuno, 1993: Es gilt, absolut plural zu sein. Kritische Überlegungen zum Diskurs der Postmoderne. In: Füssel, Kuno/Sölle, Dorothee/Steffensky, Fulbert, 1993, 35–81.

Gay, Peter, 1989: Freud. Eine Biographie für unsere Zeit. Frankfurt/M.

Gasper, Hans/Müller, Joachim/Valentin, Friederike, 1992: Lexikon der Sekten, Sondergruppen und Weltanschauungen. 4. Aufl., Freiburg/Br.

Giussani, Luigi, 1988: Le Mouvement Communion et Libération. Entretiens avec Robi Ronza. Paris.

Glotz, Peter, 1992: Die Politische Klasse. Zusammenfassende Schlußbilanz. In: Leif, Thomas/Legrand, Hans-Josef/Klein, Ansgar, 1992.

Goldstein, Horst, 1991: Lexikon zur Theologie der Befreiung. Düsseldorf.

Golias. Le Journal catho tendre et grincant: Le monde secret de L'Opus Dei. Nr. 30 – Sommer 1992.

Grabner-Haider, Anton/Weinberger, Otto/Winke, Kurt (Hrsg.), 1987: Fanatismus und Massenwahn. Graz.

Greinacher, Norbert (Hrsg.), 1985: Konflikt um die Theologie der Befreiung. Diskussion und Dokumentation. Zürich-Einsiedeln-Köln.

Gutjahr, Ortrud, 1987: Faschismus in der Geschlechterbeziehung? Die Angst vor dem anderen und geschlechtsspezifische Aggression in Ingeborg Bachmanns »Der Fall Franza«. In: Koschel, Christine/von Weidenbaum, Inge, 1989, 541–554.

Haack, Friedrich-Wilhelm, 1991 A: Europas neue Religion. Sekten – Gurus – Satanskult. Zürich - München.

Haack, Friedrich-Wilhelm, 1991 B: Jugendsekten. Vorbeugen – Hilfe – Auswege. Weinheim.

Hammer, Karl, 1974: Deutsche Kriegstheologie 1870–1918. München.

Handbuch der Dritten Welt, 1992: Band 1–3. Hrsg. von Nohlen, D./Nuscheler, F. Bonn.

Hassan, Steven, 1993: Ausbruch aus dem Bann der Sekten. Reinbek bei Hamburg.

Hauck, Gerhard, 1992: Einführung in die Ideologiekritik. Berlin.

Hebblethwaite, Peter, 1986: Johannes XXIII. Das Leben des Angelo Roncalli. Zürich - Einsiedeln - Köln.

Heer, Friedrich, 1983: Ausgesprochen. Wien - Köln - Graz.

Heitmeyer, Wilhelm, u. a., 1995: Gewalt – Schattenseiten der Individualisierung bei Jugendlichen aus unterschiedlichen Milieus. Weinheim/München.

Herausgefordert durch die Armen, 1983: Dokumente der ökumenischen Vereinigung von Drittwelt-Theologen 1976–1983. Freiburg/Br.

Hertel, Peter, 1991: »Ich verspreche euch den Himmel« – Geistlicher Anspruch, gesellschaftliche Ziele und kirchliche Bedeutung des Opus Dei. 4. überarbeitete und ergänzte Neuaufl., Düsseldorf.

Hertel, Peter, 1992 A: Intelligent gehorchen, aber blind. Ein Wegweiser durch den Dschungel offizieller und geheimer Dokumente des Opus Dei, mit einem Wortschatz des Opus Dei. In: Paulus-Akademie (Hrsg.) 1992, 33–151.

Hertel, Peter, 1992 B: Eine unheimliche Macht? Kirchlicher und gesellschaftlicher Einfluß des Opus Dei. In: Schützeichel, Harald, 1992, 121–145.

Hess, Henner, 1988: Mafia. Zentrale Herrschaft und lokale Gegenmacht. 3. Aufl., Tübingen.

Hinkelammert, Franz J., 1985: Die ideologischen Waffen des Todes. Zur Metaphysik des Kapitalismus. Freiburg/Schweiz.

Hoffmann-Lange, Ursula, 1992: Eliten, Macht und Konflikt in der Bundesrepublik. Opladen.

Hofmann, Werner, 1968: Universität – Ideologie – Gesellschaft. Beiträge zur Wissenssoziologie. Frankfurt/M.

Höhn, Hans-Joachim, 1989: Die City – Ort des Marktes und des Marketings. Soziologische Glossen zur »neuen« Religiosität. In: Orientierung 53 Jg., Nr. 9 – 15. 5. 1989, 102–105.

Höhn, Hans-Joachim, 1994: Gegen-Mythen: religionsproduktive Tendenzen der Gegenwart. Freiburg im Breisgau

Huber, Wolfgang/Liedke, Gerhard (Hrsg.), 1974: Christentum und Militarismus (Studien zu Friedensforschung Bd. 13). Stuttgart - München.

Huth, Werner, 1988: Glaube, Ideologie und Wahn. Das Ich zwischen Realität und Illusion. Frankfurt/M. - Berlin.

Jäggi, Christian J./Krieger, David J., 1991: Fundamentalismus. Ein Phänomen der Gegenwart. Zürich.

Jeremias, Joachim, 1983: Der Prophet Hosea. Altes Testament Deutsch, Bd. XXIV/1, Göttingen.

Jones, E., 1960–1962: Das Leben und Werk von Sigmund Freud. 3. Bde. Bern.

Jugendreligionen in der BRD, 1983: Bericht in der Bundesrepublik an den Petitionsausschluß des Deutschen Bundestages. Bonn.

Kallscheuer, Otto, 1994: Gottes Wort und Volkes Stimme. Glaube, Macht, Politik. Frankfurt am Main.

Kaufmann, Ludwig/Klein, Nikolaus, 1990: Johannes XXIII. Prophetie im Vermächtnis. Freiburg/Schweiz.

Kaufmann, Ludwig, 1979: Weltbistum Opus Dei? In: Orientierung Jg. 43, 1979, 241.

Keden, J./Hemminger, H.J./Schmidt-Dominé, J., 1991: Gurus, Geister, Heiler und Propheten. Neukirchen.

Keel, Othmar, 1984: Deine Blicke sind Tauben. Zur Metaphorik des Hohen Liedes. (Stuttgarter Bibelstudien, 114/115), Stuttgart.

Keenan, William, 1990: Josemaría Escrivá. Eine kurze Lebensgeschichte. Köln.

Kepel, Gilles, 1991: Die Rache Gottes. Radikale Moslems, Christen und Juden auf dem Vormarsch. München - Zürich.

Kittsteiner, Heinz D., 1991. Die Entstehung des modernen Gewissens. Frankfurt/M. - Leipzig.

Klein, Nikolaus, 1995: Romeros Erbe in Gefahr. In: Orientierung 59. Jg., Nr. 9 – 15. 5. 1995.

Klein, Nikolaus/Schlette, Heinz Robert/Weber, Karl (Hrsg.), 1988: Biotope der Hoffnung. Zu Christentum und Kirche heute. Ludwig Kaufmann zu Ehren. Olten - Freiburg/Br.

Klein, Nikolaus, 1992 A: Santo Domingo 1992. In: Orientierung 56. Jg., Nr. 21 – 15. 11. 1992, 229–232.

Klein, Nikolaus, 1992 B: In Kontinuität zu Medellín und Puebla?. In: Orientierung 56. Jg., Nr. 23/24 – 15./31. 12. 1992, 259–262.

Klein, Ronald P., 1992: Bibliographie zum »Opus Dei«. In: Schützeichel, Harald, 1992, 159–174.

Koch, Klaus, 1978: Die Propheten I. Assyrische Zeit. Stuttgart - Berlin - Köln - Mainz.

Koch, Klaus, 1980: Die Propheten II. Babylonisch-persische Zeit. Stuttgart - Berlin - Köln - Mainz.

Kochanek, Hermann (Hrsg.), 1991: Die verdrängte Freiheit. Fundamentalismus in den Kirchen. Freiburg/Br.

Koschel, Christine/von Weidenbaum, Inge, 1989: Kein objektives Urteil – nur ein lebendiges. Texte zum Werk von Ingeborg Bachmann. München - Zürich.

Kraiker, Gerhard, 1972: Politischer Katholizismus in der BRD. Eine ideologiekritische Analyse. Stuttgart - Berlin - Köln - Mainz.

Kräutler, Erwin, 1993: Die Hoffnung stirbt zuallerletzt. In: Retten, was zu retten ist? 1993, 33–63.

Kröter, Thomas, 1993: Eine Klasse für sich. Das neuerwachte Interesse an den Eliten und die Chancen der Gesellschaftskritik. In: Blätter für deutsche und internationale Politik. Heft 4, 1993, 478–486.

Kühnl, Reinhard, 1981: Faschismustheorien. Texte zur Faschismusdiskussion. Bd. 2: Ein Leitfaden. Reinbek.

Lang, Bernhard, 1980: Wie wird man Prophet in Israel? Aufsätze zum Alten Testament. Düsseldorf.

Leif, Thomas/Legrand, Hans-Josef/Klein, Ansgar (Hrsg.), 1992: Die politische Klasse in Deutschland. Eliten auf dem Prüfstand. Bonn.

Leisinger, Klaus M., 1993: Hoffnung als Prinzip. Bevölkerungswachstum: Einblicke und Ausblicke. Basel.

Lennox, Sara, 1984: Geschlecht, Rasse und Geschichte in »Der Fall Franza«. In: Arnold, Heinz Ludwig, 1984, 156–179.

Limburg, Hans J./Rennings, Heinrich (Hrsg.), 1989: Beglaubigtes Zeugnis. Selig- und Heiligsprechungen in der Kirche. Hrsg. im Auftrag des Liturgischen Instituts Trier. Würzburg.

Lo Bello, Nino, 1990: Vatikan im Zwielicht. Die unheiligen Geschäfte des Kirchenstaates. München.

Luhmann, Niklas, 1978: Soziologie der Moral. In: Theorietechnik und Moral, 8–116. Frankfurt/M.

Lüning, Hildegard, 1993: Kirche der Armen unter Vorherrschaft. In: Retten, was zu retten ist? 1993, 16–32.

Lyotard, Jean-Francois, 1989: Der Widerstreit. München.

Maier, Hans, 1965: Revolution und Kirche. Studien zur Frühgeschichte der christlichen Demokratie (1789–1901). Freiburg/Br.

Mann, Thomas, 1970: Der Zauberberg. Frankfurt/M.

Marx, Karl, 1972: Zur Kritik der Hegelschen Rechtsphilosophie. Einleitung, Marx-Engels-Werke, Bd. 1. Berlin.

Meier, Michael, 1990: »Octopus Dei« an der Limmat – spanischer Import. In: Tages-Anzeiger, 10. Juli 1990.

Metz, Johann Baptist, 1990: Das Konzil – »der Anfang eines Anfangs«? In: Orientierung 22. Jg., 1990, 245–250.

Metz, Johann Baptist, 1991 A: Religion, Ja – Gott, Nein. In: Ders./Peters, Tiemo Rainer, 1991: Gottespassion. Zur Ordensexistenz heute. Freiburg.

Metz, Johann Baptist, 1991 B: So viele Antlitze, so viele Fragen. Lateinamerika mit den Augen eines europäischen Theologen. In: Ders./Bahr, Hans-Eckehard,

1991: Augen für die Anderen. Lateinamerika – eine theologische Erfahrung. München.

Meyer, Thomas (Hrsg.), 1989 B: Fundamentalismus in der modernen Welt. Die Internationale der Unvernunft. Frankfurt/M.

Meyer, Thomas, 1989 A: Fundamentalismus. Aufstand gegen die Moderne. Reinbek bei Hamburg.

Misani, Francesco, 1991: Per fatti di mafia. Roma.

Moltmann, Jürgen, 1990: Wahl zwischen Leben und Tod. Referat, gehalten auf dem Internationalen Theologenkongreß »An der Schwelle zum Dritten Jahrtausend« in Leuven vom 9.–13. September 1990, unveröffentlichtes Manuskript.

Moncada, Alberto, 1974: El Opus Dei. Una interpretación. Paris.

Moncada, Alberto, 1977: Los hijos del padre. Barcelona.

Moncada, Alberto, 1987: Historia oral de Opus Dei. Barcelona.

Moncada, Alberto, 1990: Katholische Sekten: Das Opus Dei. Referat vom 1. Juli 1990 vor dem religionssoziologischen Forschungskomitee auf dem 12. Weltkongreß der Soziologie; Universidad Complutense, Madrid. Deutsche Übersetzung unveröffentlicht, in Auszügen, in: Aufbruch, 1990, 12 f.

Mönchtum, Orden, Klöster, 1993: Von den Anfängen bis zur Gegenwart. Ein Lexikon; hrsg. von Georg Schwaiger. München.

Moreno, Maria A., 1977: Anexo a una historia. Barcelona.

Moser, Tilmann, 1976: Gottesvergiftung. © Suhrkamp Verlag, Frankfurt/M. 1976.

Müller, Peter, 1990: Die Mafia in der Politik. München.

Mynarek, Hubertus, 1986: Verrat an der Botschaft Jesu. Kirche ohne Tabu. Rottweil am Neckar.

Mynarek, Hubertus, 1992: Denkverbot. Fundamentalismus in Christentum und Islam. München.

Neumann, Johannes, 1976: Menschenrechte – Auch in der Kirche? Zürich - Einsiedeln - Köln.

Nientiedt, Klaus, 1991: Neue Heilige – immer zahlreicher und umstrittener. Zur Selig- und Heiligsprechungspraxis unter Johannes Paul II. In: Herder Korrespondenz 45. Jg, H. 12, 1991, 572–577.

Niewiadomski, Josef (Hrsg.), 1988: Eindeutige Antworten? Fundamentalistische Versuchung in Religion und Gesellschaft. Thaur.

Nolan, Albert, 1989: Gottin Südafrika. Die Herausforderung des Evangeliums. Freiburg/Schweiz.

Odermatt, Martin, 1991: Der Fundamentalismus. Ein Gott – eine Wahrheit – eine Moral? Zürich

Opus Dei, 1992: Informationen zur Prälatur Opus Dei. Eine systematische Übersicht. Hrsg. vom Informationsbüro der Prälatur Opus Dei in der Schweiz (Restelbergstrasse 10, CH-8044 Zürich). Zürich

Opus Dei, Antworten. Der Seligsprechungsprozeß Josemaría Escrivá. Mit einem Geleitwort von Kardinal Hans Hermann Groer (Schriftenreihe der Karlskirche, H. 8), Wien.

Opus Dei, Informationsblatt »Der Diener Gottes Josemaría Escrivá. Gründer des

Opus Dei«, Nr. 1–12, hrsg. von der Vizepostulation des Opus Dei in Deutschland. Köln 1976ff.
Opus Dei, Informationsblatt »Der ehrwürdige Diener Gottes Josemaría Escrivá. Gründer des Opus Dei«, Nr. 12, hrsg. von den Vizepostulationen des Opus Dei in Deutschland, in Österreich, in der Schweiz. Köln 1991.

Pantaleone, Michele, 1962: Mafia e politica 1943–1962. Le radici sociali della mafia e i suoi sviluppi piu recenti. Torino.
Pasolini, Pier Paolo, 1978: Freibeuterschriften. Aufsätze und Polemiken über Zerstörung der Kultur des Einzelnen durch die Konsumgesellschaft. Berlin.
Paulus-Akademie (Hrsg.), 1992: Opus Dei – Stoßtrupp Gottes oder »Heilige Mafia«? Macht und Einfluß des Opus Dei in der Schweiz und anderswo. Zürich
Pestalozzianum Zürich (Hrsg.), 1992: Das Paradies kann warten. Gruppierungen mit totalitärer Tendenz. Zürich
Pfürtner, Stephan H., 1991: Fundamentalismus. Die Flucht ins Radikale. Freiburg/Br.
Pfürtner, Stephan H., 1992: Sexualfeindschaft und Macht. Eine Streitschrift für verantwortete Freiheit in der Kirche, Mainz.
Pressel, Wilhelm, 1967: Die Kriegspredigt 1914–1918 in der evangelischen Kirche Deutschlands. Göttingen.
Prieto, José, 1992: Un santo contrarreloj. Tras un proceso »anómalo«, el fundador del Opus Dei gana a tres papas la carrera de la beatificación. In: El País, 12. April 1992.

Rad, Gerhard von, 1977: Die Botschaft der Propheten. 3. Aufl., München.
Ragaz, Leonhard, 1922: Theosophie oder Reich Gottes? In: Neue Wege. Organ der Religiös-sozialen Vereinigung und der Christen für den Sozialismus. 1922, 12ff., 78ff., 118ff., 164ff., 220ff. (später erschienen im Rotapfel-Verlag, Erlenbach/Zürich - München - Leipzig.
Rahner, Karl/Vorgrimler, Herbert, 1966: Kleines Konzilskompendium. Sämtliche Texte des zweiten Vatikanums mit Einführungen und ausführlichem Sachregister. Freiburg/Br.
Raith, Werner, 1983: Die ehrenwerte Firma. Der Weg der italienischen Mafia vom »Paten« zur Industrie. Berlin.
Reimer, I., 1991: Evangelistisch-missionarische Werke und Einrichtungen im deutschsprachigen Raum. Stuttgart.
Reinders, Stefan, 1993: Von Puebla (1979) bis Santo Domingo (1993). In: Retten, was zu retten ist? 1993, 186–203.
Reller, H./Kiessing, M., 1985: Handbuch religiöser Gemeinschaften, Freikirchen, Sondergemeinschaften, Sekten, Weltanschauungsgemeinschaften, Neureligionen, 3. Aufl., Gütersloh.
Retten, was zu retten ist? 1993: Die Bischofsversammlung in Santo Domingo zwischen prophetischem Freimut und ideologischem Zwang. Mit Beiträgen von Norbert Arntz, Albert Biesinger, Enrique Dussel, Nikolaus Klein, Erwin Kräutler, Hildegard Lüning, Johann Baptist Metz, Pablo Richard. Luzern.
Riemann, Fritz, 1961: Grundformen der Angst. München - Basel.
Riesebrodt, Martin, 1990: Fundamentalismus als patriarchale Protestbewegung. Tübingen.

Romero, Oscar Arnulfo, 1982: Die notwendige Revolution. München - Mainz.
Romero, Oscar Arnulfo, 1986: Blutzeuge für das Volk. Olten - Freiburg/Br.
Rotzetter, Anton, 1992: Opus-Dei-Mentalität oder christliche Spiritualität. In: Paulus-Akademie (Hrsg.), 1992, 153–192.
Rousselle, Aline, 1989: Der Ursprung der Keuschheit. Stuttgart.
Ruether, Rosemarie R., 1985: Sexismus und die Rede von Gott. Gütersloh.

Schellenbaum, Peter, 1992: Urmißtrauen in den Menschen. In: Paulus-Akademie (Hrsg.), 1992, 193–199.
Schmid, Peter F., 1990: Sicherheit haben oder glauben. Entwicklungspsychologische Aspekte zu Risikobereitschaft und Vertrauen. In: Diakonia (Themenheft »Bedürfnis nach Sicherheit – Wagnis des Glaubens«) 21. Jg., H. 3, 1990, 78–87.
Scholder, Klaus, 1977: Die Kirchen und das Dritte Reich. Bd. I. Vorgeschichte und Zeit der Illusionen 1918–1934. Frankfurt/M. - Berlin - Wien.
Schuler, Alois, 1992: Ein unsichtbares Netz. Das Opus Dei in Zürich und anderswo – Namen, Organisationen, Verbindungen. In: Paulus-Akademie (Hrsg.), 1992, 229–251.
Schulze, Gerhard, 1993: Die Erlebnisgesellschaft. Kultursoziologie der Gegenwart. Frankfurt/M. - New York.
Schützeichel, Harald (Hrsg.), 1992: Opus Dei. Ziele, Anspruch und Einfluß. Düsseldorf.
Sciascia, Leonardo, 1979: La sicilia comme metafora. Milano.
Sennett, Richard, 1990: Autorität. Frankfurt/M.
Sobrino, Jon, 1990: Sterben muß, wer an Götzen rührt. Das Zeugnis der ermordeten Jesuiten in San Salvador: Fakten und Überlegungen. Freiburg/Schweiz.
Sölle, Dorothee, 1982: Aufrüstung tötet auch ohne Krieg. Stuttgart.
Sölle, Dorothee, 1990: Welches Christentum hat Zukunft? Dorothee Sölle und Johann Baptist Metz im Gespräch. Stuttgart.
Sölle, Dorothee, 1993: Die Sowohl-als-auch-Falle. In: Füssel, Kuno/Sölle, Dorothee/Steffensky, Fulbert, 1993, 11–34.
Sommer, Norbert (Hrsg.), 1983: Zorn aus Liebe. Die zornigen alten Männer der Kirche. Stuttgart - Berlin.
Stamm, Hugo, 1995: Sekten: im Bann von Sucht und Macht; Ausstiegshilfen für Betroffene und Angehörige. Zürich.
Steffensky, Fulbert, 1993: Wie ernähren wir unsere Träume? Über den Zusammenhang von Spiritualität und der Liebe zur Gerechtigkeit. In: Füssel, Kuno/Sölle, Dorothee/Steffensky, Fulbert, 1993, 83–111.
Steigleder, Klaus, 1991: Das Opus Dei – Eine Innenansicht. 4. Aufl., Zürich
Sterling, Claire, 1990: Die Mafia. Der Griff nach der weltweiten Macht. Bern.
Stietencron, Heinrich von (Hrsg.), 1991: Angst und Religion. Düsseldorf.
Stolz, Fritz/Merten, Victor, 1991: Zukunftsperspektiven des Fundamentalismus. Freiburg/Schweiz.

Theissen, Gerd, 1974: Urchristliche Wundergeschichten. Ein Beitrag zur formgeschichtlichen Erforschung der synoptischen Evangelien (Studien zum Neuen Testament 8). Gütersloh.
Theissen, Gerd, 1977: Soziologie der Jesusbewegung (Theol. Existenz heute 194). München.

Tourneau, Dominique le, 1987: Das Opus Dei. Stein am Rhein.
Tranfaglia, Nicola, 1991: La mafia come metodo nell'Italia contemporanea. Bari.
Türcke, Christoph, 1992: Kassensturz. Zur Lage der Theologie. Frankfurt/M.
Turone, Sergio, 1985: Partiti e mafia dalla P2 alla droga. Bari.

Vaillant, Y. le, 1971: Sainte maffia: Le dossier de l'Opus Dei. Paris.

Walf, Knut, 1989: Fundamentalistische Strömungen in der katholischen Kirche. In: Meyer, Thomas, 1989B, 248–262.
Walsh, Michael, 1992: Die geheime Welt des Opus Dei. Macht und Einfluß einer Organisation im Schatten der Kirche. München.
Weber, Max, 1976: Wirtschaft und Gesellschaft. Grußriß der verstehenden Soziologie. Tübingen.
Welsch, Wolfgang, 1988: Unsere postmoderne Moderne. Weinheim.
Wengst, Klaus, 1988: Handeln aus Ohnmacht. Erfahrungen von Niederlagen und Aspekte des Umgangs mit ihnen im Neuen Testament. In: Einwürfe 5, 40–69.
Werbick, Jürgen (Hrsg.), 1991: Offenbarungsanspruch und fundamentalistische Versuchung. (Quaestiones disputatae, Bd. 129) Freiburg - Basel - Wien.
Widl, Maria, 1989: Unterwegs zu den Seernen. Der Zeitgeist des New Age als Herausforderung für Kirchen. In: Bibel und Kirche. 44. Jg. 1. Quartal 1989, 22–27.
Wolf, Hans Walter, 1976: Hosea, Dodekapropheten I. Biblischer Kommentar Altes Testament, Bd. XIV/1. 3. verb. Aufl. Neukirchen-Vluyn.
Wolff, Hans Walter, 1979: Die Hochzeit der Hure. Hosea heute. München
Wolf, Hans Walter, 1969: Die Stunde des Amos. Prophetie und Protest. 6. Aufl. München.
Woodward, Kenneth L., 1991: Die Helfer Gottes. Wie die katholische Kirche ihre Heiligen macht. München.

Yallop, David A., 1984: Im Namen Gottes? Der mysteriöse Tod des 33-Tage-Papstes Johannes Paul I. Tatsachen und Hintergründe. München.

Zinser, Hartmut, 1993: Religion auf dem Markt. Das New Age im Rahmen der europäischen Religionsgeschichte. In: Widerspruch, 13. Jg., H. 26 – Dezember 1993, 15–27.
Zola, Émile, 1975: Die Sünde des Abbé Mouret. München.